Germanistische
Arbeitshefte   42

Herausgegeben von Gerd Fritz und Franz Hundsnurscher

Gerd Fritz

Einführung in die historische Semantik

Max Niemeyer Verlag
Tübingen 2005

Bibliografische Information der Deutschen Bibliothek

Die Deutsche Bibliothek verzeichnet diese Publikation in der Deutschen Nationalbibliografie; detaillierte
bibliografische Daten sind im Internet über *http://dnb.ddb.de* abrufbar.

ISBN 3-484-25142-5   ISSN 0344-6697

Satz: Dennis Kaltwasser, Gießen
Druck: Gulde-Druck, Tübingen
Einband: Industriebuchbinderei Nädele, Nehren

Inhalt

1. Einleitung

1.1 Themen der historischen Semantik

Seit dem Beginn der 80er Jahre lesen wir in der Presse Wortverbindungen wie *sanfte Energie*, *sanfte Technologien*, *sanfte Chemie*, später auch *sanfte Medizin*, *sanfter Tourismus*, *sanfte Mobilität*. Obwohl sie sich von den altbekannten Verbindungen wie *sanfte Berührung*, *sanftes Mädchen*, *sanfte Augen*, *sanfter Wind* unterscheiden, haben wir keine grundlegenden Schwierigkeiten, sie zu verstehen, und wir sehen auch, was sie attraktiv macht. Sie dienen nicht nur dazu, bestimmte Arten der Energiegewinnung oder des Tourismus zu kennzeichnen, sondern sie signalisieren gleichzeitig eine positive Bewertung, eine Tatsache, die solche Verbindungen gerade auch für die Werbung attraktiv macht. Die neuen Verwendungsweisen bilden eine ganze Familie und können ihrerseits wieder als Vorbild für weitere Verbindungen dieser Art dienen. Wer *sanfte Medizin* versteht, versteht auch *sanfte Therapie* oder *sanfte Heilmittel*. Dieses Beispiel zeigt uns die Flexibilität im Gebrauch sprachlicher Ausdrücke und die kommunikativen Möglichkeiten, die uns diese Flexibilität eröffnet. Wir könnten hier von einem *sanften Bedeutungswandel* sprechen, der graduell und in kleinen Schritten verläuft, ohne abrupte Veränderungen. Das Beispiel ist noch in einer anderen Hinsicht lehrreich: Auf die Idee, *sanft* auf neuartige Weise zu verwenden, brachte deutsche Schreiber in den 70er Jahren offensichtlich das amerikanische Vorbild *soft technologies*. Dabei wusste man am Anfang nicht so recht, ob man das Vorbild mit *weiche Technologien* oder *sanfte Technologien* wiedergeben sollte (vgl. Jung 1994, 108ff.). Aber natürlich ist *sanft* viel besser als *weich*: Das Signalisieren der positiven Bewertung funktioniert mit *sanft* sicherer als mit *weich*. Etwas kann durchaus zu weich sein, aber kaum zu sanft.

Diese Flexibilität und Dynamik des Gebrauchs, ihre Bedingungen und Folgen sind zentrale Themen der historischen Semantik. Hier interessiert vor allem, welche Möglichkeiten der flexiblen Nutzung lexikalischer Ressourcen besonders beliebt und erfolgreich sind oder waren und unter welchen Bedingungen sich Neuerungen des Gebrauchs einspielen und verbreiten. Dabei fragt die historische Semantik auch nach den menschlichen Fähigkeiten und Wissensbeständen, die das Entdecken und Verstehen von Bedeutungsinnovationen ermöglichen.

Aus dieser Perspektive erhält der Rückblick in die Geschichte der deutschen Sprache einen besonderen Sinn. Seit mehr als zwölfhundert Jahren haben wir Zeugnisse dafür, wie Millionen von Sprechern und Schreibern des Deutschen mit den Möglichkeiten der flexiblen Verwendung von sprachlichen Ausdrücken experimentiert haben, um neue Gedanken auszudrücken oder Altbekanntes wirksamer zu formulieren. Oft sind den SprecherSchreibern neue Verwendungen wohl auch einfach nur unterlaufen, ohne dass sie es gemerkt oder gar gewollt hätten. Die Ergebnisse dieses Langzeitexperiments sehen wir bei der Betrachtung der Entwicklungen von den älteren Sprachstufen des Deutschen bis zur Gegenwart. Wir sehen erfolgreiche Neuerungen und auffallende Langzeitkarrieren von Wörtern und ihren Verwendungsweisen, aber wir sehen auch erfolglose Ansätze, semantische Eintagsfliegen, marginale Spezialerfolge und Möglichkeiten, die über lange Zeit hinweg nützlich waren und dann doch irgendwann einmal als Auslaufmodelle aufgegeben wurden. Wir sehen Pfade der Bedeutungsentwicklung, die in der Geschichte e i n e r Sprache immer wieder beschritten werden, aber auch Parallelen der Bedeutungsentwicklung in u n t e r s c h i e d l i c h e n Sprachen. Derartige Entwicklungen zu entdecken, zu systematisieren und zu erklären ist eine Hauptaufgabe der historischen Semantik.

Die Geschichte der Bedeutung sprachlicher Ausdrücke ist ein wichtiger Teil der Geschichte von Lebensformen. Der Gebrauch sprachlicher Ausdrücke ist eingebettet in das Handeln der Menschen und hängt deshalb eng zusammen mit Aspekten der geistigen Tätigkeit, der sozialen Struktur, der Kultur und der Mentalität. So ist die Geschichte der Anredeformen ein Teil der Sozialgeschichte, in der Geschichte von redekennzeichnenden Ausdrücke wie *rügen, beschuldigen* oder *vorwerfen* zeigt sich exemplarisch, wie man in verschiedenen Zeiten die Ordnung des kommunikativen Repertoires gesehen hat, vor Gericht und im Alltag. Ausdrücke wie *Pietisten* oder *Intellektuelle* spielten eine zentrale Rolle in religösen bzw. politischen Kontroversen. Lichtmetaphern wie *Aufklärung* und *das Licht des Verstandes* sind charakteristisch für die Geistesgeschichte des 17. und 18. Jahrhunderts in Europa, andere Metaphern wie der *Geleitzug Europa* zeugen von den Schwierigkeiten der Einigung Europas in den 90er Jahren des 20. Jahrhunderts. In der Geschichte der Adjektive *klug* oder *weise* erkennt man, wie in der höfischen Kultur des Mittelalters intellektuelle und soziale Bewertungen enger (oder doch anders) verknüpft waren als heute. Dagegen geben die Ausdrücke für Dimension und Quantität (schon) im mittelalterlichen Deutsch interessante Hinweise auf die kognitive Verknüpfung von Größen- und Mengeneinschätzung: Eine große Anhäufung von Geld (mittelhochdeutsch *michel geldes*) ist groß in der Ausdehnung, aber auch in der Menge: es ist *ein Haufen Geld*, wie man im Schwäbischen sagt. In der Geschichte der Modalpartikeln oder der Modalverben sehen wir, wie Möglichkeiten entwickelt wurden, der Rede kommunikativen Feinschliff zu verleihen. Man denke an feine Unterschiede wie *Das ist doch großartig* gegenüber *Das ist ja großartig* oder *Er könnte es gewusst haben* gegenüber *Er dürfte es gewusst haben*. Diese vielfältigen Dimensionen und Aspekte des Gebrauchs sprachlicher Ausdrücke spielen in der historischen Semantik eine wichtige Rolle, wenn es auch oft sehr schwierig ist, aus den Spuren in älteren Texten die kommunikative Praxis vergangener Zeiten zu rekonstruieren.

Die historische Semantik ist ein Zweig der Sprachwissenschaft mit einer langen Tradition, in der viele Fakten und Einsichten gewonnen wurden, von denen wir noch heute zehren. Aufgrund neuerer Theorieentwicklungen und der besseren Zugänglichkeit von historischem Datenmaterial ist die historische Semantik heute aber auch wieder ein dynamischer Forschungszweig, in dem mit unterschiedlichen theoretischen Instrumenten vielfältige Fragestellungen bearbeitet werden, von denen ich einige gerade angedeutet habe.

1.2   Zu diesem Buch

In der Tradition der Germanistischen Arbeitshefte soll dieses Buch das Interesse an Fragestellungen der historischen Semantik wecken und seinen Lesern die Möglichkeit eröffnen, historisch-semantische Forschungsergebnisse auf dem heutigen Stand der Forschung nachzuvollziehen und selbst an bedeutungsgeschichtlichen Problemen zu arbeiten. Gleichzeitig soll es zur teilnehmenden Beobachtung semantischer Entwicklungen und zur Selbstbeobachtung anregen. Das Buch eignet sich ebenso zum Selbststudium wie zur Benutzung in Seminaren. Es setzt keine speziellen Kenntnisse im Bereich der Semantik voraus. Die notwendigen theoretischen und methodischen Grundlagen und Arbeitsweisen werden in den Anfangskapiteln eingeführt. Dabei zeigt sich, dass die Beschäftigung mit historischer Semantik einen guten Einstieg für das Verständnis allgemeiner Fragen der Semantik darstellt.

Historische Semantik kann man nicht auf der Grundlage von Wörterbuchdaten allein betreiben, obwohl die historischen Wörterbücher natürlich einen wertvollen ersten Zugang zu vielen Fragen ermöglichen. Um den Gebrauch von sprachlichen Ausdrücken zu verstehen, muss man sie in ihrem Satz-, Text- und Kommunikationszusammenhang sehen. Deshalb wird in diesem Buch relativ viel Belegmaterial vorgeführt und erläutert. Dies soll das Verständnis der gegebenen Beschreibungen erleichtern und die eigene Arbeit mit sprachlichem Datenmaterial ermöglichen. Zu einzelnen Problemen wie etwa dem der Polysemie oder dem der Konkurrenz von sprachlichen Ausdrücken und zu einzelnen Wortschatzbereichen (redekennzeichnende Verben, Modalverben) werden umfangreichere Fallstudien vorgeführt.

Am Ende der meisten Kapitel finden sich weiterführende Aufgaben, zumeist mit Literatur- und Bearbeitungshinweisen, die Fragestellungen des jeweiligen Kapitels aufgreifen und weiter ausdifferenzieren oder Übungen zu den behandelten Fragen an anderem Datenmaterial vorschlagen.

Viele der Kapitel eignen sich als Grundlage für Arbeitsgruppenprojekte in Seminaren, beispielsweise Projekte zur Geschichte von Anredeformen (Kap. 15), zur Metaphorik im öffentlichen Sprachgebrauch (Kap. 8), zum Semantischen Tagebuch (Kap. 5), zur historisch-semantischen Lektüre literarischer Klassiker (Kap. 7) oder zur semantischen Entwicklungsgeschichte der Modalverben (Kap. 13.3 und 16). Ein großer Teil der Materialien wurde in Seminaren an den Universitäten Tübingen und Gießen erprobt.

Was in diesem Buch nur am Rande behandelt wird, ist die Wissenschaftsgeschichte der historischen Semantik. Eine knappe Skizze und weitere Literatur zu diesem Thema finden Sie in Fritz (1998a, Kap. 4).

Einige Hinweise zum Aufbau des Buches sollen die Benutzung erleichtern. In den ersten fünf Kapiteln werden Grundlagen der Bedeutungstheorie und der semantischen Analyse sowie speziell historisch-semantische Fragestellungen und Analysemethoden eingeführt. Es empfiehlt sich, diese Kapitel vor den Kapiteln 8 und den folgenden zu lesen. Wer sich vor diesen Theoriekapiteln gerne etwas aufwärmen möchte, könnte allerdings auch gleich mit den Kapiteln zur Sprachkritik und zur Lektüre von literarischen Klassikern (Kap. 6 und 7) beginnen. In diesen Kapiteln wird gezeigt, wie man als Leser und Hörer mit semantischen Neuerungen und dem Veralten von Teilen des Wortschatzes konfrontiert wird und wie man darauf reagieren kann. Kapitel 8 bis 10 geben einen Überblick über die wichtigsten **Verfahren** der semantischen Innovation, die Metaphorik, die Metonymie und andere Typen von Implikaturen.

Die darauf folgenden vier Kapitel (Kap. 11 bis 14) behandeln anhand von exemplarischen Beschreibungen typische **Ergebnisse** und Durchgangsstadien der semantischen Ent-

4

wicklung: Polysemie, Konkurrenz von Ausdrücken und Prototypenverschiebung. Die abschließenden vier Kapitel schließlich behandeln in Form von **Fallstudien** jeweils die Geschichte von bestimmten Gruppen von Ausdrücken: Anredepronomina, redekennzeichnende Verben (wie *rügen, vorwerfen, beschuldigen*), Modalverben und Modalpartikel (*ja* und *doch*). In den exemplarischen Analysen und Fallstudien sind zumeist die semasiologische und die onomasiologische Betrachtungsweise kombiniert. Es werden Fragen der kognitiven Organisation ebenso behandelt wie kommunikative Aspekte des Wortgebrauchs. Die Kapitel des zweiten Teils (ab Kap. 11) sind weitgehend in sich abgeschlossen, so dass sie in beliebiger Reihenfolge bearbeitet werden können. Die Kapitel zu den Modalverben (Kap. 13.3 und 17) und Modalpartikeln (Kap. 18) sind allerdings eher für Fortgeschrittene geeignet. Zusätzliche Hilfen zur Orientierung im Buch sind ein Sachverzeichnis und ein Wortverzeichnis.

In den einzelnen Kapiteln verwende ich bisweilen die traditionellen Sprachstadieneinteilungen der deutschen Sprachgeschichte, Althochdeutsch (Ahd., 750–1050), Mittelhochdeutsch (Mhd., 1050–1350), Frühneuhochdeutsch (Fnhd., 1350–1700). Diese Angaben sollen als Kürzel auf ungefähre Zeiträume hinweisen, ohne dass damit die Annahme verbunden wäre, dass sich die Bedeutungsentwicklung der sprachlichen Ausdrücke an diese Perioden hält. Bei Belegstellen aus älteren Sprachstufen des Deutschen gebe ich zur besseren Verständlichkeit im Allgemeinen eine moderne Paraphrase. Wo es mir nützlich erschien, habe ich eine (ungefähre) Datierung von Belegen angegeben.

Im Laufe meiner langjährigen Beschäftigung mit der historischen Semantik habe ich von Freunden, Kollegen und Mitarbeitern viele Anregungen bekommen und in vielfältiger Weise Unterstützung und Ermunterung erfahren. Ich danke ihnen allen. Hier kann ich allerdings nur wenige nennen: Thomas Gloning, Hans Jürgen Heringer, Franz Hundsnurscher, Andreas Jucker, Rudi Keller, Gerhard Kurz, Manfred Muckenhaupt (Danke Mucki!), Bruno Strecker, Iris Bons, Dennis Kaltwasser. Besonderen Dank schulde ich Renate, die nicht nur von historischer Semantik viel versteht, sondern auch vom Leben. Gewidmet ist dieses Buch Fiona, immer eine vorzügliche Informantin für semantische Neuerungen, vor allem aber eine wunderbare Tochter.

2. Bedeutung und Bedeutungsgeschichte – Grundlagen

In diesem Kapitel soll ein erster Überblick über bedeutungstheoretische Fragen gegeben werden, die in den weiteren Kapiteln des Buches eine Rolle spielen. Es beginnt mit einigen Grundlagen der Bedeutungstheorie, immer schon im Hinblick auf historische Fragestellungen, und gibt dann einen ersten Überblick über semantische Entwicklungsprozesse.

2.1 Bedeutungstheoretische Grundgedanken

Wenn wir uns mit der Bedeutungsgeschichte von Wörtern beschäftigen wollen, ist es nützlich zu klären, was wir unter *Bedeutung eines Wortes* verstehen oder, anders gesagt, welchen Bedeutungsbegriff wir benutzen. Dazu benötigen wir eine Bedeutungstheorie. Wir erwarten von einer Bedeutungstheorie für unsere Zwecke, dass sie uns zusammenhängend verständlich macht, wie die SprecherSchreiber mit den Ausdrücken ihrer Sprache die kommunikativen Aufgaben erfüllen, die sich ihnen stellen, und wie die Gebrauchsgeschichte eines Ausdrucks diesen für einen bestimmten kommunikativen Gebrauch qualifizieren kann. Eine solche Bedeutungstheorie ist die sog. Gebrauchstheorie der Bedeutung, die man auch als handlungstheoretische Semantik bezeichnet (vgl. Gloning 1996, Keller 1995, Strecker 1987, 46–64).

Zwei Grundgedanken der Gebrauchstheorie der Bedeutung lassen sich folgendermaßen formulieren:

(i) Die Ausdrücke einer Sprache werden von den Sprechern mit bestimmten Intentionen gebraucht. Jedes Wort ist ein Werkzeug, das die Sprecher zu einem bestimmten Zweck verwenden können.

(ii) Die Ausdrücke einer Sprache werden nach bestimmten Regeln gebraucht. Diese Regeln sind Konventionen.

Den ersten Grundgedanken kann man folgendermaßen konkretisieren. Um eine bestimmte kommunikative Aufgabe zu erfüllen, z.B. um jemanden wissen zu lassen, dass man bereit ist zu helfen, kann man als Werkzeug einen Satz verwenden, etwa *Ich verspreche dir euch zu helfen*. Die Verwendung eines solchen Satzes kann man als eine sprachliche Handlung bezeichnen, in unserem Fall als die sprachliche Handlung des Versprechens. Die Bedeutung eines Satzes besteht nun darin, dass er ein bestimmtes Handlungspotenzial hat, in diesem Fall das Potenzial, dieses Versprechen zu geben. Und die Bedeutung eines Wortes besteht in dem Beitrag, den es zu diesem Handlungspotenzial leistet. In unserem Beispielsatz signalisiert das Wort *versprechen* die Art der Handlung, die der Sprecher intendiert, nämlich ein Versprechen. Würden wir in diesem Satz *ich weigere mich* an Stelle von *ich verspreche dir* einsetzen, hätte der Satz ein anderes Handlungspotenzial: Wir könnten mit ihm eine Weigerung aussprechen.

Nun zum zweiten Grundgedanken. Der von uns betrachtete Satz ist kein Instrument für den einmaligen Gebrauch, sondern es gibt eine reguläre Praxis, diesen Satz mit dieser Intention zu verwenden. Als Sprecher des Deutschen wissen wir das, und wir wissen auch voneinander, dass wir das wissen. Und schließlich wissen wir auch, dass es richtig ist, den Satz unter bestimmten Bedingungen mit dieser Intention zu verwenden, während es sonderbar wäre, *ich weigere mich* zu verwenden, wenn man ein Versprechen geben möchte und dabei nicht ironisch reden möchte. Diese drei Merkmale, die Regularität der Verwendung, das gemeinsame Wissen der Sprecher über die Regularität und das Wissen über den normativen Charakter der Regularität machen nach gängiger Auffassung eine **Konvention** aus. Wenn wir berücksichtigen, wie die Einzelnen zu ihrem Bedeutungswissen kommen, müssten wir es vielleicht ein wenig schwächer formulieren: Es sind die wechselseitigen Annahmen oder Hypothesen, die die Konvention bilden. Wir dürfen uns Bedeutungskonventionen auch nicht zu statisch vorstellen: Der Gebrauch ist dauernd im Fluss.

Um über semantische Neuerungen reden zu können, müssen wir noch eine grundlegende Unterscheidung einführen. Wir unterscheiden zwischen dem regelhaften **Gebrauch** eines Ausdrucks und einer **Verwendung** dieses Ausdrucks in einer bestimmten Äußerung oder einem bestimmten Textzusammenhang. Eine Verwendung ist ein datierbares Ereignis: Leon Gerten verwendete den Ausdruck *krass* am 31. August 1999 um 14.23. Gebrauch und Verwendung stehen zueinander im Verhältnis von **Regel** und **Anwendung einer Regel**. Von einem Ausdruck sagen wir, er habe einen Gebrauch (d.h. eine Bedeutung), von einer Verwendung sagen wir, sie habe einen Sinn. Wenn man die Bedeutung eines Ausdrucks kennt, weiß man, wie man ihn verwenden kann. Wenn man den Sinn einer bestimmten Verwendung dieses Ausdrucks versteht, weiß man, was der SprecherSchreiber mit der betreffenden Verwendung des Ausdrucks gemeint hat.

Das bisher gezeichnete Bild vom Gebrauch sprachlicher Ausdrücke muss noch weiter ausdifferenziert und teilweise modifiziert werden, wenn wir die Dinge erfassen wollen, die uns bei der Untersuchung der Bedeutungsgeschichte von sprachlichen Ausdrücken besonders interessieren. Zunächst will ich zeigen, wie sprachliche Ausdrücke in unterschiedlicher Weise zum Handlungspotenzial von Sätzen beitragen. Danach werde ich drei wichtige Eigenschaften von Gebrauchsregeln erläutern: Gebrauchsregeln sind komplex, offen und veränderlich.

2.2   Das Handlungspotenzial von sprachlichen Ausdrücken

Sprachliche Ausdrücke können auf ganz unterschiedliche Art und Weise zum Handlungspotenzial eines Satzes beitragen, d.h. sie können für die Realisierung von ganz unterschiedlichen Aspekten von sprachlichen Handlungen geeignet sein (vgl. Fritz 2002). Einige Beispiele sollen das verdeutlichen:

Mit einem Ausdruck kann man

(i)   eine sprachliche Handlung machen, z.B. eine Bewertung mit einem Satz mit dem Adjektiv *cool* (*Das Buch ist cool*), eine Beschreibung mit *hart* (*Der Klebstoff ist jetzt hart*) oder eine Beschimpfung mit dem Substantiv *Esel* (*Du Esel!*),

(ii)   auf eine Frage antworten (A: *Hast du das nicht gewusst?* B: *Doch!*)

(iii)   auf einen bestimmten Gegenstand Bezug nehmen (*Dieser Strauch*),

(iv)   einen bestimmten Gedanken ausdrücken, z.B. dass ein bestimmtes Tier ein Greifvogel ist (*Das ist ein Greifvogel*),

(v)   zwei Gedanken verknüpfen (*weil* in *Er ist klug, weil er lacht*),

(vi)   jemanden höflich anreden (*Sehr geehrter Herr Minister. Sie ...*),

(vii)   einen Querverweis auf eine bestimmte Textstelle machen (*das vorher erwähnte Beispiel*)

(viii)   signalisieren, dass der ausgedrückte Sachverhalt zum gemeinsamen Wissen der Beteiligten gehört (*ja* in *Das war ja unvermeidlich*)

Die Art des Bedeutungsbeitrags kann sich im Lauf der Sprachgeschichte ändern. Ein ursprünglich beschreibendes Wort kann später bewertend verwendet werden, oder es kann sich für eine Antwortpartikel eine Verwendungsweise als Modalpartikel entwickeln.

2.3   Komplexität, Offenheit und Veränderbarkeit der Gebrauchsregeln

2.3.1   Die Bedeutung und das Spektrum der Verwendungsweisen

Häufig können wir Ausdrücke regelhaft auf unterschiedliche Weise verwenden. Nehmen wir als Beispiel den Satz (1)

(1)   Er muss wissen, dass das nicht stimmt

Mit diesem Satz kann man (mindestens) zwei verschiedene Arten von Handlungen machen. Diese beiden Gebrauchsvarianten kann man durch folgende beiden Paraphrasen verdeutlichen:

(1a)   Es ist notwendig, dass er weiß, dass das nicht stimmt (– wenn er keinen großen Fehler machen will)

(1b)   Alle Indizien sprechen dafür, dass er weiß, dass das nicht stimmt.

Diese Möglichkeit eines unterschiedlichen Verständnisses von (1) beruht auf einer besonderen Eigenschaft von *müssen*: es besitzt (mindestens) zwei **Verwendungsweisen**. Da wir nicht annehmen wollen, dass es sich hier um zwei verschiedene Wörter *müssen* handelt, nehmen wir an, dass diese beiden Verwendungsweisen – und möglicherweise noch andere, die wir erst herausfinden müssen – die Bedeutung von *müssen* ausmachen. (Wie man Verwendungsweisen ermittelt, soll in Abschnitt 3.1.2 behandelt werden.) Allgemein formuliert können wir sagen: die Bedeutung eines Ausdrucks besteht in dem Spektrum seiner Verwendungsweisen. Wenn ein Ausdruck mehrere Verwendungsweisen besitzt, spricht man von einer **Polysemie** dieses Ausdrucks (vgl. Kap. 11). Die Polysemie ist ein Mittel der sprachlichen Ökonomie: Eine neue Verwendungsweise ist so gut wie ein neues Wort.

Für die Untersuchung des Bedeutungswandels ist die Berücksichtigung der einzelnen Verwendungsweisen eines Ausdrucks deshalb notwendig, weil sich häufig nicht das ganze Spektrum der Verwendungsweisen verändert, sondern nur eine bestimmte Verwendungsweise neu hinzukommt oder verloren geht.

2.3.2 Gebrauch und Kollokationen

Ein wichtiger Aspekt des Gebrauchs von sprachlichen Ausdrücken ist ihr Zusammen-Vorkommen mit anderen Ausdrücken in Sätzen und Texten. Man spricht von den **Kollokationen** eines Ausdrucks. Kollokationen finden sich einerseits in bestimmten syntaktischen Konstruktionen, andererseits aber auch offener als Affinitäten in thematischen Zusammenhängen. Syntaktische Verknüpfungen, die für Kollokationen besonders relevant sind, sind etwa die Beziehung zwischen einem Verb und seinen Subjekts- oder Objektsbelegungen oder zwischen einem Adjektiv und den Substantiven, zu denen es attribuiert werden kann. Als Beispiele führe ich an: verschiedene Belegungen der Objektsposition beim Verb *besuchen* (2') sowie einige Substantive, zu denen das Adjektiv *hart* attribuiert werden kann (3'):

(2)   besuchen
(2')   ihre Freundin, seine Patienten, den Zoo, das Gymnasium

(3)   hart
(3')   Gegenstand, Bett, Strafe, Kritik, Arbeit, Zeiten, Konkurrenzkampf, Drogen

Auf thematische Affinitäten deuten Kollokationen wie die folgenden hin, d.h. der Ausdruck *Angst* kommt typischerweise im Textzusammenhang mit Ausdrücken aus der Liste (4') vor (vgl. Heringer 1999, 114):

(4)   Angst
(4')   Zukunft, Existenz, Situation, Krieg, Gewalt, Tod, Krankheit, Hoffnung, Wut

Wenn wir unserer semantischen Analyse Textkorpora zugrunde legen, und das ist in der historischen Semantik fast notwendigerweise der Fall, dann ist die Erhebung von charakteristischen Kollokationen ein entscheidender Schritt in der Beschreibung des Gebrauchs. Die Beobachtung von Veränderungen in den Kollokationen ermöglicht eine Beschreibung von Veränderungen im Gebrauch. Nehmen wir an, wir finden in einem mhd. Korpus zum Verb *vellen* (dem Gegenstück zu nhd. *fällen*) Belegungen der Objektsposition wie in (5), so gäbe uns das schon einen ersten Hinweis darauf, dass das Verb *vellen* im Mhd. eine andere Bedeutung hat als *fällen* im Nhd., bei dem wir Objektsbelegungen wie in (6) finden könnten:

(5)   bürge (‚Burgen'), den hirz (‚Hirsch'), einen ritter (beim Turnier vom Pferd), bleter (Blätter vom Baum), einen boum (‚Baum')

(6)   einen Baum, einen Gegner (im Boxring), das Urteil, das Lot

2.3.3 Die Offenheit der Regeln

In vielen Fällen sind die Grenzen der Anwendung eines Ausdrucks fließend. Man kann sagen *ein scharfes Licht*, aber kann man auch sagen *die scharfe Sonne*? Als Sprecher und Hörer überblicken wir oft nicht die Vielfalt der möglichen Kollokationen. Da ist es dann auch kein Wunder, dass verschiedene Leute ein unterschiedliches Spektrum von Verwendungsweisen kennen und akzeptieren. Und da man leicht den gängigen Anwendungsbereich der Regeln überschreitet – bemerkt oder unbemerkt –, ist es auch nicht verwunderlich, dass Gebrauchsregeln historisch offen sind.

2.3.4 Verwendungen mit Spezialeffekten

Die Befolgung der Gebrauchsregeln ist noch in einer anderen Hinsicht offen: Es gibt gängige Verfahren, Ausdrücke so zu verwenden, dass man damit Spezialeffekte erzielen kann. Beispiele dafür sind die **metaphorische, metonymische** oder **ironische** Verwendung von Ausdrücken, mit denen man besonders assoziationsreich, expressiv oder auffallend reden kann. Verwendungen dieser speziellen Art können ganz neuartig sein und auf diese besondere Weise den etablierten Anwendungsbereich der Regel überschreiten. Sie können sich dann aber auch einspielen, so dass sie zu neuen Verwendungsweisen werden, wie in den folgenden Beispielen jeweils die zweite Deutung zeigt:

(7)   Gegen diesen Virus muss man sich schützen (den Grippevirus / den Computervirus)

(8)   Der Blinddarm macht Probleme (das Organ / der Blinddarm-Patient)

(9)   Das war eine schöne Überraschung! (eine angenehme Überraschung / eine böse Überraschung)

Näheres zu diesen semantischen Techniken und ihrer Rolle in der Bedeutungsgeschichte finden Sie in den Kapiteln 8 bis 10.

2.4   Nicht-konventionelle Äußerungen verstehen

Wenn ein Sprecher einen Ausdruck auf konventionelle Art und Weise verwendet, kann der Hörer sich auf seine Regelkenntnis und die Kenntnis des jeweiligen Kontexts verlassen, um die betreffende Äußerung direkt zu verstehen. Zwar ist jede neue Äußerung in dem Sinne eine Variante, dass sie in einem neuen historischen Kontext steht, aber die Möglichkeit der Zuordnung einer Äußerung zu einer Regel erlaubt häufig ein direktes, regelbasiertes Verständnis. Aber auch wenn jemand etwas auf nicht-konventionelle Art und Weise sagt, ist der Hörer nicht am Ende seiner Möglichkeiten. Er kann in dieser Situation seine Fähigkeit nutzen, das vom Sprecher Gemeinte, den Sinn der Äußerung, zu erschließen, d.h. die Äußerung zu deuten. Diese Fähigkeit beruht u.a. auf folgenden Teilfähigkeiten und Wissensbeständen:

Der HörerLeser

(i)   kennt den normalen Gebrauch der verwendeten Ausdrücke (semantisches Wissen).

(ii)   kennt gängige Spezialverfahren für die Verwendung von Ausdrücken (metaphorische Verwendung etc.).

(iii)   kennt mögliche Vorbilder (Präzedenzen) für die vorliegende besondere Verwendung.

(iv)   ist auf der Höhe der Kontextentwicklung in der Kommunikation bzw. im Text.

(v)   besitzt stereotypes Wissen über die in der Kommunikation / im Text behandelten Gegenstände.

(vi)   kennt einschlägige Kommunikationsprinzipien und weiß, wie sie im betreffenden Kontext anzuwenden sind (das Relevanzprinzip, das Prinzip der Genauigkeit, das Prinzip der Informativität usw.).

(vii)   kann aufgrund der genannten Wissensbestände und Fähigkeiten Hypothesen über das Gemeinte aufstellen und überprüfen (z.B. hinsichtlich der Verträglichkeit des gerade Gesagten mit dem vorher in der Kommunikation / im Text Gesagten).

Als Beispiel gebe ich folgenden Ausschnitt aus einem Zeitungsartikel, der am 10.11.1983 im „Schwäbischen Tagblatt" in Tübingen erschien.

> Börners Ritt auf dem grünen Tiger
> In Bonn ist man gespannt, ob in Hessen die Kooperation mit den Grünen gelingt
> Ein für seine bildhafte Sprache bekannter Bonner Sozialdemokrat der ersten Garnitur betrachtet das Ereignis als zirzensische Sensation mit hohem Nervenkitzel: „Der Holger Börner sitzt auf einem Tiger, von dem er nicht weiß, wann er ihn abwirft und ihn frißt." Deutlicher kann man die Spannung nicht beschreiben, mit der die Bonner Sozialdemokraten das Bündnisangebot der Genossen in Hessen an die Grünen beobachteten.

Der Ausgangspunkt der Berichterstattung war die Äußerung des nicht namentlich genannten Bonner Sozialdemokraten „Der Holger Börner sitzt auf einem Tiger [...]". Mit der Verwendung dieses Satzes bezog dieser sich auf die Situation, dass der zukünftige Ministerpräsident von Hessen den Grünen ein Koalitionsangebot machte.

Der Zuhörer und auch der Journalist, der dieses Zitat in einer Agenturmeldung fand, konnte annehmen, dass Börner nicht unter die Zirkusreiter gegangen war und dass die Äußerung des Sozialdemokraten aus Bonn deshalb auf besondere Weise verstanden werden musste. In dieser Situation konnte er eine Reihe von Annahmen und Wissensbeständen nutzen, die Teil seiner Deutungsroutine sind:

1.   Er konnte annehmen, dass der Sprecher mit seiner Äußerung einen relevanten Kommentar zur politischen Situation machen wollte. (Relevanzprinzip)

2.   Er konnte versuchsweise annehmen, dass die Äußerung metaphorisch gemeint war.

3.   Er wusste, dass man metaphorische Verwendungen deuten kann, indem man nach Analogien zwischen dem Ausgangsbereich (auf einem Tiger reiten) und dem Zielbereich (eine Koalition eingehen) sucht. (Teil der Deutungsfähigkeit)

4.   Er kannte (vielleicht) ein mögliches Vorbild für diese metaphorische Verwendung: *ein Ritt auf dem Drachen* oder dergleichen. (Präzedenz)

5. Er wusste, auf welches Tier man sich mit dem Wort *Tiger* bezieht, und er wusste auch einiges über die Gefährlichkeit von Tigern und was es bedeutet, von einem Tiger abgeworfen und gefressen zu werden. (Stereotypes Wissen über Tiger etc.)

6. Er konnte annehmen, dass es spannend wäre, etwa in einem Zirkus einem Ritt auf einem Tiger zuzuschauen. (Stereotypes Zirkuswissen)

7. Er wusste, dass ein Ministerpräsident, dessen Koalition platzt, leicht sein Amt und dann auch politischen Einfluss verliert. (Stereotypes Wissen über politische Vorgänge)

8. Er wusste, dass Börner den Grünen eine Zusammenarbeit im Landtag angeboten hatte, dass eine Koalition mit den Grünen etwas ganz Neues war und dass viele der Auffassung waren, die Grünen seien politisch unkalkulierbar und unzuverlässig. (Laufendes Wissen über den Stand der öffentlichen Diskussion)

Der Journalist, der den Artikel schrieb, griff die metaphorische Verwendung auf und nutzte sie als Blickfang in der Überschrift des Artikels. Dabei war die Verbindung *grüner Tiger* noch ein besonderer Gag. Weiterhin gab er dem Leser gleich eine Deutung mit, nämlich dass der Sprecher damit ausdrücken wollte, dass dieser politische Vorgang eine Sensation sei und mit großer Spannung beobachtet werde. Bei dieser Deutung bediente sich der Journalist der unter 6. aufgeführten Annahme. Wer diese Annahme nicht als relevant einschätzte oder gar nicht auf diesen Gedanken kam, konnte vielleicht die Wissensbestände 5., 7. und 8. nutzen und damit zu der Deutung gelangen, dass der Sprecher ausdrücken wollte, dass Börner wegen der angenommenen Unzuverlässigkeit der Grünen in Gefahr sei, sein zukünftiges Amt und seinen politischen Einfluss zu verlieren.

Dieses Beispiel zeigt nicht nur, in welcher Weise man von Deutungsressourcen Gebrauch macht, sondern auch, dass manchmal unterschiedliche Deutungen möglich sind, die, wie in unserem Fall, auch nicht unverträglich sein müssen. Gleichzeitig zeigt es ein typisches Verbreitungsphänomen: Eine als innovativ und attraktiv gesehene Äußerung einer prominenten Person wird in der Presse aufgenommen und weiter verbreitet.

Die Beobachtung, dass man unter geeigneten Bedingungen mit der Verwendung eines bestimmten Ausdrucks mehr oder Anderes zu verstehen geben kann als man normalerweise damit ausdrückt, wurde in den 60er Jahren von Paul Grice zum Anlass genommen, seine Theorie der **konversationellen Implikaturen** zu entwickeln (vgl. Grice 1989, Part I). Unter einer konversationellen Implikatur verstand er die Anwendung eines Verfahrens wie der ironischen Rede, der metaphorischen Rede, des Understatements und anderer Verfahren, für die es keine gängigen Namen gibt. Ein methodischer Grundgedanke von Grice bestand darin, die Eigenschaften von Implikaten (d.h. den Resultaten von Implikaturen) dadurch zu erhellen, dass er zeigte, wie man Implikate – heute nennt man meistens auch diese Implikaturen – erschließt und welche Rolle dabei Kommunikationsprinzipien und bestimmte Wissensbestände spielen. Grice zog im Zusammenhang seiner theoretischen Reflexionen auch eine Möglichkeit in Betracht, die in der historischen Semantik eine wichtige Rolle spielt: „... it may not be impossible for what starts life, so to speak, as a conversational implicature to become conventionalized" (Grice 1989, 39). Hermann Paul hatte einen verwandten Gedanken gut hundert Jahre zuvor folgendermaßen formuliert: „Darin verhält sich der bedeutungswandel genau wie der lautwandel, dass er zu stande kommt durch eine abweichung in der individuellen anwendung von dem usuellen, die allmählig usuell wird" (Paul 1886, 66).

2.5 Semantisches Wissen

Eine Teilfähigkeit der allgemeinen Fähigkeit von Sprechern und Hörern sich zu verständigen ist die semantische Kompetenz bzw. das semantisches Wissen. Das semantische Wissen über einen Ausdruck, so könnte man sagen, ist das Wissen, das man benötigt, um das Handlungspotenzial eines Ausdrucks nutzen zu können. Dieses Wissen der Sprecher hat eine besondere Struktur: es besteht aus den wechselseitigen Annahmen der Sprecher über die Annahmen der anderen Sprecher in Bezug auf den Gebrauch der Ausdrücke. Man nennt derartiges verschränktes Wissen **gemeinsames Wissen** bzw., aus der Perspektive einer Sprechergemeinschaft, **kollektives Wissen**.

Die Wissensbestände des semantischen Wissens sind nach Wortarten unterschiedlich organisiert. Bei Verben oder Adjektiven spielt es beispielsweise eine wichtige Rolle zu wissen, auf welche Arten von Gegenständen sie normalerweise angewendet werden: *reiten* sagt man vor allem in Bezug auf Pferde, aber – anders als beim englischen *to ride* – normalerweise nicht bei Fahrrädern, *blond* sagt man in Bezug auf Haare, aber normalerweise nicht in Bezug auf ein Weizenfeld. Bei Substantiven gehört zum semantischen Wissen ein bestimmtes Wissen über die Art von Gegenstand, die man mit dem betreffenden Substantiv benennen kann. Dabei kann man bei vielen Ausdrücken zentrales und eher peripheres Wissen unterscheiden. Am Beispiel des Ausdrucks *Tiger* aus dem vorigen Abschnitt will ich das erläutern. Sehen wir uns dazu einen typischen Wörterbucheintrag zu *Tiger* an: „(in Asien heimisches, zu den Großkatzen gehörendes) sehr kräftiges, einzeln lebendes Raubtier von blass rötlich gelber bis rotbrauner Färbung mit schwarzen Querstreifen" (DUDEN-Universalwörterbuch 2001, 1579). Um ein entsprechendes Tier im Zoo richtig identifizieren zu können, genügt es zu wissen, dass ein Tiger eine große Raubkatze mit schwarzen Querstreifen ist. Um die Verwendung in *Börner reitet auf dem Tiger* zu verstehen, müsste man zusätzlich noch wissen, dass Tiger dem Menschen gefährlich werden können. Dagegen erscheint das Wissen, dass Tiger in Asien heimisch sind und dass sie einzeln leben, für den normalen Gebrauch des Wortes eher peripher. Allerdings wäre das letzte Stück Wissen nützlich, um zu verstehen, warum *ein Rudel Tiger* ein sonderbarer Ausdruck ist. Man hat versucht, in derartigen Wissensbeständen eine Grenze zwischen lexikalischem Wissen (Sprachwissen) und enzyklopädischem Wissen (Sachwissen) zu ziehen, ohne dass es gelungen wäre, trennscharfe Kriterien für die jeweilige Zuordnung zu finden. In neueren semantischen Theorien wird daher eine strenge Trennung derartiger Wissensbestände nicht mehr angenommen. „Die Grenze zwischen Sprachwissen und Sachwissen muss nicht gezogen werden. Die semantische Welt ist reicher ohne sie" (Heringer 1999, 23).

Für die historische Semantik ist Offenheit bei der Berücksichtigung von semantischem Wissen ohnehin ein vernünftiges Prinzip, da viele Bedeutungsveränderungen auf einer schrittweisen Veränderung des kollektiven Wissens über Gegenstände beruhen. Denken wir etwa an die Veränderung der Bedeutung von *Wagen*. Noch 1922 wurde im Grimmschen

Wörterbuch folgende Erläuterung gegeben: „gewöhnlich versteht man unter *wagen* ein auf rädern gehendes beförderungsmittel für gegenstände und personen, das von thieren, namentlich von Pferden, gezogen wird" (DWb 27, 380). Heute wird man als zentrale Verwendungsweise von *Wagen* den Bezug auf ein Auto sehen. Die entscheidende Veränderung im Gebrauch des Ausdrucks *Wagen* hängt mit der Veränderung des Kollektiven Wissens über das prototypische „Beförderungsmittel für Gegenstände und Personen" zusammen.

Ein weiterer Aspekt des semantischen Wissens spielt für die historische Semantik eine wichtige Rolle: Das Kollektive Wissen ist nicht homogen. Verschiedene Sprecher haben unterschiedliches Wissen, insbesondere ist das Wissen nach sozialen Gruppierungen differenziert. Angesichts der Genese von Konventionen und der Art und Weise, wie wir die Bedeutung von Ausdrücken lernen, ist das auch nicht verwunderlich. Die Inhomogenität des semantischen Wissens in Bezug auf Sprechergruppen und einzelne Sprecher entsteht durch semantische Entwicklungsprozesse und ist selbst wieder ein Faktor der Bedeutungsveränderung. Dies passt gut zu der Hypothese, die der französische Linguist Antoine Meillet schon vor hundert Jahren aufstellte, dass nämlich Ausdrücke vor allem bei der Übernahme aus einer Gruppensprache in die gruppenübergreifende Umgangssprache und bei der umgekehrten Übernahme ihre Bedeutung verändern (vgl. Meillet 1905/06).

2.6 Semantische Entwicklungsprozesse

Eine innovative Verwendung eines Ausdrucks ist oft nur der erste Schritt in einem längeren Entwicklungsprozess. Nehmen wir an, einem Sprecher gelingt aktiv oder passiert zufällig eine innovative Verwendung eines Ausdrucks. In dieser Situation kann nun eine ganze Reihe von Ereignissen eintreten, die unser Sprecher als Einzelner nicht mehr in der Hand hat. Die erste Möglichkeit ist natürlich die, dass weiter gar nichts passiert. Dem Sprecher selbst und seinen Gesprächspartnern fällt nichts auf, oder sie sehen die Art der Verwendung vielleicht als Ausrutscher und niemand macht weiter davon Gebrauch. Das ist dann möglicherweise schon das Ende der Geschichte dieser Innovation. Es kann aber auch sein, dass ein Gesprächspartner versteht, wie diese Verwendung gemeint ist, sei es ganz spontan oder nach angestrengter Deutungsarbeit. (Es kann natürlich auch sein, dass dieser die neuartige Verwendung *falsch* versteht. Das führt manchmal zu sonderbaren Dialogverläufen.) Dem Gesprächspartner gefällt diese neue Verwendung und er ahmt sie bei nächster Gelegenheit nach. Auch der erste Sprecher greift diese Art der Verwendung wieder auf. So spielt sich die Art der Verwendung im kleinsten Kreise ein und es bildet sich eine neue kleine Routine. Andere Sprecher kommen dazu, hören diese Verwendungsweise, finden sie auch attraktiv und übernehmen sie ihrerseits. So verbreitet sich die Verwendungsweise in immer weiteren Kreisen. Nach einiger Zeit ist die neue, ursprünglich ungewöhnliche Verwendungsweise nicht mehr ungewöhnlich. Sie ist alltäglich geworden und ihr besonderer Reiz geht allmählich verloren. Die Sprecher wissen nach einiger Zeit gar nicht mehr, dass diese Verwendungsweise einmal etwas Besonderes war. Der pragmatische Spezialeffekt ist lexikalisiert und damit als Spezialeffekt nicht mehr erkennbar. In dieser Situation gelingt oder passiert einem Sprecher vielleicht eine innovative Verwendung eines a n d e r e n Ausdrucks, mit dem man etwa dasselbe ausdrücken kann wie mit dem alltäglich gewordenen, nur etwas pfiffiger. Die Verwendung des alten Ausdrucks bekommt starke Konkurrenz, so dass er jetzt nur noch seltener verwendet wird. Schließlich wird er so selten (in dieser Weise) verwendet, dass eine neue Sprechergeneration ihn gar nicht mehr lernt. Der Ausdruck – oder die betreffende Verwendungsweise des Ausdrucks –, veraltet, wie man sagt, und stirbt schließlich aus.

Diese komplexen Prozesse im Lebenszyklus eines Wortes bzw. einer Verwendungsweise eines Wortes gehören zu den interessantesten, aber auch zu den am schwersten zu untersuchenden Gegenständen der historischen Semantik. Obwohl wir als Sprecher an derartigen Vorgängen dauernd beteiligt sind, beobachten wir sie meist nicht genau oder wir nehmen sie gar nicht wahr. Das liegt daran, dass viele Neuerungen ganz unspektakulär sind und vielleicht erst dann auffällig werden, wenn durch eine Abfolge mehrerer kleiner Schritte eine stärkere Veränderung eintritt. Auf jeden Fall dokumentieren wir sie im Alltag normalerweise nicht, so dass wir z.B. oft nach kurzer Zeit nicht mehr wissen, wo, wann, von wem und in welchem Zusammenhang wir eine neue Verwendungsweise gehört haben, die wir selbst übernommen haben. Für die Wissenschaft ist diese Situation natürlich eine besondere Herausforderung.

2.7   Wie entstehen Konventionen?

Einen dieser semantischen Entwicklungsprozesse wollen wir an dieser Stelle noch etwas genauer betrachten, die Entstehung von Konventionen. Damit eine neue Verwendung sich zu einem konventionellen Gebrauch einspielt, müssen in der Kommunikation einige Schritte getan werden, die wie folgt beschrieben werden können:

1.   Der HörerLeser findet eine Deutung der neuen Verwendung, nach der er diese als geeignete Lösung für eine kommunikative Aufgabe betrachten kann.
2.   Die Verwendung wird wiederholt (vom SprecherSchreiber, vom HörerLeser oder von beiden), so dass sich eine Regularität des Gebrauchs ergibt.
3.   Die Wiederholung stabilisiert die wechselseitigen Erwartungen der Beteiligten, dass die betreffende Form der Äußerung in der betreffenden Funktion verwendet wird.
4.   Die Beteiligten erkennen diese Regularität, so dass sie nun zum gemeinsamen Wissen der Beteiligten gehört.
5.   Es schließen sich noch weitere Sprecher der betreffenden Verwendungsweise an, so dass sie in einer Sprechergemeinschaft etabliert wird.

Diese Vorgänge sind uns als teilnehmenden Beobachtern der kommunikativen Praxis durchaus vertraut, sie sind aber wissenschaftlich schwer zu dokumentieren, so dass ich als Illustration ein literarisches Beispiel verwende, das diese Vorgänge erzählerisch behandelt. In seinem Roman „Die Buddenbrooks" aus dem Jahre 1901 schildert Thomas Mann, wie sich bei der Begegnung zwischen der Patriziertochter Tony Buddenbrook und Morten Schwarzkopf, dem Sohn eines Lotsenkommandeurs, ein spezieller Gebrauch des Ausdrucks *auf den Steinen sitzen* etabliert. Auf gemeinsamen Spaziergängen der jungen Leute kommt es zu folgenden Gesprächen:

„Nun marschieren wir geradeswegs auf den Möllendorpfschen Pavillon zu", sagte Tony. „Lassen Sie uns doch etwas abbiegen!"

„Gern... aber Sie werden sich nun ja wohl den Herrschaften anschließen... Ich setze mich da hinten auf die Steine."

„Anschließen... ja, ja, ich werde wohl guten Tag sagen müssen. Aber es ist mir recht zuwider, müssen Sie wissen." [...]

„Hören Sie, Fräulein Buddenbrook, ich muß Sie auch noch e i n e s fragen... aber bei Gelegenheit, später, wenn Zeit dazu ist. Nun erlauben Sie, daß ich Ihnen Adieu sage. Ich setze mich da hinten auf die Steine...".

„Soll ich Sie nicht vorstellen, Herr Schwarzkopf?" fragte Tony mit Wichtigkeit.

„Nein, ach nein...", sagte Morten eilig, „Ich danke sehr. Ich gehöre doch wohl kaum dazu, wissen Sie. Ich setze mich da hinten auf die Steine..."

Es war eine größere Gesellschaft, auf die Tony zuschritt, während Morten Schwarzkopf sich rechter Hand zu den großen Steinblöcken begab, die neben der Badeanstalt vom Wasser bespült wurden, [...].

[Die Gesellschaft] ging oberhalb des Strandes auf dem Steg [...] der Badeanstalt zu; und als man an den Steinen vorüberkam, wo Morten Schwarzkopf mit seinem Buche saß, nickte Tony ihm aus der Ferne mehrmals mit rascher Kopfbewegung zu. Jemand erkundigte sich: „Wen grüßtest Du, Tony?" „Oh, das war der junge Schwarzkopf", sagte Tony; „er hat mich herunterbegleitet..." [...]

Es konnte nicht fehlen, daß Tony oftmals mit ihrer städtischen Bekanntschaft am Strande oder im Kurgarten verkehrte, daß sie zu dieser oder jener Reunion und Segelpartie hinzugezogen wurde. Dann saß Morten „auf den Steinen". Diese Steine waren seit dem ersten Tage zwischen den beiden zur stehenden Redewendung geworden. „Auf den Steinen sitzen", das bedeutete: „vereinsamt sein und sich langweilen". Kam ein Regentag, der die See weit und breit in einen grauen Schleier hüllte, daß sie völlig mit dem tiefen Himmel zusammenfloß, [...], dann sagte Tony: „Heute müssen wir beide auf den Steinen sitzen... das heißt in der Veranda oder im Wohnzimmer [...]"

„Ja", sagte Morten, „setzen wir uns... Aber wissen Sie, wenn *Sie* dabei sind, so sind es keine Steine mehr!"

Thomas Mann zeigt sehr schön, wie der Ausdruck *auf den Steinen sitzen* nach und nach zur stehenden Redewendung wird, wie die Redewendung die Funktion der Kennzeichnung einer emotional brisanten Situation bekommt und sich als ein Stück Geheimsprache für die Verliebten einspielt.

2.8 Kommunikationsgeschichte und Bedeutungsgeschichte

An dem eben gegebenen Beispiel lässt sich gut zeigen, wie Kommunikationsgeschichte und Bedeutungsgeschichte zusammenhängen. Wenn wir die Schritte der ersten Verwendung und Deutung des Ausdrucks *auf den Steinen sitzen*, die Entstehung von gemeinsamem Wissen über den Sinn dieser Verwendung durch Bezug auf frühere Verwendungen, die Wiederholung der Verwendung des Ausdrucks und die Verfestigung der Verwendungsweise betrachten, so sehen wir diese Ereignisse als Ereignisse der Kommunikationsgeschichte der Beteiligten. Wenn wir dagegen feststellen, dass als Ergebnis dieser Ereignisse sich in dieser kleinen Sprechergemeinschaft eine neue Verwendungsweise etabliert hat, so ist dies eine bedeutungsgeschichtliche Feststellung. Wir sehen also, wie aus Kommunikationsgeschichte Sprachgeschichte entstehen kann. Unter dem Gesichtspunkt der gängigen wissenschaftlichen Sparteneinteilung könnte man daraus folgende Schlüsse ziehen: Kommunikationshistorische Ereignisse sind Gegenstand der historischen Pragmatik, bedeutungsgeschichtliche Ereignisse dagegen sind Gegenstand der historischen Semantik. Da sich die historische Semantik aber notwendigerweise mit kommunikationshistorischen Ereignissen wie Innovation, Aufnahme und Verbreitung von Neuerungen beschäftigt, ist sie zu einem beträchtlichen Teil historische Pragmatik. Diese Beobachtung zeigt natürlich auch die Problematik der gängigen Sparteneinteilung.

Lektürehinweise

- Knappe Hinweise auf andere Theorieansätze finden sich in Fritz (1998a, Kap. 4) und Keller (1995, Teile I und II).

- Blank (1997) gibt einen Überblick über die wichtigsten Probleme des Bedeutungswandels mit reichem Beispielmaterial aus den romanischen Sprachen. Er entwickelt eine theoretische Konzeption, die in manchem der in diesem Buch dargestellten verwandt ist.

- Geeraerts (1997) behandelt die Bedeutungsentwicklung sprachlicher Ausdrücke aus der Perspektive einer kognitiven Semantik. Dabei verwendet er vorwiegend niederländisches Belegmaterial. An den Stellen, an denen Geeraerts die Notwendigkeit der Berücksichtigung kommunikativer und sozialer Faktoren bei der Erklärung des Bedeutungswandels betont, erkennt man eine Konvergenz zwischen seiner Version einer kognitiven Semantik und einer Gebrauchstheorie. Weitere Gemeinsamkeiten bestehen in der Berücksichtigung des stereotypen und dynamischen Wissens der Sprecher beim Gebrauch sprachlicher Ausdrücke und in der auf Wittgenstein zurückgehenden Annahme einer Familienähnlichkeits- und Prototypenstruktur von Verwendungsweisen.

- Einen Eindruck von der gegenwärtigen Diskussion der historischen Semantik aus unterschiedlichen Perspektiven geben die Sammelbände Blank/Koch (1999) und Eckardt/von Heusinger/Schwarze (2003).

- Wer sich für ältere Konzeptionen der historischen Semantik interessiert, sollte nicht versäumen zwei Klassiker zu lesen, das Kapitel IV von Hermann Pauls „Prinzipien der Sprachgeschichte" („Der Wandel der Wortbedeutung") von 1920 (zuerst und in kürzerer Form in der zweiten Auflage von 1886) und Jost Triers Einleitung zu seinem Buch „Der deutsche Wortschatz im Sinnbezirk des Verstandes" („Über Wort- und Begriffsfelder") von 1931. Einen Überblick über die Frühgeschichte der historischen Semantik gibt Nerlich (1992).

3. Methodische Fragen

Dieses Kapitel beschäftigt sich mit Methoden der semantischen Beschreibung, der Darstellung von Bedeutungsveränderungen und der Gewinnung und Nutzung von Datenmaterial.

3.1 Zur semantischen Beschreibung

3.1.1 Die Verwendungszusammenhänge eines Ausdrucks

Wie wir in 2.2 gesehen haben, kann man die Bedeutung eines Ausdrucks beschreiben, indem man die Aspekte des Handlungspotenzials angibt, die man mit dem betreffenden Ausdruck realisieren kann. Allgemeiner gesprochen beschreibt man die Bedeutung eines Ausdrucks, indem man seine Verwendungszusammenhänge beschreibt. Dazu gehören:

(i) die Arten und Aspekte von sprachlichen Handlungen, zu denen seine Verwendung beiträgt: Bewerten (*cool*), Beschimpfen (*Bulle*), Erlauben (*dürfen*), Bezugnahme auf Gegenstände (*diese Birne*), Klassifikation von Gegenständen (*Strauch* vs. *Baum*), Prädikation (*groß*, *klein*, *braun*, *lila*), kausale Verknüpfung von Propositionen (*weil*, *da*, *nachdem*), lokale Bezugnahme (*auf dem Dach*, *über dem Dach*), höfliche Rede (*darf ich Sie bitten ...?*) usw.,

(ii) seine Kollokationen im Satz und Text (*fällen* und *Baum*, *Liebe* und *Kinder*),

(iii) seine Beziehungen zu Verwendungsweisen anderer Ausdrücke (z.B. Folgerungsbeziehungen *Tiger / Raubtier*, Kontrastbeziehungen *dumm / klug*),

(iv) die Kommunikationsformen und thematischen Zusammenhänge, in denen der Ausdruck verwendet wird, z.B. die Beschreibung von bestimmten Gegenständen (z.B. Krankheitsbezeichnungen), die Verwendung in bestimmten institutionellen Kommunikationen (*Aussage* vor Gericht), in speziellen Fachkommunikationen (Computertechnik, Verwaltung), in einer bestimmten Theorie (*Bedeutung*) usw.,

(v) allgemein: das kollektive Wissen, das die Verwendung des Ausdrucks in einer bestimmten historischen Lebensform normalerweise voraussetzt

In jedem dieser Verwendungszusammenhänge kann sich der Gebrauch von Ausdrücken historisch verändern.

Das Prinzip, bei der Bedeutungsbeschreibung den Zusammenhang der Wortschatznachbarn zu berücksichtigen, unser Punkt (iii), war den Semantikern schon vor hundert Jahren vertraut: „[Man kann versuchen, diesem Prinzip zu folgen,] indem bei der Bearbeitung der einzelnen Wörter immer auf diejenigen geachtet wird, die zu ihnen in einer begrifflichen Beziehung stehen" (Paul 1895, 82). Einen grundlegenden theoretischen Status bekam dieses Prinzip in der strukturellen Semantik, die die Bedeutung eines Ausdrucks in seiner Stellung in einem System von Oppositionen sah (vgl. Trier 1931, Lutzeier 1995).

Informationen über Kommunikationsformen und historisches kollektives Wissen (Punkte (iv) und (v)) sind beispielsweise dann besonders wichtig für die semantische Beschreibung, wenn ein Ausdruck eine zentrale Rolle in einer bestimmten Auseinandersetzung spielt. Ein Beispiel ist der Gebrauch des Ausdrucks *Pietist* als Schimpfwort in der Zeit um 1700. Um den Gebrauch dieses Ausdrucks zu verstehen, müssen wir wissen, dass es in der Zeit um 1700 eine Kontroverse gab zwischen Vertretern zweier protestantischen Gruppierungen, den sog. Orthodoxen und den im Laufe dieser Kontroverse so genannten *Pietisten*. Vertreter der pietistischen Richtung forderten eine Reform der protestantischen Kirche, eine Stärkung des persönlichen Glaubens des Einzelnen und eine bessere Verwirklichung der christlichen Lehre in der Alltagspraxis. Die orthodoxe Gegenseite warf den Pietisten vor, von Luthers Lehre abzuweichen und ketzerisch eine Spaltung der protestantischen Kirche anzustreben. Dagegen wehrten sich protestantische Theologen wie Spener und Francke in verschiedenen Streitschriften. Insbesondere wehrten sie sich gegen die Einführung des Schimpfworts *Pietisten*, mit der die orthodoxe Seite zu suggerieren versuchte, dass es hier eine homogene Gruppe gäbe, die auf sektiererische Umtriebe aus sei. In dem Gebrauch des Schimpfworts *Pietisten* ist die ganze Kontroverse in nuce zu fassen. Gegen die Verwendung des Schimpfworts und den damit verbundenen Sektenvorwurf wandte sich A. H. Francke im folgenden Text (1). Interessanterweise gab es schon früh die Tendenz, die beschimpfende Kennzeichnung sozusagen als Ehrennamen zu übernehmen. Darauf bezog sich Francke im Text (2).

(1) Es hat ja der Läster-Geist vor einigen Jahren den Pietisten-Namen auf die Bahn gebracht / die Lehre von der Gottseligkeit damit zu beschmeissen und diejenigen / so auf ein rechtschaffenes thätiges Christenthum dringen / einer Ketzerey und Sectirerey / oder wenigstens eines gefährlichen Schismatis [einer Spaltung der Kirche, GF] durch solchen Namen schuldig zu machen. Ob nun wol diejenigen / so man damit zuerst beleget / solches nie anders / als eine Verleumdung / angenommen / und viele Apologien [Rechtfertigungsschriften, GF] / sonderlich des sel. Hn. Doct. Speners Schrifften / der Welt vor Augen liegen / darinne öffentlich bezeuget wird / daß die Welt diesen Namen gantz unverdienter weyse vielen / die in der Evangelischen Kirchen das Lehr-Amt bedienen / sich von Hertzen zu der evangelischen Lehre bekennen / bey der Lauterkeit der Lehre aber die Nothwendigkeit eines rechtschaffenen thätigen Christenthums urgiren / aufgeleget habe; So haben doch theils boshafftige / theils unbedachtsame und unwissende Leute / die entweder solche Apologien nicht gelesen / oder muthwillig Lästerung mit Lästerung gehäuffet / nicht abgelassen / ihnen eine Einbildung von einer gewissen Secte / die der Pietismus heisse / zu machen / und anderen einzupflantzen.

(A.H. Francke, Antwort=Schreiben (1707), Schriften Bd. I, 225)

(2) Haben etwa einige die Verspottung der Welt [durch das Schimpfwort *Pietisten*, GF] zum besten gekehret / und in einer guten Bedeutung gesaget / sie wollten gerne rechte Pietisten / d.i. der Gottseligkeit ergebene seyn / so bringet ja solches bey weitem nicht mit sich / daß man etwa einen Sonderungs-Namen affectiret / oder denselben für ein besonderes Lob und Ehre gehalten [...].

(A.H. Francke, Abgenötigte Fürstellung (1691), Schriften Bd. I, 126)

Auch für ganz unscheinbare Ausdrücke kann die semantische Beschreibung auf umfangreiches historisches Wissen angewiesen sein. Dies zeigt Gloning eindrucksvoll an einer Verwendungsweise des Wortes *abtrocknen* in Kochbüchern aus der Zeit um 1600:

In Kochbüchern um 1600 und noch in einem handschriftlichen Kochbuch aus dem Jahre 1710 finden wir die Forderung, eine Speise mit Essig abzutrocknen. Daß man etwas, z.B. einen Fisch, mit einer Flüssigkeit abtrocknen soll, wirkt zunächst widersinnig, wenn man die heute geläufige Verwendungsweise von *abtrocknen* zugrunde legt. Um diese Verwendung zu verstehen, muß man sie im Kontext der zeitgenössischen Diätetik sehen, die teilweise bis ins 18. Jahrhundert noch von den Prinzipien der antiken und mittelalterlichen Säftelehre bestimmt war. Zu den Grundgedanken dieses Systems gehören u.a.: (i) die Unterscheidung von vier Elementarsäften: Blut, Schleim, gelbe und schwarze Galle; (ii) die Unterscheidung von vier Elementarqualitäten: Kalt, warm, feucht, trocken; (iii) die Auffassung, daß Gesundheit in einer ausgewogenen Mischung der Säfte bestehe; (iv) [...]; (v) die Auffassung, daß durch Ernährung die Mischung der Elementarsäfte und damit die Gesundheit beeinflußbar sei.

Das Verb *abtrocknen* bedeutet also vor diesem Hintergrund: ‚einem Nahrungsmittel durch Hinzufügen eines andere Nahrungsmittels, das eine trockene Elementarqualität hat, eine insgesamt trockenere Gesamtkomplexion verleihen'. Die relative Kürze dieser Paraphrase beruht ganz auf der vorangeschickten Kurzbeschreibung der Säftelehre und ihrer Bedeutung für die diätetisch beeinflußte Ernährungslehre. Man könnte also sagen, daß für das Verständnis und die Beschreibung dieser Verwendungsweise von *abtrocknen* das ganze System der antik-mittelalterlichen Säftelehre samt ihren Auswirkungen auf die medizinisch-diätetischen Auffassungen verfügbar sein muß.

(Gloning 2003, 61 f.)

In vielen Fällen beschränken wir uns bei der Beschreibung von Aspekten des Gebrauchs eines Ausdrucks auf kurze Formulierungen wie „*derb* im Sinne von *rechtschaffen*" oder „*derb* ‹rechtschaffen›" (so bei Goethe verwendet). Hier dient der Paraphrasenausdruck *rechtschaffen* dazu, den Sinn einer Textstelle oder eine Verwendungsweise des Ausdrucks *derb* anzugeben. Angaben der Form „‹rechtschaffen›" sind noch kürzer: die einfachen Anführungszeichen stehen in der Bedeutungsbeschreibung für den Ausdruck *im Sinne von*.

Die Wahl der geeigneten Paraphrasenausdrücke ist nicht immer einfach, wie ich im nächsten Abschnitt etwas näher erläutern werde. Das gilt insbesondere dann, wenn wir Paraphrasen für Belegstellen in älteren Texten geben wollen. Diese geben wir natürlich in unserer Gegenwartssprache. (In älteren semantischen Werken werden manchmal auch lateinische Paraphrasen gegeben.) Ein schwieriges Problem dabei ist, dass die Verwendungszusammenhänge unserer heutigen Ausdrücke beispielsweise von denen im Mittelhochdeutschen oft grundlegend verschieden sind. Nehmen wir an, wir wollen zwei Verwendungsweisen von mhd. *kluoc* unterscheiden und wählen dazu die in (3) und (4) gegebenen Paraphrasen:

(3)   ein kluoger ritter / Paraphrase: ein höfisch gebildeter Ritter

(4)   ein kluoger leser / Paraphrase: ein intelligenter Leser

Damit gelingt es uns zwar, die beiden Verwendungsweisen einigermaßen deutlich zu differenzieren, wir dürfen aber eine Schwierigkeit nicht übersehen: Sowohl der Begriff der Bildung als der der Intelligenz sind neuzeitliche Begriffe, die zu unserer heutigen Weltsicht und Lebensform gehören, nicht aber zur Weltsicht von Menschen im Mittelalter. Unsere Paraphrasen treffen also den mhd. Gebrauch nur annäherungsweise. Ihre Schwäche besteht darin, dass sie ein modernes Kategoriensystem in eine alte Gebrauchsregel projizieren. Diese Schwierigkeit ist nicht immer so offensichtlich wie in diesem Beispiel, aber sie ist als grundlegendes Problem immer präsent.

3.1.2 Die Unterscheidung von Verwendungsweisen

Um einen Überblick über den Gebrauch eines Ausdrucks zu gewinnen, kann man versuchen einzelne Verwendungsweisen zu unterscheiden und deren Zusammenhänge zu zeigen. Dabei muss man allerdings darauf achten, dass man nicht, sozusagen als Nebenwirkung, die feinen Zusammenhänge im Gebrauch abschneidet. Bei der Unterscheidung von Verwendungsweisen bedient man sich einiger Verfahren, die ich im Folgenden kurz skizzieren will. Es handelt sich dabei um folgende Verfahren: 1. die Untersuchung syntaktischer Eigenschaften, 2. den Kipp-Test, 3. den Koordinations- oder Zeugma-Test, 4. die Paraphrasen- und Antonymenmethode, 5. die Kollokationsanalyse.

1. **Die Untersuchung syntaktischer Eigenschaften.** Erste Hinweise auf Verwendungsweisen gibt in manchen Fällen die Syntax. So können wir aufgrund der Wertigkeitsunterschiede in den Beispielen für die Ausdrücke *ziehen* (5) und *scharf* (6) jeweils zwei Verwendungsweisen unterscheiden:

(5a)   Die Wolken ziehen
(5b)   Der Junge zieht den Wagen

(6a)   Das Messer ist scharf
(6b)   Der Mann ist scharf aufs Geld

2. **Der Kipp-Test.** Wir sehen uns einen Satz an und stellen fest, dass es zwei Verständnismöglichkeiten gibt, zwischen denen unsere Deutung sozusagen hin und her schwankt, einmal auf die eine Seite kippt, einmal auf die andere, wie bei einem Bild, das einmal wie ein Hasenkopf und dann wieder wie ein Entenkopf aussieht (vgl. Wittgenstein 1967, 228).

Nehmen wir das Beispiel aus 2.1.3:

(7)   Er muss wissen, dass das nicht stimmt

(7a)   ‚Es gibt starke Indizien dafür, dass er weiß, dass das nicht stimmt‘
(7b)   ‚Es besteht für ihn die Notwendigkeit, zu wissen, dass das nicht stimmt‘

Wir können Satz (7) entweder im Sinne von (7a) oder im Sinne von (7b) deuten. Der Erfolg dieses Tests liefert uns die Unterscheidung zwischen der sog. epistemischen (7a) und nichtepistemischen (7b) Verwendungsweise von *müssen*, über deren Berechtigung sich fast alle Semantiker einig sind.

Mit den Paraphrasen (7a) und (7b) verdeutlichen wir die beiden Verständnis- und Verwendungsweisen von (7). Nicht immer fällt das Urteil allerdings so deutlich aus. Ein schwierigerer Fall wäre beispielsweise (8):

(8)   Er kann eine solche Arbeit nicht schreiben

(8a)   ‚Er ist (aufgrund seiner Fähigkeiten) nicht in der Lage ...‘
(8b)   ‚Er ist (aufgrund der äußeren Umstände) nicht in der Lage ...‘

Hier kippt das Verständnis nicht so offensichtlich. Und dementsprechend sind sich auch die Semantiker nicht einig, ob man hier zwei Verwendungsweisen annehmen sollte. Manche sind der Auffassung, über die Umstände, die in den *aufgrund*-Klauseln angegeben werden, sei mit der Verwendung von *können* nichts gesagt. Das holt man sich aus dem Kontext. Also gibt es nur e i n e Verwendungsweise. Andere sagen: Man muss das Fähigkeits-*kann* (8a) von dem Möglichkeits-*kann* (8b) unterscheiden. Neben dieser Einschränkung der Trennschärfe des Kipp-Tests ist noch eine zweite Einschränkung zu erwähnen: In Fällen, in denen wir die Vermutung mehrerer Verwendungsweisen auf unterschiedliche Kollokationen des betreffenden Ausdrucks stützen, wie in den Beispielen (9a)/(9b), ist der Kipp-Test prinzipiell nicht anwendbar:

(9a)   Er spielte Tennis
(9b)   Er spielte den Wallenstein

3. **Der Koordinations- oder Zeugma-Test.** In Fällen wie (9) hilft manchmal der Zeugma-Test. Um zu entscheiden, ob wir hier zwei Verwendungsweisen von *spielen* vor uns haben, können wir die beiden Objektsbelegungen (*Tennis* und *Wallenstein*) koordinieren und überprüfen, ob diese Verknüpfung inkongruent klingt, d.h. ein Zeugma ist, oder nicht:

(10)   Er spielte morgens Tennis und abends den Wallenstein

Diese Verknüpfung klingt in der Tat sonderbar. Wenn wir also (10) als Zeugma beurteilen, haben wir mit diesem Test zwei Verwendungsweisen von *spielen* unterschieden, nämlich Sport-*spielen* und Theater-*spielen*.

Auch dieser Test ist in seiner Trennschärfe dadurch eingeschränkt, dass sich Beobachter oft nicht darüber einig sind, ob ein Zeugma vorliegt oder nicht, wie im folgenden Beispiel aus einem Interview mit einem Facharzt:

(11)   Ich liebe meinen Beruf und die Patienten

Es bleibt in diesem Fall also offen, ob wir Beruf-*lieben* und Menschen-*lieben* als zwei Verwendungsweisen von *lieben* unterscheiden wollen. (Es sei denn, wir deuten (11) nach dem Muster einer Schlagzeile aus einem Boulevardblatt: *Frauenarzt liebte Patientinnen*.)

Für die Beschreibung des Gebrauchs älterer Sprachstufen sind der Kipp-Test und der Zeugma-Test natürlich nur bedingt anwendbar. Sie setzen die Sprachkompetenz des Untersuchenden voraus, und für ältere Sprachstufen reicht unsere Sprachkompetenz natürlich nur so weit, wie wir die Sprache durch das Lesen von Texten aus der betreffenden Zeit gelernt haben. Da bleibt manches letztlich unsicher.

4. **Die Paraphrasen- und Antonymenmethode.** Das verbreitetste Verfahren zur Bestimmung von Verwendungsweisen ist die Angabe von quasi-synonymen Paraphrasen und von Antonymen. Bisweilen werden auch Äquivalente aus einer anderen Sprache verwendet. Ich will dafür jeweils ein Beispiel geben und dann einige Probleme dieser Verfahren zeigen.

(12)   eine billige Forderung / Paraphrase: eine berechtigte Forderung
(13)   ein billiger Stoff / Paraphrase: ein schlechter Stoff

Mit den Paraphrasenausdrücken *berechtigt* und *schlecht* werden zwei Verwendungsweisen von *billig* unterschieden, ebenso wie im folgenden Beispiel zwei Verwendungsweisen von *stark* durch die Angabe von zwei unterschiedlichen englischsprachigen Äquivalenten unterschieden werden.

(14)　ein starker Mann / a strong man

(15)　starker Regen / heavy rain

Ein Beispiel für die Verwendung von Antonymen zur Unterscheidung von Verwendungsweisen ist das Adjektiv *alt*, zu dem es zwei Antonyme gibt, *jung* und *neu*:

(16)　eine alte Schildkröte / eine junge Schildkröte

(17)　das alte Auto / das neue Auto

Dieser Test ergibt zwei Verwendungsweisen von *alt*, die übrigens auch durch den Kipp-Test bestätigt werden:

(18)　Ein alter Kollege lieh ihm das Buch

In vielen Fällen gelingt es mit diesen Verfahren relativ problemlos, eine Unterscheidung von Verwendungsweisen zu rechtfertigen. Allerdings sind auch diese Verfahren nicht ohne Risiken, wie die folgenden Überlegungen zeigen.

(i)　Wenn man eine Paraphrase macht, so gibt es für den zum Paraphrasieren verwendeten Ausdruck häufig ebenfalls unterschiedliche Verwendungsweisen, so dass man eigentlich mit angeben müsste, in welcher Verwendungsweise man den Paraphrasenausdruck verstanden wissen will. Dazu könnte man nun wiederum einen anderen Paraphrasenausdruck wählen, für den dann allerdings dasselbe Problem auftauchen könnte. Wir müssen hier also mit der Gefahr eines Regresses rechnen. Normalerweise verlassen wir uns allerdings darauf, dass der wohlwollende und aufmerksame Leser schon die gemeinte Verwendung des gewählten Paraphrasenausdrucks erkennt.

(ii)　Die zum Paraphrasieren verwendeten Ausdrücke zeigen bisweilen dieselben Verwandtschaften zwischen Verwendungsweisen wie der paraphrasierte, so dass möglicherweise Unterschiede nicht ins Blickfeld kommen, die man mit anderen Paraphrasen hervorheben könnte. Nehmen wir z.B. *hart* als Paraphrasenausdruck für bestimmte Verwendungen von Sätzen der Form *scharf*

(19)　scharfe Konkurrenz / Paraphrase: harte Konkurrenz

(20)　scharfe Worte / Paraphrase: harte Worte

(21)　ein scharfer Wind / Paraphrase: ein harter Wind

Auch wenn man einmal davon absieht, dass in diesem Fall die Äquivalenz von Paraphrasen und paraphrasierten Verwendungen nicht über jeden Verdacht erhaben ist, so beweist die Paraphrase mit *hart* nicht die Zugehörigkeit der drei Verwendungen von *scharf* zu einer gemeinsamen Verwendungsweise. Sie zeigt zunächst nur, dass *hart* ein mit *scharf* verwandtes Verwendungsspektrum hat.

(iii)   Mit dem Gebrauch einer bestimmten Paraphrase hebt man normalerweise einen bestimmten Aspekt einer Verwendung hervor. Wählt man eine andere Paraphrase (oder Paraphrasenreihe), so sieht man möglicherweise einen anderen Aspekt, unter dem der Zusammenhang der paraphrasierten Verwendungen enger oder weniger eng erscheint, wie wir an folgendem Beispiel sehen:

(22)   Dieses Messer ist scharf

(23)   Sein Verstand ist scharf

(24)   Dieser Pfeffer ist scharf

(25)   Diese Brille ist scharf.

Wählen wir zur Paraphrase dieser Sätze die Ausdrücke *geschliffenes Messer, klarer Verstand, starker Pfeffer, leistungsstarke Brille*, dann erscheint uns die Verwandtschaft vielleicht weniger eng, als wenn wir wählen *gutes Messer, guter Verstand, guter Pfeffer, gute Brille*.

(iv)   Analog zu der unter (ii) genannten Schwierigkeit kann sich auch bei der Verwendung von Antonymen zur Diagnose von Verwendungsweisen ein Problem ergeben. So beweisen die gemeinsamen Antonymien zu *scharf* in den Fällen *scharfes / mildes Urteil, scharfer / milder Geschmack* nichts für die Annahme jeweils *einer* Verwendungsweise, denn wir haben hier offensichtlich den Fall, dass *mild* und *scharf* eine Verwandtschaft im Spektrum der Verwendungsweisen zeigen. Das ändert natürlich nichts an der alten Einsicht, dass die Antonymie eine besonders wichtige und untersuchenswerte Bedeutungsbeziehung ist.

5. **Die Kollokationsanalyse.** Soweit es nicht gelingt, mit den bisher genannten Verfahren Verwendungsweisen zu unterscheiden, hat man immer noch die Möglichkeit, die Nuancen des Gebrauchs durch Sammlung und Ordnung typischer Kollokationen zu erfassen wie in folgender Liste für das Adjektiv *offen*:

offene Tür	offener Strafvollzug	offenes Haar	offener Brief
offenes Haus	offener Unterricht	offenes Hemd	offener Widerstand
offener Mund	offenes Gelände	offenes Kuvert	offene Abstimmung
offener Vokal	offene See	offenes Buch	offenes Wort
offene Augen	offene Rechnung	offener Wagen	offene Wunde
offene Ohren	offene Stelle	offene Abwehr	

Hier sind die Varianten zunächst einmal nur präsentiert, und Verwandtschaften und Übergänge können durch die Anordnung sowie durch beschreibende Kommentare angedeutet werden. Überlegungen zur Form solcher Listen bzw. Batterien von Ausdrücken findet man in Heringer (1999, 138ff.).

Ausgehend von derartigen Kollokationsbatterien kann man dann beobachten, wie im Lauf der Geschichte einzelne Kollokationen oder Kollokationengruppen neu hinzukommen (*ein offener Kopf*, 18. Jh.; *die offene Gesellschaft*, Popper 1957, engl. Original *the open society* 1944), andere kontinuierlich zu belegen sind (*offene Augen* seit dem Ahd.) und wiederum andere aufgegeben werden (*eine offene Tat* ‚eine öffentlich bekannte Tat‘). Auch seltene und periphere Kollokationen können beobachtet und zugeordnet werden. Dies ermöglicht eine Beschreibung gradueller Übergänge im Gebrauch. Eine eher periphere Kollokation ist z.B. *offene Nase.* In seinem Lehrbuch für Querflötenspieler schrieb Johann Joachim Quantz 1752: [der Flötenspieler braucht] „*eine offene Nase,* um den Atem sowohl leicht zu schöpfen, als von sich zu geben" (Einleitung §4). In Anlehnung an *offener Geist* (vgl. engl. *open mind*), könnte man jemandem innovativ eine *offene Nase* bescheinigen, der für das Riechen aller möglicher Gerüche offen ist. Dieselbe Verbindung, aber in einer anderen Verwendungsweise, gibt es schon in der Fachsprache der Weinkenner: Man kann von einem Wein sagen, er habe eine *offene Nase.*

3.1.3 Der Zusammenhang der Verwendungsweisen und seine Entwicklung

Wenn wir eine bestimmte Menge von Verwendungsweisen beschrieben haben, kann der nächste Arbeitsschritt darin bestehen, die Zusammenhänge zwischen den Verwendungsweisen, d.h. die Struktur der Polysemie, zu rekonstruieren und damit die Einheit der Bedeutung des Ausdrucks zu zeigen. Bei dieser Beschreibung zeigt es sich oft, dass bestimmte Verwendungsweisen zentraler sind als andere. So scheint beispielsweise für das Adjektiv *scharf* die Kollokation *scharfes Messer* eine zentrale Verwendungsweise zu sein, von der aus andere Verwendungsweisen wie in *scharfe Augen* oder *scharfer Pfeffer* zu erklären sind. Wir sprechen hier von einer **prototypischen Verwendungsweise**. Es ist auch möglich, dass es für einen Ausdruck mehrere solche Zentren einer Polysemie gibt, die ihrerseits miteinander verknüpft sind. Beispielsweise scheint es beim Verb *ziehen* (mindestens) zwei derartige zentrale Verwendungsweisen zu geben, wie ich im folgenden zeigen will.

Nehmen wir an, wir haben für das Verb *ziehen* zehn Verwendungsweisen unterschieden, die wir durch folgende Beispielsätze illustrieren:

(1)   Das Kind zieht am Türgriff – aber die Tür bewegt sich nicht

(2)   Das Pferd zieht die Kutsche

(3)   Der Motor der R 1100 zieht wie der Teufel

(4)   Der Magnet zieht nicht mehr

(5)   Die Plastikmasse lässt sich ziehen

(6)   Der Nachbar zieht eine Mauer

(7)   Die Mauer zieht sich entlang der Grundstücksgrenze

(8)   Der Ritter zieht das Schwert aus der Scheide

(9)   Die Wolken ziehen am Himmel

(10)   Die Parlamentarier ziehen nach Berlin

Um die Zusammenhänge dieser Verwendungsweisen zu rekonstruieren, mache ich die Annahme, dass die Sprecher ein stereotypes Wissen über zwei grundlegende Ereignistypen (E1) und (E2) haben, die **ziehen-Szenen**, die mit der Verwendung von (1) und (2) charakterisiert werden können:

(E1)   A übt auf einen Gegenstand (gegen einen Widerstand) eine Kraft in Richtung auf A hin aus (mit der Intention, den Gegenstand zu A hin zu bewegen).

(1)   Das Kind zieht am Türgriff

(E2)   A übt auf einen Gegenstand (gegen einen Widerstand) eine Kraft in Richtung auf A hin aus, so dass sich der Gegenstand in der Bewegungsrichtung von A mitbewegt.

(2)   Das Pferd zieht die Kutsche

Diese beiden *ziehen*-Szenen sind ihrerseits verwandt, was man folgendermaßen beschreiben könnte: Von (E1) aus gesehen sind der Bewegungs- und der Richtungsaspekt in (E2) zusätzliche Aspekte, die aufgrund unseres Wissens über die Wirkungen der Kraftanwendung auf bewegliche Gegenstände bei der Deutung einer entsprechenden Äußerung eingeführt werden. Den beiden Grundszenen entsprechen die beiden durch (1) und (2) illustrierten prototypischen Verwendungsweisen von *ziehen*. Die Verknüpfung mit anderen Verwendungsweisen wird u.a. dadurch hergestellt, dass einzelne Aspekte fokussiert oder ausgeblendet werden und zusätzliche Aspekte angelagert werden. Beispielsweise ist bei der Verwendung von (9) der Bewegungsaspekt fokussiert und der Kraftaspekt ausgeblendet:

(9)   Die Wolken ziehen am Himmel

Diese Verfahren der **Fokussierung**, des Ausblendens und des Anlagerns von Aspekten scheinen grundlegende semantische Verfahren zu sein, mit denen man verwandte Ereignistypen charakterisieren kann. Diese Verfahren spielen auch in der historischen Entwicklung von Verwendungsweisen eine Rolle, z.B. in der Geschichte der redekennzeichnenden Verben (vgl. Kap. 16) und generell bei sog. Prototypenverschiebungen.

Mit den prototypischen Verwendungsweisen sind jeweils weitere Verwendungsweisen verknüpft, sei es direkt, sei es indirekt. Mit (2) ist beispielsweise *ziehen*-Bewegung (9) direkt und *ziehen*-Ortswechsel (10) indirekt verknüpft. Wenn wir die verschiedenen Formen der Verknüpfung rekonstruieren, erhalten wir ein Verwandtschaftstableau der Verwendungsweisen, das in der folgenden Abbildung dargestellt ist. (Eine detailliertere Beschreibung und Begründung der Zuordnungen finden Sie in Fritz 2000b.)

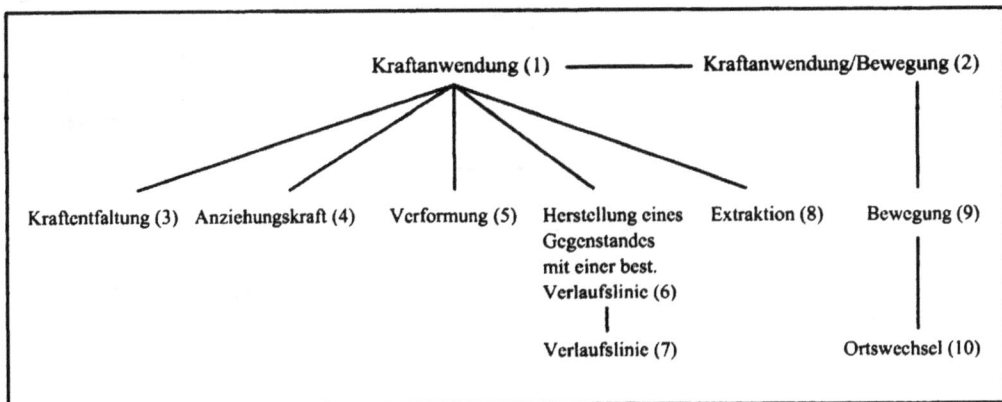

Ein Spektrum der Verwendungsweisen wie das eben gezeigte entwickelt sich historisch. Es kommen im Laufe der Geschichte neue Verwendungsweisen hinzu, andere veralten und manche bleiben kontinuierlich im Gebrauch. Einen Eindruck von der Geschichte des komplexen Verwendungsspektrums von *ziehen* gibt der Artikel des Grimmschen Wörterbuchs (DWb 31, 938ff.)

Die **Entwicklung einer Polysemie** will ich jetzt an einem einfacheren Beispiel skizzieren und grafisch darstellen und zwar die Entwicklung von Verwendungsweisen des Adjektivs *billig*. Diese Entwicklung, die mit mehr Detail und Datenmaterial in Kap. 11.1/11.2 behandelt wird, könnte man wie folgt vereinfacht darstellen:

(1)   Ez ist billich daz ich im hulfe (1200) ‚es ist angemessen, dass ich ihm helfe‘
(2)   billige Waren (1850) ‚preisgünstige Waren‘
(3)   billige Waren (1860) ‚wertlose Waren‘
(4)   billige Witze (1890) ‚geistlose Witze‘

Um 1200 wird *billig* im Sinne von *angemessen* verwendet (1). Diese Verwendungsweise ist der Ausgangspunkt für eine Verwendung im Sinne von *günstig* (in der Kollokation mit *Preis*) und (um 1850) *preisgünstig* (in der Kollokation mit Waren) (2). Davon ausgehend entwickelt sich (um 1860?) eine Verwendungsweise im Sinne von *wertlos* (3). Und dies ist wiederum der Ausgangspunkt für eine Verwendung im Sinne von *geistlos* (in der Kollokation mit Ausdrücken wie *Witzeleien*), die um 1900 belegt ist.

Im folgenden Entwicklungsgraphen zeigt eine waagrechte Kante die durchgehende Gebräuchlichkeit des Ausdrucks in einer Verwendungsweise an. Eine schräge Kante zeigt die Entwicklung einer neuen Verwendungsweise an.

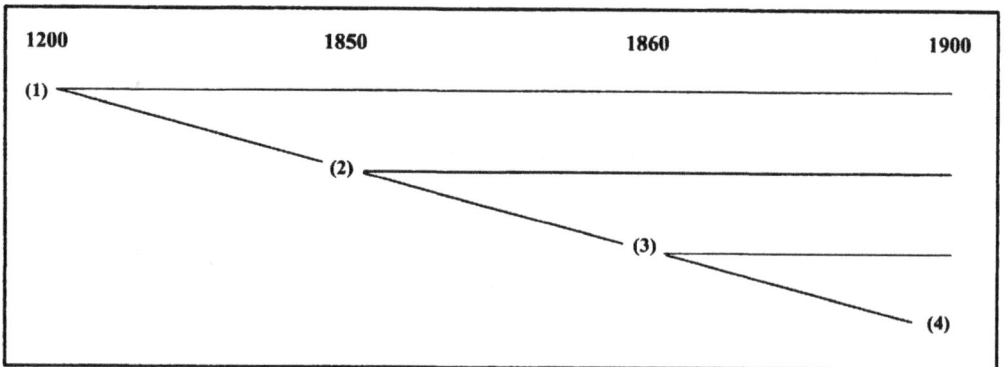

Um 1900 haben wir nach dieser Beschreibung vier Verwendungsweisen, deren Verwandtschaftsstruktur die Entwicklungsgeschichte der Verwendungsweisen widerspiegelt. Diese Verwandtschaftsstruktur könnte man also in folgendem linearen Verwandtschaftsgraphen darstellen:

(5)   (1) ——————— (2) ——————— (3) ——————— (4)

Heute scheint die Beziehung zwischen den Verwendungsweisen (1) und (2) weitgehend abgerissen. Die ursprünglich zentrale Verwendungsweise (1) scheint isoliert und im Wesentlichen nur noch in der juristischen Fachsprache sowie in der Wendung *recht und billig* gebräuchlich zu sein. Heute dürfte (2) die zentrale Verwendungsweise sein. Auf sie kann man die Verwendungsweisen (3) und möglicherweise auch (4) beziehen. Dieses Spektrum der Verwendungsweisen könnte man mit dem Graphen (6) darstellen. Wenn diese Deutung zutrifft, dann hat sich seit 1900 nicht nur die Stellung der Verwendungsweise (1), sondern insgesamt die Struktur des Verwendungsspektrums geändert.

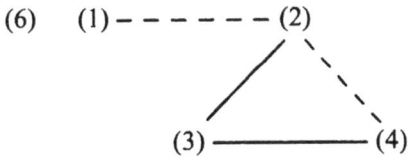

(6) (1) – – – – – – (2)
                /   \
           /   \
      (3) ——————— (4)

3.2 Zur Korpusmethode

Die Praxis der Verwendung sprachlicher Ausdrücke in einer größeren Sprechergemeinschaft ist unüberschaubar. Wir haben beispielsweise keinen Überblick über die Tausende, Hunderttausende oder Millionen von Einzelverwendungen eines Ausdrucks, die von den Sprechern des Deutschen an einem Tag produziert werden. Während es prinzipiell noch denkbar erscheint, einen beträchtlichen Ausschnitt aus den öffentlich zugänglichen schriftlichen Texten zu erfassen, erlauben auch die neueren Möglichkeiten der technischen Dokumentation gesprochener Sprache nur ein selektives Bild von der mündlichen Kommunikation in ihrer tatsächlichen Breite.

Noch extremer klafft der Abstand zwischen dem, was der Untersuchung zugänglich ist, und der tatsächlichen Kommunikationspraxis bei historisch entfernteren Zeiträumen. Hier ist schon von der schriftlichen Produktion (Handschriften, ältere Drucke) vieles unwiderbringlich verloren, während die gesprochene Sprache generell nur ganz rudimentär zugänglich ist. Aber auch hier können wir uns durch die geeignete Auswahl von vorhandenem Textmaterial andeutungsweise ein Bild von der sprachlichen Praxis vergangener Zeiten machen. Wir müssen also ein **Textkorpus** zusammenstellen bzw. benutzen. Natürlich kann historisches Datenmaterial kaum in einem strengen Sinne repräsentativ sein, weil wir die Vergleichsgröße der Gesamtheit der Äußerungen nicht kennen. In einem viel schwächeren Sinne kann es uns aber durch geeignete Auswahl eines Textkorpus gelingen einen charakteristischen Ausschnitt aus dem historischen Verwendungsspektrum zu erfassen. Selbst für die gesprochene Sprache gibt es die Möglichkeit, elementare Hinweise zu gewinnen, etwa durch Auswahl von Texten, von denen wir annehmen können, dass sie der gesprochenen Sprache nahe stehen wie z.B. Privatbriefe.

Auch in neuerer Zeit stützen sich historisch-semantische Darstellungen bisweilen auf Material aus historischen Wörterbüchern. Dies hat nicht nur den Nachteil, dass man bei der

Deutung der einzelnen Belegstelle auf die Vorgaben des Wörterbuchautors angewiesen ist, sondern die weiteren Nachteile, dass man die Verwendungszusammenhänge der Ausdrücke nur ganz eingeschränkt in den Blick bekommt und keinen Überblick über den Gebrauch eines bestimmten Autors oder in einem bestimmten Texttyp gewinnen kann. Deshalb ist man bei etwas differenzierteren Untersuchungen darauf angewiesen, größere Textmengen zu durchforsten. Dies ist heute leichter als noch vor 40 oder 50 Jahren, da inzwischen Konkordanzen, Indizes und auch elektronische Texte in größerer Zahl als Hilfsmittel verfügbar sind. Beispielsweise sind in den elektronischen Korpora des Instituts für deutsche Sprache (Mannheim) Teilkorpora vom19. Jahrhundert bis zur Gegenwart verfügbar, für die mit dem COSMAS-II-System auch Kollokationsanalysen online möglich sind (www.ids-mannheim.de). Dort kann man sich beispielsweise aus dem Goethe-Korpus Kollokationen für ein Wort wie *Menschheit* anzeigen lassen. Eine kleine Auswahl würde in der KWIC-Darstellung etwa folgendermaßen aussehen:

```
GOE      . manches zu Erleichterung der  Menschheit war geschehen , und als
GOE      , der sich jemals der leidenden  Menschheit erbarmt hatte . auch
GOE        kühnere Griffe in die tiefere  Menschheit ; es entsteht ein
GOE      sich auf der höchsten Stufe der   Menschheit ins Verborgene bescheiden
GOE        unmittelbaren Bedürfnissen der  Menschheit hervorspringen ... . in
GOE      und abgewaschen die Tafel seiner  Menschheit wieder zu übergeben weiß
GOE           sollen . der Begriff von der Menschheit , der sich in ihm und an
GOE        , der sich in ihm und an seiner Menschheit herangebildet hatte , war
GOE      einen herrlichen Begriff von der  Menschheit , und was diesem
GOE                seiner individuellen    Menschheit so lange ideell
GOE        Sonne höherer Kunst und reiner  Menschheit " . heute , als am
GOE        eben nicht als Musterbilder der Menschheit zu betrachten sind . wie
GOE        hohe , vollendete Bildung der   Menschheit nichts ähnlich Günstiges
GOE           über die untern Stufen der   Menschheit hinaushebt , die durch
```

Schon diese Auswahl von Kollokationen zeigt, dass Goethe das Wort *Menschheit* teilweise ganz anders verwendet als wir heute. Kollokationen wie *die tiefere Menschheit, in ihm und an seiner Menschheit, seiner individuellen Menschheit, die Sonne höherer Kunst und reiner Menschheit, die untern Stufen der Menschheit* wären heute nicht möglich. Manche dieser Verwendungen könnten wir vielleicht mit *Menschsein* wiedergeben, andere mit *Menschlichkeit* oder *menschliche Natur*. Insgesamt zeigt sich ein Netz von Verwendungsweisen, das in exemplarischer Weise deutlich macht, warum diese Goethetexte dem heutigen Leser nicht immer leicht zugänglich sind. Natürlich wird man sich in manchen Fällen nicht mit einem derartigen Kollokationsausschnitt begnügen, sondern die Texte selbst heranziehen, etwa folgenden Ausschnitt aus "Dichtung und Wahrheit" (Hamburger Ausgabe, Band 10, 15):

der Begriff von der Menschheit, der sich in ihm [Lavater, GF] und an seiner Menschheit herangebildet hatte, war so genau mit der Vorstellung verwandt, die er von Christo lebendig in sich trug, daß es ihm unbegreiflich schien, wie ein Mensch leben und atmen könne, ohne zugleich ein Christ zu sein

Erst ein solches Korpus erlaubt differenzierte Aussagen über den Gebrauch eines Wortes bei einem Autor oder in einer bestimmten Gruppe von Texten.

Wie groß ein Korpus sein muss, ist generell schwer zu sagen und hängt natürlich vom Ziel der Untersuchung ab. Entscheidend ist, dass aus dem Textkorpus ein adäquates **Belegkorpus** zu gewinnen ist. Nehmen wir an, wir benutzen als ein Korpus für den Sprachgebrauch um 1600 den Text der ersten beiden deutschen Zeitungen aus dem Jahre 1609 (ca. 190000 Wörter), so werden wir ziemlich gute Belegkorpora für den Gebrauch der Modalverben bekommen, aber keinen einzigen Beleg für ein einfaches Wort wie *klug*.

Mindestens ebenso wichtig wie die absolute Größe des Korpus ist also die Auswahl eines g e e i g n e t e n Textkorpus, das uns ausreichendes Belegmaterial verfügbar macht. Wenn man sich in der Auswahl von Texten für ein Korpus beispielsweise auf literarische Texte beschränkt, wird man bestimmte Phänomene möglicherweise gar nicht oder nur am Rande erfassen, die in einem Korpus von Zeitungen, rechtssprachlichen Texten (Gesetzestexten, Urkunden etc.), Chroniken, Privatbriefen oder Kochbüchern zugänglich werden. Nehmen wir als ein einfaches Beispiel die Möglichkeiten, in einem Text Querverweise auf vorher erwähnte Personen und Sachverhalte zu machen (z.B. heutiges *der erwähnte Zeuge*). Wenn wir die Geschichte dieser Praxis und der dazu verwendeten Ausdrücke rekonstruieren wollen, müssen wir vor allem Kanzleitexte aller Art sowie Zeitungen heranziehen, in denen diese Ausdrücke in großer Zahl und Variation zu finden sind (um 1600 z.B. *obbemelt* ‚oben erwähnt', *vor erzählt* ‚vorher erwähnt', *mehr gedacht* ‚mehrfach erwähnt'; vgl. Gloning 2003, 405–420). Eine besondere Rolle spielt die Korpuswahl für Fragen der Datierung, der Gebräuchlichkeit und der regionalen Verbreitung.

3.3 Der Umgang mit Belegstellen – eine Fallstudie

Wenn wir den Gebrauch oder einzelne Verwendungsweisen eines Ausdrucks rekonstruieren wollen, beginnen wir mit einzelnen historischen Verwendungen des Ausdrucks in unserem Korpus. Diese verstehen wir vielleicht unmittelbar oder wir müssen sie mehr oder weniger mühsam deuten. Einige methodische Probleme der Deutung von Belegstellen möchte ich exemplarisch an Belegen für das mhd. Wort *kluoc*, dem Vorläufer unseres Adjektivs *klug*, erläutern. Die Wahl eines zeitlich von uns relativ weit entfernten Beispiels hat den Vorteil, besonders deutlich zu machen, dass wir beim Deuten von Belegstellen

(i)   den engeren Kontext der Belegstelle,
(ii)   den weiteren Kontext im jeweiligen Text bzw. Korpus,
(iii)   (soweit uns zugänglich) das kollektive Wissen der Zeitgenossen

berücksichtigen müssen. Auch der Kollokation mit nahe bedeutungsverwandten oder antonymen Ausdrücken (*klug* und *weise*, *klug* und *dumm*) widmen wir Aufmerksamkeit.

In einem Korpus von unter dem Namen Neidharts überlieferten Liedern, die vermutlich aus der Zeit um 1230 stammen, finden wir u.a. folgende Kollokationen (in den Paraphrasen ist jeweils der *kluoc* entsprechende Ausdruck ausgelassen und durch „xxx" markiert):

(1) mit ir hendeln kluogen (Neidhart 211.5)
,mit ihren xxx kleinen Händen'

(2) ân einen kluogen gürtel (Neidhart 216.9)
,ohne einen xxx gürtel' (geht der Bauer nicht zum Tanz)

(3) rôsen also kluoc (Neidhart XXVIII.11)
,so xxx Rosen'

(4) ich bekenne iuch niht an iuwer hövescheit so kluogen (Neidhart 59.19)
,ich erkenne euch nicht an euerem xxx höfisch gebildeten Auftreten'

(5) aller kluogest duht sich Berewîn (Neidhart 188.24)
,für besonders xxx hielt sich der Bauer Berewin'

Es fallen uns zunächst einige Kollokationen von *kluoc* auf, für die es bei unserem heutigen Ausdruck *klug* kein Gegenstück gibt: *kluoc* sind die Hände der feinen Damen, ein Gürtel und auch Rosen. Schon diese drei Belege deuten darauf hin, dass sich in diesem Textkorpus ein Gebrauch von *kluoc* zeigt, der vom heutigen deutlich verschieden ist. *kluoc* wird hier zwar offensichtlich auch verwendet, um eine positive Bewertung zu geben, aber nicht im intellektuellen Bereich wie bei der heutigen Verwendung von *klug*, sondern im ästhetischen Bereich. Wir könnten versuchen, die Kollokationen folgendermaßen wiederzugeben: *zarte / feine Hände, ein fein gearbeiteter Gürtel, zarte / feine Rosen*. In (4) wird *kluoc* mit dem Abstraktum *hövescheit* ,höfische Bildung', ,höfisches Auftreten' zusammengestellt. Auch hier wird mit *kluoc* eine positive Bewertung ausgedrückt. Diese Verbindung könnten wir versuchsweise mit *feine höfische Bildung* wiedergeben. Schließlich finden wir in Beleg (5) die Kollokation mit einem Personennamen, was unserem heutigen Gebrauch von *klug* schon näher steht. Um die Pointe dieser Stelle zu verstehen, müssen wir wissen, dass in den Neidhartliedern die Bauern häufig dargestellt werden, wie sie höfische Kleidung und Verhaltensweisen nachahmen und sich damit in den Augen eines Ritters lächerlich machen. In (5) könnten wir also *kluoc* mit *höfisch-elegant* wiedergeben: Der Bauer Berewin kam sich besonders elegant vor. Nach den Bemerkungen zu Beleg (5) können wir möglicherweise die Verwendung von *kluoc* in Beleg (2) noch etwas spezifischer deuten: Der Bauer will nicht ohne einen schicken Gürtel, wie ihn die Ritter tragen, zum Tanz gehen.

Bei der Suche nach passenden Ausdrücken zur Wiedergabe von *kluoc* im heutigen Deutsch fällt uns auf, dass der Gebrauch unseres heutigen Ausdrucks *fein* eine gewisse Verwandtschaft zum Gebrauch von mhd. *kluoc* erkennen lässt (*feine Hände, ein feiner Gürtel, eine feine Dame*).

Vergrößern wir nun unser Korpus und nehmen wir als einen weiteren Text den „Parzival" von Wolfram von Eschenbach (ca. 1220) dazu. In diesem Text finden sich 12 Belege für *kluoc*, in denen jeweils von Personen ausgesagt wird, dass sie *kluoc* seien: Damen, Ritter, junge Knappen. Auch hier gibt es keine Hinweise, dass es dabei um eine Bewertung im intellektuellen Bereich geht. An vielen Stellen scheint *kluoc* als stereotypes schmückendes Beiwort für höfische Personen gebraucht. *kluoc* sind, so scheint es, Personen, die die höfischen Ideale in hohem Maß verkörpern: vornehm-elegante Damen, höfisch-gebildete Ritter und Knappen. An einer Stelle wird der Knappe Iwanet (*der knappe kluoc*, 156.8) kontrastiert mit Parzival (*Parzival der tumbe*, 155.19). Hier werden wir aufmerksam, denn ein Antonymenpaar wie *kluoc / tump* könnte für die Deutung der Verwendung von *kluoc* in

156.8 hilfreich sein. Wäre *tumb* hier im Sinne unseres heutigen *dumm* verwendet – was im Mhd. durchaus vorkommt – dann könnten wir die Verwendung von *kluoc* in 156.8 als intellektuelle Bewertung deuten und hätten damit einen frühen Beleg für die Verwendung von *kluoc* zur intellektuellen Bewertung. Betrachten wir die Stelle aber in ihrem Zusammenhang, dann dürfte sie eher folgendermaßen zu verstehen sein: Parzival ist insofern *tump* als ihm die nötige ritterliche Ausbildung fehlt, um dem geschlagenen Feind seine Rüstung auszuziehen. Der Knappe Iwanet dagegen ist *kluoc*, weil er die nötige höfische Erziehung genossen hat.

Gehen wir knapp 200 Jahre weiter und betrachten wir zwei Textkorpora aus der Zeit nach 1400, die Lieder Oswalds von Wolkenstein und Wittenwilers „Ring". Bei Oswald fallen uns zunächst Belege auf, die dem bei Neidhart und Wolfram beobachteten „höfischen" *kluoc* entsprechen, z.B. (6):

(6)   von freulin klüg, die kunden hoflich schallen   (Oswald 41.24)
        ‚von gebildeten Edelfräulein, die höfisch musizieren konnten‘

In einem Lied in erkennbar höfischem Ton finden wir *klüge minne* (43.36), *klüge sprach* (43.41), *euer wandel* (‚Lebenswandel‘) *klüg* (43.43). Daneben allerdings auch Belege wie (7) und (8):

(7)   scharf tichter klüg juristen   (Oswald 22.87)
        ‚scharfsinnige Dichter und clevere Juristen‘
(8)   und nach dem schaden klüg und weis   (Oswald 59.02)

In (7) deutet die Parallelisierung von *scharf* und *klug* auf die Verwendung im Intellektualbereich hin, in (8) ist es die Kollokation von *klug* und *weise*.

Ähnlich ist die Situation in Wittenwilers „Ring". Einerseits gibt es noch einen Beleg für das "höfische" *kluoc* wie (9), der sich im Zusammenhang einer Minnelehre findet, andererseits deuten die Kollokationen mit *weis* ‚weise‘ (10) und mit *sin* (11) und *witz* (12), die man beide mit *Verstand* wiedergeben kann, auf eine intellektuelle Bewertung mit *kluoc*.

(9)   der ist so hofleich und so chluog   (Wittenwiler 1728)
        ‚der ist so höfisch gebildet und so fein‘
(10)   ist er nicht weis und chluog   (Wittenwiler 3709)
(11)   Colman sprach aus chluogem sin   (Wittenwiler 3055)
(12)   (ein Rat) von chluoger witz   (Wittenwiler 2704)

Manchmal hängen an Deutungen einzelner Belege weitreichende Thesen. In seinem Buch über den deutschen Wortschatz im Sinnbezirk des Verstandes schreibt Trier: „der reine Klugheitsbereich hat [im Mhd., GF] keine eigenen Worte. Die wachsen ihm mit *klug* und *gescheit* erst im 14. Jahrhundert zu. Es ist der einschneidendste Wandel, der sich in unserem Feld [d.h. im Begriffsfeld des Verstandes, GF] je vollzieht" (Trier 1931, 337; vgl. Trier 1932). An dieser Datierung äußerte Scheidweiler (1941) Zweifel, denn seiner Auffassung nach gab es intellektuelles *kluoc* schon im 13. Jahrhundert. Er stützte seine Gegenthese zum einen durch eine von Trier abweichende Deutung eines Trierschen Belegs für *kluoc* aus dem 13. Jahrhundert, zum andern durch weitere eigene Belege aus dem 13. Jahrhundert

(Scheidweiler 1941, 202). Durch umfangreiche Korpusanalysen gelang es ihm weiterhin zu zeigen, dass „intellektuelles *kluoc*", wie er diese Verwendungsweise nannte, zuerst in (ost)mitteldeutschen Texten verwendet wurde, während oberdeutsche (z.B. bairische, schwäbische und alemannische) Autoren erst später diese Verwendungsweise übernahmen (Scheidweiler 1941, 222ff.).

Wenn wir diese Ergebnisse für eine Geschichte von *klug* auswerten wollen, dann müssen wir zunächst einmal die Verwendungsweisen beschreiben und deren Zusammenhänge rekonstruieren. *kluoc* wird im 13. Jahrhundert verwendet:

(i)   zur Bewertung von Gegenständen als besonders fein gearbeitet (z.B. Gürtel),
(ii)   zur Bewertung von Gegenständen als besonders fein (z.B. Hände),
(iii)   zur Bewertung von Personen als höfisch gebildet,
(iv)   zur Bewertung von Personen als mit subtilem Denkvermögen begabt.

Wenn (i) der Ausgangspunkt der Verwendungsgeschichte von *kluoc* ist, könnten (ii) und (iii) jeweils als metaphorische Übertragung auf andere Arten von Gegenständen gedeutet werden. Dabei wäre (iii) die auffallendere Metaphorik. Eine Brücke von (iii) zu (iv) könnte man als eine Implikatur rekonstruieren, die sich auf folgende Annahme stützt: Wenn jemand (höfisch) gebildet ist, hat er auch ein subtiles Denkvermögen. Man könnte aber auch an eine metaphorische Übertragung von (ii) auf (iv) denken: In Verbindungen wie *kluoger sin* wird der Verstand als besonders fein bewertet. Dies hätte eine Parallele im Spektrum der Verwendungsweisen von lat. *subtilis*, das einerseits in Verbindungen wie ‚feiner Stoff‘ verwendet wird und andererseits in Verbindungen wie ‚scharfsinniger Denker‘ vorkommt (vgl. Georges Bd. II, 2887f.). Damit wäre *subtilis* ein mögliches Modell für die Entwicklung von *kluoc*. – Weitere interessante Verwendungsweisen von *klug* belegt das DWb 11, 1269ff. (z.B. *kluoge spise* ‚ein delikates Gericht‘ im „Buoch von guoter spise" von 1350).

Aus dem vorliegenden Material und den Untersuchungen von Scheidweiler lassen sich, wie schon angedeutet, auch Hinweise zur Verbreitungsgeschichte gewinnen. Das intellektuelle *kluoc* findet sich zuerst bei ostmitteldeutschen Autoren. Oberdeutsche Autoren wie Neidhart und Wolfram verwenden dagegen *kluoc* in der ersten Hälfte des 13. Jahrhunderts in den Verwendungsweisen (i) – (iii) (Neidhart) bzw. (iii) (Wolfram). Seit dem Ende des 13. Jahrhunderts gibt es Belege für die Verwendungsweise (iv), intellektuelles *kluoc*, in österreichischen Texten (Scheidweiler 1941, 219). Wie unsere Belege aus den Werken von Oswald von Wolkenstein (einem Österreicher) und Wittenwiler (einem Alemannen) zeigen, ist das intellektuelle *kluoc* um 1400 auch bei oberdeutschen Autoren neben dem höfischen *kluoc* gebräuchlich. In der Schriftsprache stirbt das höfische *klug* aus – wohl im 16. Jahrhundert. (Hinweis: Eine schöne Sammlung mittelalterlicher Texte bietet das Digitale Mittelhochdeutsche Textarchiv der Universität Trier: http://mhgta.uni-trier.de.)

4.   Zur Theorie der Bedeutungsgeschichte

Eine Theorie der Bedeutungsgeschichte soll uns eine systematische Betrachtungsweise bieten, in deren Rahmen wir Phänomene wie Bedeutungsveränderungen, die Kontinuität des Gebrauchs mancher Ausdrücke oder auch das Veralten von Ausdrücken beschreiben und erklären können. Nach den ersten Hinweisen in Kapitel 2 sollen im folgenden Kapitel Bausteine zu einer solchen Theorie dargestellt werden. Es werden zunächst verschiedene Perspektiven der historisch-semantischen Betrachtung behandelt, die uns bei empirischen Beschreibungen leiten können. Danach soll gefragt werden, in welchem Sinne es Regularitäten des Bedeutungswandels gibt und wie semantische Entwicklungen erklärt werden können.

4.1   Die evolutionäre Betrachtungsweise

Eine Konvention kann, wie wir in 2.7 gesehen haben, als Lösung einer immer wiederkehrenden kommunikativen Aufgabe verstanden werden. In diesem Sinne sind beispielsweise die epistemischen Verwendungsweisen von Modalverben (z.B. *Er kann es gewusst haben, Er muss es gewusst haben*) und Modaladverbien (z.B. *Er hat es vielleicht gewusst, Er hat es bestimmt gewusst*) Lösungen für die kommunikative Aufgabe, Vermutungen in unterschiedlicher Stärke auszudrücken. Ein Ziel der historischen Semantik sollte es sein zu zeigen, wie kommunikative Verfahrensweisen – und das heißt auch die Verwendungsweisen von sprachlichen Ausdrücken – in Anpassung an wechselnde kommunikative Aufgaben entstehen, sich schrittweise verändern, im Gebrauch bleiben und ggf. aufgegeben werden (vgl. Toulmin 1972, 352).

Bei den tastenden Versuchen der SprecherSchreiber, lokale kommunikative Aufgaben erfolgreich zu lösen, fallen immer wieder **Varianten** des Gebrauchs an. Diese sind oft nicht als Varianten intendiert, sondern sind ungewollte Nebenprodukte des kommunikativen Alltagsgeschäfts. Deshalb stellen sie oft auch nur geringfügige Abweichungen vom etablierten Gebrauch dar. Daneben gibt es natürlich auch Varianten, die gezielt und mit Überlegung eingesetzt werden, wie etwa manche metaphorischen Verwendungen. In beiden Fällen handelt es sich um neue Verwendungen alter Mittel, um neuen Wein in alten Schläuchen.

Während manche dieser Varianten spurlos wieder verschwinden, erweisen sich andere als nützlich, werden wieder aufgenommen und verbreiten sich. In dieser Situation kann es sich ergeben, dass mehrere Varianten für eine bestimmte kommunikative Funktion existieren, zwischen denen der Sprecher wählen kann. Man spricht hier auch von der **Konkurrenz** von Ausdrücken. So waren beispielsweise im Deutschen die Ausdrücke *Haupt* und *Kopf* längere Zeit alternative Ausdrucksmöglichkeiten für den Bezug auf den Kopf des Menschen. Wenn sich nun eine dieser Varianten als besonders attraktiv erweist oder die andere schon verschlissen ist, kann es vorkommen, dass erstere Variante bevorzugt wird und sich in der Praxis durchsetzt. Entwicklungsgeschichtlich betrachtet können wir in diesem Fall von einer Situation der **Selektion** sprechen. Diese Selektion kann dazu führen, dass die

Verwendung alternativer Ausdrücke aufgegeben wird oder dass deren Gebrauch sich verändert. In manchen Fällen erhalten sich auch spezialisierte Verwendungsweisen in bestimmten kommunikativen Funktionen, beispielsweise das *sollte* der epischen Vorausdeutung (*Das sollte sich noch rächen!*) als eine marginale Verwendungsweise von *sollen*.

Eine neue Verwendungsweise kann sich im Freundeskreis oder in den Medien und durch die Medien verbreiten. Für die Verbreitung – auch Diffusion genannt – gibt es vielfältige Gründe und auch unterschiedliche Formen und Wege. Charakteristische Verbreitungswege sind: von den höheren zu den niedrigeren sozialen Schichten, von den Medien zu den Mediennutzern, von den Experten zu den Laien, von den Jugendlichen zu den älteren Sprechern, von den Städtern zur Landbevölkerung usw. Näheres zur Verbreitung von semantischen Neuerungen finden Sie in Kapitel 5.

Zusammenfassend lassen sich also drei Aspekte einer evolutionären Betrachtungsweise nennen, die in diesem Buch immer wieder berücksichtigt werden:

(i)   die **Variation** in den Ausdrucksmöglichkeiten für eine bestimmte kommunikative Funktion,

(ii)   die **Selektion** besonders geeigneter Ausdrucksmöglichkeiten aus dem Pool von Konkurrenten mit Folgen wie dem Aufgeben bestimmter Ausdrücke bzw. Verwendungsweisen von Ausdrücken oder dem Überleben marginaler Verwendungsweisen in funktionalen Nischen,

(iii)   die **Diffusion** von Neuerungen in sozialen Gruppen und zwischen sozialen Gruppen.

4.2   Die funktionale und die lexikalische Perspektive

Die semantische Entwicklungsgeschichte kann man aus zwei verschiedenen Perspektiven betrachten, die sich allerdings auch verbinden lassen, nämlich der funktionalen und der lexikalischen Perspektive.

Aus der **funktionalen Perspektive** fragen wir, welche Ausdrücke in welchen kommunikativen Funktionen verwendet werden, wie neue Ausdrücke für bestimmte Funktionen gefunden werden und wie neue Funktionen entdeckt werden. (Traditionell spricht man hier von der **onomasiologischen** Betrachtungsweise; vgl. Fritz 1998a, 22f.). Um diese Möglichkeiten zu illustrieren will ich jeweils ein Beispiel geben. Wir können fragen, welche Möglichkeiten es zu einem bestimmten Zeitpunkt gibt, Begeisterung für einen Gegenstand oder eine Leistung auszudrücken (heute z.B. *Das ist prima / toll / klasse / super / geil / cool / fett / große Klasse / erste Sahne*). Wir können fragen, wann und wie eine neue Ausdrucksmöglichkeit für diese Funktion ins Spiel kommt (z.B. *knorke* um 1910, *dufte* in den 20er Jahren in Berlin, *spitze* in den 60er Jahren, *krass* um 1990), von wem sie zu einem bestimmten Zeitpunkt verwendet wird – hier gibt es heute eine deutliche Generationenspezifik – und wann sie ggf. veraltet. Und wir können schließlich fragen, seit wann man in der deutschen Umgangssprache einen Ausdruck zur Beschreibung einer reizbar-empfindlichen körperlich-seelischen Verfassung besitzt (seit etwa 1830 das Adjektiv *nervös*; vgl. Ladendorf 1906, 217ff.) oder seit wann man das neue Thema Umwelt mit dem Ausdruck *Umwelt* kennzeichnen kann (seit etwa 1970; vgl. Stötzel/Wengeler 1995, 620ff., Artikel von M. Jung). Die funktionale (onomasiologische) Perspektive ist besonders auch im Bereich der Wortgeographie verbreitet, die z.B. danach fragt, welche Ausdrücke in unterschiedlichen Dialekten um 1900 zur allgemeinen Kennzeichnung sprachlicher Äußerungen verwendet werden (*reden* im Österreichischen, Bairischen, Fränkischen, *schwätzen* im Schwäbischen, Badischen und Moselfränkischen, *sprechen* in ostmitteldeutschen und manchen norddeutschen Dialekten).

Aus der **lexikalischen Perspektive** fragen wir, welche Verwendungsweisen ein Ausdruck hat, wie neue Verwendungsweisen entstehen, wie das Verwendungspotenzial eines Ausdrucks ausgeschöpft wird, wie zentrale („prototypische") Verwendungsweisen marginal werden und umgekehrt, wie sich das ganze Spektrum der Verwendungsweisen eines Ausdrucks entwickelt und wie Verwendungsweisen abhanden kommen. Diese Betrachtungsweise, die man auch als **semasiologische** Betrachtungsweise bezeichnet hat, war traditionell in der historischen Semantik vorherrschend. Sie ist grundlegend für die Behandlung der Frage der Polysemie, einer zentralen Frage seit den Anfängen der historischen Semantik (vgl. Bréal 1897/1924, Kap. XIV).

Beide Perspektiven erfassen jeweils einen Aspekt der historischen kommunikativen Wirklichkeit. Das Spektrum der Verwendungsweisen bildet für die Sprecher die Einheit der Wortbedeutung (lexikalische Perspektive), und die Funktion ist die relevante Einheit der kommunikativen Praxis (funktionale Perspektive). In vielen Fällen empfiehlt sich daher die Verbindung beider Perspektiven. Wenn wir die Veränderungen im Spektrum der Verwendungsweisen zu erklären versuchen, so fragen wir u.a. nach der Funktion von Neuerungen und ihrem kommunikativen Nutzen für die Sprecher. Umgekehrt fragen wir, wenn wir die Geschichte der Ausdrucksmöglichkeiten für eine bestimmte Funktion betrachten, immer auch nach den Verwendungsweisen der Ausdrücke, denn Ausdrücke konkurrieren nur in bestimmten Verwendungsweisen und lösen sich auch nur in bestimmten Verwendungsweisen ab.

4.3   Mikroperspektive und Makroperspektive

Bei der Beschreibung und Erklärung historischer Entwicklungen des Gebrauchs können wir auch in einer weiteren Hinsicht zwei Perspektiven einnehmen, die Mikroperspektive und die Makroperspektive.

Die **Mikroperspektive** nehmen wir ein, wenn wir das sprachliche Handeln einzelner Sprecher betrachten und etwa folgende Fragen stellen:

(i)   Mit welcher Intention verwendet ein SprecherSchreiber einen bestimmten Ausdruck?

(ii)   Welche Funktion hat eine bestimmte innovative Verwendung in einem Text?

(iii)   Wie versteht ein HörerLeser eine innovative Verwendung eines Ausdrucks?

(iv)   Welches gemeinsame Wissen haben zwei Sprecher, in deren Kommunikation eine neue Verwendungsweise entsteht?

(v)   Welche Prinzipien befolgt ein Sprecher, der auf eine neue Verwendung verfällt (Präzision, Deutlichkeit, Höflichkeit, Vorsicht, Variation)?

(vi)   Wie bewertet ein Sprecher die Verwendung eines bestimmten Ausdrucks und warum bewertet er sie so? Warum zieht er den einen Ausdruck dem anderen vor?

(vii)   Von wem übernimmt ein Sprecher eine neue Verwendungsweise und warum?

Diese Fragen aus der Mikroperspektive sind fundamental für das Verständnis von historischen Neuerungen. Sie müssen im Prinzip auch dort gestellt werden, wo es schwierig ist, Antworten zu bekommen, etwa dann, wenn wir die (möglicherweise innovative) Verwendung eines Ausdrucks in einem älteren Text untersuchen. In solchen Fällen müssen wir uns mit hypothetischen Antworten begnügen.

Die **Makroperspektive** nehmen wir ein, wenn wir die Entwicklung des Gebrauchs sprachlicher Ausdrucke in einer ganzen Sprechergemeinschaft, in einer bestimmten Region oder einer bestimmten Sprachstufe betrachten und etwa folgende Fragen stellen:

(i)   Wie werden die Ausdrücke *minne* und *liebe* im Mhd. um das Jahr 1200 verwendet?

(ii)   Wie entwickelt sich das System der epistemischen Verwendungsweisen von Modalverben im Deutschen von 1200 –1600?

(iii)   Wie ist die regionale Verteilung der Verben *reden, sprechen* und *schwätzen* (in bestimmten Verwendungsweisen) in Deutschland um das Jahr 1900?

(iv)   Welche Ausdrücke werden im 17. Jahrhundert aus dem Französischen ins Deutsche übernommen?

Eine systematische Verschränkung der beiden Perspektiven ist notwendig für die Erklärung des Bedeutungswandels: In der Mikroperspektive sieht man im günstigen Fall, wie sich die einzelnen SprecherSchreiber in ihren Äußerungen oder Texten erfolgsorientiert um die Befolgung von Kommunikationsprinzipien wie Präzision, Deutlichkeit, Höflichkeit, Vorsicht, Variation und dergl. bemühen und dabei Neuerungen entdecken oder aufnehmen, während man in der Makroperspektive sieht, wie sich als kumulative Wirkung dieser Bemühungen, von den einzelnen Sprechern nicht intendiert, im Sprachgebrauch Systematisierungsansätze ergeben (vgl. z.B. Kap. 12). Allerdings ist die Mikro-Makro-Verbindung eines der größeren methodischen Probleme in der Sprachgeschichtsschreibung. Eine wichtige Verbindung zwischen Mikro- und Makroperspektive bildet die Analyse von Verbreitungsphänomenen.

4.4   Bedeutungsübergänge und das Prinzip der kleinen Schritte

Wenn man Bedeutungsentwicklungen beschreibt, muss man versuchen, diese Entwicklungen in möglichst kleine Schritte zu zerlegen. Dieses Prinzip, das man das Prinzip der kleinen Schritte nennen könnte, wurde von professionellen Bedeutungshistorikern schon vor mehr als 100 Jahren befolgt und auch mehrfach formuliert. Eine klare Formulierung des Prinzips finden wir beispielsweise bei dem schwedischen Germanisten Erik Wellander, der schreibt: "Als wichtige Regel für das methodische Verfahren muss es dabei gelten, dass nicht die gesamte Bedeutungsentwicklung eines Wortes auf einmal zur Untersuchung herangezogen wird, wie dies bei der lexikographischen Arbeit selbstverständlich ist; es muß vielmehr die Bedeutungsentwicklung eines Wortes in möglichst einfache Vorgänge zerlegt und diese einzelnen Bedeutungsübergänge jeder für sich untersucht werden. Nur in der Weise kann man hoffen, den Gesetzen des Bedeutungswandels auf die Spur zu kommen" (Wellander 1923, V). Die Begründung für dieses methodische Prinzip liegt in der Annahme, dass die Sprachgeschichte keine Sprünge macht, d.h. dass sich sprachhistorische Entwicklungen normalerweise in kleinen Schritten vollziehen. Diese Annahme macht beispielsweise auch Hermann Paul in seinen „Prinzipien der Sprachgeschichte". Er schreibt dort: „Bei jeder veränderung kann nur ein kurzer schritt getan werden" (Paul 1886, 18). Ein Beispiel für kleine Schritte gibt Wellander (1917, 66): „Von *gelehrter Richter* zu *gelehrtes Richtertum* ist nur ein kurzer Schritt. Ein Ausdruck wie *gelehrte Männer* führt leicht auf den ungefähr gleichbedeutenden *gelehrte Gesellschaft*, *gelehrte Kreise*; wer von einem *gelehrten Mann* spricht, kommt leicht darauf, von seiner *gelehrten Zunge* oder *gelehrten Feder* zu reden usw." Ähnliches finden wir im heutigen Gebrauch von *gesund*: *ein gesundes Kind*, *gesunde Ernährung*, *eine gesunde Gesichtsfarbe*.

Wie oft bei solchen plakativen und einleuchtenden methodischen Prinzipien steht das Prinzip der kleinen Schritte stellvertretend für ein schwieriger zu befolgendes Prinzip, nämlich das Prinzip der *richtigen* Schritte. Wir müssen die Bedeutungsübergänge dort lokalisieren, wo sie in der Praxis der Sprecher lagen. Da aber die Innovation bei den Sprechern oft in kleinen, unmerklichen Schritten vor sich geht, ist das Prinzip der kleinen Schritte nicht unvernünftig.

Ich möchte die Anwendung dieses Prinzips an zwei Beispielen erläutern, wobei das erste aus der Geschichte der deutschen Sprache stammt und das zweite, ein Klassiker, aus dem Englischen (und seiner lateinisch-französischen Vorgeschichte).

Wenn wir die heutigen Verwendungsweisen des Modalverbs *sollen* betrachten, dann finden wir eine eigentümliche, isolierte Verwendungsweise, die schon erwähnte Verwendung zur epischen Vorausdeutung:

(1)   Das sollte er später sehr bereuen

Aus der epischen Vergangenheitsperspektive wird hier eine Vorausdeutung in die Zukunft gemacht. Ein Zusammenhang mit der prototypischen Verwendungsweise zum Ausdruck einer Verpflichtung wie in (2) ist nicht zu erkennen.

(2)   Die Stipendiaten sollen jeweils nach einem Jahr von ihren Arbeitsfortschritten berichten

Wenn wir erklären wollen, wie es zu der heute isolierten Verwendungsweise gekommen ist, müssen wir das „missing link" finden, das die beiden Verwendungsweisen ursprünglich verband. Bei dieser Suche müssen wir in der Geschichte zurückgehen bis ins Ahd. oder Mhd. In dieser Zeit wurde *sollen* – wie heute – zur Angabe einer Verpflichtung verwendet, aber auch, davon abgeleitet, zur Kennzeichnung des Zukunftsbezugs – wie unser heutiges *werden*:

(3)   ezzen unde trinchen ia *sulen* uuir doh irsterben   (Notker II.277.17)
        ,lasset uns essen und trinken, denn wir werden ja doch sterben'

Die Verknüpfung dieser beiden Verwendungsweisen (Angaben einer Verpflichtung, Kennzeichnung des Zukunftsbezugs) kann man als ursprüngliche Implikatur rekonstruieren: Wenn jemand behauptete, dass jemand zu einer (zukünftigen) Handlung verpflichtet war, konnte er damit seine Prognose signalisieren, dass der Betreffende diese Handlung in der Zukunft auch realisieren würde. Ausgehend von der Verwendung zum Zukunftsbezug ist nun die Verwendung zur epischen Vorausdeutung nur ein kleiner Schritt. Wollte ein ahd. oder mhd. Erzähler einen Zukunftsbezug im Rahmen einer Erzählung herstellen, d.h. von dem erzählten Vergangenheitszeitpunkt in Richtung auf die Sprechzeit des Erzählers vorausdeuten, so konnte er dafür das Präteritum des Verbs *sollen* verwenden

(4)   dine muoter gap man im ze konen er *solt* ab niht ir minne wonen: der tot in ê legete in daz grap.
        (Wolfram, „Parzival", 494.19ff.)

        'deine Mutter gab man ihm (dem König Castis) zur Frau. Er sollte sich aber nicht an ihre Liebe gewöhnen, der Tod legte ihn vorher ins Grab'

Im älteren Deutsch erscheint diese Möglichkeit der epischen Vorausdeutung also nicht isoliert wie in der Gegenwartssprache. So lange *sollen* eine Standardmöglichkeit des Zukunftsbezugs war, lag es nahe, *sollen* auch zum Zukunftsbezug aus der Vergangenheitsperspektive zu verwenden. Seit dem 16. Jahrhundert ist aber die Kennzeichnung des Zukunftsbezugs mit *werden* die Standardform, so dass die Verbindung zwischen den erwähnten zwei heutigen Verwendungsweisen (Angaben einer Verpflichtung, epische Vorausdeutung) abgerissen ist.

Was der Urvogel Archäopteryx für das Verständnis der Verwandtschaft von Kriechtieren und Vögeln ist, das „missing link", ist die Verwendung zum Zukunftsbezug für die historische Verwandtschaft der beiden genannten heutigen Verwendungsweisen von *sollen*.

Das zweite Beispiel stammt von dem bedeutenden Romanisten Leo Spitzer, der in einem Aufsatz aus dem Jahre 1945 die Bedeutungsentwicklung von lateinisch *nausea* ‚Seekrankheit' zum englischen *noise* ‚Lärm' beschrieb. Die Beschreibungsaufgabe bestand zunächst darin, lautgeschichtlich zu zeigen, wie *nausea* sich zu *noise* entwickeln konnte – davon soll hier nicht die Rede sein – und dann den Bedeutungsübergang von ‚Seekrankheit' zu ‚Lärm' zu rekonstruieren. Wenn man sonst nichts über die Bedeutungsgeschichte von *nausea* wüsste, könnte man diesen Bedeutungsübergang etwa folgendermaßen zu erklären versuchen: Es ist allgemeines Wissen, dass jemand, der seekrank ist, sich erbrechen muss und dabei ein unangenehmes Geräusch macht, also eine Art von Lärm. Also kann man mit der Verwendung von *nausea* metonymisch eine bestimmte Art von Lärm kennzeichnen. Das wäre eine hübsche Hypothese, die auch mit anerkannten Beschreibungsmitteln arbeitet, nämlich der Annahme eines historisch verfügbaren gemeinsamen Wissens und der Annahme eines verbreiteten Neuerungsmusters,

nämlich der Metonymie. Nur wäre diese fiktive Hypothese leider falsch, wie der Vergleich mit Spitzers Beschreibung zeigt. Spitzer verfolgt die Entwicklung auf eine sehr subtile Art ausgehend von klassisch-lateinischen Texten, über spätantike Texte wie z.B. die lateinische Bibelversion der Vulgata, dann über altfranzösische Texte bis ins späte Mittelenglische. Auf diese Weise gelangt er zu einer Entwicklungshypothese für die Geschichte von *nausea* > *noise*, die er in Form eines Stammbaums darstellt (Spitzer 1945, 276; hier etwas verein-facht): ‚Seekrankheit', ‚Übelkeit', ‚Ekel' (klassisches Latein) > ‚Krankheit', ‚(seelischer) Schmerz' > ‚(laute) Klage' (altfranzösisch *noise*) > ‚Lärm' (altfranzösisch, von dort als *noise* ins Mittelenglische übernommen). Die Entwicklungsschritte, die Spitzer besonders gut herausarbeitet, sind die von ‚Schmerz' zu ‚(laute) Klage' (insbesondere ‚Totenklage') und dann zu ‚Lärm'. Diese Entwicklungshypothese zeigt einen längeren Weg von Bedeu-tungsübergängen in einleuchtenden Schritten und ist damit ein Musterbeispiel für die An-wendung des methodischen Prinzips der kleinen Schritte.

Die interessante Frage ist natürlich, welche Neuerungen als kleinschrittig gelten können. In allgemeiner Form kann man sagen: Eine Neuerung ist ein kleiner Schritt, wenn sie dem Sprecher nahe liegt und vom Hörer problemlos verstanden wird. Diese Bedingungen sind normalerweise dann erfüllt,

- wenn die Neuerung einem gebräuchlichen Verfahren oder Mechanismus folgt (z.B. als metaphorische oder metonymische Verwendung) oder nach einem bekannten Vorbild gemacht ist (z.B. nach einem fremdsprachlichen Vorbild),
- wenn bei der neuen Verwendung von Wissen Gebrauch gemacht wird, das in der betref-fenden Sprechergemeinschaft schon kollektives Wissen ist bzw. das in der betreffenden Situation kommunikationshistorisch aufgebaut worden ist,
- wenn bei der neuen Verwendung von Wissen und Fähigkeiten Gebrauch gemacht wird, die zur universellen kognitiven Grundausstattung der Beteiligten gehören.

Unabhängig von diesen Bedingungen ist es aber durchaus möglich, dass neue Verwen-dungsweisen ohne Bezug zum bisherigen Gebrauch gelernt werden, quasi wie neue Wörter, wenn ihre Attraktivität ausreichend groß ist. Ein Beispiel aus neuerer Zeit ist die Verwen-dung von *krass* zum Ausdruck der Begeisterung über einen Gegenstand. Jugendliche, die diesen Ausdruck zum ersten Mal hören und dann auch selbst übernehmen, kennen den Ausdruck *krass* in seiner Standardverwendung möglicherweise gar nicht oder, wenn sie ihn kennen, sehen sie wohl keinen Zusammenhang zwischen der traditionellen und der neuen Verwendungsweise.

4.5   Pfade des Bedeutungswandels

Eine Theorie der semantischen Entwicklung sollte nicht nur die Offenheit und Flexibilität des Gebrauchs zeigen, sondern auch zeigen, in welchen Bahnen sich die Innovation des Gebrauchs oft bewegt (vgl. Fauconnier/Turner 2002, 310). In der historischen Semantik hat man seit langem beobachtet, dass bestimmte Typen von semantischen Entwicklungen im-mer wieder vorkommen, in der Geschichte einer Einzelsprache, aber auch in unterschiedli-chen Sprachen. Man sprach von Gesetzen des Bedeutungswandels (vgl. Fritz 1998b, 870f.)

oder in neuerer Zeit vorsichtiger von Regularitäten (vgl. z.B. Traugott/Dasher 2002, Harm 2000). Solche Regularitäten hat man in den letzten Jahren auch als semantische *Entwicklungspfade* bezeichnet (z.B. Anderson 1986, Bybee/Perkins/Pagliuca 1994). Man macht damit terminologischen Gebrauch von einer Art von Metapher, die auch schon in der älteren Forschung sporadisch verwendet wurde (z.B. „der vermutete Weg der Bedeutungsentwicklung"; Sperber 1923, 85). Besonders gern begangene Entwicklungspfade sind offensichtlich bevorzugte Lösungsmöglichkeiten für bestimmte kommunikative Aufgaben. Für den historischen Semantiker stellt sich bei der Untersuchung von Entwicklungspfaden jeweils die Frage, *warum* diese Möglichkeiten den Sprechern besonders naheliegen und worin das Erfolgsrezept für ihre Aufnahme und Verbreitung liegt.

Zur Illustration führe ich im Folgenden eine Liste von zwölf bekannten semantischen Entwicklungspfaden an und gebe dazu jeweils ein Beispiel oder mehrere Beispiele sowie einen kurzen Kommentar. Die Beispiele zeigen entweder einen historischen Entwicklungsschritt auf dem betreffenden Pfad oder, als Folge dieses Entwicklungsschritts, eine Verknüpfung von zwei Verwendungsweisen des betreffenden Ausdrucks in der heutigen Sprache. Näheres zu den in den Kommentaren verwendeten Begriffen „metaphorisches Muster/Modell" und „metonymisches Muster/Modell" finden Sie in den Kapiteln 8.1 und 9.1. Die meisten der hier angeführten Beispiele werden in späteren Kapiteln des Buchs näher betrachtet.

(R1)   Von temporaler zu kausaler Verwendung von Adverbien / Konjunktionen

mhd. *sît*; mhd. *(die) wîle* > fnhd. *weil*; engl. *since*; dt. *nachdem*

(1)   und *sît* ich disen man gesach   (Gottfried, Tristan, 986)
       'und seitdem ich diesen Mann gesehen habe, ...'

(2)   *sît* ez niht bezzer werden kann   (Gottfried, Tristan, 4982)
       'da es nicht besser werden kann'

(3)   dem starb ein [...] printz und *weil* die gemahlin sehr betrübt war, schickte er seinen tantzmeister mit der gantzen compagnie hin   (Christian Weise, 1677), DWb 28, 769
       , ... und während / weil die Gemahlin sehr betrübt war ...'

„So bezeichnet *weil* ursprünglich nur die Gleichzeitigkeit des Vorganges mit dem des regierenden Satzes. Dass dabei oft auch ein Kausalzusammenhang stattfindet, liegt nur in der Natur der Sache, und erst allmählich bildet sich im Sprachgefühl die Vorstellung aus, dass dieses Kausalverhältnis durch *weil* mit ausgedrückt ist. Nun bezeichnet *weil* zunächst Gleichzeitigkeit und Kausalität zusammen, indem aber vielfach das Kausalverhältnis als das Wesentliche empfunden wird, gelangt man schließlich dazu, *weil* auch in solchen Fällen zu gebrauchen, wo gar keine Gleichzeitigkeit mehr stattfindet" (Paul 1895, 73).

(R2)   Von lokaler zur temporaler Verwendung von Präpositionen

vor dem Haus, vor der Prüfung; am Boden, am Abend

„Paradefall wäre etwa die Erklärung des temporalen Gebrauchs vieler Präpositionen aus ihrem lokalen Gebrauch mit dem Mechanismus der Auffassung von Zeit als Raum. [...]

Dieser Mechanismus oder diese Regularität möge metaphorisches Modell heißen"
(Heringer 1999, 133).

(R3) **Von der Verwendung zum Ausdruck allgemeiner Möglichkeit zur Verwendung zum Ausdruck einer schwachen Vermutung (epistemische Verwendung von Modalverben)**

nhd. Er *kann* in Berlin sein ‚die Umstände erlauben es, dass er in Berlin ist ...‘ vs. ‚möglicherweise ist er in Berlin‘

„Mit auffälligen Parallelen verläuft die langandauernde Konkurrenzgeschichte von *can / may* im Mittelenglischen / Frühneuenglischen und *kann / mag* im Mhd. / Fnhd. ebenso wie die Entwicklung eines Systems epistemischer Verwendungsweisen (*he may / must have known, er kann / muß es gewußt haben* etc.)" (Fritz 1997a, 4).

(R4) **Von der Verwendung als Verb des Sehens zur Verwendung als Verb des Erkennens**

a. Ich sehe den Baum, b. Ich sehe das Problem

Eine metaphorische Verknüpfung: „ ... so scheint der Gesichtssinn bei weitem die meisten und bezeichnendsten Bilder und Vergleiche zu liefern. Die optischen Eindrücke gelten durchwegs als die schärfsten, klarsten und untrüglichsten, die der Verstandesarbeit am meisten entsprechen" (Langen 1974, 55).

(R5) **Von der Verwendung zur Kennzeichnung des Ausschauens zur Verwendung zur Kennzeichnung des Wartens**

(4) *wartet* wie diu heide stât schône in liehter waete   (Neidhart 10.29f.; ca. 1230)
‚schaut wie die Heide aussieht schön in hellem Kleid‘
(5) ez stuont ein frouwe alleine
und *warte* uber heide
und *warte* ir liebe   (Minnesangs Frühling 37,4ff.; ca. 1170)
‚es stand eine Dame allein
und schaute über die Heide
und wartete auf ihren Geliebten‘

Eine metonymische Verknüpfung: „Wir haben in der Untersuchung dieses lexikalischen Feldes in den modernen Mundarten öfters gesehen, wie ein Schauen nach etwas häufig ein Warten darauf voraussetzen kann" (Durrell 1972, 180; Parallelentwicklungen sind zusammengefasst in Harm 2000, 135f.).

(R6) **Von der Verwendung zum Ausdruck der Ausdehnung zum Ausdruck der Quantität**

dt. ein Haufen Geld, frz. un tas d'argent, engl. loads of money
ahd. *ein luzzil stein* ‚ein kleiner Stein‘, *luzzil wînes* ‚wenig Wein‘

„Besonders prägnant ist dabei die Kontiguität zwischen GROSSE QUANTITÄT (von zähl-
baren Dingen) und HAUFEN. Zwar enthält nicht jeder Haufen eine große Quantität von
Objekten, aber **prototypisch** wird in einem Haufen eben eine große Quantität erwartet"
(Koch, P.: Ein Blick auf die unsichtbare Hand. Mskr. S. 12)

(R7) **Von der Verwendung zum Ausdruck der Ausdehnung/Quantität zum Ausdruck der Intensität**

dt. große Bäume, große Angst

mhd. vil geldes, er was vil vorhtsam ‚sehr ängstlich'

engl. much money, he was much afraid

Ein metonymisches Modell: Was groß ist, ist stark. „Vielfach geht die bedeutung aus dem
quantitativen ins intensive über; das adj. hat die function, eine verstärkung des in dem regierenden wort gegebenen begriffes auszudrücken" (DWb 9, 471 zu *groß*).

(R8) **Von der Verwendung als Adverb der Tatkraft zur Verwendung als Adverb der
Schnelligkeit**

ahd. *bald(o)* ‚tatkräftig' > ‚schnell'

(7)   Die er sah ubelo tuon . die rafste er baldo   (Notker II.394.4, vor 1020)
        ‚Die er Böses tun sah, die bestrafte er hart'

(8)   Widolt gagethe balde. Vz deme walde   (Rother 4199, ca. 1150)
        ‚Widolt eilte schnell aus dem Wald hinaus'

Auch ein metonymisches Modell: Wer sich eifrig fortbewegt, bewegt sich schnell fort.
„[Ahd. *baldo* (Adverb) / *bald* (Adjektiv) weisen] auf Tatkraft, Eifer und Intensität bei einer
Tätigkeit hin [...].[Im Frühmittelhochdeutschen] tritt es in Verbindungen, wo Eifer und
Energie auf die Bewegung bezogen werden, in den Schnelligkeitsbereich [...]. Es ist ein-
leuchtend, dass dieser Übergang am deutlichsten beim Adverb und bei Verben der Fortbe-
wegung zu verfolgen ist" (Oksaar 1958, 342).

(R9) **Von der Verwendung als deskriptives Adjektiv zur Verwendung als bewerten-
des Adjektiv**

dt. *scharfes Messer, scharfe Musik; süße Schokolade, süßes Kind*; fnhd. *blöd* ‚(körperlich) schwach' >
‚schwach (im Kopf)' > ‚dumm'; mhd. *slecht* ‚glatt', ‚einfach' > fnhd. *schlecht* ‚geringwertig'; *feuilletonistisch* ‚im Stil eines Feuilletons geschrieben' > ‚oberflächlich', ‚unsystematisch'

„Ein deskriptives Adjektiv wird zwecks emotiver Repräsentation metaphorisch oder metonymisch verwendet und erhält dadurch einen evaluativen Sinn. Wenn dieser dann durch
hinreichende Frequenz lexikalisiert ist, wird daraus ein Ausdruck mit evaluativer Bedeutung" (Keller / Kirschbaum 2003, 148).

(R10) Von der Verwendung als deskriptives Substantiv zur Verwendung als Schimpfwort

mhd. *dörpel* ‚Dorfbewohner, Bauer' > fnhd. *Tölpel* ‚ungeschickter, einfältiger Mensch'; mhd. *buobe* ‚junger, nicht-adeliger Diener' > fnhd. *Bube* ‚Nichtsnutz, Lump'; *Schulmeister* ‚Lehrer' > ‚Pedant'

Die gängigen stereotypen Annahmen über Personengruppen (soziale Gruppen, politische Gruppierungen, Berufsgruppen) können genutzt werden, um Bezeichnungen dieser Personengruppen als Schimpfwörter zu verwenden: Die Dorfbewohner galten den Städtern als ungeschickt und einfältig. Junge Diener galten den sozial Höherstehenden als moralisch gefährdet: „*bube* nequam, scelus, schurke, wie sich aus der dritten bedeutung [d.h. Diener] leicht entfaltete, da der trosz von armen dienern dem laster und der ausschweifung blosz gestellt war; gerade so wandelte sich auch das alte *schalk*, d.i. diener, in den begrif von veterator, improbus, callidus [d.h. ein durchtriebener, unredlicher, verschlagener Mensch]" (DWb 2, 460).

(R11) Von der Kennzeichnung des körperlichen Symptoms eines Gefühls zur Kennzeichnung des Gefühls selbst

zittern, die Nase rümpfen, mit den Zähnen knirschen

„Gemütsbewegungen werden nach den sie begleitenden Reflexbewegungen bezeichnet, vgl. z.B. *beben, zittern, schauern, erröten, aufatmen, das Maul aufsperren, die Nase rümpfen, die Ohren spitzen, mit den Zähnen knirschen, die Faust ballen* [...]. Mit Verdunkelung des ursprünglichen Sinnes werden solche Ausdrücke zu Bezeichnungen der Gemütsbewegung selbst, vgl. *sich sträuben, scheuen, staunen* (noch im 18. Jahrh. = „starr auf etwas hinsehen"), *erschrecken* (eigentlich „aufspringen") [...] (Paul 1920a, 99).

(R12) Von der Verwendung als Satzverknüpfer (Adverb oder Konjunktion) zur Verwendung als Modalpartikel (*doch, aber*)

(9a)   Er spricht schlecht, *doch* er schreibt gut

(9b)   Du kannst es mir *doch* sagen

(10a)   Er weiß es, *aber* er verrät es nicht

(10b)   Das ist *aber* ärgerlich

Ausgangspunkt der semantischen Entwicklung von *doch* ist offensichtlich die adversative Verwendung als Konjunktion oder Adverb. Schon im Ahd. findet man aber Verwendungen, die nicht nur die Funktion haben, einen Gegensatz festzustellen, sondern zu signalisieren, dass der Sprecher gemeinsames Wissen in Bezug auf diesen Gegensatz voraussetzt.

4.6   Einen Bedeutungswandel erklären

Von einem Bedeutungswandel sprechen wir, wenn eine semantische Innovation aufgegriffen wird, sich einspielt, verbreitet und (zumindest in einer bestimmten Sprechergruppe) konventionell gebräuchlich wird. Wenn wir einen Bedeutungswandel verstehen wollen, müssen wir also zeigen, wie und unter welchen Bedingungen die neue Verwendungsweise ins Spiel gekommen ist und wie sie sich im Sprachgebrauch etabliert hat. Wir müssen zeigen, wie kommunikationshistorische Vorgänge zu sprachhistorischen Ergebnissen führen. Zu einer derartigen Erklärung gehören normalerweise folgende Bestandteile:

(i)   Eine Beschreibung des Gebrauchs eines Ausdrucks vor der Innovation,

(ii)   eine Beschreibung der neuen Verwendung und ihrer Verwendungszusammenhänge,

(iii)   eine Beschreibung der Prozesse der Konventionalisierung und Verbreitung,

(iv)   eine Beschreibung des Gebrauchs des betreffenden Ausdrucks (und möglicherweise anderer Ausdrücke) nach der Aufnahme der Innovation in den Sprachgebrauch.

Während die Punkte (i) und (iv) Standardaufgaben einer synchronischen semantischen Beschreibung sind, machen die Punkte (ii) und (iii) die Spezifika einer historisch-semantischen Erklärung aus und sollen hier etwas näher betrachtet werden.

4.6.1   Die neue Verwendung und ihre Verwendungszusammenhänge

Um einen Bedeutungswandel erklären zu können, müssen wir zunächst typische Verwendungszusammenhänge der Neuerung beschreiben. Dazu gehören:

1.   die Kommunikationssituation (Kommunikationsform, Textsorte, thematischer Bereich etc.), in der es zu der Innovation kommt,

2.   die Einführungssituation im engeren Sinne (insbesondere die Wissenskonstellation der Beteiligten, ggf. besondere Einführungshandlungen und andere Verständnishilfen)

3.   die kommunikative Intention des Innovators bei der Wahl eines bestimmten sprachlichen Mittels,

4.   die kommunikativen Prinzipien, denen der Innovator bei seiner Äußerung folgt (Informativität, Präzision, Verständlichkeit, Originalität),

5.   die Ressourcen, über die der Innovator zur Realisierung seiner Intention verfügt:
       – besondere semantische Verfahren wie das metaphorische oder metonymische Reden,
       – mögliche Präzedenzen (z.B. ein fremdsprachliches Vorbild),
       – das bei der neuen Verwendung vorausgesetzte gemeinsame Wissen der Beteiligten,
       – die möglichen Ausdrucksalternativen

6.   die Aufnahme und Bewertung der Innovation durch Beteiligte

Dieses volle Spektrum von Verwendungszusammenhängen ist uns als Erklärenden allerdings meistens nicht zugänglich. Ein Beispiel für den günstigen Fall wäre etwa die Einführung eines neuen Terminus in einem wissenschaftlichen Text oder die öffentliche Erstverwendung eines brisanten Ausdrucks aus einer öffentlichen Auseinandersetzung (z.B. die öffentliche Erstverwendung von *Restrisiko* durch den Wissenschaftsminister Leussink im

August 1970; vgl. Jung 1994, 74). In den meisten Fällen historisch-semantischer Erklärungen wissen wir aber viel weniger über die Zusammenhänge der eigentlichen Neuerung.

Wir kennen den Innovator und seine Intentionen nicht, wir wissen nicht, welchen Prinzipien er folgte und welches der genaue Kontext der Innovation war. Bei länger zurückliegenden Innovationen sind wir normalerweise in folgender Lage: (i) Wir haben eine Belegstelle, von der wir annehmen, dass sie einen frühen Beleg darstellt. Indizien dafür sind beispielsweise Bedeutungserklärungen, die in einem frühen Stadium der Verwendung einer Innovation manchmal mitgeliefert werden, oder, in neuerer Zeit, die Anführungszeichen, mit denen signalisiert wird, dass es sich um eine ungewöhnliche Verwendungsweise des Ausdrucks handelt. (ii) Wir finden aufgrund des Verwendungszusammenhangs eine Deutung, in welchem Sinne der Ausdruck in unserem Beleg verwendet ist. (iii) Es gelingt uns, die betreffende Verwendung als Anwendung eines bestimmten semantischen Verfahrens zu deuten (metaphorisch, metonymisch, euphemistisch etc.). (iv) Aufgrund der Kenntnis von einschlägigen Texten können wir Annahmen machen über das kollektive Wissen zum Zeitpunkt der Innovation und die Funktion des Ausdrucks in einem bestimmten thematischen Zusammenhang. Dies ist schon recht umfangreiche Information, aber von Vollständigkeit sind wir weit entfernt.

Nach den erwähnten Kriterien für eine Erklärung der Neuerung können wir also zumeist allenfalls partielle Erklärungsskizzen liefern, indem wir insbesondere das gewählte semantische Verfahren, mögliche Präzedenzen und die neue Funktion des Ausdrucks angeben. Die unvollständige Kenntnis der Zusammenhänge der Erstverwendung ist sicherlich ein Mangel, aber einer, der nicht so gravierend ist, wie es erscheinen könnte, denn der eigentlich interessante Sachverhalt ist zumeist nicht die Erstverwendung, sondern die Aufnahme der Neuerung durch die Sprechergemeinschaft und die Funktion, die die Neuerung in einem bestimmten Kommunikationszusammenhang besitzt, beispielsweise in einer Theorie, in einem Projekt oder in einer Kontroverse – aber auch ganz unspektakulär im alltäglichen kommunikativen Geschäft. Dabei können wir annehmen, dass die Verwendungszusammenhänge des Ausdrucks bei der Aufnahme und Weiterverbreitung eng verwandt sind mit denjenigen bei der Erstverwendung. Vor allem dürfte es häufig genau derjenige kommunikative Nutzen sein, den der Erstverwender gesehen hat, der auch die Weiterverwender zur Übernahme motiviert.

4.6.2 Konventionalisierung, Verbreitung und die Wirkung der unsichtbaren Hand

Mit der Beschreibung der Zusammenhänge der Erstverwendung ist es, wie wir gesehen haben, nicht getan. Um einen Bedeutungswandel zu erklären, müssen wir zeigen, wie sich die neue Form der Verwendung in einer Sprechergemeinschaft etabliert hat.

In diesem Zusammenhang stellt sich die Frage, welche Rolle die Intentionen der Handelnden in den verschiedenen Phasen eines Innovationsvorgangs spielen. Schon bei der Beschreibung der Erstverwendungssituation müssen wir neben dem Fall der intentionalen Neuerung die Möglichkeit berücksichtigen, dass eine Neuerung als unbeabsichtigtes Nebenprodukt des intentionalen Handelns eines SprecherSchreibers passiert oder dass ein HörerLeser ein innovatives Verständnis einer Verwendung hat – auch das kann nichtintentional passieren. Dieser nicht-intentionale Aspekt des Bedeutungswandels spielt bei den Prozessen der Konventionalisierung und Verbreitung eine zentrale Rolle. Wenn wir von Innovationen absehen, die im Bereich der Medien, der Werbung oder der Wissenschaft schon mit dem Ziel weiterer Verbreitung ins Spiel gebracht werden, sozusagen als Wortdesign, werden neue Ausdrücke und Verwendungsweisen von den einzelnen Sprechern normalerweise ohne die Absicht verwendet, sie zu konventionalisieren oder sie zu verbreiten. Sie werden von den Sprechern verwendet und übernommen, weil sie ihnen dafür geeignet erscheinen, ihre kommunikativen Ziele zu erreichen. Dabei verfolgen unterschiedliche Sprecher möglicherweise ganz unterschiedliche Ziele mit der Übernahme eines bestimmten Ausdrucks und sie orientieren sich möglicherweise auch an unterschiedlichen Prinzipien. Der eine Sprecher möchte mit der Verwendung des Ausdrucks die Zugehörigkeit zu einer Gruppe signalisieren (zu einer Gruppe von Jugendlichen oder zu einer Gruppe von Wissenschaftlern), der andere möchte zeigen, dass er über neue Redeweisen informiert ist, ohne sich damit aber mit einer Gruppe zu identifizieren. Der eine Sprecher möchte dem Prinzip der Originalität folgen, der andere dem Prinzip der Genauigkeit oder der treffenden Rede.

Entscheidend ist, dass die Übernahme und Weiterverwendung durch viele Einzelne eine kumulative Wirkung hat, die der Einzelne nicht intendiert hat. Die Konventionalisierung und Verbreitung passiert wie von unsichtbarer Hand gelenkt. Man spricht deshalb von einem *invisible-hand process* (vgl. Ullmann-Margalit 1978, 270ff.; Keller 1994, 87ff.). Am Ende eines derartigen invisible-hand-Prozesses steht dann beispielsweise eine neue Gebrauchsregel für einen Ausdruck, eine neue Konstellation von Verwendungsweisen (eine Polysemie) oder eine neue Konstellation von Wörtern (ein neues Wortfeld). Aus evolutionärer Sicht sind es die Mechanismen der unsichtbaren Hand, die die Selektion von Neuerungen bewirken.

Dass invisible-hand-Prozesse nicht-intendierte Wirkungen intentionalen Handelns produzieren, wird besonders dann deutlich, wenn die Wirkungen paradox sind, wie in folgendem Fall: Viele Leute gebrauchen einen Ausdruck in einer neuen Verwendungsweise, um damit besonders originell zu reden. Dies führt zwangsläufig dazu, dass die Verwendungsweise bald nicht mehr originell ist. Auch andere Wirkungen lassen sich auf diese Art und Weise erklären: Wenn viele Leute den Ausdruck *Mädchen* auf verhüllende Weise verwenden, um eine Frau als Prostituierte zu kennzeichnen, kann das dazu führen, dass sich der verhüllende Effekt nach einiger Zeit verliert und der Ausdruck *Mädchen* regelhaft dazu verwendet wird, eine Prostituierte zu kennzeichnen. Ein solcher Prozess vollzog sich seit dem 15. Jahrhundert beim Wort *Dirne*, das mhd. im Sinne von *unverheiratete junge Frau* verwendet wurde. Man spricht bei diesem Prozess von einer sog. *Pejorisierung* des Ausdrucks *Dirne*. Die Wirkung dieses Mechanismus war von den Sprechern nicht intendiert, sie war eine nicht-intendierte Folge ihrer Praxis der verhüllenden Rede.

Besonders wirksam sind die Mechanismen der unsichtbaren Hand natürlich dann, wenn die Aufnahme der Neuerung einfach ist, etwa weil sie einem wohlbegangenen Entwicklungspfad folgt oder das relevante gemeinsame Wissen gut verfügbar ist, und wenn die Motivation der Sprecher zur Verwendung des Ausdrucks in der neuen Verwendungsweise groß ist. Dies kann aus vielfältigen Gründen der Fall sein.

Auch für die Prozesse der Konventionalisierung, Aufnahme und Verbreitung gilt, was wir für die Beschreibung der Erstverwendungssituation gesagt hatten: Zumeist wissen wir über die Details dieser Vorgänge sehr wenig, so dass sich die Erklärung eines Bedeutungswandels häufig auf makroskopische Hypothesen über typische Verläufe stützen muss. Die exemplarische Analyse der Kommunikationsgeschichte von semantischen Neuerungen gehört daher sicherlich zu den größten Desideraten der historischen Semantik.

Die semantischen Neuerungen sind natürlich die Lieblinge der historischen Semantiker, denn sie sind besonders auffallend und haben oft erkennbare Motivationen und Folgen. Aber auch andere historische Entwicklungen müssen beschrieben und erklärt werden, beispielsweise die Kontinuität des Gebrauchs eines Ausdrucks über viele Jahrhunderte hinweg oder das Ungebräuchlich-Werden und Veralten eines Ausdrucks oder einer Verwendungsweise. Auch in diesen Fällen haben die Sprecher normalerweise nicht die Intention, eine derartige Entwicklung durchzusetzen oder einzuleiten. Kaum ein Sprecher wollte den Gebrauch des Ausdrucks *Mutter* als Verwandtschaftsbezeichnung im Deutschen konservieren oder die Verwendung des Ausdrucks *blicken* im Sinne von *glänzen* (so noch bei Goethe) veralten lassen. Vielmehr verwendeten die einzelnen Sprecher den Ausdruck *Mutter* immer weiter, weil er als schriftsprachlicher Ausdruck keinen ernsthaften Konkurrenten hatte, und die unsichtbare Hand tat das Ihre. Was *blicken* angeht, so zogen die einzelnen Sprecher im Laufe des 19. Jahrhunderts *glänzen* oder *blitzen* der Verwendung von *blicken* vor, vielleicht weil sie die Möglichkeit der Verwechslung mit der Verwendung im Sinne von *schauen* störte. Die kumulative Wirkung dieser Abstinenz war, dass diese Verwendungsweise nur noch selten zu hören war und so auch von nachwachsenden Generationen nicht mehr gelernt wurde. So veraltete sie und starb aus, ohne dass jemand ihren Tod gewünscht hätte. Auch hier sehen wir die Wirkung der unsichtbaren Hand.

5. Zur Verbreitung semantischer Neuerungen

5.1 Verbreitung und Bedeutungswandel

Eine semantische Neuerung, die nur ein Einzelner verwendet, macht noch keinen Bedeutungswandel aus. Im Allgemeinen sprechen wir von einem Bedeutungswandel erst dann, wenn andere Sprecher die Neuerung übernehmen und sich die Neuerung auf diese Weise in einer Sprechergruppe verbreitet und etabliert. Im nächsten Schritt kann sich eine Neuerung von einer Sprechergruppe zur andern verbreiten und damit schließlich in einer ganzen Region oder auch im allgemeinen Sprachgebrauch gebräuchlich werden.

Wenn wir die Verbreitung von semantischen Neuerungen untersuchen, können wir zwei eng verknüpfte Fragen stellen: 1. *Wie* verbreitet sich eine Neuerung? 2. *Warum* verbreitet sie sich (schnell bzw. in einem bestimmten Umfeld)? Die erste Frage ist die Frage nach den Verbreitungsbedingungen, Verbreitungssituationen und Verbreitungswegen, die zweite Frage ist die nach den Gründen der Sprecher für die Übernahme und nach den Verbreitungsmechanismen, die bestimmte Verbreitungsstrukturen erzeugen.

5.2 Verbreitungsbedingungen, Netzwerke, Verbreitungswege

Wie wir in Kap. 4.3 schon gesehen haben, kann man die Verbreitung von Neuerungen in der Mikroperspektive und der Makroperspektive betrachten. In der Mikroperspektive sieht man, wie einzelne Sprecher die Neuerung hören oder lesen, verstehen und weiterverwenden – oder auch nicht. In diesem Fall betrachten wir die Bedingungen, unter denen der Einzelne die Neuerung versteht – z.B. den Umfang des gemeinsamen Wissens der an einer Kommunikation Beteiligten –, und die Gründe, die der Einzelne hat, die Neuerung zu übernehmen. Diese Gründe können sehr vielfältig sein – die Verwendung des Ausdrucks ist für einen bestimmten Zweck notwendig, sie ist besonders treffend, sie ist witzig oder sie signalisiert das Dazugehören zu einer Gruppe usw. –, und unterschiedliche Sprecher können unterschiedliche Gründe für die Übernahme einer bestimmten Neuerung haben. Allgemein formuliert liegen die Gründe für die Übernahme einer Neuerung in ihrem kommunikativen Nutzen für den Einzelnen. Ein guter Grund für die Übernahme einer Neuerung kann es auch sein, dass alle anderen Leute – oder alle wichtigen Leute – im Umfeld des Sprechers die Neuerung schon verwenden. Wenn die kritische Masse an Verwendern einer Neuerung in einem bestimmten Umfeld erreicht ist, so dass sich bisher noch zurückhaltende Sprecher von Verwendern umzingelt fühlen, wird die weitere Verbreitung der Neuerung zum Selbstläufer.

In der Diffusionsforschung wurde beobachtet, dass die Möglichkeit, eine Innovation ohne Schwierigkeiten auszuprobieren, ein Faktor für die schnelle Verbreitung ist (Rogers 1995, 243f.). Wörter und deren Verwendungsweisen sind in dieser Hinsicht ideale Verbreitungsobjekte. Man kann sie zumeist ohne große Kosten ausprobieren und ihre Wirkung und ihren Nutzen erproben. Bei Kindern kann man das oft sehr gut beobachten. Ein interessantes Beispiel sind auch Studierende, die für sie neue wissenschaftliche Redeweisen aufgreifen und in ihren Diskussionsbeiträgen und Seminararbeiten erprobend verwenden.

Wie im vorletzten Abschnitt angedeutet, kann man einzelne Personen auch unter dem Gesichtspunkt betrachten, wie sie sich zur Übernahme von Innovationen verhalten (vgl. Rogers 1995, 252ff.). Idealtypisch gibt es neuerungslustige Personen, Abwartende und Neuerungsmuffel. Heute sind Jugendliche im Allgemeinen besonders schnell bereit, bestimmte Moden (das bauchfreie Top), bestimmte technische Geräte (den DVD-Player) und auch bestimmte Wortschatzneuerungen aufzunehmen. Natürlich hängt der Bereich, in dem jemand bereit ist Neuerungen zu übernehmen, von seinem Umfeld und seinen Interessen ab. Wer als politisch interessiert gelten will, wird aus den Nachrichtenmedien die neuen Redeweisen der Politiker aufgreifen, wer sich als Computersachverständiger profilieren will, wird den aktuellen Computerwortschatz benutzen und wer die neuesten Trends in der Semantik verfolgen will, wird sich mit den neuen Theorieentwicklungen auch deren Terminologie aneignen, von *blending* bis *frame-shifting*.

Wenn wir den Übergang vom einzelnen Sprecher zu seinem Umfeld von Sprechern beobachten, können wir den einzelnen Sprecher als ein Glied in einer Kommunikationskette und als Inhaber einer Position in einem kommunikativen Netzwerk betrachten. (Zum Begriff des Netzwerks in der Verbreitungsforschung vgl. Rogers 1995, Kap. 8; in der Sprachwandelforschung vgl. Milroy 1980, Kap. 3, Milroy 1992, 84ff., Labov 2001, 323ff.)

Eine typische Kommunikationskette ist etwa die, dass die Mutter einer Schülerin einen neuen Ausdruck von ihrer Tochter hört, die ihn von einem Mitschüler hat, der ihn in einer Radiosendung gehört hat (vgl. das semantische Tagebuchblatt unter 5.6). In dieser Kommunikationskette kommen zwei soziale Gruppierungen vor, die jeweils ein kommunikatives Netzwerk bilden, der Freundeskreis von Schülern in einer Klasse und die Familie der Schülerin, und ein Medium als Innovationsquelle. Dabei wird die Verbreitung von Neuerungen innerhalb des Netzwerks durch ein großes gemeinsames Wissen begünstigt. Die Verknüpfung von zwei kommunikativen Netzwerken durch eine Person, die diesen beiden Netzwerken angehört, ist, neben bestimmten Medien, ein besonders wichtiger Verbreitungsfaktor. Oder anders gesagt: Personen, die mehreren kommunikativen Netzwerken angehören oder doch Kontakt zu unterschiedlichen Netzwerken haben und deshalb eine Vermittlungsfunktion übernehmen können, spielen eine besonders wichtige Rolle in Verbreitungsvorgängen. Eine spezielle Gruppe von Personen dieser Art kann man als Multiplikatoren bezeichnen, beispielsweise Autoren, Journalisten, Lehrer, in früheren Zeiten Missionare, Händler und andere Reisende.

Diesen zweiten Schritt in der Verbreitungsgeschichte eines Wortes oder einer Verwendungsweise, die Verbreitung von einer Sprechergruppe zur andern, kann man auch aus der Makroperspektive betrachten. Dabei ergeben sich als Verbreitungswege beispielsweise Übergänge folgender Art:

- von den Experten zu den Laien,
- von den jungen Sprechern zu den älteren,
- von der Oberschicht zur Mittelschicht,
- von einer Region zur andern,
- von den Sprechern einer Sprache zu den Sprechern einer anderen Sprache.

5.3   Verbreitungsmechanismen

Ein wichtiger Gesichtspunkt bei der Untersuchung der Verbreitung von semantischen Neuerungen ist der, dass der einzelne Neu-Benutzer eines Wortes oder einer Verwendungsweise im Allgemeinen nicht daran interessiert ist, ob das Wort oder die Verwendungsweise
weiter verbreitet wird oder nicht. Er interessiert sich primär für den kommunikativen Nutzen, den er selbst von der Neuerung hat. Er trägt jedoch, ohne das zu intendieren, zur
Verbreitung bei, indem er den Ausdruck verwendet und ihn so anderen Personen in seinem
Netzwerk zugänglich macht. Das gilt analog auch für die anderen Mitglieder des Netzwerks. So ergibt sich, aufgrund der Übernahmen der einzelnen Sprecher und durch die
Struktur der Netzwerke eine von den Sprechern nicht indendierte Verbreitungsstruktur. Die
Verbreitung von Neuerungen ist also, wie schon im letzten Kapitel erwähnt, ein gutes Bei-
spiel für das Wirken der unsichtbaren Hand.

Natürlich gibt es auch Fälle, in denen die Verbreitung einer Neuerung gezielt angestrebt
wird. Dies gilt für semantische Neuerungen im Bereich der Werbung, der Verwaltung oder
auch der Wissenschaft. Wie die Verbreitung dann aber tatsächlich verläuft, ist im Wesentlichen doch zumeist ein Produkt der unsichtbaren Hand (vgl. Jung 1994, 211ff.).

Bekannte Mechanismen der Verbreitung sind:

1.   Die Verbreitung in kommunikativen Netzwerken

Aufgrund der zahlreichen kommunikativen Kontakte in engen Netzwerken wie
Familien, Freundeskreisen, Schulklassen, Kollegien, Firmen etc. und des dadurch
erzeugten reichen gemeinsamen Wissens über einschlägige Themen verbreiten sich
Neuerungen in derartigen Netzwerken schnell. Dabei kann die Kenntnis und Verwendung bestimmter Neuerungen zu einem Kennzeichen der Mitgliedschaft in einem Netzwerk werden. Innerhalb eines Netzwerks kann es besonders prominente
Personen geben, an deren Praxis sich andere Mitglieder orientieren, die opinion lea-
ders. Sie tragen zur Verbreitung von Neuerungen *innerhalb* der Gruppe dadurch bei,
dass von ihnen favorisierte Neuerungen auch von anderen Gruppenmitgliedern bevorzugt aufgenommen werden. Natürlich gibt es auch den Fall, dass in einer Sprechergruppe nur wenige den Ausdruck in der neuen Verwendungsweise aktiv verwenden, während die Mehrzahl der Sprecher die betreffende Verwendungsweise
zwar versteht, aber selbst nicht verwendet. Dies könnte etwa bei Tabuwörtern der
Fall sein oder bei als vulgär geltenden Wörtern.

2.   Die direkte Verbreitung durch Medien

Bei der direkten Verbreitung durch Medien kann eine semantische Neuerung unmittelbar einer großen Zahl von HörerLesern in heterogenen Gruppierungen präsentiert
werden. Das gilt für den Buchdruck, der seit dem Beginn des 16. Jahrhunderts ein
großes Publikum erreichte, für die Zeitungen, die in Deutschland seit 1609 erschie-
nen und im Laufe des 17. Jahrhundert große Verbreitung erzielten, ebenso wie für
Radio, Fernsehen und die neuen digitalen Medien in unserer Zeit. Die neueren Me-

dien seit der Einführung des Buchdrucks ermöglichten eine ungeheuer schnelle, geradezu epidemieartige Verbreitung, die vor dieser Zeit undenkbar war.

3. Die Kombination von Medienverbreitung und Verbreitung durch persönliche Kommunikation

Eine häufige Erscheinung ist die, dass Neuerungen zunächst durch die Medien verbreitet werden, dass aber ein entscheidender Schritt die Übernahme und Weiterverbreitung durch prominente Personen in persönlichen Netzwerken ist. Dieser Mechanismus wurde in der Verbreitungsforschung als *two-step flow* bezeichnet (vgl. Rogers 1995, 286ff.). Schon für die Zeit Luthers ist belegt, dass schriftliche und mündliche Verbreitung reformatorischer Ideen – und damit auch des entsprechenden Wortschatzes – sich ergänzten. Reformatorische Schriften wurden u.a. von der Kanzel vorgelesen und im Wirtshaus diskutiert, so ergab sich eine Kombination von schriftlichem und mündlichem Verbreitungsmodus.

4. Die Verbreitung in Verbindung mit nicht-sprachlichen Innovationen

In vielen Fällen verbreiten sich Ausdrücke und bestimmte Verwendungsweisen von Ausdrücken zusammen mit nicht (primär) sprachlichen Innovationen. Das gilt beispielsweise für den Sprachgebrauch Luthers, der sich zusammen mit den Reformationsideen verbreitete, ebenso wie für den Computerwortschatz, der sich zusammen mit den PCs verbreitete (vgl. Wichter 1991, Busch 2004). Generell geht Wissensvermittlung fast immer auch mit Wortschatzvermittlung einher, so dass Prozesse der Wissensvermittlung ein interessanter Gegenstand für die Untersuchung semantischer Verbreitungsphänomene sind (vgl. Jung 1999, Liebert 2002).

5. Die Wirkung von Verbreitungsbarrieren

Zu den Mechanismen der Verbreitung gehört auch die Wirkung von Verbreitungsbarrieren. Typische Verbreitungsbarrieren sind die Wissensbarrieren zwischen Experten und Laien, Generationsbarrieren, die Grenzen von sozialen Netzwerken oder auch regionale Grenzen.

Als Auswirkungen solcher Barrieren finden wir beispielsweise eine gruppen- oder schichtspezifische Verteilung (Schülersprache, Soldatensprache, Sprache der ländlichen Bevölkerung) oder auch die regionale Verteilung von Ausdrücken und ihren Verwendungsweisen, wie sie von der Wortgeographie dokumentiert wird.

Einzelbeobachtungen zu derartigen Verteilungen finden sich in diesem Buch zu verschiedenen Ausdrücken. Hinweise zur regionalen Verbreitung finden sich etwa zu den Ausdrücken *klug* (Kap. 3.3), *lützel, klein, wenig* (Kap. 12), *sprechen, reden* (Kap. 16). Beobachtungen zur sozialen Verbreitung finden sich im Kapitel über die Geschichte der Anredepronomina (Kap. 15).

5.4 Zwei exemplarische Verbreitungsgeschichten

5.4.1 Schläfer

Seit den 50er Jahren ist im Englischen der Ausdruck *sleeper* in einer besonderen Verwendungsweise belegt, die das Oxford English Dictionary folgendermaßen beschreibt:

(1)   A spy, saboteur, or the like, who remains inactive for a long period before engaging in spying
        or sabotage or otherwise acting to achieve his ends; *loosely*, any undercover agent.

Diese Verwendungsweise war wohl auch in Deutschland nicht völlig unbekannt, spielte aber im Bewusstsein der Öffentlichkeit keine Rolle. Nach den Terroranschlägen in den USA vom 11. September 2001 übernahmen deutsche Medien den Ausdruck aus den Berichten englischsprachiger Nachrichtenagenturen. Ein früher Beleg findet sich im SPIEGEL Online-Angebot vom 13.09.2001:

(2)   Als besonder gefährlich schätzen die Sicherheitsbehörden die Taktik von Ibn Ladin ein, denn
        die „Krieger" treten zunächst nicht in Aktion, sondern führen ein scheinbar normales bürger-
        liches Leben. Erst für einen terroristischen Einsatz würden demnach die „Schläfer" geweckt
        und seien meist durch ihr normales Leben gut getarnt.

Die Einführung der neuen Verwendungsweise des Ausdrucks *Schläfer* wird durch die Anführungszeichen gekennzeichnet. Es handelt sich dabei um eine Übernahme der erwähnten englischen Bedeutung von *sleeper* für das deutsche Wort *Schläfer*, d.h. um eine sog. Lehnbedeutung. Schon wenige Tage später finden sich im SPIEGEL 38/2001 folgende Belege:

(3)   Genau diese Tatsache lässt Terrrorismus-Kenner aufhorchen, denn dieses Verhalten entspricht
        exakt den sogenannten „Schläfern" des Ussama Ibn Ladin. Seine Anhänger führen so lange
        eine normales Leben im Ausland, bis sie zum Einsatz gerufen werden.

(4)   Als besonders gefährlich gelten so genannte Sleepers (Schläfer), die jahrelang unbescholten in
        Deutschland leben und jederzeit für Terroranschläge aktiviert werden können. [...] „Die Slee-
        pers leben seit Jahren mit ihren Familien und einem normalen Beruf, haben in früheren Jahren
        unter anderem in Afghanistan eine Ausbildung erhalten und können auf Signal als menschli-
        che Waffe genutzt werden", sagte Hessens Innenminister Volker Bouffier am Donnerstag
        dem Deutschlandradio.

In (3) und (4) wird die neue Verwendungsweise jeweils gekennzeichnet, durch „sogenannte" plus Anführungszeichen bzw. durch die Einführung in Klammern „Sleepers (Schläfer)", und erklärt. Im Zitat des Hessischen Innenministers wird noch das englische Wort verwendet. Gleichzeitig verweist dieses Zitat auf die frühe Verbreitung des Ausdrucks in einem anderen Medium, dem Rundfunk. In derselben Zeit wird der Ausdruck auch schon in den Fernsehnachrichten verwendet. In der Wochenzeitung DIE ZEIT ist der Ausdruck in der Nummer 39/2001 vom 20.09.2001 belegt:

(5)   [...] die beiden mutmaßlichen „Schläfer" Osama bin Ladens, die jahrelang als ruhige Studen-
        ten in Hamburg-Harburg lebten

Auch hier ist die Verwendungsweise noch durch Anführungszeichen als neu gekennzeichnet. Mit Bezug auf die Berichterstattung wird der Ausdruck in diesen Tagen auch schon in Privatgesprächen verwendet. Zur schnellen Verbreitung trug einerseits die Verbindung mit einem einschneidenden (Medien)Ereignis bei, andererseits das Unheimliche des Phänomens der Schläfer selbst. Wenig später kann der Ausdruck in dieser Verwendungsweise als allgemein bekannt gelten, was man daran sieht, dass übertragene Weiterverwendungen erscheinen, wie Beispiele (6) und (7) zeigen:

(6)   In den allermeisten Fällen ist der zukünftige Kultursenator ein Schläfer. Als Professor, Journalist oder Regisseur murkelt er unerkannt vor sich hin. Doch irgendwann, keiner kennt den Zeitpunkt, weckt ihn der Muezzinruf einer neuen Regierung auf. (DIE ZEIT 25.10.2001, Feuilleton)

(7)   (Überschrift) Tückischer Schläfer. Milzbranderreger beherrschen seit Wochen die Schlagzeilen

        [...] „Sie haben den Milzbranderreger mit einem terroristischen Schläfer verglichen. Warum?" „[...] (Die Spore des Milzbranderregers) kann Jahrzehnte überdauern und reaktiviert werden." (Gespräch in DIE ZEIT vom 08.11.2001)

Im Herbst 2004, u.a. in der Berichterstattung über Gedächtnisveranstaltungen zum 11. September 2001, ist der Ausdruck *Schläfer* in der neuen Verwendungsweise weiterhin präsent. (Der Ausdruck *11. September* – im Englischen *nine-eleven* – ist übrigens ein gutes Beispiel für eine metonymische Verwendung eines Ausdrucks. Das Datum wird verwendet, um auf die hervorstechenden Ereignisse dieses Tages Bezug zu nehmen.)

5.4.2 *GAU*

Die folgende kleine Fallstudie stammt aus Jung 1999, 202ff.

Jeder kennt heute den Ausdruck *GAU*, der inzwischen in der Journalistensprache vielfach metaphorisiert wird (*AIDS-GAU, Klima-GAU, Informations-GAU* usw.) und damit kaum noch als ein sachbereichsgebundener Terminus angesehen werden kann. Lediglich die Schreibweise mit Großbuchstaben deutet auf den Abkürzungs- und Fachwortcharakter hin. Dieser Zustand ist das Ergebnis eines sich über vier Jahrzehnte erstreckenden verwickelten Popularisierungsprozesses (vgl. auch Jung 1994, 70–74, 84–89 und 171–174).

Der *größte anzunehmende Unfall* ist eine Lehnprägung nach dem Vorbild des amerikanischen Terminus *Maximum credible accident*, auch als *MCA* abgekürzt. Beide Ausdrücke sind im Fachdiskurs (in Sitzungsprotokollen kerntechnischer Fachausschüsse) erstmals in der zweiten Hälfte der fünfziger Jahre belegt [...]. Es gibt einen kleinen, aber für die weitere Verbreitungsgeschichte wesentlichen Unterschied zwischen Original- und Lehnprägung. Statt wörtlich *Größter glaubhafter Unfall* heißt es im Deutschen *Größter anzunehmender Unfall*.

Diese Abweichung scheint auf Vorbehalte deutscher Experten zurückzugehen, für die unwissenschaftliche „Glaubensfragen" nichts in fachsprachlichen Nominationsprozessen zu suchen hatten. *Anzunehmen* ist von der Benennungsmotivation her in der Tat präziser, denn der GAU war eine verwaltungstechnische Fiktion. Der *GAU*, damals noch ganz penibel

GaU geschrieben, bezeichnete die schwerste Störung, die die Sicherheitssysteme nachweislich zu beherrschen hatten, d.h. die schwerste Störung, welche die Betreiber im Rahmen des Reaktorgenehmigungsverfahrens annehmen mußten. Insofern ist ist die Benennung *Größter anzunehmender Unfall* fachsprachlich gesehen exakter als die wörtliche Übersetzung *Größter glaubhafter Unfall*, aber leider auch mißverständlicher. Denn rein aus der Wortsemantik heraus ist *GAU* plausibel zu interpretieren als der schwerste Unfall, den man annehmen *kann* und nicht als der schwersten Unfall, den man für die Zwecke des Genehmigungsverfahrens annehmen *muß*.

Die Popularisierung von *GAU* im öffentlichen Sprachgebrauch wurde zwar „von unten" durch die terminologische Arbeit der Bürgerinitiativen und AKW-Gegner angestoßen, erfolgte dann aber „von oben" durch die Medien, und zwar gerade nicht durch systematische populärwissenschaftlich Darstellungen. Die hatten sich von jeher auf das Prinzip der Kernspaltung beziehungsweise der Stromerzeugung in Atomkraftwerken, nicht jedoch auf sicherheitstechnische Fragen konzentriert.

Die erste Verbreitung im öffentlichen Sprachgebrauch läßt sich Anfang der siebziger Jahre eher auf den hinteren Seiten der Tages- und Wochenpresse, in ausführlichen Features, die auch die Argumente der Atomkraftgegner nennen, beobachten. Die inhärente Mißverständlichkeit von *GAU* kommt dabei bereits voll zum Tragen. Im Sinne der ursprünglichen Definition korrekte Verwendungsweisen sind eher in der Minderheit [...]

Interessanterweise ist *GAU*, als in der zweiten Hälfte der siebziger Jahre die Atom-Diskussion in ihre heiße Phase eintritt und der Ausdruck richtig populär wird, im Fachdiskurs bereits veraltet, weil intern durch den – in der Tat terminologisch sinnvolleren – Ausdruck *Auslegungsstörfall*, d.h. die größte Störung, für die kerntechnische Anlagen ausgelegt sind, ersetzt. Dennoch gelingt es nicht mehr, den fachsprachlich veralteten Ausdruck *GAU* in der politischen Diskussion zu verdrängen, zumal er mit der Wortprägung der Atomkraftgegner *Super-Gau* in einem kleinen terminologischen System weiter stabilisiert wurde (vgl. Jung 1994, 174ff.). Mit *Super-Gau* wollten die Atomkraftgegner deutlich machen, dass auch Unfallszenarien möglich sind, die nicht mehr durch die Sicherheitseinrichtungen beherrscht werden. [...]

Auch als durch die Katastrophe von Tschernobyl der Atomenergiediskurs einen neuen Höhepunkt erreicht, dominieren im öffentlichen Sprachgebrauch determinologisierte Verwendungsweisen von *GAU*: Typisch sind Aussagen wie „Tschernobyl war kein *GAU*" (*Süddeutsche Zeitung* 26.9.86: 8), denn am „Größten Anzunehmenden Unfall" sei man in der Ukraine „offenbar ganz knapp vorbeigekommen" (*Süddeutsche Zeitung* 17.5.86: 4). Bei einem ‚echten' GAU rechne man dagegen mit „2300 Todes- und 5600 akuten Krankheitsfällen" (*Vorwärts* 10.6.86).

Nach Tschernobyl müssen auch Vertreter des Kernkraftestablishments [...] diesen Terminus ihrer Gegner – die der festen Überzeugung sind, *Super-GAU* sei Bestandteil der offiziellen „nuklearen Sicherheitsterminologie" [...] – immer wieder in der Öffentlichkeit erläutern und anwenden.

[...] Erfolglos sind auch die Atomgegner, wenn sie sich als Hüter von kerntechnischem Fachwissen zeigen und etwa Joschka Fischer den hessischen Ministerpräsidenten Wallmann öffentlich über den Unterschied zwischen *GAU* und *Super-GAU* aufklärt (*Frankfurter Rundschau* 28.10.86: 6). Selbst in der führenden Branchenzeitschrift wird der *GAU* schließlich im Sinne von Maximalunfall verwendet, wofür man sich in der folgenden Ausgabe zerknirscht entschuldigt. Systematische Belehrungen, für die sich im damaligen Sprachgebrauch noch viele Beispiele finden lassen, fruchten offensichtlich wenig.

5.5 Wortkarrieren

Wenn man neben der Verbreitungsgeschichte auch die Entwicklung der Gebräuchlichkeit und ggf. das Abnehmen der Gebräuchlichkeit bis hin zum Veralten untersucht, kann man von einer Beschreibung von **Wortkarrieren** sprechen. Besonders bemerkenswert sind Karrieren von Ausdrücken, deren Verwendung in einer bestimmten Zeit Mode ist und deren Gebrauch für ein bestimmtes Lebensgefühl, eine geistesgeschichtliche, politische oder soziale Entwicklung charakteristisch ist. Ich will hier exemplarisch nur einige Beispiele anführen. Charakteristische Ausdrücke für Aspekte des Lebensgefühls im 19. Jahrhundert sind etwa *sich amüsieren* (vgl. Linke 1996, 270ff.) oder *nervös* (vgl. Ladendorf 1906, 217ff.). Ähnlich für das 18. Jahrhundert Ausdrücke der Empfindsamkeit wie *Wehmut* oder *Schwermut* (vgl. Langen 1974, 146f.). In neuerer Zeit sind Ausdrücke wie *abwickeln* charakteristisch für die sog. Wendezeit um 1990. Steffens (2002, 30) beschreibt die Karriere der um 1990 neuen Verwendungsweise von *abwickeln* folgendermaßen: „Zusammenfassend ist zu sagen, dass der Gebrauch der Lexeme *Abwicklung* und *abwickeln* im streng fachsprachlichen Sinne bereits ab 1992, als die Hoch-Zeit der mit Schließung und Kündigung einhergehenden Anpassung an die Strukturen in der alten Bundesrepublik vorüber ist, wieder zurückgeht. Gleichwohl hat sich ihre in die Allgemeinsprache eingegangene, recht schillernde Bedeutung noch erhalten" (vgl. auch Siehr 2004). Natürlich sind auch viele Ausdrücke der Jugendsprache Ausdrücke mit kurzer Karriere, obwohl beispielsweise die positiv bewertende Verwendung des Ausdrucks *geil*, der schon in den 80er Jahren keine gute Prognose gestellt wurde, sich bis zum Jahre 2005 gut gehalten hat. Schöne Beispiele für Wortkarrieren sind auch die Verbreitung des von Willy Brandt am 3. Oktober 1976 verwendeten Ausdrucks *Petitessen* (vgl. Gloy 1977; Fritz 1998a, 78) und die sonderbare Karriere des Ausdrucks *Entsorgungspark* seit 1975 (vgl. Jung 1994, 77ff.).

Das Veralten von Ausdrücken bzw. Verwendungsweisen hat insgesamt weniger Aufmerksamkeit gefunden als die semantische Innovation. Ein Beispiel für die Dokumentation des Veraltens von Ausdrücken ist die Untersuchung von Vorkampff-Laue (1906) „Zum Leben und Vergehen einiger mittelhochdeutscher Wörter", in der die Verfasserin u.a. zeigt, wie die Verwendung von mhd. *dicke* im Sinne von *oft* im Laufe des 13. Jahrhunderts an Gebräuchlichkeit verliert und spätestens im 15. Jahrhundert zunehmend veraltet. Sie vermutet, dass das Adverb *dicke* in einer Übergangsphase im 14. und 15. Jh. zwar allgemein verstanden, aber wegen des Anklangs an das Adjektiv *dick* nicht geschmackvoll gefunden und deshalb *oft* bevorzugt wurde (Vorkampff-Laue 1906, 6). Mit diesem Beispiel will ich es hier bewenden lassen. Weitere Beispiele für das Veralten von Ausdrücken und Verwendungsweisen finden sich in den Kapiteln 11 bis 16 dieses Buchs. Literaturhinweise zum Problem des Veraltens finden Sie in Fritz (1998a, 80ff.).

5.6 Beobachtung in der Mikroperspektive: das Semantische Tagebuch

Eine Möglichkeit, Beobachtungen zur Verbreitung von semantischen Neuerungen in persönlichen Netzwerken und über Medien zu gewinnen, ist das Führen eines Semantischen Tagebuchs. Die Methode leitet sich ab von den sog. Tagebuch-Panels, die in der Medienwirkungsforschung verwendet wurden. Die Tagebuchschreiber notieren für Neuerungen, die ihnen auffallen, u.a.

- den Ausdruck bzw. die Verwendungsweise,
- den Verwendungszusammenhang,
- ihr Verständnis der betreffenden Verwendung,
- die Person bzw. das Medium, die/das die Neuerung verwendet hat,
- eine Bewertung der Neuerung,
- ob sie selbst den Ausdruck schon weiter verwendet haben.

Um die Einträge zu erleichtern und, im Hinblick auf bestimmte Hypothesen, auch ein wenig zu vereinheitlichen, kann man Tagebuchblätter verwenden, die jeweils für eine Neuerung ausgefüllt werden können und die etwa wie das nachfolgend abgedruckte Beispielblatt aussehen könnten.

Ein vollständig ausgefülltes Tagebuchblatt gibt also aus der Perspektive des Tagebuchschreibers Auskunft über die Innovation, ihr Verständnis, ihren Verwendungskontext, ihre Bewertung, die Bewertung der Quelle sowie die Weiterverwendung. Im günstigen Fall erhalten wir Informationen über Glieder der Kommunikationskette, in der die Neuerung verbreitet wurde, die Struktur der Netzwerke, in denen die Neuerung sich verbreitet sowie die Gründe für Aufnahme und Weiterverwendung. Im dem als Beispiel abgedruckten Tagebuchblatt sind sowohl die Verbreitung aus einer Quelle im persönlichen Netzwerk als auch aus einer Medienquelle berücksichtigt. Man kann natürlich auch gesonderte Medien-Tagebücher führen lassen. (Das hier abgedruckte Blatt stammt aus einer Sammlung von im Zusammenhang eines Seminars geführten Tagebüchern. Die handschriftlichen Einträge sind durch einen besonderen Schrifttyp gekennzeichnet. Die Blätter selbst sind anonymisiert, persönliche Daten wie Alter und Beruf der Tagebuchschreiber wurden gesondert erhoben.)

SEMANTISCHES TAGEBUCH   Nr. 12, Blatt Nr. 5

1.   Datum
      31.08.99

2.   Neuer Ausdruck/ neue Verwendungsweise des folgenden Ausdrucks:
      krass

3.1   In welchem Satz wurde der Ausdruck verwendet? (Ungefähr, so weit Sie sich
      erinnern.)
      krass, eh?

58

3.2 Bei welcher Gelegenheit, in welchem Gesprächszusammenhang/ Textzusammenhang wurde der Ausdruck verwendet?

Geburtstagsfest meiner Tochter, am Schluss einer Geschichte über ein bemerkenswertes Ereignis in der Schule; danach wurde das Wort noch mehrfach auch von anderen verwendet.

3.3. Was bedeutet der Ausdruck in diesem Zusammenhang?

Soviel wie sehr gut, toll, super

3.4 Welchen Ausdruck, welche Ausdrücke würden Sie dafür normalerweise verwenden?

S. 3.3

3.5 Haben Sie gleich verstanden, was mit dem Ausdruck gemeint war?

Ja / Nein

Im Zusammenhang war gleich klar, dass eine positive Bewertung gemeint war

Wenn Nein: Wie haben Sie herausgefunden, was mit dem Ausdruck gemeint war?

3.6 Was muss man wissen, um den Ausdruck / die Verwendungsweise zu verstehen?

Dass auch andere Wörter ähnlich zur positiven Bewertung verwendet werden (z.B. stark, fett)

4.1 Von wem haben Sie den Ausdruck / die Verwendungsweise gehört?

Schülerin, Freundin meiner Tochter

4.2 Alter des / der Betreffenden: *12.*

4.3 Geschlecht: *weibl.*

4.4 Beruf / Ausbildung: *S. 4.1*

4.5 Wer war bei dem Gespräch sonst noch dabei?

Eine Gruppe von 10 gleichaltrigen Schülerinnen aus verschiedenen Schulklassen

4.6 Welche Rolle spielte die / der betreffende in der Gruppe?

spielt manchmal die Wortführerin

4.7 Woher hatte die / der Betreffende den Ausdruck / die Verwendungsweise?

Aus einer Rundfunksendung des Comedy-Duos „Mundstuhl"

4.8 Wie finden Sie die Betreffende / den Betreffenden? (Bitte Zutreffendes unterstreichen bzw. selbst ergänzen)
originell, lustig, fortschrittlich, modebewusst, klug, gebildet, gut informiert, konservativ, altmodisch, angeberisch, verschroben, sympathisch, normal-unauffällig

manchmal etwas vorlaut

5.1 Wo haben Sie den Ausdruck / die Verwendungsweise gehört / gelesen (Medium, Publikation, Sendung)?

5.2 Wer hat den Ausdruck verwendet (Autor, Redakteur, Journalist, Sprecher, Interviewpartner)?

5.3 Wie finden Sie die / den Betreffenden (vgl. 4.8)?

5.4 Wie finden Sie die Publikation, die Sendung? (Bitte Zutreffendes unterstreichen bzw. selbst ergänzen)
informativ, komisch, unterhaltsam, politisch brisant, progressiv, ärgerlich, langweilig, ...

6. Wie finden Sie den Ausdruck / die Verwendungsweise? (Bitte Zutreffendes unterstreichen bzw. selbst ergänzen)

lustig, originell, lächerlich, blöd, abstoßend, unanständig, treffend, nützlich, anschaulich, wohlklingend, poetisch, pretiös, angeberisch, ...

7.1. Haben Sie den Ausdruck schon selbst weiterverwendet? Ja / Nein

7.2 Wenn Ja, bei welcher Gelegenheit?
In der Familie, die Verwendung beim Geburtstag zitierend

7.3 Wenn Nein, würden Sie ihn bei passender Gelegenheit verwenden?
Ja

7.4 Warum haben Sie ihn nicht verwendet / würden Sie ihn verwenden / nicht verwenden?
Um zu zeigen, dass ich die Sprache der Jugendlichen kenne

7.5 Hat schon jemand den Ausdruck von Ihnen übernommen?
Ja / Nein / Weiß nicht

8. Raum für weitere Kommentare zum Ausdruck / zur Verwendungsweise, zur Verwendungssituation, zur späteren Weiterverwendung etc.
Unser neunjähriger Sohn hat den Ausdruck am selben Tag auch noch gehört und verwendet.

60

Aufgabe 1   **Semantisches Tagebuch**

Führen Sie selbst ein Semantisches Tagebuch. Geben Sie an ca. 10 Personen Semantische Tagebuchblätter aus mit der Bitte, vier Wochen lang Ausdrücke und Verwendungsweisen einzutragen, die für sie neu sind. Erläutern Sie den Tagebuchschreibern an Beispielen die Benutzung der Tagebuchblätter, u.a. den Unterschied zwischen neuen Ausdrücken und neuen Verwendungsweisen. Erheben Sie relevante persönliche Daten der Tagebuchschreiber (Alter, Beruf, regionale Herkunft, ggf. Mediennutzung). Werten Sie die gelieferten Tagebuchblätter nach den in diesem Abschnitt behandelten Verbreitungsgesichtspunkten aus. (Weitere Hinweise zum Semantischen Tagebuch finden Sie in Fritz 1998a, 78ff.)

Aufgabe 2   **Kneipe**

Rekonstruieren Sie aus dem Material von Kluge (1912) und dem DWb (Bd. 11, 1404–1406) die Bedeutungsentwicklung und Verbreitungsgeschichte des Wortes *Kneipe* im 19. Jahrhundert. (Weitere Belege finden sich in den „Nachträgen und Berichtigungen" von Otto Ladendorf in der Zeitschrift für deutsche Wortforschung III, 1902, 362–366.)

6. *Trotz Schopenhauers Einspruch –* Bedeutungsgeschichte und Sprachkritik

6.1 Normale Sprachbenutzer und Sprachkritiker

Ein vereinfachtes Bild des normalen Sprachbenutzers könnte etwa folgendermaßen aussehen: Der normale Sprachbenutzer konzentriert sich in seinem Alltag auf seine kommunikativen Aufgaben, ohne viel über die sprachlichen Mittel zu reflektieren, die er benutzt. Er nützt flexibel die Möglichkeiten, die die sprachlichen Mittel bieten und übernimmt opportunistisch neue Mittel und neue Anwendungsmöglichkeiten alter Mittel, wenn sie ihm Erfolg versprechen. Sein Gegenbild wäre der sensible Sprachbenutzer, der aufmerksam und hellhörig auf seinen eigenen Sprachgebrauch und den seiner Umwelt achtet. Er reagiert empfindlich auf Neuerungen – oder was ihm als Neuerung erscheint –, betrachtet sie kritisch und übernimmt sie nur nach eingehender Prüfung. Der sensible Sprachbenutzer, von Beruf oft professioneller Spracharbeiter – Autor, Journalist, Lehrer – tritt dann und wann als Kritiker des Sprachgebrauchs auf. Dabei bedient er sich moralischer, politischer, sozialer, intellektueller oder auch ästhetischer Bewertungskriterien. Eine Verwendungsweise eines Ausdrucks kann nach seiner Auffassung unanständig, diskriminierend und politisch gefährlich sein, sie kann aber auch einfach irreführend, unverständlich oder stilistisch unbefriedigend sein. In diesen und weiteren Dimensionen kann der Sprachgebrauch und insbesondere eine Innovation bewertet werden. Um den Kontrast zwischen unseren beiden Idealtypen „normaler Sprachbenutzer" und „sensibler Sprachkritiker" nicht über Gebühr zu strapazieren, muss man dem bisher Gesagten hinzufügen: Auch der normale Sprachbenutzer kann dann und wann zum Sprachkritiker werden.

Kritiker des Sprachgebrauchs sind manchmal Seismographen der historischen Veränderung, auch wenn sie nicht immer richtig anzeigen und auch wenn ihre Kritik nicht immer über alle Kritik erhaben ist. Für die historische Semantik lohnt es sich in jedem Fall, die Beobachtungen und kritischen Reflexionen von Sprachkritikern genau zu betrachten, weil sie uns möglicherweise Hinweise geben auf Innovationen, ihre Einführungszusammenhänge, ihre Vorzüge und Probleme und die Gründe für ihre Verbreitung oder Nicht-Verbreitung. Punktuelle sprachkritische Beobachtungen sind seit der Antike bekannt, etwa bei Thukydides oder bei Cicero. In diesem Kapitel habe ich eine Reihe von bekannten und weniger bekannten semantisch-kritischen Äußerungen aus neuerer Zeit als Anschauungsmaterial für verschiedene Typen der Verwendungskritik zusammengestellt.

6.2 Pöbelhaftigkeit – Kritik der Herkunft einer Verwendungsweise

Beginnen wir mit einem relativ einfachen Beispiel. In einer Sammlung kleinerer Schriften, den „Parerga und Paralipomena", die Arthur Schopenhauer im Jahre 1851 veröffentlichte, schrieb der Philosoph eine bemerkenswerte Fußnote:

‚billig' statt ‚wohlfeil', von Krämern ausgegangen, ist diese Pöbelhaftigkeit allgemein geworden (Schopenhauer, Sämtliche Werke Bd. 6, 1947, S. 568).

Was Schopenhauer störte, war ein Verbreitungsvorgang: Eine neue Verwendungsweise von *billig* im Sinne von *preisgünstig* hatte sich im Gebrauch der Warenwerbung eingespielt und war von dort von den Sprechern und Schreibern in den allgemeinen schriftsprachlichen Gebrauch übernommen worden. Offenbar teilten viele Sprecher nicht Schopenhauers puristische Abneigung gegen die Übernahme einer Verwendungsweise aus einer „niedrigen" Verwendungssphäre. Aber immerhin führt Alfred Schirmer in seinem „Wörterbuch der deutschen Kaufmannssprache" noch 1911 einen Autor an, der im Jahre 1903 die Verwendung von *billige Preise* in der Bedeutung ‚niedrige Preise' als sprachwidrig tadelt (Schirmer 1911, 34). Zu diesem Zeitpunkt hatten jedoch die Sprachkritiker das Spiel schon verloren. „Trotz Schopenhauers Einspruch" (Maurer/ Rupp 1974, II, 506) etablierte sich *billig* in der neuen Verwendungsweise, und *wohlfeil* war auf dem Wege, langsam zu veralten. (Näheres zur Bedeutungsgeschichte von *billig* finden Sie in Abschnitt 11.2)

6.3 *geil* – Kritik an der Sprachverwendung von Jugendlichen

Erwachsenen fallen unter den sprachlichen Eigenarten von Jugendlichen manchmal ungewöhnliche Wörter und Sprüche auf, aber auch ungewöhnliche Verwendungsweisen von bekannten Wörtern (vgl. Stötzel/Wengeler 1995, 211–244). Ein in den Medien häufig erwähntes Beispiel ist das Adjektiv *geil*, das seit 1980 (zunächst) von Jugendlichen zum Ausdruck der Begeisterung verwendet wurde, z.B. *geile Musik*. Erwachsene, die nur die bisherige Verwendung im Sinne von *lüstern, sexuell erregt* kannten, hörten diesen Ausdruck oft mit Befremden. Sie dachten, die Verwendung dieses Ausdrucks sei irgendwie etwas unanständig. Noch im Jahre 1985 äußerte eine 60-jährige Frau, die den Ausdruck damals zum ersten Mal bewusst in dieser Verwendungsweise wahrgenommen hatte, dass er „nicht schön klinge". Zu Beginn der 80er Jahre wurde die Verwendung von *geil* bisweilen als symptomatisch für eine Sprachverwilderung der Jugend aufgefasst.

In der Zeitschrift „Unsere Sicherheit", herausgegeben vom niedersächsischen Innenministerium, fand sich 1983 folgende Darstellung:

> Vielleicht finden wir es beruhigend, daß unsere hoffnungsvollen Sprößlinge, wenn sie sich begeistert über einen „geilen Bock" äußern, nicht etwa einen Sittenstrolch verherrlichen, sondern nur ein schnelles Motorrad meinen. Die kultivierte und forcierte Häßlichkeit der Sprache […] aber ein beunruhigendes Zeichen. Es verrät nämlich eine tiefgreifende, bereits weitgehend verinnerlichte und entsprechend emotional aufgeladene Kritik, ja teilweise Feindseligkeit gegenüber unserer Kultur, unserem Staat und unserer Gesellschaft.
>
> (abgedruckt in der Frankfurter Rundschau vom 17.04.1983)

Hier wurden aus dem bescheidenen Provokationspotenzial von Ausdrücken wie *geil* ziemlich weitreichende und unabgesicherte Schlüsse gezogen. Bemerkenswert ist die Geschichte dieses Provokationspotenzials. Der Ausdruck *geil* hat sich für ein Modewort recht gut gehalten – auch gegen starke Konkurrenz wie *cool* und *krass* –, aber provokativ wirkt es nicht mehr. Ein zehnjähriger Schüler, den ich im Jahr 2000 fragte, was *geil* bedeutet, kannte die ältere Verwendungsweise von *geil* gar nicht und erklärte: „geil heißt cool".

6.4   *genial* – Kritik der Ausweitung des Anwendungsbereichs eines Ausdrucks

Das nächste Beispiel entstammt einem fiktionalen Text, geht aber sicherlich auf reale Beobachtungen zurück. In seinem Roman „Der Mann ohne Eigenschaften", der in der Zeit kurz vor dem Ersten Weltkrieg spielt, erzählt Robert Musil, wie die Hauptfigur Ulrich, ein junger Wissenschaftler in einer intellektuellen Krise, dem Ausdruck *ein geniales Rennpferd* begegnet:

> Es hatte damals schon die Zeit begonnen, wo man von Genies des Fußballrasens oder des Boxrings zu sprechen anhub, aber auf mindestens zehn geniale Entdecker, Tenöre oder Schriftsteller entfiel in den Zeitungsberichten noch nicht mehr als höchstens ein genialer Centrehalf oder großer Taktiker des Tennissports. Der neue Geist fühlte sich noch nicht ganz sicher. Aber gerade da las Ulrich irgendwo, wie eine vorverwehte Sommerreife, plötzlich das Wort ‚das geniale Rennpferd'. Es stand in einem Bericht über einen aufsehenerregenden Rennbahnerfolg, und der Schreiber war sich der ganzen Größe seines Einfalls vielleicht gar nicht bewußt gewesen, den ihm der Geist der Gemeinschaft in die Feder gegeben hatte. Ulrich begriff aber mit einem Male, in welchem unentrinnbaren Zusammenhang seine ganze Laufbahn mit diesem Genie der Rennpferde stehe. Denn das Pferd ist seit je das heilige Tier der Kavallerie gewesen, und in seiner Kasernenjugend hatte Ulrich kaum von etwas anderem sprechen hören als von Pferden und Weibern und war dem entflohn, um ein bedeutender Mensch zu werden, und als er sich nun nach wechselvollen Anstrengungen der Höhe seiner Bestrebungen vielleicht hätte nahefühlen können, begrüßte ihn von dort das Pferd, das ihm zuvorgekommen war.
>
> (Robert Musil: Der Mann ohne Eigenschaften. Hamburg 1952, 44).

In dieser Erzählung skizziert Musil Schritte der Ausweitung des Anwendungsbereichs von *genial*. Zunächst wird das Adjektiv zur extremen Positivbewertung von Menschen angewendet, die geistige Leistungen vollbringen, von dort übertragen auf Menschen, die besondere sportliche Leistungen vollbringen, und von dort, wieder einen Schritt weiter, auf ein Tier, das eine außergewöhnliche körperliche (sportliche?) Leistung vollbringt. Die Pointe von Musils ironischer Darstellung kann man darin sehen, dass für den Erzähler eine derartige Ausweitung des Gebrauchs von *genial* ein Symptom ist für eine Nivellierung in der Einschätzung von Leistungen völlig unterschiedlicher Art. Hier steht also Sprachkritik im Dienst der Kulturkritik.

Mit dem von Musil beschriebenen Zustand ist aber das Entwicklungspotenzial von *genial* nicht erschöpft. Im Jahre 2000 konnte man folgende Verwendungen des Ausdrucks hören oder lesen:

(1)   Das war ein geniales Wochenende, das allen Spaß gemacht hat

(2)   Allein eine Medaille zu gewinnen ist schon genial (Triathlon-Silbermedaillengewinner im Interview, 17.09.2000)

(3)   Das neue BOSE AM-3 klingt genial und macht sich ganz klein (Werbung für ein Stereo-Lautsprechersystem)

In allen drei Fällen könnte man die Verwendung von *genial* mit *großartig* oder dergleichen wiedergeben, der Ausdruck bewährt sich also als Superlativ-Bewertungsausdruck für ganz unterschiedliche Arten von Gegenständen (vgl. *geil*). Bemerkenswert ist, dass diese neue Verwendungsweise etwa in (1) eine gewisse Nähe zum ursprünglichen Gebrauch von lateinisch *genialis* zeigt, das mit *erfreulich, festlich, heiter* wiedergeben werden kann.

6.5 *finaler Rettungsschuss* – Euphemismus-Kritik

Ein häufiger Gegenstand der Kritik sind neue euphemistische Redeweisen, während lang eingeführte Euphemismen wie *verscheiden* oder *entschlafen* oder *von uns gegangen* für *sterben* bzw. *gestorben* in ihren typischen Kontexten normalerweise als unproblematisch gelten. Die Euphemismus-Kritik zielt zumeist darauf, dass die Verwendung eines Ausdrucks der Verschleierung dient. Dieser Verschleierungsvorwurf kommt in verschiedenen Varianten vor. Einerseits kann er sich darauf beziehen, dass der Schönredner sich davor drückt, unangenehme Dinge, vielleicht Tabus, im Klartext auszusprechen. Der Kritiker nimmt an, dass die LeserHörer schon wissen, wovon die Rede ist, aber er möchte, dass der SprecherSchreiber die Sache auch unverbrämt formuliert. Wenn etwa eine Krankenkasse ihren Versicherten mitteilt, dass *Beitragsanpassungen* nötig sind, so bleibt keinem Versicherten verborgen, dass es sich um Beitragserhöhungen handelt. Der Sprachkritiker möchte der Versicherung aber die Peinlichkeit nicht ersparen, das auch explizit zu sagen. Andererseits, und das ist die brisantere Variante, bezieht der Vorwurf sich darauf, dass den Lesern und Hörern – oder doch manchen harmlosen LeserHörern – gezielt verheimlicht werden soll, wovon die Rede ist. Die letztere Variante spielt in der politischen Sprachkritik eine wichtige Rolle. Wie treffend die Kritik in ihrer stärkeren Variante ist, hängt im Wesentlichen davon ab, wie weit die Annahme berechtigt ist, dass die LeserHörer tatsächlich getäuscht werden. Dass das im Einzelfall nicht immer leicht zu entscheiden ist, hat Matthias Jung für die Verwendung von Ausdrücken wie *Entsorgung* oder *Störfall* im Zusammenhang der Atomkraft-Kontroverse gezeigt (z.B. Jung 1994, 178ff.).

Ein Beispiel für politische Euphemismuskritik ist die Kritik an der Verwendung des Ausdrucks *finaler Rettungsschuss* im Zusammenhang der langjährigen Diskussionen um neue Polizeigesetze seit 1977. Der sog. finale Rettungsschuss wird beispielsweise im Zweiten Gesetz zur Änderung des Brandenburgischen Polizeigesetzes vom 23. Dezember 2000 eingeführt (§ 66 Abs. 2 BbgPolG): „Ein Schuss, der mit an Sicherheit grenzender Wahrscheinlichkeit tödlich wirken wird, ist nur zulässig, wenn er das einzige Mittel zur Abwehr einer gegenwärtigen Lebensgefahr oder der gegenwärtigen Gefahr einer schwerwiegenden Verletzung der körperlichen Unversehrtheit ist." Ein prominenter Kritiker dieser Redeweise war Erich Fried, der im Jahre 1981 dazu folgenden Text verfasste:

Sprachliche Endlösung

Der Schuß der Polizei
den die Frankfurter Rundschau
als sie das noch wagte
genannt hat
‚Hinrichtung auf der Straße‘

hieß offiziell
‚gezielter
polizeilicher Todesschuß‘

Im neuen Gesetzesentwurf
ist er umgetauft worden
Er heißt seither:
‚Finaler Rettungsschuß‘

O nimmermüder Genius
unserer deutschen Sprache
der du überall
alles verschönst
und verklärst
und begütigst!

(Erich Fried. Gesammelte Werke. Bd. 2: Gedichte. Berlin 1993, 479)

Ein paar Bemerkungen zur dritten Strophe. Wir können annehmen, (i) dass Fried nicht glaubte, dass es einen Genius der deutschen Sprache gibt, den er hier ironisch apostrophiert, und (ii) dass er wusste, dass die Technik der euphemistischen Rede kein Spezifikum der deutschen Sprache ist. Die Adressaten seiner ironischen Kritik waren also zweifellos deutsche Politiker und Bürokraten, die die Redeweise vom *finalen Rettungsschuss* eingeführt hatten, und von denen er wohl annahm, dass sie in einer Tradition der verschleiernden euphemistischen Rede standen, zu der auch die Redeweise von der *Endlösung* in Texten der Nazis („Endlösung der Judenfrage“) gehörte, an die Fried die Verwendung von *final* erinnerte.

6.6   *Cäsar ist zweisilbig* – Kritik metonymischer Verwendungen

Eine nützliche Technik der flexiblen Verwendung von Wörtern besteht darin, beispielsweise den Ausdruck für eine Institution wie *Schule* auch für die Vertreter der Institution und für das Gebäude zu benutzen, in dem die Institution untergebracht ist:

(1)   Die Schule ist eine wichtige Institution
(2)   Die Schule hat beschlossen, Berufspraktika einzuführen (d.h. die Schulleitung)
(3)   Die Schule steht jetzt am Stadtrand (d.h. das Gebäude)

Diese Technik der metonymischen Verwendung von Ausdrücken nutzt das allgemeine Wissen über den Zusammenhang von Gegenständen (sog. *frames*), in diesem Fall das Wissen, dass zur Institution Schule die Vertreter der Schule und das Schulgebäude gehören.

Die Anwendung dieser ökonomischen Technik wird aus unterschiedlichen Gründen kritisiert. Ein Beispiel für schlecht begründete, pedantische Kritik gibt Bär (2002, 147) aus dem Sprachberatungsarchiv der Gesellschaft für deutsche Sprache:

(4)   Zu der Ansage eines Zugschaffners („Nächster Halt ist Münster; der Zug endet hier“) wird angemerkt, daß „nicht der Zug in Münster ende. Der Zug ende an den Puffern. In Münster ende lediglich die Fahrt des Zuges“.

Der Kritiker verkennt, (i) dass die Verwendungsweise von *Zug* im Sinne von *Fahrt des Zuges* seit langem fest etabliert ist, so dass dem Zugschaffner eine sprachwidrige Verwendung nicht vorgeworfen werden kann, (ii) dass in dem genannten Zusammenhang ein Missverständnis der metonymischen Verwendung sehr unwahrscheinlich ist.

Anders sieht es aus, wenn eine metonymische Verwendung Deutungsschwierigkeiten bereitet oder die intendierte Lesart der Äußerung nicht mit ausreichender Explizitheit gesichert wird, wie in folgenden Beispielen der Verknüpfung „Gegenstand / Darstellung des Gegenstands". Bei der Formulierung eines Referatthemas könnte man beispielsweise statt (1) auch (2) schreiben:

(1)   Die Darstellung der Liebe in Goethes Sesenheimer Liedern

(2)   Die Liebe in Goethes Sesenheimer Liedern

Diese Art der Formulierung ist ganz gebräuchlich und unproblematisch. Sonderbar klingt es aber, wenn man diese metonymische Verknüpfung verwendet wie in folgenden Beispielen aus Klausuren von Studienanfängerinnen zu einem mediävistischen Thema:

(3)   Walther v. d. Vogelweide verbindet die pastorale Form mit *der entsagenden Liebe*

(4)   An den Höfen war *die Minne* und auch die Lyrik stark vertreten

In beiden Fällen wird man vermuten, dass die Schreiberinnen nicht die entsagende Liebe oder die Minne meinten, sondern die *Darstellung* der entsagenden Liebe oder der Minne. In einem wissenschaftlichen Text möchte man das aber gerne explizit formuliert sehen, da die alternativen Deutungen, bei (4) vielleicht noch eher als bei (3), nicht völlig abwegig sind und die Sätze in dieser Deutung jeweils unfreiwillig komisch klingen. Das Kriterium für die Entscheidung, ob es sich um einen Ausdrucksfehler oder um eine akzeptable Metonymie handelt, scheint in diesen Fällen also folgendes zu sein: Ist im jeweiligen Textzusammenhang ein bestimmter Grad von Explizitheit notwendig oder nicht (vgl. Schrodt 1994)?

Eine andere metonymische Verknüpfung, die möglicherweise Unklarheiten erzeugen kann, ist die Verknüpfung „sprachlicher Ausdruck / Gegenstand, auf den sich der Ausdruck bezieht".

(5)   Cäsar ist zweisilbig

(6)   Cäsar war ein berühmter Feldherr

Dieser Zusammenhang ist seit dem Mittelalter bekannt, und der Logiker Frege führte vor mehr als hundert Jahren als Mittel der Explizitheit die Praxis ein, Anführungszeichen zu verwenden, wenn über den Ausdruck selbst geredet werden soll und nicht über den Bezugsgegenstand:

(7)   ‚Cäsar' ist zweisilbig

In der linguistischen Semantik pflegt man in diesem Fall den Ausdruck zumeist kursiv auszuzeichnen, eine Praxis, an die sich Semantik-Anfänger manchmal nur zögernd gewöhnen:

(8)   *Cäsar* ist zweisilbig

Diese Praxis zeigt, für wie wichtig man in der Semantik die Nichtverwechslung der beiden metonymisch verknüpften Verwendungsweisen hält. Dass die Verwechslung auch in der nicht-wissenschaftlichen Praxis vorkommt, zeigt folgendes Beispiel der Verwechslung von Unding und Unwort im Zusammenhang der Suche nach dem sog. Unwort des Jahres: „Das prominenteste Beispiel war bisher die Antwort des seinerzeitigen hessischen Ministerpräsidenten Hans Eichel in einem Rundfunkinterview auf die Frage, was er denn für das schlimmste Unwort halte. Eichel antwortete: „Ausländerfeindschaft" und meinte natürlich die ausländerfeindliche Haltung, also die Sache und nicht das Wort, das diese Haltung richtig bezeichnet" (Schlosser 2000, 289).

6.7 *Säuberung, Ratten, Entgleisungen –*
Kritik metaphorischer Verwendungen

Eine der produktivsten Möglichkeiten der Erweiterung des Verwendungsbereichs von sprachlichen Ausdrücken ist die metaphorische Verwendung, beispielsweise die übertragene Verwendung des Ausdrucks *Fenster* zur Kennzeichnung eines Teils der Bedienoberfläche eines Computers. (Das Innovationspotenzial metaphorischer Verwendung wird ausführlicher in Kap. 8 behandelt.). Auch Formen der metaphorischen Verwendung werden häufig kritisiert. Das zentrale Problem, das vielfach der Kritik zugrunde liegt, ist das Problem des Deutungsspielraums von metaphorischen Verwendungen. Manchmal hält der Kritiker den Deutungsspielraum generell für zu groß, manchmal werden im Kontext bestimmte Deutungen nahegelegt, die nach Auffassung des Kritikers ein falsches Bild geben oder unerwünschte Sichtweisen suggerieren. Drei Beispiele sollen diese Formen der Kritik illustrieren.

6.7.1 *Säuberung* – Metaphorik in der Wissenschaft

Ein erstes Beispiel für die Kritik an metaphorischen Verwendungen ist die verbreitete Auffassung, dass man in wissenschaftlichen Texten möglichst wenig metaphorisch reden sollte. Diese kritische Auffassung muss man differenziert betrachten. Sie erscheint berechtigt, wenn die metaphorische Redeweise die Präzision und Explizitheit einer Darstellung beeinträchtigt. Sie erscheint aber zweifelhaft, wenn die metaphorische Redeweise eine neue Betrachtungsweise eines Gegenstands ermöglicht und dadurch die Theorieentwicklung vorantreibt – beispielsweise Wittgensteins Redeweise von *Sprachspielen* als Anstoß für eine neue Bedeutungstheorie.

Sowohl für problematische als auch für produktive Auswirkungen metaphorischer Verwendungen könnte man Textausschnitte aus einem der berühmtesten Texte der historischen Semantik anführen, nämlich Triers „Der deutsche Wortschatz im Sinnbezirk des Verstandes" (1931). Nehmen wir etwa folgenden Satz aus einer Beschreibung der Bedeutung der ahd. Wörter *wîsheit* und *list*:

(1)   Wie *wîsheit* nach oben ins Helle und Weite hinausragt, so *list* nach unten ins Dunkle, Enge, Unheimliche (Trier 1931, 311).

Ohne weiteren Zusammenhang versteht man den Satz vermutlich gar nicht. Wenn man den Text des Buches von Trier kennt, wird man sich eine Deutung von (1) suchen, nach der *wîsheit* u.a. das positive Ergebnis philosophisch und religiös bestimmter Lebensführung bezeichnet, während *list* u.a. Magie, geheimnisvolle medizinische Praktiken und unfaire Tricks im Kampf bezeichnet. Aber man muss sich diese Deutung selbst suchen, wobei die Raummetapher (*hinausragt*) und die Helligkeitsmetapher (*ins Helle, ins Dunkle*) nur grobe Deutungshinweise geben. Ähnlich liest sich folgende Beschreibung der Bedeutungsentwicklung von Wörtern wie *witze*, *list* und *kunst*, die mit unseren heutigen Wörtern *Verstand*, *Wissen*, *Fähigkeit* bedeutungsverwandt sind:

(2)   Es handelt sich um den großen einheitlichen Vorgang des *witze*-Hinausdrängens, der sehr deutlich bei Notker beginnt [...] Diese Säuberung des naturale-Feldes von dem alten volkstümlich unklaren, nach allen Seiten übergreifenden Begriff der *witze* geht einher mit einer starken Neigung, *list* aus dem Wissensbereich zu verdrängen (Trier 1931, 142).

(3)   Daraus ist abzulesen, daß die schwankenden immer neu und in immer anderen Richtungen versuchten Auseinandersetzungen zwischen *kunst* und *list* [...] noch immer nicht zu einer Neuordnung geführt haben (Trier 1931, 315).

In (2) und (3) stellt Trier Konstellationen von Verstandesbegriffen als Felder dar, auf denen sich Wörter wie *witze* und *list* bewegen und Auseinandersetzungen führen, aus denen die Wörter aber auch hinausgedrängt werden können, Felder, auf denen es bestimmte Ordnungen gibt und die möglicherweise von bestimmten Wörtern gesäubert werden (müssen). Diese metaphorischen Redeweisen tragen zu einer lebhaften Schreibweise bei, sie lassen aber vieles offen: Was meint Trier genau mit der Raumaufteilung und der Bewegung der Wörter im Raum, wie hat man sich die „Auseinandersetzungen" zwischen den Wörtern zu denken, was ist eine „Säuberung", und wer ist hier für die Säuberung zuständig, die Sprache, die Wörter, Autoren wie Notker? Derartige Beispiele finden sich in Triers Schriften an vielen Stellen und beeinträchtigen die Explizitheit und Präzision der Darstellung.

Andererseits war die Feld-Metapher aber innovativ und sie war wissenschaftlich außerordentlich fruchtbar, weil sie die Aufmerksamkeit vieler Forscher auf die semantischen Beziehungen zwischen bedeutungsverwandten Ausdrücken lenkte und so zur systematischen Untersuchung des Aufbaus von Teilen des Wortschatzes anregte (vgl. Gloning 2002).

6.7.2 *Ratten und Schmeißfliegen* – Metaphorik und Kommunikationsgeschichte

Am 16. Februar 1980 stand in der Stuttgarter Zeitung folgende Meldung, deren Brisanz deutlicher wird, wenn man berücksichtigt, dass im Herbst 1980 Bundestagswahlen stattfanden, bei denen Franz Josef Strauß als Kanzlerkandidat der CDU/CSU antrat:

Vor Redakteuren des Süddeutschen Rundfunks hat der Generalsekretär der CSU, Edmund Stoiber, auf die Frage, ob Franz Josef Strauß die Schriftsteller Drewitz, Kesten, Jens, Walser, Reding

und Engelmann als „Ratten und Schmeißfliegen" bezeichnet habe, geantwortet, dies könne er nicht bestätigen. Er selbst aber für seine Person stehe zu dieser Kennzeichnung.
(Stuttgarter Zeitung vom 16. Februar 1980)

Wie verstand man nun die Metapher *Ratten und Schmeißfliegen*? Zunächst einmal gab es für *Ratte* schon eine etablierte Verwendungsweise im Sinne von *widerlicher Mensch*. Man konnte beide Ausdrücke aber auch ad hoc aufgrund allgemein verbreiteter Annahmen über diese Tiere deuten und vermuten, dass Stoiber (und vielleicht Strauß) sagen wollten, dass Intellektuelle eben abstoßend und ekelhaft seien, so dass man sich mit ihnen besser nicht abgeben sollte. Vertreter der älteren Generation konnten sich aber auch, unabhängig von dem stereotypen Wissen über Tiere dieser Art, an Präzedenzfälle für den Gebrauch dieser Ausdrücke erinnern und ihn damit in einem kommunikationshistorischen Zusammenhang sehen, der eine andere Deutung nahelegte. An diese Präzedenzfälle erinnerten die Kommentatoren der Stuttgarter Zeitung und der Süddeutschen Zeitung und nahmen dies zum Anlass für eine scharfe Kritik an der Verwendung dieser Ausdrücke.

Jetzt geht diese Pest also wieder durchs Land. Ratten und Schmeißfliegen: nicht einmal mit gleichen Waffen wäre dem begegnet, wenn wir unsererseits nun den einen Esel nennten, der das sagt; denn daß es Dummheit ist, die da zum Himmel schreit, entschuldigt nichts. Diese Pest: und fünfunddreißig Jahre ist das bei uns alles erst her. Die, die jetzt wieder anfangen, werden nicht wahrhaben wollen, daß sie's tun, und werden, da sie sich doch immer rühmen, aus der Geschichte gelernt zu haben, uns nun vorwerfen, die falschen anklagenden Vergleiche zu ziehen. [...]
(Stuttgarter Zeitung vom 16. Februar 1980)

Ratten und Schmeißfliegen – in unseren Nomenklaturen eine knappe Umschreibung für schädliches Ungeziefer, gegen das der Kammerjäger gerufen werden muß (wie human war noch Ludwig Erhards Tierwort *Pinscher* für Rolf Hochhut und Grass). [...]
Wenn also Strauß und Stoiber bei vollem Verstand waren, als sie diesen „Vergleich" wählten, wenn außerdem Stoiber vor verbreitungsbereiten Redakteuren des Süddeutschen Rundfunks in die Ratten und Schmeißfliegen eingestiegen ist – dann spätestens muß man fragen, welche Adressaten hier eigentlich erreicht werden sollten. Doch wohl jene traditionellen, gegen den „Zeitgeist" gerichteten Kräfte (und Wählerschichten), die „deutsch" fühlend, bereit sind, in Intellektuellen und Schriftstellern *Zersetzer* zu sehen, wie ein anderes im Ungeziefer-Zusammenhang gebrauchtes Wort aus dem Nazi-Wörterbuch des Unmenschen lautete. Ja, leider ist es so. Auch Ratten und Schmeißfliegen stammen aus dem Wörterbuch des Unmenschen, faschistische Vokabeln, für die es keine Entschuldigung, keine Rechtfertigung, keine Absolution geben kann.
(Süddeutsche Zeitung vom 19. Februar 1980)

Mit dem Hinweis auf das Wörterbuch des Unmenschen spielten die Kommentatoren auf Verwendungen der Ungeziefer-Metaphorik in der Nazi-Zeit an, möglicherweise auf eine Goebbels-Rede aus dem Jahre 1939, in der er Intellektuelle diffamierte als „parasitäres Geschmeiß, das die Luxusstraßen unserer großen Städte bevölkert" (vgl. Bering 1978, 131) oder auf Stellen aus dem Film „Der ewige Jude" von 1939 wie die folgende „Sie (die Ratten) sind hinterlistig, feige, grausam. Sie stellen unter den Tieren das Element der heimtückischen, unterirdischen Zerstörung dar, nicht anders als die Juden unter den Menschen." Über diese kommunikationshistorische Erinnerung, von der sie annahmen, dass auch Strauß sie haben musste, gelangten die Kommentatoren zu einer viel heikleren Deutung der metaphorischen Verwendung von *Ratten und Schmeißfliegen*, nämlich der, dass damit suggeriert werden solle, dass man das Intellektuellen-Ungeziefer am besten ausrotten sollte. (Eine ausführlichere Darstellung der Auseinandersetzung um die kommunikationshistorische Deutung der Verwendung von *Ratten und Schmeißfliegen* kann man in Keller-Bauer (1984) nachlesen.)

Bemerkenswert ist, dass die antisemitische Parasiten-Metaphorik keine Erfindung der Nazis war. In der zweiten Hälfte des 19. Jahrhunderts schrieb der Orientalist Paul Anton de Lagarde (1827–1891) in Bezug auf Juden „Mit Trichinen und Bazillen wird nicht verhandelt, Trichinen und Bazillen werden auch nicht erzogen; sie werden so rasch und so gründlich wie möglich vernichtet" (zit. nach Stötzel/Wengeler 1995, 364). Auch darüber hinaus hat die Ungeziefer-Metaphorik eine lange Tradition in der deutschen Sprache. Beispielsweise schrieb schon Luther „damit wir wider sein (des papstthums) geschmeis und unzifer uns wehren und verteidigen (DWb 5, 3943). Und im Jahre 1693 schrieb ein anonymer Kritiker der Pietisten, wohl auf Luther anspielend: „[es ist] kein Evangelischer Ort fast übrig/ an welchem dieses Pietistische Geschmeiß und Ungeziefer nicht umbherkrieche" (zit. nach Gierl 1997, 149).

6.7.3 *Entgleisung*

In seinem Schlagwörterbuch von 1906 behandelt Ladendorf *Entgleisung* und *entgleisen* als „ein dem Eisenbahnbetrieb entnommenes modernes Schlagwort [...] vor allem für unvorhergesehenes rhetorisches oder politisches Mißgeschick". In diesem Zusammenhang führt er auch ein Beispiel für eine kritische Beurteilung der Verwendung dieser Eisenbahn-Metaphorik an:

> Lebhaft wird der Ausdruck von Wolfg. *Heine* in den Sozialistischen Monatsheften 3, 483 (1899) bekämpft: „Man hat Bernstein [Eduard Bernstein (1850–1932), Marxismus-Theoretiker, GF)] vorgeworfen, er sei „entgleist". Diese neuerdings so beliebt gewordene Phrase ist recht charakteristisch, zwar nicht für Bernstein, aber für die Leute, die sie ihm an den Kopf werfen. Sie scheinen von einem Forscher zu verlangen, daß er, nur willenlosen Maschinen gleich in einen Schienenstrang eingeengt, immer in derselben Richtung fortrenne, ohne auf das, was außerhalb des Gleises liegt, Rücksicht nehmen zu dürfen." (Ladendorf 1906, 70)

Hinweise auf weitere Materialien:

Gottsched: Frauenzimmer

Der Ausdruck *Frauenzimmer* wird seit dem 16. Jahrhundert als Kollektivsingular für die „gesamte weibliche Umgebung einer vornehmen Person" verwendet. „Die Verwendung als Individuenbezeichnung" versucht noch Gottsched aufzuhalten: „Es ist lächerlich, dieses Wort von einer einzelnen Person zu brauchen" (1758 [...]), während sie für Adelung (1775) schon selbstverständlich ist" (Paul 2002, 348; vgl. Seebold 1981, 15–26).

Fritz Mauthner: *stilvoll*

Mauthner kritisiert das „neuerdings aufgekommene Wort" *stilvoll*, das er nicht gern gebraucht, ebenso wenig wie er gerne Wasserrüben isst. Er beschreibt seine Verbreitung und
kritisiert die „Schulmeister", die den Gebrauch von *stilvoll* aus falschen Gründen kritisieren. (Fritz Mauthner: Beiträge zu einer Kritik der Sprache. Zweiter Band: Zur Sprachwissenschaft. Frankfurt am Main/ Berlin/ Wien 1982, 201–203. (Original 1912).)

Kurt Tucholsky: *knorke*

Tucholsky beschreibt 1924 unter seinem Pseudonym *Peter Panter* feuilletonistisch den
Aufstieg und Fall des Berliner Wortes *knorke*. (Kurt Tucholsky: Der Fall Knorke. In: Kurt
Tucholsky. Gesammelte Werke. Bd.1. 1907–1924. Reinbek bei Hamburg 1960, 1245–
1247)

Victor Klemperer: *aufziehen*

Klemperer beobachtet den Gebrauch einer neuen „Sonderbedeutung" des Verbs *aufziehen*
im Sinne von *organisieren*, z.B. in *eine Aktion groß aufziehen*, die ihm als charakteristisch
für den Sprachgebrauch der Nazis erschien. Er weist aber auch darauf hin, dass ein Bekann-
ter behauptete, diese Verwendungsweise schon um 1920 gehört und gelesen zu haben, und
er gibt einen Beleg dafür, wie diese Verwendungsweise 1946 außerhalb eines Nazi-
Umfelds weiterlebt. Ein schönes Beispiel für die Reflexion der Schwierigkeiten der
Sprachverwendungskritik. (Victor Klemperer: LTI. Notizbuch eines Philologen. Leipzig
1975, 52–54. (1. Aufl. 1946).)

„Brisante Wörter" und „Kontroverse Begriffe"

Einschlägiges Material zum Thema Bedeutungsgeschichte und Sprachkritik bieten auch
zwei neuere Publikationen zur neueren Geschichte des öffentlichen Sprachgebrauchs in
Deutschland, Strauß/Haß/Harras (1989) und Stötzel/Wengeler (1995). Sie dokumentieren
u.a. die Geschichte des Gebrauchs von Schlüsselwörtern öffentlicher Auseinandersetzungen
und die kritische Reflexion bestimmter Verwendungsweisen dieser Wörter. Beispiele für
dort behandelte Ausdrücke sind *konservativ*, *radikal*, *Sympathisanten*, *Nachrüstung*, *Umwelt*.

7.   *Mein schönes Fräulein* –
historisch-semantische Klassikerlektüre

7.1   Fremdheit und falsche Freunde

Von der historischen Veränderung der Bedeutung sprachlicher Ausdrücke sind wir besonders stark betroffen, wenn wir ältere Texte lesen. In Bezug auf die deutsche Sprache gilt
dies in besonderem Maß etwa für mittelalterliche Texte, für die Luther-Bibel (1545) oder
für Texte des 17. Jahrhunderts. Es gilt aber in vielen Fällen auch für die literarischen Klassiker des 18. und 19. Jahrhunderts. Die historische Entfernung und damit die Veränderung
im Gebrauch vieler Ausdrücke kann sich auf unsere Lektüre unterschiedlich auswirken.
Zum einen finden wir in älteren Texten Wörter, die uns schon als Wortform völlig unbekannt sind. So wird ein heutiger Leser das mittelhochdeutsche Verb *vreischen* ‚erfahren‘
normalerweise überhaupt nicht kennen und in einem Wörterbuch nachschlagen müssen. In
anderen Fällen können wir aus dem Kontext erschließen, dass ein Ausdruck in einem historischen Text anders verwendet wird als in der heutigen Sprache. Nehmen wir als Beispiel
den Ausdruck *Schnur* in folgendem Beleg aus der Lutherbibel von 1545 (Matthäus 10,35):

> Denn ich bin komen / den Menschen zu erregen wider seinen Vater / vnd die Tochter wider jre
> Mutter / vnd die Schnur wider jre Schwiger.

Aus dem Textzusammenhang werden wir schließen, dass *Schnur* hier nicht wie im modernen Sprachgebrauch verwendet sein kann, und wir werden zu der Hypothese kommen, dass
es sich bei *Schnur* ebenso wie bei *Schwiger* um eine Verwandtschaftsbezeichnung handelt,
wobei uns *Schwiger* an *Schwiegermutter* oder *Schwiegertochter* erinnert. Schauen wir nun
etwa im Paulschen Wörterbuch nach (Paul 2002, 871), so finden wir, dass Luther *Schnur* –
wie schon im Ahd. und Mhd. gebräuchlich – im Sinne von *Schwiegertochter* verwendet und
Schwieger im Sinne von *Schwiegermutter* (Paul 2002, 891). In diesen Beispielen erleben
wir einen Fremdheitseffekt, der uns zu besonderen Such- oder Deutungsanstrengungen
zwingt. Auf solchen Deutungsanstrengungen basieren natürlich auch die Angaben der großen historischen Wörterbücher zu den älteren Sprachstufen des Deutschen, die wir heute als
Hilfsmittel benutzen können.

Es gibt aber auch andere Fälle der Textlektüre, in denen wir vielleicht nur leicht be-
fremdet sind oder auch gar keinen Verdacht schöpfen und naiv unterstellen, dass ein Wort
in einem älteren Text auf eine uns vertraute Weise verwendet wird, so dass wir dann zu
einem unzureichenden oder falschen Verständnis einer Textstelle kommen. Ein leichtes
Befremden könnten wir beispielsweise empfinden, wenn Goethe in „Wilhelm Tischbeins
Idyllen" von einer bildlichen Darstellung schreibt:

> Auf Rasen gelagert sehen wir anmuthige Jungfrauen, deren schöne Körper [...] nur theilweise
> verhüllt sind; der Anblick von derben gefälligen Gliedern ist uns gegönnt.

(Goethe, Weimarer Ausgabe Bd. 49 I, 314)

Die Kollokation von *derb* und *gefällig* erscheint uns sonderbar, und überhaupt würden wir *derb* wohl kaum auf die Körper von schönen jungen Mädchen anwenden. Suchen wir nun Rat im Paulschen Wörterbuch, so finden wir zur Verwendung von *derb* die Bemerkung: „Bei Goe[the] meist positiv ‚kraftvoll, tüchtig'" (Paul 2002, 219; weitere Belege für die Verwendung von *derb* bei Goethe gibt Müller 1999, 43f.). Wir müssten die Stelle also im Sinne von *kräftige, hübsche Glieder* verstehen – nebenbei ein Hinweis auf ein Schönheitsideal der Zeit.

Unter dem Gesichtspunkt des Verstehens ist der gefährlichste Fall derjenige, in dem wir eine heute nicht mehr gebräuchliche Verwendungsweise nicht als solche erkennen und das Wort als „falschen Freund" behandeln, der uns vertraut erscheint, aber in die Irre führt. Nehmen wir die letzte Zeile der folgenden Strophe aus Hölderlins „Gesang des Deutschen", in der er das Vaterland apostrophiert:

> Du Land des hohen ernsteren Genius!
> Du Land der Liebe! bin ich der deine schon,
> Oft zürnt ich weinend, dass du immer
> Blöde die eigene Seele leugnest.

> (Friedrich Hölderlin Gedichte. Eine Auswahl. Hg. von Gerhard Kurz.
> Stuttgart: Reclam 2003, 27)

Als heutige Leser stört uns vielleicht zuerst, dass die heute umgangssprachliche Verwendung des Ausdrucks *blöde* nicht zum feierlichen Ton der Hölderlinschen Ode zu passen scheint. Aber es erscheint nicht völlig abwegig, die Verwendung von *blöde* im heutigen Sinne von *dumm* zu deuten: Es ist dumm vom Vaterland, seine eigene Seele zu leugnen. Nur wurde der Ausdruck *blöde* um 1800 kaum im Sinne von *dumm* verwendet, sondern vor allem im Sinne von *schüchtern*, wie zweifellos auch an dieser Stelle. Das lyrische Ich zürnt also wegen der Schüchternheit der Deutschen. (Vgl. auch Hölderlins Gedicht „Blödigkeit" und den Kommentar des Herausgebers der zitierten Reclam-Ausgabe: „*Blödigkeit*: Schüchternheit, ängstliche Zurückhaltung, Zaghaftigkeit, Unerfahrenheit. Stereotyp für die Deutschen im 18. Jh.", S. 188.)

Im weiteren Verlauf dieses Kapitels sollen einige Beispiele für potenzielle falsche Freunde vorgeführt werden – zumeist aus Werken Goethes.

Zum Abschluss dieses ersten Abschnitts gebe ich aber zunächst ein Textstück aus Grimmelshausens „Simplicissimus" von 1669 wieder, das recht gut zeigt, wie sich bei der Lektüre von Texten des 17. Jahrhunderts Fremdheitseffekte und Verstehensprobleme einstellen können. Wir finden zahlreiche Wörter, deren Form und/oder Verwendung dem Leser des 21. Jahrhunderts fremd sind. Dadurch werden wir zu Deutungsversuchen gezwungen, die mehr oder minder erfolgreich ausgehen können. In vielen Fällen wird es allerdings auch nötig sein, lexikalische Hilfsmittel zu benutzen. Das Textbeispiel stammt aus dem Anfangsteil des Buches (Capitel XV). Einige Wörter, die Kandidaten für Verstehensprobleme sein könnten, sind durch Unterstreichung hervorgehoben. Fremdwörter (*desperiren, Antipathia*) sind kursiv ausgezeichnet (im Original durch Antiqua-Schrift hervorgehoben).

Nach dem Tod des Einsiedlers, bei dem der junge Simplicissimus längere Zeit gelebt hatte, wird Simplicissimus Zeuge, wie eine Gruppe Soldaten einige Bauern quält, die ihrer-

seits zuvor einen Soldaten verstümmelt hatten. Simplicissimus wird von den Soldaten freigelassen und geht wieder zurück in seine Hütte im Wald.

> Als ich wieder heim kame / befand (1) ich / daß mein Feurzeug (2)
> und gantzer Haußrath / samt allem Vorrath an meinen
> armseeligen Essenspeisen (3) / die ich den Sommer hindurch in
> meinem Garten erzogen (4) / und auff künftigen Winter vorm
> Maul erspart hatte / miteinander fort war: Wo nun hinauß?
> gedachte ich / damals lernete (5) mich die Noth erst recht beten;
> Ich gebotte aller meiner wenigen Witz (6) zusammen / zu berath-
> schlagen / was mir zu thun oder zu lassen seyn möchte? (7) Gleich
> wie aber meine Erfahrenheit schlecht (8) und gering war / also
> konte ich auch nichts rechtschaffenes schliessen / das beste war /
> daß ich mich Gott befahl / und mein Vertrauen allein
> auff ihn zu setzen wuste / sonst hätte ich ohn Zweiffel despe-
> riren und zu Grund gehen müssen: Uber das lagen mir die
> Sachen / so ich denselben Tag gehöret und gesehen / ohn
> Unterlaß im Sinn / ich dachte nicht so viel umb Essenspeiß
> und meiner Erhaltung nach / als der jenigen Antipathia,
> die sich zwischen Soldaten und Bauren enthält / doch konte
> meine Alberkeit (9) nichts ersinnen / als daß ich schlosse / es mü-
> sten ohnfehlbar zweyerley Menschen in der Welt seyn / so (10)
> nicht einerley Geschlechts von Adam her / sondern wilde und
> zahme wären / wie andere unvernünfftige Thier / weil sie
> einander so grausam verfolgen.
> In solchen Gedanken entschlieff (11) ich vor Unmuth und Kälte /
> mit einem hungerigen Magen [...]
>
> (Grimmelshausen „Der abentheurliche Simplicissimus Teutsch ...“,
> Hg. von Rolf Tarot. Tübingen 1967, 43)

(1) *befinden* ist im Sinne von heutigem einfachen *finden* verwendet, eine Verwendungsweise, die bis ins 19. Jahrhundert nachgewiesen ist. (2) Mit *Feurzeug* bezieht sich Grimmelshausen natürlich nicht auf ein modernes Gasfeuerzeug, sondern auf die Gerätschaften zum
Feuermachen, d.h. Stahl, Stein und Zunder (vgl. DWb 3, 1609). (3) Ein Ausdruck wie *Es-
senspeiß* erscheint uns sonderbar tautologisch, aber wir werden keiner Fehldeutung erlie-
gen. (Das Kompositum soll verdeutlichen, dass nicht *Speis* im Sinne von *Mörtel* gemeint
ist, eine Verwendungsweise, die auch heute noch in süddeutschen Dialekten gebräuchlich
ist. Vgl. DWb 16, 2085.) (4) Das Verb *erziehen* wurde bis ins 18. Jahrhundert auch auf
Tiere und Pflanzen angewendet: ‚(Tiere) aufziehen‘, ‚(Pflanzen) anbauen‘ (vgl. DWb 3,
1091ff.). (5) *lernen* wird hier im Sinne von *lehren* verwendet. „Wie *lehren* für *lernen*, so
erscheint umgekehrt seit dem 15. Jh. und noch heute ugs. [= umgangssprachlich] *lernen* für
lehren (Paul 2002, 608). (6) Mit *die Witz* (Plural) bezieht sich der Autor auf die Verstan-
deskräfte (vgl. engl. *to have one's wits about one*). Die Verwendung von *Witz* im Sinne von
Verstand gibt es seit dem Ahd. Die heutige Verwendung im Sinne von *Spaß*, *Scherz* ist erst
im 19. Jahrhundert nachgewiesen. (7) *möchte* kann man hier mit *könnte* wiedergeben (vgl.
Kapitel 17). (8) *schlecht* wird hier im Sinne von *gering* verwendet: Es wird an dieser Stelle
nicht gesagt, dass Simplicissimus schlechte Erfahrungen hat – die hat er auch –, sondern,
dass er wenig Erfahrung hat. Für diese Verwendungsweise von *schlecht* gibt das DWb
zahlreiche Belege für das 16. und 17. Jahrhundert (DWb 15, 524f.). (9) Wir bemerken

gleich, dass *Alberkeit* eine andere Variante des Ableitungssuffixes enthält als das heutige *Albernheit*. Aber möglicherweise bemerken wir nicht, dass der Ausdruck *Alberkeit* auch anders verwendet wird als *Albernheit* heute, nämlich im Sinne von *Einfalt* oder *Naivität*, nicht im Sinne von *kindischem Benehmen*. Noch um 1800, etwa bei Hölderlin, finden wir *albern* in diesem Sinne verwendet. (10) *so* ist hier als Relativpronomen verwendet, eine Verwendungsweise, die vom 15. bis 18. Jahrhundert gebräuchlich ist (vgl. Behaghel 1928, 730f.). (11) *entschlafen* findet sich hier in der ursprünglichen Verwendung im Sinne von *einschlafen*. Heute wird das Verb nur als Euphemismus für ‚sterben‘ verwendet (vgl. Paul 2002, 278).

7.2 Mein schönes Fräulein

Ein vielzitiertes Textbeispiel für eine mögliche Fehldeutung, die mit einer Bedeutungsveränderung zusammenhängt, findet sich in Goethes „Faust", Vers 2603ff.

An dieser Stelle des Stücks wird die erste Begegnung zwischen Faust und Gretchen dargestellt:

| *Faust.* | Mein schönes Fräulein, darf ich wagen, meinen Arm und Geleit Ihr anzutragen? |
| *Margarete.* | Bin weder Fräulein, weder schön, Kann ungeleitet nach Hause gehn. |

Als moderner Leser oder Zuschauer im Theater könnte man nun annehmen, dass Faust den Ausdruck *Fräulein* hier in derselben Weise verwendet, wie man bis etwa 1970 *Fräulein Meier* verwendete, nämlich als normale Form der Anrede an eine unverheiratete Frau. Gretchens Zurückweisung müsste man dann als den Hinweis verstehen, dass Gretchen nicht unverheiratet ist. Das wäre aber ein falsches Verständnis der Dialogstelle. Um den Dialog besser zu verstehen, muss man wissen, dass mit dem Ausdruck *Fräulein* zu Goethes Zeit ein unverheiratetes Mädchen von höherem Stande angeredet wurde, im Gegensatz zum einfachen Bürgermädchen. Wenn wir davon ausgehen, dass Faust weiß, dass Gretchen keine junge adelige Dame ist, so verstehen wir seine Anrede – in Verbindung mit der exquisit-höflichen Wendung *darf ich wagen...?* – als ein Kompliment, eine schmeichlerische Form der Höflichkeit. Gretchen weist die einzelnen Bestandteile des Kompliments kurz angebunden zurück, dabei auch die Unterstellung, sie sei nicht nur ein einfaches Bürgermädchen. Wenig später wird in der Szene mit Mephisto, der Nachbarin Marthe Schwerdtlein und Gretchen (2897ff.) das Motiv des sozialen Stands wieder aufgenommen und nochmals verdeutlicht:

| *Marthe.* | Denk, Kind, um alles in der Welt! Der Herr dich für ein Fräulein hält. |
| *Margarete.* | Ich bin ein armes junges Blut. |

Offensichtlich war die Faustsche Anredestrategie keine Goethesche Erfindung, sondern sie war so weit verbreitet, dass sie im 19. Jahrhundert ihre besondere Funktion als Kompliment verlor und sich der Gebrauch von *Fräulein* als normale Anredeform für unverheiratete Frauen generell einspielte.

Wie an dieser Stelle im „Faust" ermöglicht auch in anderen Texten erst die Kenntnis der historischen Verwendungsweise von Anredeformen ein genaues Verständnis bestimmter Feinheiten des Dialogverlaufs, beispielsweise in Lessingschen Stücken, bei denen man die zeitgenössische Praxis der höflichen Anrede mit Anredepronomen kennen muss, um den Ausdruck sozialer Konstellationen, insbesondere sozialer Distanz im Dialog zu erkennen (vgl. Kap. 15).

7.3   *Duft* und *Mut*

Beim Lesen der zweiten Strophe von Goethes Gedicht „Willkommen und Abschied" werden wir als heutige Leser vielleicht an zwei Stellen stutzen, die uns schwer verständlich oder doch sonderbar erscheinen könnten:

> Der Mond von einem Wolkenhügel
> Sah kläglich aus dem Duft hervor,
> Die Winde schwangen leise Flügel,
> Umsausten schauerlich mein Ohr;
> Die Nacht schuf tausend Ungeheuer,
> Doch frisch und fröhlich war mein Mut:
> In meinen Adern welches Feuer!
> In meinem Herzen welche Glut!

Dass der Mond kläglich aus etwas hervorsieht, werden wir als vermenschlichende Metapher verstehen, dass er aber aus einem Duft hervorsieht, ist schwer zu deuten. Die Schwierigkeit löst sich auf, wenn wir einen Blick ins Grimmsche Wörterbuch werfen (DWb 2 (1860), 1500f.) und dort als zweite Verwendungsweise von *Duft* angegeben finden: „2. feiner dünner dunst *tenuis vapor*, der sich in der luft entwickelt, der weiszlich und feucht aus wiesen aufsteigt, zuweilen staub". Um diese alte Verwendungsweise von *Duft*, die heute ungebräuchlich ist, handelt es sich offensichtlich in unserer Gedichtstrophe: Der Mond scheint aus dem weißen Nebel hervor, der aus den Wiesen aufsteigt – ein vertrautes Bild. Erst an dritter Stelle verzeichnet das DWb die heute gebräuchliche Verwendungsweise „3. ausdünstung die auf die geruchsnerven wirkt ..." (vgl. auch GWb 2,1299f.).

Ebenfalls etwas ungewöhnlich klingt für uns die Feststellung des lyrischen Ichs, dass sein Mut frisch und fröhlich war. Mit *Mut* beziehen wir uns heute auf die Fähigkeit, in einer gefährlichen Situation die Angst zu überwinden. Von dieser Fähigkeit wird man aber nicht sagen, sie sei *frisch* oder *fröhlich*. Vielleicht haben wir die Wendung *frohen Mutes sein* im Ohr. Das scheint schon eher in die richtige Richtung zu deuten. Wiederum hilft ein Blick ins Grimmsche Wörterbuch. Als dritte, heute schon ungebräuchliche Verwendungsweise von *Mut* finden wir „3) *mut* bezeichnet die gesamtstimmung des menschlichen innern, [...] es berührt sich mit *herz* [...] und wird [...] von der neueren Sprache gewöhnlich durch das letztere wort ersetzt" (DWb 12 (1885), 2783). In diesem Sinne gedeutet, erscheint unsere Gedichtstelle problemlos verständlich. In einem späteren Abschnitt führt das DWb die heute gebräuchliche Verwendungsweise ein und gibt gleichzeitig auch eine kleine Skizze der Entwicklungsgeschichte des Wortes: „8) die hauptbedeutung von *mut* in unserer neueren Sprache [...]; *mut* beherzte stimmung gegenüber wagnis und gefahr, ist mhd. noch selten [...].kommt aber seit dem 16. jahrh., die frühere bedeutung zurückdrängend, mehr und mehr empor" (DWb 12 (1885), 2792).

Die historische Rekonstruktion des DWb lässt erwarten, dass Goethe auch die heutige Verwendungsweise von *Mut* kannte. Und in der Tat findet sich in einer früheren Version des Gedichts eine Variante der betreffenden Zeile, in der wir die neuere Verwendungsweise von *Mut* unterstellen können:

> Die Nacht schuf tausend Ungeheuer,
> Doch tausendfacher war mein Mut

Hier geht es tatsächlich um die Fähigkeit, die Angst vor den nächtlichen Ungeheuern zu überwinden.

7.4   *sonderbar, reizend, umständlich, gemein*

In einem Vortrag über „Bedeutungswandel im Deutsch des 19. Jahrhunderts. (Zugleich ein Beitrag zum sprachlichen Verständnis unserer Klassiker)" (Tschirch 1960) zitierte und erläuterte Fritz Tschirch einige Stellen aus Goethes Novelle „Ferdinands Schuld und Wandlung" aus den „Unterhaltungen deutscher Ausgewanderten" (Weimarer Ausgabe, Bd. 18, 191–222). Eine kleine Auswahl führe ich hier zusammen mit Tschirchs Kommentaren an.

7.4.1   *sonderbar* und *reizend*

Der junge Ferdinand hat das Gefühl, dass er von seinen Eltern finanziell zu knapp gehalten wird. Zusätzlich bemerkt er, dass es sein Vater mit dem Geld aus der Familienkasse nicht so genau nimmt, „eine Entdeckung, die seinen Unwillen noch mehr erregte".

> Zu dieser Gemütsstimmung traf ein sonderbarer Zufall, der ihm eine reizende Gelegenheit gab, dasjenige zu tun [nämlich, sich unbemerkt Geld von seinem Vater zu nehmen, GF], wozu er nur einen dunkeln und unentschiedenen Trieb gefühlt hatte   („Ferdinand", 199)

„[...] Ursprünglich also bedeutete *sonderbar* ,besonders' und wandelt sich dann zu der hier vorliegenden Verwendung: ,aus dem üblichen Rahmen fallend, vom Herkömmlichen abweichend, ungewöhnlich, eigentümlich, bemerkenswert' (DWb 10,1, 1577 unter b). Erst von da aus entwickelt es sich bis zu unserem Sinn ,seltsam, schwer oder unerklärlich, unbegreiflich' [...]. Ähnlich bewahrt das Adjektiv *reizend* als Partizipialbildung von *reizen* in der Zeit Goethes noch seinen deutlichen Zusammenhang mit dem Verbum, bedeutet also unmittelbar sinnlich ,verführerisch, verlockend, Verlangen erregend' [...]" (Tschirch 1960, 8f.).

Ähnlich wird *reizend* auch in folgendem Beleg aus Goethes „Tasso" verwendet (vgl. Müller 1999, 146):

> Doch hier in unserem Herzen ist der tiefste (Abgrund),
> Und reizend ist es sich hinabzustürzen ...
>   („Torquato Tasso", 5. Aufzug, 4. Auftritt, Vers 3075f. Hamburger Ausgabe 5, 156)

7.4.2 *umständlich*

Ferdinands Vater beauftragt ihn, an einem entfernten Ort zu prüfen, ob dort erfolgreich Handelsgeschäfte begonnen werden könnten.

> Ferdinand solte die Sache in der Nähe untersuchen und davon einen umständlichen Bericht abstatten
>   („Ferdinand", 204).

„[Dem modernen Leser könnte entgehen,] daß hier nicht nach heutigem Sprachgebrauch bei der Verwendung des Adjektivs [*umständlich*] an unnötiger Breite und Weitschweifigkeit der Darstellung abfällige Kritik geübt werden soll – das Wort stellt vielmehr eine alle Umstände erfassende ausführliche, eingehende sachliche Auseinandersetzung als höchst anerkennens- und erstrebenswert dar (DWb 11,2,1178). [...] Ebensowenig gedachte Johann Christoph Adelung mit dem ersten Wort im Titel seines erfolgreichsten Buches *Umständliches Lehrgebäude der deutschen Sprache zur Erläuterung der deutschen Sprachlehre für Schulen* (1782) von seinem Kauf abzuschrecken, sondern wollte geradezu dazu anreizen: empfehlend weist das Wort den Käufer darauf hin, daß er in diesem Buch selbst knifflige und abgelegene Fragen der deutschen Grammatik behandelt finden würde" (Tschirch 1960, 9f.).

7.4.3 *gemein*

Ferdinand kommt erfolgreich von seiner Erkundung zurück und berichtet seinem Vater. Dieser reagiert jedoch „zerstreut und verdrießlich".

> Diese Laune des Vaters drückte ihn sehr, noch mehr die Gegenwart der Wände, der Mobilien, des Schreibtisches, die Zeugen seines Verbrechens [d.h. seines Diebstahls, GF] gewesen waren. Seine ganze Freude war hin, seine Hoffnungen und Ansprüche; er fühlte sich als einen gemeinen, ja als einen schlechten Menschen.   („Ferdinand", 212)

Wenig später findet sich folgende Stelle:

> Diese Geschichte gefällt mir", sagte Luise, als der Alte geendigt hatte, „und ob sie gleich aus dem gemeinen Leben genommen ist, so kommt sie mir doch nicht alltäglich vor. [...]
>   („Ferdinand", 216f.)

„Beide Sätze ermöglichen die treffende Einschätzung der Verwendung von *gemein* besonders gut, weil dem Adjektiv dort *schlecht*, hier *nicht alltäglich* entgegengesetzt ist. Diese Gegenwörter stoßen den harmlosesten Leser darauf, daß *gemein* hier unmöglich in unserer Anwendungsweise gebraucht sein kann. Für uns ist ja *gemein* gerade eine Steigerung gegenüber *schlecht*, ein *gemeines* Verhalten eben Gott sei Dank *nicht alltäglich*. Bei Goethe jedoch erscheint umgekehrt *schlecht* als Steigerung von *gemein*, dies selbst als *alltägliches* Verhalten.

[...] *gemein* [bedeutet ursprünglich] „allgemein, alltäglich, gewöhnlich" (in sachlichem, nicht wertendem Sinn). Wie fest diese Verwendung des Adjektivs noch in der Sprache um 1800 sitzt, lehren Beispiele, bei denen die natürlich-naive Unterlegung des heutigen Gebrauchs noch zu weit ärgerlicheren Auffassungsverzerrungen des Gemeinten führt wie in den beiden Goethesätzen. Wilhelm Grimm schreibt seinem Bruder Jacob am 13.12.1809, daß Goethes Frau *sehr gemein aussieht* [...] Und wenn Goethe in *Dichtung und Wahrheit 3* von der Komödie sagt, daß sie *sich auf Dinge des gemeinen Lebens* bezieht, dann läßt erst der Blick auf den hier im Hintergrund stehenden Gegensatz zur Tragödie erkennen, daß damit der bürgerliche Alltag gemeint ist. Aus diesen Zusammenhängen ergibt sich das zutreffende Verständnis für die zwar gern zitierte, für gewöhnlich jedoch falsch interpretierte Würdigung des Freundes [Schiller] in Goethes *Epilog auf Schillers Glocke* von 1805 [Schillers Todesjahr, GF]:

> Und hinter ihm, in wesenlosem Scheine,
> lag, was uns alle bändigt, das Gemeine.

Nicht Hinterhältigkeit und Niedertracht ist gemeint, sondern die Gefährdung edlen Menschentums durch die ewige Wiederholung des Alltäglichen und die abstumpfende Gewöhnung daran" (Tschirch 1960, 11f.).

Die Erfahrung mit diesen Beispielen aus Goethes Werken zeigt uns, dass bei der Arbeit mit Texten des späteren 18. Jahrhunderts eine Art semantisches Misstrauen und die Aufmerksamkeit auf ältere, heute ungebräuchliche Verwendungsweisen notwendig sind und dass man in vielen Fällen auf die Benutzung von lexikalischen Hilfsmitteln angewiesen ist.

Für das Werk Goethes sind, neben den bekannten historischen Wörterbüchern – DWb und Paul –, folgende Hilfsmittel nützlich:

– Fischer, Paul: Goethe-Wortschatz : ein sprachgeschichtliches Woerterbuch zu Goethes saemtlichen Werken. Leipzig 1929.

– GWb: Goethe-Wörterbuch. Hg. von der Akademie der Wissenschaften der DDR ... [Wiss. Leitung: Wolfgang Schadewaldt ...]. Stuttgart. Bd. 1. A–azurn. 1978. Bd. 2. B–einweisen. 1989. Bd. 3. einwenden–Gesäusel. 1998. Bd. 4. Geschäft–inhaftieren. 2004.

– Müller, Martin: Goethes merkwürdige Wörter. Ein Lexikon. Darmstadt 1999.

Einige schöne Beispiele – von *dunkler Ehrenmann* über *Freudenhaus*, *vergnügt* und *ordinär* – gibt auch Friedrich Kainz in seinem Beitrag „Klassik und Romantik" zur „Deutschen Wortgeschichte" (Maurer-Rupp 1974, Bd. II, 255f.). Beispiele aus dem Adjektivwortschatz Grimmelshausens und Goethes untersuchen Keller/Kirschbaum (2003).

8. Verfahren der Innovation 1: Metaphorik

8.1 Zusammenhänge der metaphorischen Verwendung

Wenn wir von einem Studenten in Bezug auf sein Examen sagen, dass er *zum Endspurt ansetzt*, dann meinen wir damit vermutlich nicht, dass er jetzt noch schneller als gewöhnlich in Richtung Universitätsbibliothek rennt – obwohl das durchaus denkbar ist –, sondern wir geben auf anschauliche Art zu verstehen, dass er kurz vor dem Ende der Examensphase besondere Anstrengungen in der Prüfungsvorbereitung macht. Wir verwenden einen Ausdruck, mit dem wir normalerweise über den Bereich des Sports reden, um über den Bereich intellektueller Aktivitäten zu reden. Diese *Verknüpfung von* zwei unterschiedlichen *Gegenstandsbereichen* – man spricht manchmal von *Domänen* – ist charakteristisch für die metaphorische Verwendung sprachlicher Ausdrücke. Nehmen wir an, *zum Endspurt ansetzen* wäre noch keine gebräuchliche Wendung, so könnten wir uns die erwähnte Äußerung deuten auf der Grundlage unseres (gemeinsamen) *Wissens über beide Gegenstandsbereiche*, d.h. des Wissens über Mittel- oder Langstreckenläufe und des Wissens über Phasen der Examensvorbereitung. Man kann sich metaphorische Verwendungen im allgemeinen zumindest teilweise erklären, indem man den Zusammenhang zwischen den beiden Bezugsbereichen in Form eines Vergleichs explizit macht: Der Sprecher gibt zu verstehen, dass der Examenskandidat sich in gewisser Hinsicht *wie* der Läufer verhält, der in der Schlussphase des Laufs eine besondere Anstrengung macht, um erfolgreich zu sein. Er *sieht* ihn *als* Läufer. Allerdings nützen wir nur eine bestimmte, relevante Auswahl aus den möglichen Implikationen aus dem Läufer-Bereich, die unser Alltagswissen zulässt. Normalerweise werden wir mit dieser metaphorischen Verwendung nicht zu verstehen geben, dass unser Kandidat jetzt eine besonders hohe Pulsfrequenz hat oder besonders viel Sauerstoff verbraucht.

In vielen Fällen gibt es für neue metaphorische Verwendungen Vorbilder (Präzedenzen) oder sogar etablierte **metaphorische Muster**. Die Verwendung von *zum Endspurt ansetzen* folgt einem Muster, das man folgendermaßen beschreiben könnte: Man kann über Aktivitäten des (beruflichen) Alltags reden, als seien sie sportliche Aktivitäten. Diesem Muster folgen *die letzte Hürde nehmen, die Latte hoch legen, noch eine Runde arbeiten, jemanden überrunden; ein Eigentor schießen, eine Vorlage geben*. Andere Beispiele für metaphorische Muster sind:

– über den Verlauf des Lebens wie über einen Weg reden: *der Lebensweg, vom Weg abkommen, auf die schiefe Bahn geraten, am Scheideweg sein, ein Umweg, eine Abzweigung*,

– über eine Maschine wie über einen Organismus reden: *der Motor ist altersschwach, stark, säuft viel* (vgl. Jakobs 1991b, 62). Das Wissen, das bei metaphorischen Verwendungen genutzt wird, wird von manchen Autoren als *metaphorisches Modell* bezeichnet (vgl. Lakoff 1987, 377ff.).

Auffallende Beispiele für **innovative metaphorische Verwendungen** finden wir bisweilen in literarischen Texten. Wie im alltäglichen Sprachgebrauch können metaphorische Verwendungen dort vielfältige kommunikative Aufgaben erfüllen. Der Autor kann mit einer innovativen metaphorischen Verwendung eines Ausdrucks einen rhetorischen Überraschungseffekt erzielen und damit seinen Text schmücken (lat. „ornatus"), er kann besonders assoziationsreich reden und/oder eine neue Sichtweise eines Gegenstands einführen und er kann dem HörerLeser eine besondere Deutungsanstrengung abverlangen. Ich will ein Beispiel kurz skizzieren: Hans Magnus Enzensberger beginnt sein Gedicht „utopia" mit den Zeilen

> der tag steigt auf mit großer kraft
> schlägt durch die wolken seine klauen

> (H.M. Enzensberger, Gedichte, Frankfurt am Main 1962, 34)

Wie könnte sich nun ein Leser diese Zeilen deuten? Er könnte z.B. mit der Überlegung beginnen, dass man wohl am ehesten von einem Raubvogel sagen würde, dass er aufsteigt und seine Klauen in etwas schlägt, und er könnte dann annehmen, dass Enzensberger in der zweiten Zeile den Tag (oder vielleicht metonymisch das Tageslicht?) als Raubvogel personifiziert zeigen will. Möglicherweise nutzt der Leser jetzt eine stereotype Annahme über Raubvögel, nämlich dass sie angriffslustig und gefährlich sind, und gelangt so zu dem Verständnis, dass Enzensberger zu verstehen geben will, dass der von ihm zu beschreibende Tag bedrohlich anfängt. Daraufhin kann der Leser im Text fortfahren und prüfen, wie diese Deutung zum weiteren Textverlauf passt und sich notfalls andere Deutungen suchen. In jedem Fall ist die metaphorische Verwendung von *seine Klauen schlagen* (und vielleicht von *aufsteigen*) nicht alltäglich und verleiht dem Gedicht einen kraftvollen Start. Aber die verwendeten metaphorischen M u s t e r sind nicht völlig neu, sondern es gibt für sie, wie in vielen Fällen literarischer und nicht-literarischer Metaphorik, Traditionen oder einzelne Vorläufer (Präzedenzen) unterschiedlich naher Verwandtschaft. Schon Quintilian schreibt zum Muster der Personifizierung: „(Es) entsteht eine wunderbare Erhabenheit, wenn wir gefühllosen Dingen ein Handeln und Leben verleihen" (Quintilian, „Institutio Oratoria", VIII, 6, 11). Schreckliche Tiere als Versinnbildlichung von gefährlichen Zeiten sind aus der Bibel bekannt (Daniel 7,7; Offenbarung 13). Und für die *Klauen*-Metaphorik gibt es nun sogar eine direkte Quelle, die Enzensberger hier variierend zitiert, nämlich die eröffnende Wächter-Strophe aus Wolfram von Eschenbachs zweitem „Tagelied":

> Sîne klâwen durch die wolken sint geslagen,
> er stîget ûf mit grôzer kraft
> (Wolfram von Eschenbach, hg. von A. Leitzmann, Fünftes Heft, 4. Aufl. Tübingen 1956, 186)

Wenn der Leser diese Präzedenz kennt, könnte er nun weiter fragen, wie er die Stelle bei Wolfram verstehen soll, wie Enzensberger die Wolfram-Stelle wohl verstanden hat und welche Funktion das Zitat und vor allem die Veränderung der Reihenfolge der Zeilen in Enzensbergers Text hat. Und so ist unser Leser aufs Angenehmste mit hermeneutischen Operationen beschäftigt.

Das Verfahren der metaphorischen Verwendung, das in literarischen Texten oft besonders subtil angewendet wird, ist aber, wie schon angedeutet, keine primär literarische Technik, ebenso wenig wie es die Deutungsverfahren sind. Die metaphorische Verwendung ist eine allgemein verbreitete sprachliche Technik, die in vielfältigen Funktionen eingesetzt wird, in der Alltagssprache wie auch im religiösen oder wissenschaftlichen Sprachgebrauch. Auch in der Alltagspraxis zielen die Sprecher bei neuartigen metaphorischen Verwendungen oft auf einen Überraschungseffekt, und sie nutzen beim Verwenden und Verstehen sowohl das verfügbare Wissen aus den beteiligten Domänen als auch die Präzedenzen und Traditionen metaphorischer Muster. Als Beispiel könnten wir Formen der Gebäude- bzw. Architekturmetaphorik nehmen. Zu unserem Gebäude-Wissen gehört beispielsweise, dass Gebäude Eingänge, Fenster und verschiedene Arten von Räumen haben. Nun könnten wir im Gespräch einem jungen Wissenschaftler raten, das Einleitungskapitel seines neuen Buchs als *Portal* zu gestalten und nicht als *Hintereingang*. In der Hoffnung, durch plastische Rede zu überzeugen, nutzen wir das stereotype Wissen, dass ein Portal einen repräsentativen Zugang zu einem Bauwerk bietet, der die Eigenart und Attraktivität des Bauwerks erkennbar macht und verstärkt. Gleichzeitig setzen wir vielleicht darauf, dass dem Hörer traditionelle Muster der Gebäude-Metaphorik für geistige Produkte vertraut sind, die ihm zu einer leichten Deutung der metaphorischen Verwendung verhelfen. Ähnlich wird bei einer seit einigen Jahren verbreiteten Verwendung von *Portal* im Bereich der elektronischen Medien verfahren. Hier wird der Ausdruck für Überblicksseiten von Online-Angeboten verwendet und klingt eindeutig eindrucksvoller als *Überblicksseite*. Für den Autor des folgenden Texts war diese Verwendungsweise von *Portal* im Jahre 1999 offensichtlich noch so neu, dass er erläuternde Hinweise zum Gebrauch dieses Ausdrucks für nötig hielt, was charakteristisch für die Einführungsphase von Innovationen ist:

Diese Homepages, an denen momentan von Microsoft bis Disney alle heftig basteln, heißen Portal Page, weil sie die Funktion von Portalen haben sollen, an denen Laien der rechte Weg ins unübersichtliche Internet gewiesen wird. Der Portal Page liegt die nicht ganz unberechtigte Überzeugung zugrunde, daß Inhaltsverzeichnisse gut sind, will man was finden.

(DIE ZEIT 02/1999, 53)

Das Textbeispiel zeigt auch, dass diese metaphorische Verwendung von *Portal* – wie viele andere im Bereich der elektronischen Medien – eine Übernahme aus dem Englischen ist. Wenige Jahre später ist diese Verwendungsweise von *Portal* bereits weit verbreitet. Es besteht inzwischen auch die Möglichkeit, mit der Bezeichnung für das Portal das Angebot selbst zu kennzeichnen, eine metonymische Weiterverwendung (vgl. Kapitel 9): *Das DaF-Portal ist ein unabhängiges und offenes Internetangebot für den akademischen und praxisbezogenen DaF-Bereich.* Auch für die Portal-Metaphorik gibt es historische Präzedenzen. So wird lat. *porta* ‚Stadttor‘ allgemein im Sinne von *Zugang* verwendet, und die deutsche Entlehnung *Pforte* folgt diesem Muster. Das ermöglicht metaphorische Verwendungen wie das biblische „Gehet ein durch die enge Pforten" in Luthers Bibelübersetzung von 1545 (Matthäus 7,13). Auch der lateinische Ausdruck *ianua* ‚Tor‘ wird schon seit der Antike metaphorisch verwendet. Beispiele sind die in der frühen Neuzeit gebräuchliche Formulierung, dass die Grammatik das Eingangstor zu den wissenschaftlichen Studien sei (*Grammatica ianua artium*), oder der Comenius-Titel „Ianua linguarum reserata" von 1631.

Weiteres Anschauungsmaterial für Gebäudemetaphorik bieten die verschiedenen Varianten der Verwendung des Ausdrucks *Fenster*, die in den letzten 50 Jahren zu verzeichnen sind:

– große Fernrohre sind ein *Fenster ins All*,
– das Fernsehen ist seit den 60er Jahren ein *Fenster zur Welt*,
– Umweltszenarios bieten ein *Fenster zur Zukunft*,
– die Sprache ist ein *Fenster zur Beobachtung kognitiver Prozesse*,
– seit den späten 80er-Jahren öffnen sich *Fenster* für Benutzer der *Windows*-Technologie,
– für manche Aktivitäten gibt es nur ein begrenztes *Zeitfenster*,
– einen regelmäßigen freien Zeitraum im Terminkalender kann man seit etwa 2000 als *Terminfenster* bezeichnen, eine Nachbildung des ebenfalls relativ neuen englischen *a window in my schedule*.

In diesen Verwendungsweisen von *Fenster* wird in unterschiedlicher Weise unser Fenster-Wissen genutzt, beispielsweise dass Fenster eine bestimmte Form haben (Fensterrahmen, Fensterfläche), dass sie eine Lücke im Mauerwerk bilden und dass man durchs Fenster einen bestimmten Weltausschnitt sehen kann. Auch die Fenster-Metaphorik hat historische Präzedenzen: die Augen als Fenster, ein Zugang als Fenster (im Lateinischen), *ein Fenster* (eine Lücke) *im Text lassen* (Luther, DWb 3, 1522).

In ganz anderer Weise wird eine Form der Architekturmetaphorik in Bezug auf die Einigung und Entwicklung Europas verwendet: Es gibt das *Haus Europa*, es hat einen oder mehrere *Architekten*, es muss *ausgebaut* werden und es benötigt *Umbauten in seiner Architektur* (vgl. Aufgabe 3).

8.2 Metaphorische Verwendungsweisen in historischer Perspektive

Aus der Perspektive der historischen Semantik stellen sich u.a. folgende Fragen zur Praxis des metaphorischen Redens:

1. Welches sind die Funktionen des metaphorischen Redens, die neue metaphorische Verwendungen von Ausdrücken attraktiv machen? Welches sind Vor- und Nachteile metaphorischen Redens? Gibt es Bereiche der sprachlichen Praxis, in denen metaphorische Verwendungen besonders häufig oder in systematischer Weise genutzt werden (z.B. bestimmte Fachsprachen, Medien, Bereiche der Wissensvermittlung)?
2. Wie spielen sich neue metaphorische Verwendungsweisen ein? Welche Stadien in der Geschichte metaphorischer Verwendungsweisen gibt es?
3. Gibt es Gegenstandsbereiche, deren Wissensbestände für metaphorische Verwendungsweisen zu bestimmten Zeiten besonders gerne benutzt werden (als sog. Ausgangs- oder Zielbereiche bzw. Spender- oder Empfängerbereiche)? Gibt es Traditionen für bestimmte metaphorische Muster?

8.2.1 Funktionen des metaphorischen Redens

Das metaphorische Reden ist u.a. deshalb so attraktiv, weil es vielfältige Funktionen erfüllt und so auf ganz unterschiedliche Weise kommunikativen Nutzen bringt. Als zwei Hauptfunktionen des metaphorischen Redens könnte man die **expressive Funktion** und die Nutzung und Erzeugung von Wissen ansehen, die **kognitive Funktion**. Beide Funktionen hängen zusammen: Indem man innovative Bereichsverknüpfungen herstellt, kann man originell, auffallend und ausdrucksstark reden, und man kann vorhandenes Wissen für neue Bereiche nutzen, um anschaulich zu reden oder auch um ganz neue Sichtweisen ins Spiel zu bringen. Gleichzeitig kann metaphorisches Reden besonders **ökonomisch** sein, weil es dem SprecherSchreiber erlaubt, mit *einem* Ausdruck vielfältige Assoziationen beim HörerLeser anzusprechen. Im Folgenden sollen diese Funktionen mit einigen Beispielen illustriert werden, die teils neueren Datums sind, teils in historisch entfernte Perioden zurückgehen.

Die **expressive Funktion** sehen wir beispielsweise deutlich in der metaphorischen Verwendung von Ausdrücken zur negativen Bewertung und zum Beschimpfen. Bekannt sind metaphorische Kennzeichnungen aus dem Tierreich wie *Schwein*, *Affe*, *Kamel*, *Pfau* oder *Ratte* (zu *Ratten und Schmeißfliegen* vgl. Kap. 6.7.2). Im 16. und 17. Jahrhundert bezeichneten sich streitende Theologen bisweilen gegenseitig als *Giftspinnen*. Ein gutes Beispiel für die in verschiedenen historischen Perioden unterschiedliche metaphorische Verwendung eines Ausdrucks auf der Grundlage unterschiedlicher relevanter Annahmen ist die Verwendung von *Affe*. Heute verwendet man *Affe*, um jemanden als einen dummen Menschen zu kennzeichnen. In früherer Zeit – zumindest vom 12. bis 18. Jahrhundert – bezeichnete man als *Affen* jemanden, der etwas im Unverstand nachahmt (*nachäfft*) (vgl. Curtius 1993, 522f.).

Etwas ungewöhnlicher als die beschimpfende Verwendung von Tiernamen ist die von Pilznamen, beispielsweise die Beschimpfung *Du Stinkmorchel!*, mit der man jemanden als unangenehmen Menschen beschimpfen kann. Innovativ, aber vermutlich nur unter Pilzkennern verständlich und wirkungsvoll, wäre die Beschimpfung *Du Gallenröhrling!*, auf die man vielleicht mit *Du Riesenrötling!* antworten könnte. Zu den relevanten Wissensbeständen für eine passende Deutung gehört z.B. folgendes Wissen: Der Gallenröhrling sieht von weitem wie ein Steinpilz aus, schmeckt aber unangenehm bitter. Der Riesenrötling sieht schön aus, ist aber giftig.

Die Nutzung metaphorischer Rede als **Mittel der Anschaulichkeit** empfiehlt sich beim Reden über abstrakte Gegenstände oder bei der Einführung neuer Gegenstände. Beispiele für anschauliches Reden über abstrakte Gegenstände bietet die Lebewesen-Metaphorik. Ein Beispiel sind die *notleidenden Kredite* in folgendem Beleg:

> Die genaue Höhe der so genannten *notleidenden Kredite* hängt weitgehend vom Maßstab ab, den man anlegt. Wer streng sein will, sieht einen Kredit schon als *notleidend*, wenn der Schuldner mit Zinszahlungen in Verzug gerät. Etwas großzügiger gesehen, ist ein Kredit erst dann *faul*, wenn die Raten für die Hauptschuld selbst ausbleiben. (DIE ZEIT 26/2001,25)

Dieser Beleg zeigt, wie der für *Portal*, dass in der Frühphase neuer metaphorischer Verwendungen häufig Erklärungen und andere Verständnishilfen mitgeliefert werden, in diesem Fall auch das metaphorische Quasi-Synonym *faul*. – Einen Sonderfall der Lebewesen-Metaphorik bildet die Gesundheitsmetaphorik, die in der Presse häufig für den Bereich der Wirtschaft verwendet wird: Die Wirtschaft *kränkelt* oder *erholt sich*, die Konjunktur ist *schlapp*, manche Firmen befinden sich in einem *Gesundungsprozess*, die Kommunen haben *ein chronisches Defizit*, die Verluste an der Börse sind *ein finanzieller Aderlass*.

Das gemeinsame stereotype Wissen kann auch dazu verwendet werden, **Plausibilität zu suggerieren**, beispielsweise wenn Politiker gegen Asylbewerber Stimmung machen mit Ausdrücken wie *Asylantenflut* (Stötzel/Wengeler 1995, 735ff.), wenn sie weitere Zuwanderung ablehnen mit dem Argument, *das Boot* sei *voll*, oder in stürmischen Zeiten einen starken *Steuermann* für das Staatsschiff fordern – so im Bundestagswahlkampf 2002. (Die Steuermanns-Metapher ist allerdings keine neue Erfindung. Sie stammt aus der Antike und spielt etwa bei Cicero eine wichtige Rolle, vgl. Meichsner 1983, 111ff.) Auch Wittgensteins schöne Krankheitsmetapher für bestimmte Formen philosophischen Denkens nutzt die Plausibilität einer metaphorischen Ursachenbeschreibung:

> Eine Hauptursache philosophischer Krankheiten – einseitige Diät: man nährt sein Denken mit nur einer Art von Beispielen.
>
> (Ludwig Wittgenstein, "Philosophische Untersuchungen", § 593)

In manchen Fällen ermöglicht es die Verwendung metaphorischer Redeweisen den Sprechern auch, Dinge **offen** zu **lassen**. Ein Beispiel ist die *Geleitzug*-Metaphorik, die in den frühen 90er Jahren von Journalisten und Politikern häufig in Bezug auf die weitere Einigung Europas verwendet wurde (vgl. Musolff 1996). Wenn man vom *Geleitzug Europa* sprach, konnte man den Aspekt fokussieren, dass ein Geleitzug oder Konvoi eine Einheit bildet, und dabei zunächst offen lassen, ob man der Auffassung war, dass innerhalb des Geleitzugs unterschiedliche Geschwindigkeiten möglich sein sollten oder nicht.

Bei der **Einführung von neuen Gegenständen** erlaubt es die Verwendung von metaphorischen Redeweisen, Vertrautheit zu schaffen durch den Bezug auf verbreitetes Alltagswissen. Dies konnte man in den letzten Jahren im Bereich der elektronischen Textverarbeitung und des elektronischen Handels gut beobachten. Wenn man beispielsweise eine Funktion eines Textverarbeitungsprogramms als *Papierkorb* bezeichnet, so spricht man damit das Alltagswissen über Papierkörbe an, nämlich dass man dort nicht mehr benötigte Dokumente hineinlegen kann. Gleichzeitig suggeriert man allerdings auch die Annahme, dass man das Dokument notfalls auch wieder herausholen kann. Dies war bei einzelnen Textverarbeitungsprogrammen mit *Papierkorb*-Funktion ursprünglich nicht der Fall, so dass Benutzer manchmal ungewollt Daten vernichteten. An einem ähnlichen Beispiel, der metaphorischen Verwendung von *shopping cart* ‚Einkaufswagen', illustriert Jakob Nielsen, der Usability-Guru, Vorteile und Nachteile metaphorischer Kennzeichnungen für Funktionen im Internet (Nielsen 2000, 180):

> For example, using a "shopping cart" metaphor for e-commerce immediately makes users understand the basic functionality. You can place products in the shopping cart where they are kept ready but have not been bought. You can place multiple products in the same shopping cart. You can remove items from the shopping cart as long as you have not yet paid. And you can take the shopping cart to the checkout line.
>
> Shopping carts also highlight the weaknesses of metaphor. Knowledge of the reference system would indicate to users that the way to buy five copies of something is to repeat the action of placing a single item in the cart five times over. Also, the way to remove objects from the shopping cart would be to place them back on the shelf. In contrast, most e-commerce shopping carts

allow users to edit the number of an item they want to buy and to remove an item by buying zero copies. This latter action is a well-known usability problem and is often done wrong.

Die **Erkenntnisfunktion** metaphorischen Redens wird besonders deutlich im Bereich der Wissenschaften. Sie beruht ebenfalls darauf, dass Wissensstrukturen aus einem Gegenstandsbereich für einen anderen Gegenstandsbereich nutzbar gemacht werden. Wenn man beispielsweise Entscheidungssituationen als Spielsituationen betrachtet, wie es die Spieltheorie seit den 40er Jahren des 20. Jahrhunderts tat (vgl. Luce/Raiffa 1957), so bekommt man ein ganzes System von Grundbegriffen und Redeweisen für die Entscheidungstheorie geliefert, z.B. die möglichen Ausgänge eines Spiels, Präferenzen der Spieler hinsichtlich der Ausgänge, die möglichen Spielzüge (Wahlmöglichkeiten), die Interdependenz von Zügen der beteiligten Spieler, das Wissen der Spieler über den Spielstand, Spielstrategien usw. Hier erweist sich eine Metapher als Keim einer Theorie. In anderer Weise nutzt der späte Wittgenstein eine Spielmetapher für seine Bedeutungsauffassung. Aber auch hier eröffnet sich eine neue systematische Betrachtungsweise. Mit der Redeweise vom *Sprachspiel* in der Bedeutungstheorie betont Wittgenstein die Rolle des Regelbegriffs sowie die Tatsache, dass die Verwendung von sprachlichen Ausdrücken zu *Zügen im Sprachspiel* in Verwendungszusammenhänge eingebettet ist, genau wie ein Spielzug in einen Spielzusammenhang eingebettet ist. In ähnlicher Weise liegen die Metapher, dass das Gehirn ein Rechner ist, und ihre Umkehrung, dass ein Rechner ein Gehirn ist, seit den 50er Jahren dem später *Künstliche Intelligenz* genannten Forschungsprogramm zugrunde. Die Ausgangsidee, dass Denken Rechnen sei, geht wohl auf das 17. Jahrhundert zurück und wurde explizit von Hobbes und Leibniz formuliert. Die neue Attraktivität dieser Metapher beruht u.a. auf der rasanten Entwicklung der Rechnertechnologie. Bemerkenswert ist die Aufnahme entsprechender metaphorischer Redeweisen in die Alltagssprache: *der Rechner löst die Aufgabe, das Programm kann das nicht, der Computer spinnt; so viele Namen kann ich nicht speichern.*

Für die historische Semantik ist nicht nur die Frage interessant, wie durch neue metaphorische Verwendungen neue wissenschaftliche Sichtweisen nahegelegt werden, sondern auch die Frage, wie im Laufe der historischen Entwicklung von Wissenschaftszweigen wechselnde Metaphern benutzt und damit unterschiedliche Sichtweisen und Forschungsprogramme generiert, in Konkurrenz gebracht und abgelöst werden. So wurden die Sprache oder Teile der Sprache in den letzten 150 Jahren u.a. als Organismus, als System oder als Werkzeug betrachtet. Ein früher Vertreter der historischen Semantik, Arsène Darmesteter, beginnt die Einleitung zu seinem Buch „La vie des mots. Étudiée dans leurs significations" von 1887 mit dem Hinweis, es sei heute eine allgemein bekannte Wahrheit, dass Sprachen Organismen seien, deren Leben, wenn auch von geistiger Natur, nicht weniger real sei als das Leben der Organismen aus dem Pflanzen- und Tierreich und mit dem Leben der anderer Organismen verglichen werden könne. Diese Betrachtungsweise drückt sich auch in den Überschriften der drei Teile seines Buches aus, die sich mit der Geburt, dem Zusammenleben und dem Tod der Wörter beschäftigen. Gegen Ende des 19. Jahrhunderts scheint diese Auffassung nicht mehr so ernsthaft vertreten zu werden, aber die Organismusmetapher wird als attraktives Label in Buchtiteln weiterhin verwendet (vgl. Albert Waag: „Bedeutungsentwicklung unseres Wortschatzes. Ein Blick in das Seelenleben der Wörter", 1900;

Kristoffer Nyrop/Robert Vogt: „Das Leben der Wörter", 1903; Alice Vorkampff-Laue: „Zum Leben und Vergehen einiger mittelhochdeutscher Wörter", 1906). Ferdinand de Saussure und andere Zeitgenossen und Nachfolger (z.B. Trier 1931) betrachteten seit etwa 1900 Sprachen als Systeme. Damit verwandt ist Wittgensteins Betrachtung der Sprache als Kalkül in Werken seiner mittleren Schaffensperiode. Und schließlich betrachteten beispielsweise Bühler (1934) und Wittgenstein (in seinen späteren Werken) die Sprache oder Teile der Sprache als Werkzeug(e). Jede dieser auf metaphorischen Redeweisen beruhenden Betrachtungsweisen erlaubt es, bestimmte Aspekte der Sprache und bestimmte Zusammenhänge hervorzuheben und damit in den Mittelpunkt der Forschung zu stellen: die Entwicklung der Sprache, die Beziehungen einzelner Elemente der Sprache zueinander, die Funktion sprachlicher Ausdrücke. Ähnliche Beobachtungen zur Geschichte der Benutzung bestimmter Metaphern lassen sich auch für andere Wissenschaftsbereiche machen, beispielsweise bei der Entwicklung von der Organismusmetapher über die Systemmetapher zur Computermetapher in der kognitiven Psychologie (vgl. Gibbs 1994, 175ff.) oder beim Übergang von der Reisemetapher zur Gebäudemetapher in der Philosophie der Naturwissenschaften (vgl. Jäkel 2003b). Einige Metaphern aus dem Bereich der Sprachwissenschaft behandelt Aitchison (2003).

Metaphorisch basierte Betrachtungsweisen können auch in der Wissenschaft problematisch sein und in die Irre führen. Wir können also auch hier die Frage nach Nutzen und Nachteilen des metaphorischen Redens stellen. Ein erstes Beispiel haben wir schon im Abschnitt zur Sprachkritik (6.7.1) gesehen, in dem wir die Vagheit bestimmter metaphorische Redeweisen Jost Triers kritisch betrachtet haben. Ein gravierenderes Problem lässt sich an der Behälter-Metaphorik in der Informations- und Kommunikationstheorie zeigen. In alltäglicher Rede oder in halbwissenschaftlichem Jargon wird manchmal davon gesprochen, dass ein Satz, ein Text oder ein Bild eine bestimmte Information *transportiert*. Mit dieser Transportmetapher der Information kann man folgende Sichtweise verbinden: Ein Kommunikationsteilnehmer besitzt eine bestimmte Information, er verpackt sie dann in einen geeigneten Behälter – einen Satz, einen Text oder ein Bild. Dann wird die Information durch einen Informationskanal übertragen, und schließlich kann sie der andere Teilnehmer auspacken und weiterverwenden. Wer auf der Grundlage dieser metaphorischen Redeweise eine Informations- oder Kommunikationstheorie entwickelt, legt sich möglicherweise auf sehr heikle Annahmen fest, z.B. die, dass Sätze, Texte oder Bilder Information *enthalten*, die unabhängig von diesen Behältern verfügbar ist und unverändert von einem Behälter in den anderen umgepackt oder umgefüllt werden kann. Bei dieser Sichtweise – der Behälter- oder Kübel-Theorie – blendet man grundlegende Aspekte des Informierens aus, z.B. die Flexibilität der Zeichenbenutzung in Abhängigkeit vom Wissen der Benutzer, die Probleme des Verstehens und der Deutung von Satz- oder Bildverwendungen und die historische Veränderbarkeit des Zeichengebrauchs. An derartigen Kübeltheorien ist seit den 70er Jahren in unterschiedlicher Form Kritik geübt worden (vgl. z.B. Muckenhaupt 1986, 253f.). Wir sehen an diesem Beispiel, wie ein Typ von Metaphorik, der in der Alltagssprache gute Dienste tut, als Ausgangspunkt für eine Theoriekonstruktion möglicherweise erhebliche Probleme erzeugt.

8.2.2 Stadien in der Geschichte metaphorischer Verwendungsweisen

8.2.2.1 Die innovative metaphorische Verwendung

Bei innovativen metaphorischen Verwendungen treten die Besonderheiten des metaphorischen Redens besonders klar hervor: Der Überraschungseffekt ist möglicherweise stark, der Gebrauch und das Verstehen stützen sich auf die einschlägigen Wissensbestände in Ausgangs- und Zielbereich sowie auf metaphorische Präzedenzen und/oder Muster. Die Chancen einer derartigen Innovation, von anderen Sprechern aufgenommen und weiterverwendet zu werden, sind besonders gut, wenn

(i)   der Verwendungsnutzen groß ist,
(ii)   die vorausgesetzten Wissensbestände weit verbreitet sind,
(iii)   es Präzedenzen oder Traditionen für das metaphorische Muster gibt,
(iv)   es geeignete Verbreitungswege für die Innovation gibt.

Beispiele für erfolgreiche innovative Metaphern findet man in neuerer Zeit beispielsweise im Zusammenhang mit der Einführung neuer Gegenstände im Bereich der digitalen Medien und der elektronischen Textverarbeitung (vgl. Aufgabe 2). Hier waren die Bedingungen (i), (ii) und (iv) erfüllt, und nach kurzer Zeit bildeten sich auch eigene Traditionen der Metaphorik in der Software-Ergonomie, z.B. die Bürometaphorik für Textverarbeitungsprogramme (*Arbeitsplatz, Ordner, Vorlage, Lineal, ausschneiden*).

8.2.2.2 Konventionelle metaphorische Verwendungsweisen

Ein interessantes Zwischenstadium in der Geschichte metaphorischer Verwendungsweisen sehen wir in den Fällen, in denen eine Verwendungsweise schon konventionell eingespielt ist, aber noch als metaphorisch wahrgenommen wird. Zu dieser Kategorie gehört das Beispiel *zum Endspurt ansetzen*, mit dem wir dieses Kapitel eröffnet hatten. Eine kleine Liste von Beispielen soll die Häufigkeit von konventionellen metaphorischen Verwendungsweisen in unserem heutigen Wortschatz andeuten und die Verknüpfung der metaphorischen Verwendungsweise(n) mit anderen Verwendungsweisen (die sog. metaphorische Verknüpfung) zeigen:

(1)   Er versetzte ihm einen *harten Schlag* mit der Rechten
(2)   Diese Nachricht war für ihn ein *harter Schlag*

(3)   Er verwendete ein *scharfes* Messer
(4)   Er übte *scharfe* Kritik

(5)   Der Saft schmeckt *süß*
(6)   Aus dem Hintergrund kamen *süße* Klänge
(7)   *Süße* Erinnerungen stiegen in ihm auf
(8)   Das ist wirklich ein *süßes* Kind

(9)   Das Geschenk war hübsch *verpackt*
(10)   Der Vorwurf war fein *verpackt*

(11)   Der Mann *schluckte* das bittere Zeug hinunter
(12)   Das Auto *schluckte* zu viel Benzin

(13)   Er *sieht* den Baum
(14)   Er *sieht* den Zusammenhang

(15)   Man hörte einen *Missklang* bei den Hörnern
(16)   Das führte zu einem *Missklang* in unserer Beziehung

(17)   Es gibt dort verschiedene *Pfade* durch den Urwald
(18)   Es lassen sich verschiedene *Pfade* der semantischen Entwicklung beschreiben
(19)   Wir können verschiedene *Pfade* durch einen Hypertext wählen

(20)   Das Kind macht ganz *kleine Schritte*
(21)   Der Bedeutungswandel verläuft nach dem Prinzip der *kleinen Schritte*

In diesem Stadium können metaphorische Verwendungsweisen sehr lange verbleiben. Sie sind zwar konventionell etabliert und routinisiert und haben ihr Überraschungspotenzial verloren, aber die noch erkennbare metaphorische Verknüpfung mit anderen Verwendungsweisen macht sie leicht lernbar und stabilisiert so ihren Gebrauch.

Andererseits geschieht es aber häufig, dass nachwachsende Generationen von Sprechern derartige Verwendungsweisen lernen, ohne eine metaphorische Verknüpfung mit anderen Verwendungsweisen zu sehen. Dies kann auch dadurch eintreten, dass die Verwendungsweise, die ursprünglich den Ausgangspunkt für die metaphorische Verwendung bildete, aufgegeben wird. Auf diese Weise geht die metaphorische Verknüpfung verloren, die Verwendungsweise verliert ihren metaphorischen Charakter und tritt in das nächste Entwicklungsstadium ein. Dieser Vorgang wird häufig metaphorisch als das *Verblassen* einer Metapher bezeichnet:

> Einer der bekanntesten mystisch-pietistischen Termini ist *Eindruck* [...]. Er wird aber sehr früh auch weltlich gebraucht und verblaßt schnell.   (Langen 1974, 182)

Das Ergebnis des Vorgangs wird manchmal, ebenfalls metaphorisch, als *tote Metapher* bezeichnet. Ich werde im folgenden von *Exmetaphern* reden.

Diese Übergänge verlaufen aber nicht einheitlich in einer Sprechergemeinschaft. Wenn man heute beispielsweise Indizien dafür sucht, ob Sprecher bei der Verwendung von (22) einen Zusammenhang mit Verwendungen wie (23) sehen, so wird man möglicherweise divergierende Beobachtungen machen: Der eine sieht einen Zusammenhang, der andere nicht.

(22)   Sie müssen ihre Vorurteile/ Hemmungen abbauen
(23)   Sie müssen die Mauer Stein für Stein abbauen

Dies gilt möglicherweise auch für Beispiele aus der Liste (1) – (21).

8.2.2.3 Exmetaphern

Exmetaphern sind keine metaphorischen Verwendungsweisen mehr. Das folgt aus der eben gegebenen Beschreibung ihrer Genese. Sie sind als isolierte Verwendungsweisen lexikalisiert und werden als solche gelernt. Ein Beispiel ist die ursprüngliche Flüssigkeitsmetapher *Einfluss*. Der Ausdruck *influs* wurde im 14. Jahrhundert, wohl nach dem Muster von lat. *influentia*, metaphorisch für die Einwirkung („das Einfließen") göttlicher Kräfte in den Menschen verwendet. Von dort wird die Verwendung auf die Einwirkung anderer Kräfte übertragen. Beispielsweise diskutiert Kepler um 1600 die Einwirkungskraft der Sterne auf die Menschen und verwendet in diesem Zusammenhang den Ausdruck *Eynfluß in* noch metaphorisch, wie sein in Klammern eingefügter Vergleich zeigt:

> welches doch viel eygentlicher möchte genennet werden ein Einfluß der Natur deß Menschens in das Gestirn (wie eines flüssigen Gips in ein Form) dann hingegen deß Gestirns in den Menschen
> (Kepler, "Tertius Interveniens" (1610), Gesammelte Werke, Bd. 4, 234)

In der zweiten Hälfte des 18. Jahrhunderts wird der Ausdruck *Einfluß* bisweilen schon mit der Präposition *auf* verwendet (vgl. DWb 3, 1862, 179). Dies ist ein Hinweis darauf, dass die Verwendung von *Einfluß* nicht mehr als Flüssigkeitsmetapher gesehen wird, dass also keine metaphorische Verknüpfung im Spektrum der Verwendungsweisen mehr vorhanden ist.

Ähnlich steht es mit dem Ausdruck *begreifen*, der im Mittelalter vorwiegend im Sinne von *ergreifen, mit den Händen umfassen, festhalten*, aber auch schon im heutigen Sinne von *verstehen* verwendet wird. Für diese metaphorische Verknüpfung bildete das lat. *comprehendere* das Vorbild. In Stielers Wörterbuch von 1691 (Bd. 1, 699) wird die Verwendungsweise im Sinne von *verstehen* bereits als erste Verwendungsweise angeführt, die Verwendung im Sinne von *ergreifen* wird aber noch als gebräuchlich erwähnt. Adelung (1811, 806) vermerkt dagegen, dass die Verwendung im Sinne von *ergreifen, angreifen* und *festhalten* „jetzt im Hochdeutschen veraltet" sei. Damit ist der Ausgangspunkt für die metaphorische Verwendung verloren gegangen, so dass die Voraussetzung für eine metaphorische Verknüpfung nicht mehr gegeben ist. Aus historischer Sicht können wir also die Verwendung von *begreifen* um 1800 als Exmetapher bezeichnen. Ganz ähnlich verläuft die Entwicklung von *auffassen* (vgl. DWbN 3, 480f.).

8.3 Ausgangs- und Zielbereiche, metaphorische Muster, Traditionen des metaphorischen Gebrauchs

In der historischen Semantik ist seit langem bekannt, dass es einerseits langwirkende Traditionen für bestimmte metaphorische Muster gibt und dass andererseits die SprecherSchreiber in bestimmten historischen Perioden eine besondere Vorliebe für bestimmte metaphorische Muster haben, so dass in solchen Zeiten ganze Familien metaphorischer Verwendungsweisen nach diesen Mustern gebildet werden (vgl. Paul 1920, 94f.; Trier 1934, 194–200). Besonders kreativ ist natürlich die Erfindung neuer metaphorischer Muster. Aber diese Art der Innovation ist, zumindest für metaphorische Muster eines hohen Allgemeinheitsgrads, meist schwer zu lokalisieren (vgl. z.B. die Geschichte des Musters „Mensch als Maschine" im 17. Jahrhundert; Jakob 1991a, 128ff.). Die systematische Nutzung metaphorischer Muster ist auch einer der Gründe für Regularitäten des Bedeutungswandels, die wir in bestimmten Wortschatzbereichen beobachten können. In Arbeiten zur kognitiven Semantik, die die Bedeutungsgeschichte als Fenster zur Kognition nutzen wollen, wird m.E. oft die Rolle semantischer Traditionen unterschätzt, z.B. diejenige christlich-antiker Traditionen in den europäischen Sprachen. Dadurch erscheint manches als universell-kognitiv, was als historisch-traditionell erklärt werden müsste.

An einer kleinen Auswahl von Beispielen will ich im Folgenden einige historische Ausgangs- und Zielbereiche metaphorischer Rede zeigen und dabei auch auf Traditionen des metaphorischen Gebrauchs hinweisen. Den Schwerpunkt dieser Auswahl lege ich auf das metaphorische Reden über das Innere des Menschen, seine geistigen und seelischen Zustände und Aktivitäten. Die Häufigkeit von Metaphern für das menschliche Innenleben deutet auf einen grundlegenden Bedarf für metaphorische Redeweisen beim Reden über psychische Phänomene hin, und die Vielfalt der metaphorischen Muster lässt die Vielfalt der Aspekte und Sichtweisen des Psychischen erkennen, die psychologische Alltagstheorien enthalten. Dass die Redeweise von *innen* und *außen* selbst eine traditionelle Raummetaphorik für Aspekte der menschlichen Person ist, will ich nur am Rande anmerken.

In den europäischen Sprachen werden häufig geistige und seelische Zustände und Vorgänge metaphorisch beschrieben. Ausgangsbereiche sind u.a. das Wissen über körperliche Vorgänge, über die sinnliche Wahrnehmung, über räumliche Verhältnisse und, in neuerer Zeit, auch über technische Geräte. Als typisches Beispiel für ein metaphorisches Muster, das die Bereiche der körperlichen und der geistigen Aktivität verknüpft, hatten wir bereits den Ausdruck *begreifen* und sein Vorbild lat. *comprehendere* behandelt. Nach demselben metaphorischen Muster sind Verwendungsweisen von *erfassen, raffen* (*Der Kleine rafft's nicht*), engl. *to grasp*, frz. *saisir* gebaut. *kapieren* wurde vermutlich um 1700 in der metaphorischen Verwendungsweise aus dem Lateinischen (*capere* 'fassen', italienisch *capire*) entlehnt.

Der Beschreibung von Empfindungen und Charaktereigenschaften dienen Metaphern aus dem **Bereich der sinnlichen Wahrnehmung**: *süße Erinnerungen, eine heitere Stimmung; ein harter/ rauer/ finsterer Bursche, ein sanftes Gemüt.* Aus dem akustischen Bereich stammt die musikalische Metaphorik für seelische Empfindungen, die im Deutschen seit dem 18. Jahrhundert nachgewiesen werden kann: *die Harmonie zweier Seelen, der gleich gestimmte Ton ihrer Seelen.* Das Nachwirken eines Ereignisses in der Seele wird beschrieben als *Nachklang, Nachhall, Widerhall*, oder *Echo in der Seele* (Langen 1974, 194f.).

Insbesondere für den Zielbereich der geistigen Aktivitäten spielt der **Ausgangsbereich der optischen Wahrnehmung** eine wichtige Rolle. Ein gutes Beispiel ist die schon erwähnte metaphorische Verwendung von *sehen* (*Er sieht das Problem*, vgl. umgangssprachlich *Er blickt's nicht*). In seinem Artikel über den Wortschatz des 18. Jahrhunderts in der „Deutschen Wortgeschichte" zeigt August Langen die Bedeutung dieses Ausgangsbereichs für das metaphorische Reden über Aspekte des Verstandesgebrauchs:

Prüft man die Metaphorik der Aufklärungszeit nach den bevorzugten Bildbereichen, so scheint der Gesichtssinn bei weitem die meisten und bezeichnendsten Bilder und Vergleiche zu liefern. Die optischen Eindrücke gelten durchwegs als die schärfsten, klarsten und untrüglichsten, die der Verstandesarbeit am meisten entsprechen. (Langen 1974, 55)

Als Beispiele für diese Metaphorik führt Langen den Ausdruck *Aufklärung* selbst sowie Redeweisen wie *das Licht des Verstandes* und *ins Licht rücken* an. Ein weiteres Beispiel ist die metaphorische Verwendung von Ausdrücken wie *Gesichtspunkt* oder *Sehepunkt* in der philosophischen Fachsprache (vgl. frz. *point de vue*), die in der zweiten Hälfte des 18. Jahrhunderts auch in die Umgangssprache übernommen wird.

Die **Lichtmetaphorik** des 18. Jahrhunderts geht z.T. auf ältere Traditionen zurück, beispielsweise auf die Lichtmetaphorik der Mystik, die ihrerseits auf antike und biblische Traditionen zurückgeführt werden kann. Ein Beispiel dafür ist der Gebrauch von *einleuchten, einleuchtend* für die Beschreibung der erleuchtenden Wirkung des göttlichen Lichtes in Texten von Mystikern:

(24)   sol das lieht des heiligen geistes eim menschen übernatürlich *inluhtende* werden, so muos der heilige geist ein menschen in voller demuot finden
(Nicolaus von Basel (ca. 1400); zit. nach Sperber 1923, 78)

Bei Lessing finden wir einerseits noch eine metaphorische, allerdings säkularisierte, Verwendung von *einleuchten* (25), andererseits auch die heutige Verwendungsweise im Sinne von *jemandem einsichtig sein* (26):

(25)   [die Künstler,] *in* deren verständiges Auge alles, was ihnen vorteilhaft werden kann, so schnell und deutlich *einleuchtet*   (Lessing; DWb 3, 227)
(26)   da mir die Deutung davon sogleich *einleuchtete*   (Lessing; DWb 3, 227)

Raummetaphern für geistig-seelische Ereignisse und Zustände sind beispielsweise: *in sich gehen, außer sich sein, etwas nicht in den Kopf kriegen, in Gedanken versunken sein.*

Technisch-mechanische Metaphern für geistige und seelische Gegebenheiten zeigen die folgenden Beispiele aus neuerer Zeit:

(27) Sie stehen mächtig unter Dampf
(28) Er braucht ein Ventil für seine Aggressionen
(29) Das übersteigt seine Rechnerkapazität

Generell bilden seit dem 19. Jahrhundert die Fachsprachen der Technik, des Sports und des Militärs ein Reservoir für Ausdrücke, die metaphorisch verwendet werden, um menschliche Handlungen und Verhaltensweisen zu beschreiben:

[...] wir arbeiten auf vollen Touren, verursachen Entgleisungen, nehmen Kontakt auf, wir nehmen eine Hürde, besteigen das Sprungbrett zum Erfolg, sammeln Punkte, boxen uns durch und setzen irgendwann zum Endspurt an; wir leisten jemandem Schützenhilfe, bestimmen Ziele und Marschrichtung oder versuchen gegnerische Pläne zu torpedieren.   (Fluck 1996, 163)

Bei den technischen Metaphern muss auch das Auto-Wissen als Ausgangsbereich für metaphorische Redeweisen erwähnt werden: Seit etwa 1920 werden *Gas geben* und *die Bremse ziehen* metaphorisch verwendet (vgl. Spalding 2, 916; 1, 390). (Zumindest) seit den 80er-Jahren gibt es Formulierungen wie *auf der Überholspur sein* im Sinne von *erfolgreich sein, andere übertreffen.* Allerdings ist die Verwendung von *überholen* im Sinne von *übertreffen* schon seit dreihundert Jahren belegt (vgl. DWb 23, 324). Wenn man in den 90er Jahren sagte, jemand *parke* sein Geld auf einem ausländischen Konto, dann war das anschaulicher formuliert, als wenn man gesagt hätte, er habe das Geld für eine gewisse Übergangzeit auf einem ausländischen Konto deponiert. Schon früher sagte man, dass junge Leute, frustriert durch die vergebliche Lehrstellensuche, auf weiterführenden Schulen *parkten* oder – schon in den 70er Jahren –, dass Studenten ein *Parkstudium* aufnähmen, um die Wartezeit in Numerus-Clausus-Fächern zu überbrücken.

Umgekehrt wird der **Bereich des menschlichen Handelns als Ausgangsbereich** für das Reden über unbelebte oder abstrakte Gegenstände genutzt. Hermann Paul gibt dafür eine lange Liste von Beispielen:

> Die Gewohnheit des Menschen die Vorgänge an den leblosen Dingen nach Analogie der eigenen Tätigkeit aufzufassen hat in der Sprache viele Spuren hinterlassen [...]. Fast alle Verba, die ursprünglich die Tätigkeit eines lebenden Wesens bezeichnen, werden metaphorisch von leblosen Dingen gebraucht, vgl. *atmen, saugen, schlingen, schlucken, speien, sagen* (z.B. *was will das sagen?*) [...] *versagen* (*das Gewehr versagt* u. dergl.), *sprechen* (*das spricht dafür, dagegen*), *versprechen*, [...] *bedeuten, zeigen, beweisen* [...] *sitzen, gehen, laufen* [...]. (Paul 1920a, 97)

Zahlreiche Beispiele für die Anwendung dieses Typs von metaphorischem Muster in der Geschichte der Technik gibt Jakob (1991a, b).

Aufgabe 1   Das metaphorische Muster Zeit ist Geld

Mithilfe des Grimmschen Wörterbuchs können Sie eine kleine Frühgeschichte dieses metaphorischen Musters rekonstruieren. Es finden sich u.a. Belege zu folgenden Kollokationen von *Zeit*: *Zeit rauben, jdm. die Zeit stehlen, Zeitraub, Zeiträuber, Zeitdieb, Zeitverlust, Zeitsparung, seine Zeit schenken, Zeit verschwenden, Zeit vergeuden, Zeit verlieren, Zeit kosten, Zeit anlegen*. Achten Sie auch auf punktuelle Innovationen wie *Zeit-Sparbuch* (Der Spiegel 44, 1988, 246; vgl. Liebert 1992, 144f.) oder neuere Ausdrücke wie *Zeitkonto* (vgl. Herberg/Kinne/Steffens 2004, 383f.).

Bearbeitungshinweise

Am Beispiel „time is money" zeigen Lakoff/Johnson (1980, 7–9), wie ein metaphorisches Muster eine ganze Familie von metaphorischen Redeweisen ermöglicht. Es ist interessant zu sehen, dass viele, aber nicht alle der von Lakoff und Johnson angeführten Verbindungen Gegenstücke im Deutschen haben, z.B. *to invest time* / *Zeit investieren*, *to lose time* / *Zeit verlieren*, aber nicht: *to spend time, to budget time*. (*Zeit budgetieren* könnte sich einbürgern, *Zeitbudget* ist schon gut etabliert.) Ein Teil der übereinstimmenden Kollokationen, z.B. der Typ *Zeit verlieren*, geht sicherlich auf ältere Traditionen zurück, z.B. lat. *perdere tempus, perdere horas*, andere lassen sich auf deutsche Entlehnung aus dem Englischen zurückführen oder sind unabhängig voneinander entstanden, also Fälle von sog. Polygenese.

Im Deutschen finden wir seit Jahrhunderten zahlreiche Kollokationen von *Zeit*, die dem metaphorischen Muster „Zeit ist ein Wertgegenstand" bzw. „Zeit ist Geld" folgen. Ein Beispiel ist die Verwendung von *Zeitverlust* und *die edle Zeit* in einem Text des pietistischen Theologen August Hermann Francke, in dem er den Austausch von Streitschriften mit seinen zänkischen Gegnern von der orthodoxen protestantischen Seite für Verschwendung wertvoller Zeit erklärt – um dann aber doch noch einmal eine derartige Schrift zu produzieren. Ein wichtiger Hintergrund dieser Metaphorik ist die Annahme, dass die Zeit dem Menschen von Gott zum nützlichen Gebrauch *geschenkt* worden ist.

> Und wie einer / der eine volle Erndte vor sich / und die Sichel in den Händen / auch bequemen-Wetters sich zu erfreuen hat / von seiner guten und nützlichen Arbeit durch das Geschrey derer / die vorüber gehen / sich nicht abhalten lässet / sondern vielmehr ohne *Zeitverlust* frisch in seiner Arbeit fortfähret: Also da auch mir der barmherzige Gott eine gute Erndte bishero gegeben / daß ich mit Lust und Freuden an meine Arbeit gehen können; was lieget mir denn an anderer ihrem Geschrey? Und wie solte ich die Erndte lassen / die mir GOTT verliehen / und *die edle Zeit* mit solchen unnützen Zänkern *verderben*.
>
> (A.H. Francke, „Verantwortung" (1707); Schriften und Predigten Bd. I, 271)

Literaturhinweis: Beobachtungen zum metaphorischen Muster *Zeit ist Geld* und seiner Anwendung im Deutschen gibt Liebert (1992), besonders S. 104–147, 254.

Aufgabe 2   **Metaphorik im Themenbereich der digitalen Medien**

Beschreiben Sie die Verwendungsweise, das jeweils verwendete metaphorische Muster und die vorausgesetzten Wissensbestände bei der metaphorischen Verwendung von Ausdrücken im thematischen Zusammenhang der elektronischen Textverarbeitung und der digitalen Medien: *Arbeitsplatz, speichern, Menü, Virus, Adresse, Seite, Navigation, Pfad im Hypertext, lost in hyperspace, Dialog, interaktiv, elektronischer Marktplatz* u.a.

Literaturhinweis: Die Verwendung des Ausdrucks *interaktiv* diskutiert Bucher (2001). Zu Metaphern im Bereich Hypertext vgl. Hammwöhner (1997), u.a. S. 64–79 (Raummetapher, Dialogmetapher), 195f. (unterschiedliche Metaphern für Schnittstellen). Weitere Metaphern im Bereich der digitalen Medien behandelt Busch (2004, 374–385).

Aufgabe 3   **Das europäische Haus und der Geleitzug Europa –**
                  Metaphernfamilien in der politischen Rede

Beschreiben Sie die Verwendung von Gebäude- und Schiffsmetaphern im Zusammenhang der Kontroversen um die Einigung und Erweiterung Europas. Datenmaterial und Analysen finden Sie u.a. in Bachem/ Battke (1991), Schäffner (1993) und Musolff (1996). Weitere metaphorische Muster aus dem Bereich der Politik führt Burkhardt (1998, 106–109) an.

Kommentierte Literaturhinweise

- Keller (1995) behandelt die Metaphorisierung als einen Typ von „Zeichenmetamorphose" (174ff.) sowie „Kosten und Nutzen des metaphorischen Verfahrens" (219ff.).

- Blank (1997, 157–190) stellt wichtige Aspekte der Rolle der Metaphorik für den Bedeutungswandel dar. Er gibt zahlreiche Beispiele, insbesondere aus den romanischen Sprachen.

- Gibbs (1994) untersucht aus psychologischer Perspektive die Rolle der Metaphorik für das Reden und Denken (vor allem Kap. 4 und 5).

- Lakoff/Johnson (1980) stellen aus der Sicht einer kognitiven Semantik die systematische Nutzung metaphorischer Modelle dar.

- Kurz (2004) behandelt die Metaphorik aus literaturwissenschaftlicher Sicht.

9. Verfahren der Innovation 2: Metonymie

Neben der metaphorischen Verwendung von sprachlichen Ausdrücken ist die metonymische Verwendung ein besonders wichtiges kommunikatives Verfahren, das zur Einführung neuer Verwendungsweisen dienen kann. Ebenso wie die metaphorische Rede ist dieses Verfahren ein Mittel semantischer Ökonomie: *Ein* Ausdruck kann für mehrere kommunikative Aufgaben verwendet werden, so dass die Metonymie bisweilen ein ganzes System von Verwendungsweisen ermöglicht. Insbesondere ist die Metonymie, ebenso wie die Metaphorik, eine Ressource für die Entwicklung attraktiver Lösungen für schwierige Beschreibungs- oder Referenzaufgaben, beispielsweise die Kennzeichnung von Emotionen mit Hilfe von Ausdrücken für körperliche Reaktionen, auf die wir in 9.2 näher eingehen werden.

9.1 Metonymische Muster, metonymische Verknüpfungen, Frames

Wenn wir einen Sportreporter (1) sagen hören, so verstehen wir spontan, was er mit *das Stadion* meint:

(1)   Das Stadion jubelt

Wir werden normalerweise nicht annehmen, dass der Reporter ausdrücken will, dass das Stadiongebäude quasi menschliche Regungen zeigt – das wäre eine metaphorische Deutung der Äußerung –, sondern wir werden (1) so verstehen, dass die im Stadion versammelte Menschenmenge jubelt. Das Verfahren, mit einem Ausdruck, mit dem man normalerweise auf ein Gebäude Bezug nimmt, auf die Menschen in diesem Gebäude Bezug zu nehmen, ist ein Beispiel für metonymische Rede oder kurz Metonymie. Dieses spezielle Muster der metonymischen Verwendung ist im Deutschen gebräuchlich und kommt in verschiedenen Varianten vor:

(2)   Das ganze Haus war in Aufregung
(3)   Das Rathaus verbot die Veranstaltung

Mit (2) nimmt man normalerweise auf die Bewohner des betreffenden Hauses Bezug, mit (3) auf die im Rathaus untergebrachte Verwaltung, z.B. den Bürgermeister. Wenn eine metonymische Verwendungsweise lexikalisiert ist, wie bei *Haus*, sprechen wir von einer **metonymischen Verknüpfung** der genannten Verwendungsweisen von *Haus* (‚Gebäude‘, ‚Bewohner des Gebäudes‘). Das bei einer metonymischen Verwendung benutzte Wissen wird von manchen Autoren als **metonymisches Modell** bezeichnet (vgl. Lakoff 1987, 377ff.).

Nach einem Muster der metonymischen Verwendung, wie wir es eben gesehen haben, können wir als LeserHörer auch neue Verwendungen deuten oder solche, die auf Konventionen beruhen, die wir nicht kennen. Nehmen wir an, wir hören zum ersten Mal die Verwendung von *Schloss* wie in (4)

(4)   Das Schloss hat die Überarbeitung der Studienordnungen angeordnet,

so werden wir aufgrund unserer Kenntnis des metonymischen Musters vermuten, dass es eine im Schloss untergebrachte Institution war, die diese Anordnung getroffen hat, vermutlich die Universitätsverwaltung. Diese Verwendungsweise von *das Schloss* ist übrigens an der Universität Münster gebräuchlich.

Beim metonymischen Reden und Verstehen stützen wir uns einerseits auf unsere Kenntnis **metonymischer Muster** wie „mit einem Ausdruck für ein Gebäude kann man auf die Menschen im Gebäude Bezug nehmen" und anderseits auf unser Alltagswissen über den Gebäude-Zusammenhang, nämlich dass sich in Gebäuden bestimmter Art (zu bestimmter Zeit) jeweils bestimmte relevante Personengruppen aufhalten. In Stadien sind es die Besucher, in Häusern die Bewohner und in Rathäusern die Vertreter der lokalen Verwaltung. Derartige Bestände von stereotypem Wissen und Annahmen über die Zusammenhänge von Gegenständen und Situationstypen bezeichnet man auch als *Frames*. Da Frames dynamisch sind, d.h. da das Wissen und die Annahmen der Menschen über die Zusammenhänge von Gegenständen und Situationen sich im Laufe der Geschichte verändern, ergeben sich im Laufe der Geschichte auch unterschiedliche Möglichkeiten metonymischer Rede. Umgekehrt kann man damit rechnen, dass innovative metonymische Verwendungen zur Veränderungen von Frames beitragen können.

Für die metonymische Verknüpfung gibt es im Deutschen eine Vielzahl etablierter Muster, von denen hier eine kleine Auswahl folgt, jeweils mit einem Beispiel.

(a)   Raum/Personen, die im Raum tätig sind

(5)   Die Küche ist zu klein
(6)   Die Küche bedauert die Verzögerung des Essens

Dieses Muster ist nahe verwandt mit dem Gebäude-Muster, das sich auch im folgenden komplexeren Muster wiederfindet:

(b)   Institution/Gebäude der Institution/Vertreter der Institution

(7)   Die Schule/Universität/Kirche ist eine wichtige Einrichtung
(8)   Die Schule/Universität/Kirche muss renoviert werden
(9)   Die Schule/Kirche/Universität wendet sich gegen Fremdenhass

Das Grundmuster kann, je nach den Besonderheiten der Institution, die Teil unserer stereotypen Annahmen sind, auch noch weitere Aspekte umfassen, z.B. die regelmäßigen Veranstaltungen, die die Institution vorsieht, oder die Aufenthaltszeit von bestimmten Personengruppen innerhalb der Institution:

(10)   Die Schule/ ?Universität/ Kirche war heute schon um 11 Uhr aus
(11)   Die Schule/ ?Universität/ *Kirche dauert bei uns insgesamt 13 (bzw. 6) Jahre

(c)   Stoff/ Behälter für den Stoff

(12)   Die Milch ist sauer
(13)   Die Milch ist umgefallen

(d)   Behälter/ Menge des Inhalts des Behälters

(14)   Er hat eine Flasche Wein umgeworfen
(15)   Er hat eine Flasche Wein getrunken

(e)   sprachliche Handlung/ Inhalt (propositionaler Gehalt) der Handlung

(16)   Sein Befehl klang sehr aggressiv
(17)   Sein Befehl war nicht auszuführen

(f)   Handlung/ Ergebnis der Handlung

(18)   Die Ernte hat begonnen
(19)   Die gesamte Ernte wurde vernichtet

(g)   Teil eines Ganzen/ Ganzes

(20)   Die Jacht hatte die Segel gerefft
(21)   Zwanzig Segel verließen den Hafen

(h)   Musikinstrument/ Spieler/in des Instruments

(22)   Die Bratsche ist teuer
(23)   Die Bratsche sitzt dort drüben

(i)   Körperteil/ Besitzer des Körperteils

(24)   Der Blinddarm muss raus
(25)   Der Blinddarm liegt auf Zimmer 536

(k)   ein Zustand/ ein Zeichen für den Zustand/ etwas, das zu dem betreffenden Zustand
        beiträgt

(26)   ein gesundes Kind/ eine gesunde Gesichtsfarbe/ gesundes Essen

Diese metonymische Verknüpfung ist bei *gesund* voll lexikalisiert, ähnlich bei *fröhlich* und
traurig, nicht aber bei *krank*:

(27)   ein fröhliches (trauriges) Kind/ein fröhliches (trauriges) Gesicht/eine fröhliche (traurige)
        Musik
(28)   ein krankes Kind/ ?eine kranke Gesichtsfarbe/ *krankes Essen
        (vgl. eine ungesunde Gesichtsfarbe/ ungesundes Essen)

9.2   Metonymische Verwendungsweisen in historischer Perspektive

In der Geschichte metonymischer Verwendungsweisen kann man eine Reihe von unterschiedlichen Vorgängen und Entwicklungsphasen unterscheiden, die ich im Folgenden mit
einigen Beispielen illustrieren will.

1.　die innovative Verwendung eines metonymischen Musters,

2.　die Übernahme eines metonymischen Musters oder einer bestimmten metonymischen Verwendungsweise aus einer anderen Sprache (eine Art Lehnbedeutung),

3.　die Konventionalisierung einer metonymischen Verwendungsweise zu einer etablierten metonymischen Verknüpfung (Lexikalisierung),

4.　Entwicklungen der Gebräuchlichkeit einer metonymischen Verwendungsweise,

5.　das Veralten bzw. Aussterben einer der metonymischen Verwendungsweisen (insbesondere des Ausgangspunkts der Metonymie),

6.　die wiederholte Anwendung des metonymischen Verfahrens und die Bildung von historischen „metonymischen Ketten" (vgl. Nerlich/Clarke 2001),

7.　die Kombination von Verfahren: metonymische Verwendungsweisen werden zum Ausgangspunkt von weiteren metaphorischen Verwendungen genutzt und umgekehrt.

1. Im Deutschen gibt es das schon erwähnte, gut etablierte metonymische Muster, Emotionen mit Ausdrücken für körperliche Anzeichen für diese Emotionen zu bezeichnen (z.B. Bewegungen und sonstige Reaktionen). Seit langem lexikalisierte Beispiele für die Anwendung dieses Musters sind *aufatmen, beben, die Nase rümpfen, die Stirn runzeln, es verschlägt einem den Atem, mit den Zähnen knirschen*. Eine Innovation neueren Datums scheint *einen dicken Hals kriegen* im Sinne von *wütend werden* zu sein. Das metonymische Muster ist nicht auf das Deutsche beschränkt, aber in anderen Sprachen sind z.T. andere Anwendungen dieses Musters lexikalisiert, beispielsweise die von Lakoff (1987, 382) angeführten Beispiele für die metonymische Kennzeichnung von Wut im Englischen: *to get hot under the collar, to burst a blood vessel*.

2. Ein Beispiel für eine Entlehnung einer metonymischen Verwendungsweise ist die heutige Verwendung von *Presse* zum Bezug auf das Zeitungswesen. Um 1500 wurde der Ausdruck *Presse* für die Druckerpresse aus dem Französischen entlehnt. Im 18. Jahrhundert wurde, wiederum nach französischem Vorbild, eine metonymische Verwendungsweise gebräuchlich, nämlich zum Bezug auf *Produkte* der Druckerpresse, insbesondere auf Zeitschriften und Zeitungen (vgl. Paul 2002, 762).

3. Grundsätzlich ist es natürlich so, dass nicht alles, was als metonymische Verwendung möglich wäre, auch tatsächlich (dauerhaft) genutzt wird, d.h. das durch ein produktives metonymisches Muster eröffnete Potenzial von Verwendungsweisen ist nicht immer auch realisiert. Man könnte beispielsweise einmal ad hoc sagen *Die Telephonzelle ist ziemlich laut* und damit die Personen meinen, die in der Telephonzelle stehen und sich streiten. Wenn es für diese Redeweise dauerhaften Bedarf gäbe, könnte sie sich einspielen und lexikalisiert werden, was im Moment nicht der Fall ist. Die meisten der in Abschnitt 9.1 gegebenen Beispiele (z.B. *Schule, Ernte, gesund*) illustrieren die Lexikalisierung von metonymischen Verknüpfungen und die dadurch entstandenen Polysemien.

4. Was die Gebräuchlichkeit bestimmter metonymischer Verwendungsweisen angeht, so scheint beispielsweise im älteren Deutsch die Verwendung von *Zunge* im Sinne von *Sprache* gebräuchlicher gewesen zu sein als heute, wie auch die entsprechende Verwendung von

tongue im Englischen gebräuchlicher ist als die von *Zunge* im heutigen Deutsch. Ebenso ist die Verwendung von *Haus* im Sinne von *Bewohner eines Hauses* heute gebräuchlich, vor allem in der Verbindung *das ganze Haus*, während die Verwendung im Sinne von *Familie* heute eher ungebräuchlich ist:

(2) Das ganze Haus war in Aufregung

(29) Jch aber vnd mein Haus wöllen dem HERRN dienen
      (Josua 24,15; Luther-Bibel 1545)

5. Das Veralten des Ausgangspunkts einer metonymischen Verknüpfung kann man gut an dem schon erwähnten Beispiel der Verwendung zur Kennzeichnung einer Emotion mit einem Ausdruck für eine körperliche Reaktion (z.B. eine Bewegung) zeigen. In mehreren Fällen ist die Basis der Metonymie, d.h. die Verwendung zur Kennzeichnung einer körperlichen Reaktion, aufgegeben worden, so dass wir den Ausdruck heute nur noch zur Bezeichnung einer Emotion verwenden (vgl. Paul 1920a, 99). Beispiele dafür sind *erschrecken* (mhd. ,aufspringen', ,aufschrecken', ,erschrecken') und *staunen* (bis ins 18. Jahrhundert im Sinne von *starr auf etwas hinsehen* verwendet).

6. In vielen Fällen eröffnet eine Metonymie neue Verknüpfungsmöglichkeiten, die die ursprüngliche Verwendungsweise nicht hatte, und damit neue Möglichkeiten der Metonymie (vgl. Nerlich/Clarke 2001). Ein schönes Beispiel für die mehrfache Anwendung metonymischer Muster, die Bildung einer „metonymischen Kette" und das Veralten des Ausgangspunkts ist die Vorgeschichte unseres Ausdrucks *Büro* im Französischen, die Blank (1997, 448) beschreibt:

> Mindestens drei Metonymien finden sich in der Wortgeschichte von französisch *bureau*: altfranzösisch *burel* bedeutet zunächst ,grober brauner Wollstoff', dann speziell ,Stoff zur Bespannung von Kontortischen'. Von dieser Bedeutung findet im Mittelfranzösischen eine metonymische Übertragung auf den ,mit Stoff bespannten Kontortisch' statt. Der Zusammenhang mit der ursprünglichen Bedeutung verblaßt spätestens, wenn auch unbespannte Kontortische *bureau* genannt werden, und das Wort zur Bezeichnung von Arbeitstischen aller Art verwendet wird. Hier findet eine zweite metonymische Übertragung auf ,Arbeitszimmer', ,Arbeitsraum', ,Büroraum' statt. Aufgrund einer weiteren Metonymie bedeutet *bureau* schließlich ,Büroangestellte' (Pl.) [...]. Die fortgesetzte Metonymie (oft kombiniert mit anderen Typen des Bedeutungswandels) erweist sich so als ,weitreichendes' Verfahren [...].

7. Die Kombination von verschiedenen innovativen Verfahren, z.B. die Abfolge von metaphorischer und metonymischer Übertragung, lässt sich beispielsweise an der Geschichte des Wortes *Klaue* ,schlechte Handschrift' zeigen.

Das ahd. Wort *klawa*, nhd. *Klaue*, bedeutete zunächst ,Kralle, Pfote, Tatze, eigtl. die Packende, die Geballte' [...], wurde aber spätestens seit der Luther-Zeit in salopper Rede auch als Metapher für die menschliche Hand verwendet, bevor es schließlich in metonymischer Ableitung die zusätzliche Bedeutung ,schlechte Handschrift' erwarb (Burkhardt 1996, 188).

Eine Kombination von metonymischem und metaphorischem Verfahren finden wir auch in der Geschichte der extremen Polysemie von *scharf* (Fritz 1995, vgl. Kapitel 11.3) und in dem Gegenstand unserer kleinen Fallstudie im nächsten Abschnitt (*Zweck*).

Zwei interessante Aspekte der Geschichte des metonymischen Gebrauchs im Deutschen sind bisher noch wenig erforscht, nämlich die Entdeckung oder Einführung neuer metonymischer Muster und die Geschichte der Produktivität bestimmter metonymischer Muster. Es ist sehr wahrscheinlich, dass viele metonymische Verwendungsweisen und wohl auch metonymische Muster aus anderen Sprachen in das Deutsche übernommen wurden, z.B. aus dem Lateinischen. So dürften die metonymischen Verknüpfungen in der Bedeutung von lat. *domus* (,Haus', ,Hausgenossenschaft', ,Familie', ,(adliges) Geschlecht', ,Heimat') zumindest teilweise das Muster für die entsprechenden Verknüpfungen im Gebrauch von *Haus* abgegeben haben (vgl. DWb 10, 640ff.).

9.3   *Zweck* – eine Fallstudie zu Metonymie und Metaphorik

Die Geschichte des Ausdrucks *Zweck* ist ein schönes Beispiel für die Verkettung von metonymischen und metaphorischen Neuerungen. Die folgenden Beschreibungen aus dem Deutschen Wörterbuch zeigen die beiden ersten Phasen im Gebrauch des Ausdrucks.

> ZWECK, m., ahd. und mhd. in gleicher form, nägelchen, stift aus holz oder eisen. (DWb 32, 955)
> *zweck* bezeichnete in der zeit der armbrust- und büchsenschieszen, vor allem im 15. und 16. jh. das ziel, nach dem geschossen wurde. Der *zweck* war dabei entweder der nagel, an dem das blat, das als zielpunkt diente, aufgehängt war, oder dieser sasz selber in der mitte des weiszen oder schwarzen blattes und galt als das eigentliche ziel. Mit der ausbreitung der sitte der schützenfeste, preisschieszen usw. wurde *zweck* ganz allgemein das ziel, nach dem die armbrust oder büchse gerichtet wurde [...] (DWb 32, 956)

Im 15. Jahrhundert wussten die Sprecher, dass der Nagel, der zur Befestigung des Blattes (der Zielfläche) diente, gleichzeitig das Zentrum der Zielfläche und damit das eigentliche Ziel bildete. Dieses Wissen konnten sie nutzen, um den Ausdruck *Zweck* ,Nagel' metonymisch auch zum Bezug auf das Ziel eines Schusses zu verwenden. Nachdem sich diese neue Verwendungsweise eingespielt hatte, existierten die beiden Verwendungsweisen im Sinne von *Nagel* und *Ziel eines Schusses* nebeneinander, mindestens bis ins 17. Jahrhundert. Sperber (1923/1965, 84) zitiert eine Stelle aus Kirchhofs „Wend-Unmuth" (1563): „... und trifft mitten im schwartzen den nagel oder zweck, daran die scheiben auffgehänckt war".

Die neue Verwendungsweise von *Zweck* zum Bezug auf das Ziel des Schützen ermöglichte nun wiederum eine neue, metaphorische Verwendung des Ausdrucks. Im 16. Jahrhundert finden wir mehrere Belege, die zeigen, dass in dieser Zeit der Vergleich einer Absicht mit einem Schuss auf die Zielscheibe und die damit verwandte metaphorische Verwendung des Ausdrucks *Zweck* offensichtlich rhetorisch attraktiv war. Das erste Beispiel stammt aus dem „Seelenparadies" (1510) des Geiler von Kaysersberg, der in diesem Werk eine Anleitung für das christliche Leben gibt. In einem Abschnitt, in dem er zum Streben nach vollkommenen Tugenden ermahnt, vergleicht Kaysersberg das Streben nach Tugenden mit dem Zielen auf eine Zielscheibe:

> (Ein mensch sol sein sach daruff setzen / das er understand sein hoechstes zil zuo erlangen.) Er muoß tuon als einer der schüßet zum ziel / der lat sich nit an dem dem benuegen / daß er den schießrein trifft / Mer er foret danach / das er in das zil oder blatt. ja ouch in den zweck schieß.
>
> (Geiler von Kaysersberg, „Seelenparadies", 42rb)

‚... Er muss sich verhalten wie einer, der auf eine Zielscheibe schießt. Dieser begnügt sich nicht damit, dass er die Schießanlage trifft. Vielmehr bemüht er sich darum, dass er auf die Zielscheibe oder das Blatt, ja sogar ins Schwarze trifft.'

In einer im Herbst 1590 von M. v. Aitzing herausgegebenen Messrelation, d.h. einer halbjährlich erscheinenden Nachrichtensammlung, findet sich ein Abschnitt, in dem Hintergrundinformation gegeben wird für die Berichterstattung über die Nachfolgestreitigkeiten nach der Ermordung König Heinrichs III von Frankreich („Continvatvm Historicae Relationis Svpplementvm", S. 3). Dieser Abschnitt hat folgende Überschrift:

Wie Paris die Haubt Statt in Franckreich der
zweck / darnach Bayde Henricus 3. vnnd dieser
Henricus 4. geschossen

Im Text dieses Abschnitts wird dargestellt, dass eine Gemeinsamkeit der Interessenlage des ermordeten Heinrich III und seines umstrittenen Nachfolgers Heinrich IV darin bestand, dass sie beide das Ziel hatten, Paris unter ihre Herrschaft zu bringen, notfalls mit Gewalt. Die Überschrift ist ein sehr schönes Beispiel für die metaphorische Verwendung von *Zweck*, die den Übergang zur später etablierten abstrakten Verwendung im Sinne von *Ziel* bildet: Aitzing schreibt, dass die beiden Heinriche auf Paris, das Zentrum ihrer Zielscheibe, geschossen haben, und *gibt damit metaphorisch zu verstehen*, dass sie beide das Ziel anstrebten, Paris zu besitzen.

Diese metaphorische Verwendungsweise spielt sich ein, wird gebräuchlich und wird schließlich zur zentralen Verwendungsweise von *Zweck*. Nach Paul (1897, 575) ist die Verwendung zum Bezug auf das Zentrum der Zielscheibe „jetzt nicht mehr allgemein bekannt".

Einen Hinweis auf eine mögliche Voraussetzung der metaphorischen Neuerung finden wir in einem Flugblatt aus dem Jahre 1631 (Harms 1983, 113). Die Überschrift dieses Flugblatts lautet:

Geistlich Schützenwerck /
Erklerung
Des Hochbewehrten Symboli vnd Ehren-Zwecks /
SCOPUS VITAE MEAE CHRISTUS. Der Zweck meines Lebens ist *CHRISTUS*
Des durchlauchtesten / Hochgebornen Fürsten vnd Herrn /
Herrn Johann Georgen / Hertzogen zu Sachssen / Gülich / Cleve vnd Berg / [...]

Darunter befindet sich eine Graphik, auf der der Sachsenherzog als Bogenschütze abgebildet ist, der auf einen göttlichen Strahlenkranz zielt, der über einer auf einem Berg gelegenen Kirche schwebt. „Johann Georg als frommer *Schützen=Held* zielt auf ein gottgefälliges Leben ab" (Harms 1983, 112). Die untere Hälfte des Flugblatts nimmt ein Gedicht ein, das die Schützen-Allegorie ausführlich auslegt.

Ein Edler Schütz ist das / der also weiß zuschiessen /
Daß einer seiner Pfeile macht / die Himmel nicht verdriessen /
Im Glauben zu dem Zweck / dabey gewin vermeint /
Da ist der Fels des Heils / der durch die Wolcken scheint.
Das Ziel erweiset den / das durch den Pfeil erworben /
Der Zieler niemal ist / durch diesen Zweck verdorben /
[...]

Der Zweck nun Christus ist / nach dem man so gezielet /
Vnd wer den troffen hat / der niemals hat verspielet /
[...]
O Zweck des Lebens / vnd der Seelen hoch zu preisen /
Der du durch deine Wort / den rechten Weg kanst weisen /
    Gib jeden Schützen=Held / den Sieg wie David war
    Im Glauben Sieges=Herr / erlöset von Gefahr /

Ein interessanter Hinweis auf den Hintergrund dieser metaphorischen Verwendung liegt in dem lateinischen Wahlspruch des Herzogs Johann Georg: „Scopus vitae meae Christus. Der Zweck meines Lebens ist Christus". Wenn man dem Gebrauch von lateinisch *scopus* nachgeht, so stellt man fest, dass dieser Ausdruck seinerseits schon metaphorisch im Sinne von *Ziel* (abstrakt) verwendet wird. Im lateinisch-deutschen Handwörterbuch von Georges (Bd. 2, 2538) wird für diese Verwendungsweise ein Beleg aus einem Werk des Kirchenvaters Cassian gegeben (um 400). (Seinerseits wohl einer Verwendungsweise des griechischen *skopós* nachgebildet.) Es ist also nicht unwahrscheinlich, dass die deutsche metaphorische Verwendung von *Zweck* dem lateinischem Muster *scopus* folgte, also eine sog. Lehnbedeutung ist.

Literaturhinweise

Seit einigen Jahren mehren sich Arbeiten zur Metonymie. Einen Eindruck vom Stand der Diskussion gegen Ende der 90er Jahre geben die Sammelbände Barcelona (2000), Panther/ Radden (1999) und Panther/Thornburg (2003). Immer noch nützlich zu lesen ist der Abschnitt aus Hermann Pauls „Prinzipien der Sprachgeschichte" zur „Übertragung auf das räumlich, zeitlich oder kausal mit dem Grundbegriff verknüpfte" (Paul 1920a, 97–100). Aus der sehr umfangreichen neueren Literatur zur Metonymie will ich hier nur die folgenden Titel anführen:

– Blank (1997, 230–268), Burkhardt (1996), Koch (2001), Nerlich/Clarke (2001)

Aufgabe 1   Bestimmen Sie die Rolle metonymischer Neuerungen und die bei der Neuerung verwendeten metonymischen Muster in der Bedeutungsgeschichte von *Amt, Anstalt, Augenblick, Post, Garderobe, Kirche, Reichstag, Seminar*. Benutzen Sie dazu (zunächst) die Angaben im Grimmschen und Paulschen Wörterbuch (Paul 1992 oder Paul 2002).

Aufgabe 2   Vergleichen Sie die Bedeutungsentwicklungen von *Zweck* und *Ziel*. Beachten Sie dabei die Rolle der metonymischen Verknüpfung, die Konkurrenz in einzelnen Verwendungsweisen und die Ausdifferenzierung der Verwendungsweisen (vgl. DWb 31, 1063f.).

10. Verfahren der Innovation 3: Verschiedene Verfahren

Neben dem metaphorischen und metonymischen Reden gibt es noch eine ganze Reihe anderer Verfahren, wie man etwas sagen und damit (zusätzlich) etwas Anderes zu verstehen geben kann als man normalerweise damit meint. Zu den traditionellen Mustern dieser Art gehören das übertreibende, das untertreibende, das ironische und das euphemistische Reden. Diese Möglichkeiten innovativer Rede werden wir im nächsten Abschnitt behandeln. Darüber hinaus gibt auch viele Fälle von Implikaturen, die nicht oder nicht leicht den bisher behandelten Kategorien zuzuordnen sind, weil sie nicht den prototypischen Fällen entsprechen. Schließlich müssen wir auch noch Formen der unauffälligen Neuerung berücksichtigen, die vor allem darin bestehen, dass der Kollokationsbereich von Ausdrücken in kleinen Schritten erweitert wird: fließende Übergänge bewirken einen sanften Wandel.

10.1 Übertreibung, Understatement, Ironie, Euphemismus und Verwandtes

Auch die in diesem Abschnitt zu behandelnde Familie von kommunikativen Verfahren trägt zur Entstehung von neuen Verwendungsweisen bei. Neuerungen dieser Arten werden insgesamt nicht so häufig konventionalisiert wie Metaphern oder Metonymien, sie lassen sich aber doch zahlreich genug in unserem Wortschatz nachweisen.

Wenn wir **übertreiben**, dramatisieren wir die Darstellung von Sachverhalten und Ereignissen und geben damit unseren Beschreibungen und Erzählungen mehr Farbe. Statt zu sagen *Das hat sehr lange gedauert* können wir sagen *Das hat ewig gedauert*, statt von einer *großen Menge von Post* können wir von *Bergen von Post* sprechen. Natürlich kennt unser Gesprächspartner diese Möglichkeit expressiver Rede und weiß unsere Darstellung in ihrem Kontext normalerweise richtig zu deuten. Viele dieser konventionellen Übertreibungen sind schon ziemlich alt. Beispielsweise gibt es die Formulierung *sich tot lachen* schon seit mindestens 600 Jahren. Wittenwiler schreibt in seinem „Ring" (ca. 1400): *die frawen lachten sich ze tot* über einen Kampf zwischen einem Ritter und den Bauern, bei dem sich der Ritter blamiert (Wittenwiler, Ring, 400). Auch für *sich krank lachen* gibt es schon relativ alte Belege. 1728 schreibt Julius Bernhard von Rohr in seiner „Einleitung zur Ceremonial-Wissenschafft der Privat-Personen" (S. 290):

(1)   Es läst sich nicht wohl, wenn sich einige bey Erzehlung jhrer lustigen und spaßhafften Begebenheiten bald kranck lachen wollen, und fast vor dem vielen Lachen nichts herausbringen können

Stieler verzeichnet in seinem Wörterbuch von 1691 die heute noch gebräuchliche übertreibende Wendung *Ich habe es hundertmal gesagt* (Stieler, Teutscher Sprachschatz, 868) für *Ich habe es oft gesagt*. Weitere Beispiele führt Hermann Paul in seinen „Prinzipien der Sprachgeschichte" an: *Berge von Leichen, eine Flut von Schimpfwörtern, ich sterbe vor Langeweile* (Paul 1920a, 101). Besonders die Jugendsprache ist für Übertreibungen bekannt. Intensivierer wie *brutal gut* zeugen für diese Tendenz, die allerdings nicht erst seit dem 20. Jahrhundert zu beobachten ist. Steigerungswörter wie *ungeheuer, unbeschreiblich, unendlich, fabelhaft, krampfhaft, pyramidal* finden sich in der Studenten- und Schülersprache des 19. Jahrhunderts (vgl. Objartel 1989, 222f.). Und schon 1663 kritisierte Schottel in seiner „Teutschen HaubtSprache" den Gebrauch von Ausdrücken wie *schrecklich lustig* und *grausam froh* (S. 780). Ob dieser Gebrauch allerdings damals jugendsprachlich war, lässt uns der Autor nicht wissen.

Ein neuerer Übertreibungsbereich ist die Verwendung von Katastrophen-Wörtern für kleinere unerfreuliche Ereignisse oder Sachverhalte:

(2)   Die Parkplatzsituation ist eine glatte Katastrophe

(3)   Die Mannschaft war balltechnisch ein wahres Desaster

Ähnliche Verwendungsweisen – möglicherweise die Vorbilder für die deutschen – beobachten Aitchison/Lewis (2003) für das Englische:

(4)   The gravy's a disaster. It's got too much fat in it
        ‚Die Soße ist eine Katastrophe. Da ist zu viel Fett drin'

Auffallend ist, dass die übertreibend verwendeten Katastrophen-Wörter häufig in typischen Kollokationen vorkommen: *die reinste/ eine echte/ eine glatte / eine absolute Katastrophe* (vgl. *an absolute disaster*). Die Folge des übertreibenden Redens ist, dass sich für die betreffenden Ausdrücke neben ihrer normalen Verwendung eine „blassere" Verwendungsweise einspielt, also *Katastrophe* im Sinne von *alltägliches Mißgeschick*.

Mit dem übertreibenden Sprechen verwandt ist das **drastische Reden**. Ein bekanntes Beispiel ist das Wort *Dreck*, das bis ins 18. Jahrhundert wie unser heutiges *Scheiße* ‚Exkremente' verwendet wurde (vgl. heutiges *Taubendreck*). Daneben gab es aber seit dem Frühnhd. die drastische Verwendung zum Bezug auf Schmutz allgemein. Dieser drastische Charakter ging im Laufe der Zeit verloren, so dass der Ausdruck heute in der Umgangssprache das normale Gegenstück zum schriftsprachlichen *Schmutz* ist.

Mit dem Übertreiben kontrastiert die kommunikative Strategie der **Untertreibung**, des **Understatements**. Sie gehört zu einer zurückhaltenden Form der Selbstdarstellung. Auch untertreibende Formulierungen können konventionell werden. Das gilt besonders für Formulierungen im Bereich der Negation. So können wir sagen *Er ist nicht gerade freundlich* und damit ausdrücken, dass wir ihn für ziemlich unfreundlich halten. Im Mhd. gibt es eine Reihe von untertreibenden Formulierungen zum Ausdruck der Negation, z.B. mhd. *lützel ieman* (wörtlich ‚kaum jemand') im Sinne von *niemand* oder mhd. *selten* im Sinne von *nie*. Im Englischen gehört hierher die Verwendung von *hardly* ‚kaum' als Antwortpartikel im Sinne von *überhaupt nicht*.

Eine weitere verwandte Strategie ist die **Ironie**. Wir sagen etwas und meinen damit das Gegenteil von dem, was man normalerweise mit dem Ausdruck meint. Ironie kann häufig dazu verwendet werden, Kritik zu formulieren oder boshaft zu reden. Konventionelle ironische Formulierungen sind beispielsweise *Das sind ja schöne Aussichten, Du bist ein sauberer Vogel* (Stieler, 1691).

Schließlich ist als ein traditionelles rhetorisches Verfahren, das ebenfalls in bestimmten Wendungen konventionalisiert sein kann, der **Euphemismus** zu nennen. Euphemistisch reden heißt beschönigend, verhüllend oder verharmlosend über Dinge reden, die unangenehm sind, Schrecken erregen oder tabu sind, in unserer Gesellschaft z.B. Krankheit, Tod, Sexualität, Krieg, unbeliebte politische Maßnahmen. Der Ausdruck *krank* wurde im Mhd. ursprünglich im Sinne von *schwach* verwendet. Vermutlich seit dem 14. Jh. wurde das Adjektiv euphemistisch verwendet, um jemanden als krank zu bezeichnen. Ähnlich könnte man heute von jemandem, der krank ist, sagen, er sei *nicht fit*. Seit dem 15. Jh. geht der euphemistische Charakter verloren, und *krank* ersetzt das ältere Krankheitswort *siech*. Auffallend sind die vielen euphemistischen Ausdrücke für das Sterben, die sich metaphorisch oder metonymisch auf Aspekte des Todes beziehen: *entschlafen, heimgehen, das Zeitliche segnen, hinscheiden, verbleichen*. Ursprünglich euphemistische Verwendungsweisen im Bereich der Sexualität sind: *mit jemandem schlafen, sich lieben, vögeln* (mhd. ‚begatten‘ von Vögeln, seit dem 16. Jahrhundert auch auf Menschen bezogen). Ebenso gibt es im Lauf der Geschichte zahlreiche euphemistisch verwendete Ausdrücke für die Menstruation: Neben dem medizinischen Fachwort *Menstruation* und der erläuternden deutschen Wiedergabe *Monatsblutung* gibt es heute u.a. die Ausdrücke *Periode* oder *Tage*, älter sind fnhd. *Zeit* und *Blume*; Megenberg verwendet um 1350 den Ausdruck *monatganch* ‚Monatsgang‘ (Buch der Natur, 9.28), Adelung nennt *Monatsflusz* (Wörterbuch Bd. III, 1811, 266) und vermerkt daneben noch mehrere dialektale Ausdrücke.

Euphemistisches Reden kann auch der Wahrung des Gesichts dienen. So kann man von jemandem, der alkoholabhängig ist, sagen, er sei *trinkgewohnt*. Von einem Schüler, der eine Klasse wiederholen muss, kann man sagen, *er dreht eine Ehrenrunde*. Auch der Ausdruck *sitzen bleiben* für denselben Sachverhalt ist ursprünglich ein Euphemismus, dessen euphemistischer Charakter sich aber verloren hat. Die Praxis der politisch korrekten Rede bringt häufig Euphemismen hervor.

Euphemismen werden oft sprachkritisch betrachtet. Das gilt für Verharmlosungen wie *weiche Ziele* („soft targets“) für angegriffene Menschen im Militärjargon des Bosnien-Kriegs wie für potenziell verschleiernde Ausdrücke wie *Diätenanpassung* für die Erhöhung der Diäten, die sich die Bundestagsabgeordneten selbst genehmigten. Wie treffend die Euphemismus-Kritik ist, hängt allerdings davon ab, wie weit die Annahme berechtigt ist, dass die LeserHörer tatsächlich getäuscht werden (vgl. Kap. 6.5; vgl. auch das Kapitel „Verhüllte Wirklichkeit?“ in Heringer 1990).

Wie das politisch korrekte Reden kann auch die Höflichkeit zu innovativen Wortverwendungen führen. Das Wort *Weib* (mhd. *wîp*) war lange Zeit das allgemein gebräuchliche Wort für die Kennzeichnung weiblicher Personen. Gleichzeitig gab es das Wort *Frau* (mhd. *vrouwe*), mit dem im allgemeinen hochgestellte, adlige Frauen gekennzeichnet oder angeredet wurden. Nun gab es seit den Zeiten des Mittelalters ein Höflichkeitsprinzip, das gebot, Frauen (in bestimmten Gesellschaftskreisen) höflich zu behandeln. Eine Möglichkeit des höflichen Verhaltens bestand nun darin, auch nicht-adlige Frauen mit der Anrede *Frau* zu ehren, nach dem Prinzip, dass man bei seiner Wortwahl im Zweifelsfall lieber zu hoch greift als zu niedrig. Als nun diese Höflichkeitspraxis in einer Art Inflation allgemein üblich wurde, wurde schließlich das höhere Wort (*Frau*) zum Normalwort für die erwachsene Frau, mit der Nebenwirkung, dass das ursprüngliche Normalwort (*Weib*) abgewertet wurde. Diese Nebenwirkung bezeichnet man auch als Pejorisierung. Ähnlich wie bei *Frau* verlief die Entwicklung der Bezeichnung *Herr*, „die man ursprünglich nur demjenigen beilegte, zu dem man in einem Abhängigkeitsverhältnis stand". Im Lauf des Mittelalters „wurde sie zur allgemeinen Anrede innerhalb der ritterlichen Gesellschaft und verbreitete sich in der neueren Zeit auf immer weitere Kreise" (Paul 1920a, 102).

10.2 Pragmatische Anreicherung – Absorbierung von Kontextwissen

Bei einer konversationellen Implikatur wird Kontextwissen genutzt, um mit der Verwendung eines Ausdrucks etwas zu verstehen zu geben, was man mit diesem Ausdruck normalerweise nicht meint. Wird diese Implikatur nun routinisiert, dann wird das Kontextwissen vom regelhaften Gebrauch des Ausdrucks absorbiert und dieser wird um die Implikatur angereichert.

Ein Bereich des Wortschatzes, in dem solche Implikaturen und deren Konventionalisierung häufig zu beobachten sind, sind die Satzverknüpfer, die Adverbien und Konjunktionen.

Ein Typ der Implikatur, der im Deutschen mehrfach zu belegen ist und auch in anderen Sprachen vorkommt, ist die Verwendung einer temporalen Konjunktion zum Signalisieren einer kausalen Beziehung. Ein Beispiel dafür ist der Ausdruck *nachdem*, der zunächst – und auch heute noch – dazu verwendet wurde, eine zeitliche Abfolge anzuzeigen:

(5) Ich will nu gerne sterben nach dem ich dein angesicht gesehen habe
     (1. Mose 46,30; Luther-Bibel 1545)

In bestimmten Kontexten lag die Annahme nahe, dass der vorausgehende Sachverhalt die Ursache für den nachfolgenden war, nach dem Prinzip *post hoc, ergo propter hoc* ,nach diesem Ereignis, also wegen dieses Ereignisses'. Man konnte also den temporalen Ausdruck ökonomisch dazu verwenden, noch etwas Spezifischeres auszudrücken, nämlich die kausale Beziehung zwischen den Sachverhalten. Schon Beispiel (5) könnte man in diesem Sinne deuten: Jakob ist jetzt bereit zu sterben, *weil* er seinen Sohn Joseph wieder gesehen hat. Diese konversationelle Implikatur kann nun konventionell werden, so dass sich neben der temporalen Verwendungsweise eine kausale etabliert, wie etwa folgendes Beispiel zeigt:

(6) (der Pfarrherr) verwundert sich seer über solchem Gebot, nach dem es ungewöhnlich war
     (Luther, WA 3,32; zit nach DWb 13, 35)

Hier ist also die ursprüngliche kontextuelle Annahme des *post hoc, ergo propter hoc* in die Bedeutung von *nachdem* integriert. Manche Autoren sprechen auch hier von einer metonymischen Verknüpfung und betonen damit den stereotypen Charakter des kontextuellen Wissens (z.B. Blank 1997, 267f.). Ähnliche Entwicklungen findet man bei mhd. *sît*, nhd. *seit*, mhd. *die wîle/ weil*, fnhd. *da*, engl. *after* und *since*, frz. *puisque* aus lat. *postquam*. In den meisten Fällen existieren die temporale und kausale Verwendungsweise längere Zeit nebeneinander. Im Falle von *seit* ist die mhd. und fnhd. gebräuchliche kausale Verwendungsweise spätestens im 18. Jahrhundert veraltet, bei *weil* wurde umgekehrt die temporale Verwendungsweise im 18. Jahrhundert aufgegeben. Zu weiteren Entwicklungen ähnlicher

Art im Bereich der Konjunktionen (Entwicklung konditionaler und konzessiver Verwendungsweisen) vgl. Fritz (1998a, 149–160).

Auch in anderen Bereichen des Wortschatzes werden kontextuelle Implikaturen, die ursprünglich nur unter bestimmten Bedingungen des gemeinsamen Wissens möglich sind, konventionalisiert und zu einem Aspekt der Bedeutung der betreffenden Ausdrücke. Ein Beispiel sind ursprünglich deskriptive Adjektive, die bewertend verwendet werden. Um den Vorgang zu verdeutlichen, will ich ein fiktives Beispiel geben. Nehmen wir an, eine Gruppe von auf Fitness bedachten Sportlern macht bestimmte Übungen, die die Ausdauer trainieren und die sie als *intensiv* beschreiben. Nun verbreitet sich in dieser Gruppe die Annahme, dass intensive Übungen besonders gut sind. Wenn diese Annahme gemeinsames Wissen ist, können die Mitglieder dieser Sprechergruppe die Äußerung *Die Übung ist intensiv* deuten im Sinne von *Die Übung ist besonders gut* und den Ausdruck *intensiv* in diesem lobenden Sinne weiter verwenden. Beispiele für diese Form der Entwicklung sind Adjektive wie *stark, scharf, süß, fett, heiß, sanft, groß, rund, jung*. Auch zur negativen Bewertung werden ursprünglich deskriptive Adjektive verwendet, z.B. *dunkel, gemein, gestrig, trocken*.

10.3 Elliptische Verwendung von Ausdrücken

Ein Verfahren ganz anderer Art ist die elliptische Verwendung von Ausdrücken, die teils als Anwendung eines Ökonomieprinzips (Prinzip der Kürze), teils zum Zweck der verhüllenden Rede angewendet wird, wie folgende Beispiele zeigen:

(1)   Wollen Sie nicht (den Mantel) ablegen

(2)   (vom Pferd/vom Wagen/vom Fahrrad) absteigen

(3)   Ich muss mal (aufs Klo gehen)

(4)   Du kannst mich mal ...!

Zunächst ist eine elliptische Verwendung unter bestimmten Bedingungen des gemeinsamen Wissens möglich. Dann werden solche elliptischen Formen aber oft routinisiert, so dass die Kurzform auch ohne spezielles gemeinsames Wissen die Funktion der ursprünglich längeren Form übernimmt. In manchen Fällen erfährt dann die Kurzform eine weitere semantische Entwicklung wie im Falle von *absteigen*: Eine stereotype Situation war noch im 19. Jahrhundert die, dass man vom Pferd oder vom Wagen abstieg, wenn man auf der Reise übernachten wollte. Auf der Grundlage dieses Wissens konnte man *absteigen* im Sinne von *übernachten* verwenden und den Ort der Übernachtung durch eine zusätzliche Präpositionalphrase angeben: *in einem Gasthof absteigen*.

Während für heutige Sprecher beim Gebrauch von *absteigen* die ursprünglich ausgelassene Phrase (*vom Pferd*) möglicherweise noch rekonstruierbar ist, ist das im Fall von *aufschneiden* ‚angeben, beim Erzählen übertreiben‘ nicht mehr der Fall, so dass nur eine historische Rekonstruktion den elliptischen Ursprung zeigen kann. Diese sieht etwa folgendermaßen aus: Seit dem 17. Jahrhundert wurde in Deutschland unter italienischem und französischem Einfluss die Kunst gelehrt, wie man Fleischgerichte bei Tisch richtig aufschneidet („tranchiert") und vorlegt (vgl. Gloning 2003, 247ff.). Es entstand um 1630/1640 eine rich-

tiggegehende Tranchiermode, die u.a. durch das Erscheinen von Tranchierbüchern dokumentiert wird. Diese Mode bildet wohl den Hintergrund für die metaphorische Verwendung
des Ausdrucks *mit dem großen Messer aufschneiden* im Sinne von *beim Erzählen übertreiben* wie in folgendem Beleg aus Grimmelshausens „Simplicissimus" (1669). Nachdem
Simplicissimus von einer Begegnung mit Hexen und anderen Unholden erzählt hatte, versucht er, möglichen Einwänden entgegenzutreten:

(5)   Als zweiffele ich nicht / es werden sich etliche finden / die sagen werden / Simplicius schnei-
        de hier mit dem grossen Messer auf: Mit denselben begehre ich nun nicht zu fechten / dann
        weil auffschneiden keine Kunst / sondern jetziger Zeit fast das gemeineste Handwerck ist / als
        kann ich nicht leugnen / daß ichs nicht auch könnte / dann ich müste ja sonst wol ein schlech-
        ter Tropf seyn.
        (Grimmelshausen, Simplicissimus, 2. Buch, XVIII. Kap.)

Der Beleg zeigt, dass *aufschneiden* als elliptische Form von *mit dem großen Messer aufschneiden* zu deuten ist. Die elliptische Form verselbständigt sich und wird im Sinne von
prahlen verwendet:

(6)   Also daß ich ihnen / wenn ich nur auffschneiden wollen / seltzame Beeren (‚Bären') hätte
        anbinden können
        (Grimmelshausen, Simplicissimus, 3. Buch, XII. Kap.)

(Harms 1983, 68f.)

Weitere Beispiele für verselbständigte elliptische Formen bietet Wellander (1928, 133ff.).

10.4   Der sanfte Bedeutungswandel

Wenn wir von *Verfahren* der Innovation sprechen, denken wir zuerst an spektakuläre semantische Neuerungstypen wie metaphorische Verwendungen und weniger an fließende
Übergänge des Gebrauchs. Bei näherer Betrachtung scheinen viele Neuerungen aber ganz
unspektakulär zu verlaufen, durch geringfügige Erweiterung der gängigen Kollokationen
oder durch eine allmähliche Umgewichtung der Verwendungsschwerpunkte von Ausdrücken. An drei Beispielen sollen jetzt derartige Vorgänge erläutert werden.

10.4.1 Kleinschrittige Kollokationsneuerungen

Eine kleinschritte Entfaltung der Kollokationsmöglichkeiten finden wir oft bei hoch-
polysemen Prädikatsausdrücken. Als Beispiel möchte ich hier einen kleinen Ausschnitt aus
den Verwendungsmöglichkeiten des Adjektivs *offen* zeigen.

Der Prototyp der Verwendung von *offen* dürften schon im Ahd. Kollokationen wie *offene Tür* gewesen sein. Von da aus gehen Entwicklungpfade in vielen Richtungen. Der Artikel des DWb (Bd. 13, 1163–1171) gibt einen anschaulichen Eindruck von den semantischen Entfaltungsmöglichkeiten dieses Adjektivs. In dieser Entfaltungsgeschichte spielen
zunächst metonymische und metaphorische Muster eine wichtige Rolle, ähnlich wie bei der
Entwicklung von *scharf* und anderen stark polysemen Adjektiven (vgl. Kap. 11). Eines der
metonymischen Muster beruht beispielsweise auf folgendem stereotypen Wissen: Wenn ein
Raum nicht abgeschlossen ist, ist er (für alle) zugänglich (*ein offenes Wirtshaus, eine offene
Kirche*). Eine wichtige metaphorische Übertragung ist die von räumlichen auf psychische
Gegebenheiten (*ein offenes Herz, ein offener Kopf*). Wenn nun aber einmal eine bestimmte
Verwendungsdimension eröffnet ist, so gibt es innerhalb dieser Dimension Entwicklungen
der Kollokationsmöglichkeiten, die man kaum als metaphorische Übertragungen bezeich-
nen würde. Als Beispiel könnte man die in den letzten 30 Jahren auffällige Anwendung des
Ausdrucks *offen* auf unterschiedliche Institutionen nehmen, die die folgende Liste zeigt:

offene Kirche	offene Universität (nach dem Vorbild von *open university*)
eine offene Gewerkschaft	eine moderne, effektive und offene Verwaltung
das Konzept „offene Partei"	das offene Klassenzimmer
offenes Theater	offener Deutschunterricht
offenes Museum	offener Strafvollzug
die Kinder-Uni als offene Institution	offene Psychiatrie
offene Gruppen (im Kindergarten)	offener Zoo

Mit diesen Ausdrücken wird für ganz verschiedenartige Einrichtungen ein Kontrast zu
traditionellen Institutionen ausgedrückt, die sich (und ihre Mitglieder, Vertreter, Insassen)
in unterschiedlicher Weise nach außen abschotten, gegen die Öffentlichkeit, gegen Konkurrenten, gegen neue Ideen. In vielen Fällen werden diese Verbindungen programmatisch und
quasi-terminologisch verwendet (*offene Universität, offener Strafvollzug*). Die hier zu beo-
bachtende Übertragung des Ausdrucks *offen* auf jeweils neue Institutionen würden wir nicht

als metaphorische Übertragung bezeichnen. Dazu erscheint uns der Unterschied zwischen den verschiedenen Institutionen zu klein. Trotzdem haben wir hier unübersehbar eine Erweiterung des Verwendungsspektrums von *offen* vor uns, einen sanften Wandel.

10.4.2 Prototypenverschiebung

Ein weiterer gradueller Entwicklungsprozess ist die sog. Prototypenverschiebung. Als Beispiel gebe ich hier die Entwicklung des Wortes *Arbeit*, die in Kap. 14 ausführlicher behandelt wird. Nehmen wir an, wir kennen für das Wort *Arbeit* vier Verwendungsweisen im Sinne von V-1 bis V-4:

V-1: Mühen bei anstrengender Tätigkeit
V-2   anstrengende Tätigkeit
V-3   ernsthafte Tätigkeit
V-4   berufliche Tätigkeit

Zu einem ersten Zeitpunkt, sagen wir um 1500, ist V-2 die zentrale bzw. prototypische Verwendungsweise, von der aus die anderen verstanden werden können. Im Laufe der Zeit verwenden die SprecherSchreiber immer häufiger den Ausdruck *Arbeit* zur Charakterisierung einer ernsthaften körperlichen oder geistigen Tätigkeit, ohne damit zu signalisieren, dass es sich um eine besondere Mühsal handelt. Auf diese Weise wird allmählich V-3 zur prototypischen Verwendungsweise. In der Geschichte der deutschen Sprache ist dieser Zustand vermutlich um 1700 erreicht.

Eine ähnliche Entwicklung kann man in der Geschichte von *billig* beobachten (vgl. Kap. 11), wo eine Verschiebung von der prototypischen Verwendung im Sinne von *angemessen* zur Verwendung im Sinne von *günstig* (vom Preis gesagt) oder *preiswert* (von der Ware gesagt) stattfindet. Zu weiteren Beispielen vgl. Fritz (1998a, 62f.).

10.4.3 Veränderungen des syntaktischen Umfelds

Ein weiteres Beispiel für einen graduellen Wandel in kleinen Schritten ist die semantische Entwicklung von *können*. Sie führt vom rein agensorientierten Gebrauch (dem sog, Fähigkeits-*kann*) bis zum agensfernen Gebrauch in unpersönlichen Konstruktionen. (vgl. auch Kap. 13.3). Hypothetische Entwicklungsschritte im Gebrauch von *können* lassen sich mit folgenden nhd. Satzbeispielen illustrieren:

(1)   Er kann den Anteil erhöhen   (Agens definit)
(2)   Man kann den Anteil erhöhen   (Agens indefinit)
(3)   Der Anteil kann erhöht werden   (Agens ausgeblendet)
(4)   Der Anteil kann sich erhöhen   (kein Agens)

Bei dieser Deutung des Entwicklungsgangs spielt die Verwendung in der Passiv-Konstruktion mit dem ausgeblendeten Agens als Übergang zu unpersönlichen Konstruktionen eine wichtige Rolle.

11. Zur Entstehung von Polysemien: *billig* und *scharf*

Das auffallendste Resultat von semantischen Entwicklungsprozessen ist die Erweiterung des Spektrums der Verwendungsweisen von Ausdrücken. Semantische Neuerung erzeugt Polysemie. In diesem Kapitel behandeln wir Ausschnitte aus der Entwicklungsgeschichte von zwei Adjektiven, *billig* und *scharf*. Als Einstieg dient die Entwicklung von *billig*, die noch relativ einfach und übersichtlich ist, aber doch eine Reihe von interessanten Aspekten zeigt. Die Geschichte von *scharf* dagegen ist die Geschichte einer extremen Polysemie, in der man besonders gut die Produktivität der Kombination von metaphorischen und metonymischen Verfahren sieht.

11.1 Die Polysemie von *billig*

Wenn wir den heutigen Gebrauch von *billig* betrachten, können wir sechs Verwendungsweisen unterscheiden, die wir durch folgende Paraphrasenausdrücke verdeutlichen:

V-1   angemessen, berechtigt (wie in *recht und billig* oder *eine billige Forderung*)
V-2   günstig (vom Preis, wie in *Hauptsache ein billiger Preis*)
V-3   preisgünstig (von Waren, wie in *Telephonieren kann so billig sein*)
V-4   von minderer Qualität, wertlos
         (wie in *Die Einrichtung ist phantasielos und billig*)
V-5   einfallslos (wie in *ein billiger Trick*)
V-6   verächtlich (von Personen, wie in *billiger Ganove, billiges Flittchen*)

Von diesen Verwendungsweisen scheint V-3 ‚preisgünstig‘ die zentrale Verwendungsweise zu sein, an die sich V-4 anschließt, während V-1 heute eher marginal ist. V-4 wiederum kann man als Brücke zwischen V-3 und V-5/ V-6 betrachten. Die Struktur der Verwendungsweisen könnte man also folgendermaßen in einem Verwandtschaftsgraphen darstellen:

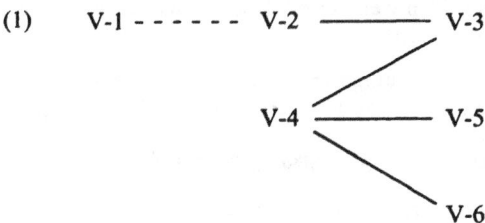

(1)   V-1 - - - - - - V-2 ——————— V-3

              V-4 ——————— V-5

                        V-6

Wenn wir nun ins mittelalterliche und frühneuzeitliche Deutsch zurückgehen, sehen wir, dass die Verwendung von *billig* in dieser Zeit am ehesten V-1 entspricht, der Verwendung im Sinne von *angemessen* oder *berechtigt*, wie folgende Belege zeigen:

(2)   (Tristan küsst seinen wiedergefundenen Vater)
           als ein kint sinen vater sol;
           daz was vil billich unde wol
           ‚wie es sich gehört, dass ein Kind seinen Vater küsst.
           Das war auch nur recht und gut so‘

(3)   denn er weiß das allein gott dem herren billich und von recht eere und glory zuogehoeret
        (Kaysersberg, Seelenparadies, 12va; [1510])
        ‚denn er weiß, dass nur Gott dem Herrn angemessen und rechtmäßig Ehre und Ruhm gebührt'

Von dieser Verwendungsweise aus entwickelt sich das heutige Spektrum der Verwendungsweisen.

Die nun folgenden Abschnitte sollen in Form einer Suche nach den Spuren dieser Entwicklung gestaltet werden. Dazu werden zwei Sammlungen von Materialien zur Verfügung
gestellt, erstens eine Sammlung von Textbelegen für den Gebrauch von *billig* im Lauf der
Geschichte, zweitens eine Sammlung von Texten wissenschaftlicher Autoren zu dieser
Entwicklung. Bei der Spurensuche können folgende Fragen und Hinweise nützlich sein:

(i)   In welchen Schritten baut sich das Spektrum von Verwendungsweisen historisch
        auf? Lässt sich ein Entwicklungspfad skizzieren? Versuchen Sie eine Datierung der
        jeweiligen Neuerung.

(ii)   Worin besteht die Neuerung jeweils?

(iii)   In welcher Weise wird bei der Erzeugung von Implikaturen von Stereotypen im
        historisch gegebenen gemeinsamen Wissen Gebrauch gemacht?

(iv)   Welche Rolle spielen bestimmte Kollokationen in der Entwicklung des Gebrauchs
        von *billig*?

(v)   Welche Rolle spielt bei dieser Entwicklung die Verbreitung aus Fachsprachen in die
        allgemeine Umgangssprache?

(vi)   Wie kann man die mehrfache Ablösung von Ausdrücken in der Verwendungsweise
        ‚preiswert' durch neue Ausdrücke erklären (*wohlfeil* > *billig* > *preiswert, günstig,
        fair*)?

Materialien 1

(5)   do ducht iz mich billich daz ich im hulfe darzu   (Rolandslied 7212f.)
        ‚da erschien es mir nur angemessen, dass ich ihn unterstützte'

(6)   Allso würt ein hund *billich* ein guoter hund geheißen wenn er bilt [‚bellt'] und seinen herren
        beschirmt   (Kaysersberg, Seelenparadies, 67vb [1510])

(7)   Derhalben müssen freilich die Jesuiter grewliche/ grimmige vnd blutgirige Leut sein: welche
        billich denen wilden Thieren vnd Bestien zuuergleichen/ welche den Weinberg des HErrn Ze-
        baoth verwüsten.
        (Lucas Osiander, Warnung vor der Jesuiter blutdürstigen Anschlägen, B2a,2 [1585])

(8)   (Die aufrührerischen Bauern versprechen, falls der) Feindt vberhandt nemmen solte/ alle
        eynhellig wider den Türcken zuziehen/ auch alle *billiche* Rendt vnd Güldten [d.h. Abgaben an
        den Landesherrn] geben/ wie jhre Vorfahren/   (Annus Christi 1597, 28.21)

(9)   WArnung an etliche Theologos/ Medicos vnd Philosophos/ ... / daß sie bey *billicher* Verwerf-
        fung der Sternguckerischen Aberglauben/ nicht das Kindt mit dem Badt außschütten
        (Kepler, Tertius Interveniens, 1 [1610])

(10)   (Alle Gefangenen sollen ohne Lösegeld freigelassen werden) / nur daß sie vor Kost und ande-
        re Dinge/ was *billich* ist/ bezahlen.   (Nordischer Mercurius 1667, 674.1)

(11)   (Alle fremden Händler haben Erlaubnis vom König) ihre Victualien in unser Lager zu führen/ daher alles nun um einen *billichen* Preiß zu bekommen ist.
(Nordischer Mercurius 1667, 382.25)

(12)   (Den Liebhabern von Gärten und Gartenbüchern wird „angedient", daß noch 100 Exemplare eines Gartenbuchs) vorhanden seyen/ umb in diesen angehenden GartenZeiten nützlich zu gebrauchen/ und vor billichen Preiß zu haben.
(Anzeige in: Nordischer Mercurius 1667, 123.22)

(13)   4) da nun das billige zugleich masz hält, das unbillige masz überschreitet, so wird *billig* für mäszig, im handel und wandel für *wolfeil* gesetzt:

   und wiszt ihr, was ihr geben sollt?
   ich wil es billig machen,
   drei gulden   (Gellert [1715–1769] 1, 209)

(DWb 2, 29 [1860])

(14)   Die prompteste Bedienung für ein billiges Honorar, darf man von ihm [einem reisenden Zahnarzt] erwarten
(Giesser Anzeigungs-Blatt, 18.3.1824)

(15)   433) Ein sehr schönes Forte=Piano in Pultform nach neuester, bester Bearbeitung ... steht bei Herrn Ferber im Hessischen Hof dahier billig zu verkaufen.
(Anzeigeblatt der Stadt Gießen, 3.4.1841)

(16)   988) In Holzwaaren, angefangenen Stickerein, allen Arten Stramin und Wolle, kann ich mich zu sehr billigen Preißen in reicher Auswahl empfehlen.
M. Heß
(Giesser Anzeigeblatt vom 2.–8.11.1834; Beilage zu Nro. 45)

(17)   36) Verschiedene Sorten Thee in bester Qualität und billigsten Preisen verkauft
J.G. Appel
(Anzeigeblatt der Stadt Gießen, 11.1.1840)

(18)   660) Unterzeichneter empfiehlt sein Lager von Tapeten ..., sowohl ganz feine französische als ordinaire, in sehr geschmackvollen Desseins um die möglichst billigen Preise.
H. Hochstätter
(Anzeigeblatt der Stadt Gießen, 8.5.1841)

(19)   Immer günstig, Nie billig / Preiswert ja, Billig nein   (Möbelwerbung im Jahr 2000)

Materialien 2

– In mhd. Texten, insbesondere in Rechtsquellen, wird der Ausdruck *billich* verwendet, um eine Handlungsweise als nach subjektivem Rechtsgefühl bzw. nach herkömmlicher Praxis als angemessen zu kennzeichnen, im Gegensatz zu Handlungsweisen, die formal-rechtlich vorgeschrieben sind. Diese Verwendungsweise, die eng verwandt ist mit der [in (1) als V-1 gekennzeichneten] heutigen Verwendungsweise, ist bis ins 18. Jahrhundert vorherrschend (Fritz 1998a, 135).

– *Billig* hat sowohl die Bedeutung des lat. *aequus*, z.B. *ein billig denkender Mann* als auch die des lat. *vilis* z.B. *billige Waren.* Den Uebergang zeigen die Verbindungen: *billiger Preis, billig verkaufen.* Ein billiger Preis bedeutet also zunächst einen Preis, der nicht übertrieben ist, der den Forderungen der Billigkeit, der *aequitas* entspricht. Da ein solcher Preis durchschnittlich ein niedriger, sicher ein relativ niedriger ist, so ersieht man, wie sich an das Wort *billig* in solchem Zusammenhang die Nebenvorstellung *niedrig*, *gering* knüpft. Diese wurde aber allmählich zur Hauptvorstellung und trug als solche Kraft in sich, weiter zu wirken, so daß das Wort mit der neuen Bedeutung auch sonst Anwendung fand (Stöcklein 1898, 17).

– Von dieser Bedeutung < *billiger Preis* ‚mäßiger Preis‘ >, die schon im 18. Jahrhundert erscheint, aber von Adelung nicht verzeichnet wird – Adelung scheint in dieser Bedeutung nur *wohlfeil* zu kennen – strahlen zwei neue Bedeutungen aus, jede durch eine besondere Art von Subjektsvertauschung bedingt.

Einerseits wird *billig* grammatisch auf die Ware bezogen, und der Begriff, worauf sich *billig* eigentlich bezieht, kommt in einer Bestimmung zum Ausdruck: *Die Ware ist billig im Preise.* Schließlich wird dann *billig* auch ohne diese Bestimmung in derselben Bedeutung gebraucht: *Billige Waaren sind gewöhnlich schlecht* Sanders. *Billig* bedeutet hier ‚wohlfeil, geringen, niedrigen Preises‘, Sanders. [Das Wörterbuch von Sanders erschien 1860–65. GF]

Andrerseits wird *billig* auf den Verkäufer bezogen, wobei zunächst eine entsprechende Bestimmung ebenfalls notwendig ist. (Wellander 1928, 244f.)

– Schopenhauer schreibt in einer Fußnote der „Parerga und Paralipomena" (1851): „‚billig‘ statt ‚wohlfeil‘, von Krämern ausgegangen, ist diese Pöbelhaftigkeit allgemein geworden" (Sämtliche Werke Bd. 6, 1947, S. 568).

– Oder wenn jemand einem, der über ihn im Unglück spottet, statt ihm zu helfen, den Vorwurf macht: *Das sind billige Witzeleien!* so meint er mit *billig* eher das Gegenteil von der ersten Bedeutung; er will sagen: *Witzeleien ohne Wert, die man leicht machen kann, die nicht viel Geist erfordern* (Stöcklein 1898, 18).

– Als Alternative zu *billig* ist seit der zweiten Hälfte des 19. Jahrhunderts der Ausdruck *preiswert* verfügbar, später auch *günstig* (vgl. heute: *ein fairer Preis*). Schon für das Vorgängerwort von *billig*, nämlich *wohlfeil* gab es ähnliche abwertende Verwendungsweisen (vgl. DWb 30, 1115). Nach Ausweis der Wörterbücher zeigt auch das englische Gegenstück zu billig, nämlich *cheap* ebenso wie lateinisch *vilis* ein ähnliches Verwendungsspektrum wie *billig*: *cheap* 1. low in price (*a cheap holiday*), 2. of poor quality (*cheap housing*), 3. costing little effort (*a cheap joke*), 4. contemptible (*a cheap criminal*); *vilis* ‚preiswert‘; ‚wertlos‘; ‚gering‘, ‚verächtlich‘ (Fritz 1998a, 135f.).

11.2 Skizze der semantischen Entwicklungsgeschichte von *billig*

Wenn wir nun die Spurensuche in den Materialien des vorhergehenden Abschnitts auswerten, können wir die semantische Entwicklungsgeschichte von *billig* in Umrissen skizzieren.

Vom Mhd. bis zum 18. Jahrhundert ist die ursprünglich rechtssprachliche Verwendung im Sinne von *angemessen* bzw. *berechtigt* die Standardverwendung des Ausdrucks. Die adverbiale Verwendung kann man meist mit *zu Recht* wiedergeben. Um die Mitte des 17. Jahrhunderts wird im thematischen Zusammenhang des Handels vermehrt die Kollokation *billicher Preis* verwendet. Das zeigen die Belege aus dem „Nordischen Mercurius", einer berühmten Hamburger Zeitung. Diese Kollokation spielt eine entscheidende Rolle für die weitere semantische Entwicklung von *billig*. Sie wird vermutlich noch im Sinne von *angemessener Preis* verstanden, es ist aber denkbar, dass der Ausdruck z.B. in den Anzeigen des Nordischen Mercurius schon in dieser Zeit mit der kontextuellen Implikatur *günstiger Preis* verwendet wird. Die Implikatur beruht auf der Annahme, dass der angemessene Preis aus Sicht des Käufers ein günstiger Preis ist. Seit der ersten Hälfte des 19. Jahrhunderts ist der Ausdruck *billig* in der Sprache der Warenwerbung bereits der Standardausdruck für das Versprechen eines günstigen Preises. Das zeigen die Belege aus dem Anzeigenblatt der Stadt Gießen aus der Zeit von 1820–1840, bei denen besonders die Steigerungsformen auffallen: *sehr billig, zu billigsten Preisen, möglichst billige Preise*. Jetzt konkurriert *billig* mit dem bisher gebräuchlichen Ausdruck *wohlfeil*. Spätestens um 1850 muss diese Verwendungsweise auch außerhalb der Warenwerbung üblich gewesen sein, wie Schopenhauers sprachkritische Anmerkung zeigt. Dass um diese Zeit auch schon die Kollokation *billige Waren* gebräuchlich ist, zeigt der Beleg aus dem Wörterbuch von Sanders (1860–1865). Den Zusammenhang zwischen *billiger Preis* und *billige Waren* kann man als metonymische Verknüpfung deuten. (Eine alternative Deutung gibt Wellander: Er versteht *Die Ware ist billig* als elliptische Form von *Die Ware ist billig im Preis*.) In einem nächsten Entwicklungsschritt konnte die Annahme von Käufern, dass billige Waren gewöhnlich schlecht sind, wie es der Beleg von Sanders formuliert, zu der Verwendung von *billig* im Sinne von *wertlos, von minderer Qualität* führen. Offensichtlich spielte sich diese Verwendungsweise in der zweiten Hälfte des 19. Jahrhunderts ein, wobei interessanterweise die Verwendung im Sinne von *preisgünstig* bis heute gebräuchlich geblieben ist. Nochmals einen neuen Entwicklungsschritt dokumentiert die Beschreibung von Stöcklein, einem Schüler Hermann Pauls, aus dem Jahre 1898: *billige Witzeleien* sind Witzeleien ohne Wert, die man leicht machen kann, die nicht viel Geist erfordern. Hier wird der Ausdruck metaphorisch von wertlosen Waren auf wertlose, d.h. einfallslose oder geistlose Äußerungen übertragen. In dem Maß, in dem die Verwendung von *billig* im Zusammenhang von Kauf und Verkauf zum Prototypen wurde, wurde die alte Verwendungsweise im Sinne von *angemessen* zunehmend ungebräuchlich, vermutlich seit der ersten Hälfte des 20. Jahrhunderts. Die pejorisierte Verwendung von *billig* im Sinne von *minderwertig* war wohl ein Grund dafür, dass zur positiven Bewertung im Sinne von *günstig* schon im 19. Jahrhundert *preiswert* (von Waren), später *günstig* (von Waren und Preis) und in neuerer Zeit *fairer Preis* als Alternativen ins Spiel gebracht wurden. Die Beispiele aus der heutigen Warenwerbung in Beispiel (19) (*Immer günstig, nie billig* und *Preiswert ja, billig nein*) verwenden *billig* kontrastierend im Sinne von *wertlos*, spielen aber auch mit den beiden Verwendungsweisen von *billig* (‚preiswert‘ / ‚wertlos‘). Wenn man die Entwicklung von *wohlfeil* und die Parallelen im Gebrauch von lateinisch *vilis* und englisch *cheap* betrachtet, dann scheint die Entwicklung von ‚preisgünstig‘ zu ‚wertlos‘ ein naheliegender Entwicklungspfad zu sein. Auch die daran anschließende Verwendung von *cheap criminal* ‚verächtlicher Kleinkrimineller‘, also die Übertragung auf Personen, hat ein Gegenstück im Deutschen: *billiger Ganove, billiges Flittchen*. Diese Verwendungsweise scheint eine Entwicklung des 20. Jahrhunderts zu sein. Wir können nun die Gesamtentwicklung in einem Entwicklungsgraphen darstellen und dabei auf die Nummerierung der Verwendungsweisen in unserem Verwandtschaftsgraphen (1) zurückgreifen:

(19)   V-1 ⟶ V-2 ⟶ V-3 ⟶ V-4 ⟶ V-5
                                              ↘
                                                V-6

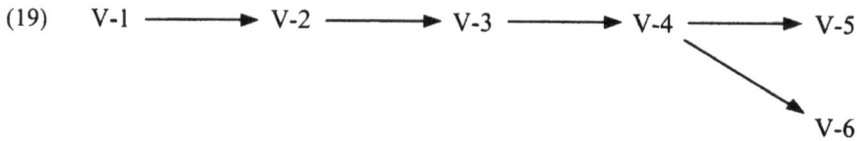

Wir können nun den Graphen (19) auf den Verwandtschaftsgraphen (1) abbilden, den wir hier zum Vergleich nochmals wiedergeben:

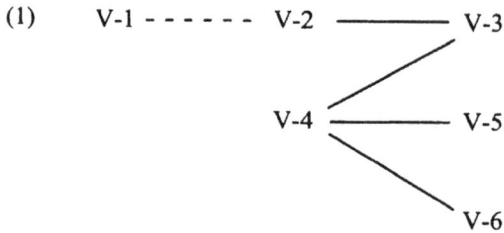

(1)   V-1 - - - - - - V-2 ——————— V-3
                                ╱
                    V-4 ◁——————— V-5
                          ╲
                            V-6

Beim Vergleich von (1) mit (19) sieht man, wie sich die heutige Polysemie von *billig*, d.h. die Struktur der Verwendungsweisen des Ausdrucks, historisch entwickelt hat. In der heutigen Polysemie erkennt man also das Ergebnis einer lang andauernden historischen Entwicklung in mehreren kleinen Schritten. Dabei fällt auf, dass sich einerseits eine Art *wertlos*-Cluster ausgebildet hat (V-4, V-5, V-6) und andererseits die ursprüngliche Verwendung im Sinne von *angemessen* marginal geworden ist.

11.3   Metonymische Muster und Metaphernfamilien: das Adjektiv *scharf*

Am Beispiel von *billig* haben wir gesehen, wie durch den flexiblen Gebrauch eines Ausdrucks eine Polysemie entsteht. Hier ist das Spektrum der Verwendungsweisen noch einigermaßen übersichtlich. Bei vielen Ausdrücken entwickeln sich aber im Laufe der Geschichte viel komplexere Strukturen von Verwendungsweisen, wie etwa eine kleine Sammlung von Verwendungen des Adjektivs *scharf* zeigt:

(1)   ein scharfes Messer
(2)   eine scharfe Bügelfalte
(3)   ein scharfes Auge
(4)   ein scharfer Wind
(5)   ein scharfer Ton
(6)   scharfer Pfeffer
(7)   ein scharfes Bild
(8)   scharfe Kurven
(9)   ein scharfer Verstand
(10)   eine scharfe Analyse
(11)   eine scharfe Kontroverse
(12)   ein scharfer Porno
(13)   ein scharfer Typ

Obwohl dies auf den ersten Blick ein ziemlich heterogenes Bild zu ergeben scheint, zwei-
feln wir als Sprecher wohl nicht daran, dass diese Verwendungsbeispiele sich alle im Rah-
men der normalen Bedeutung von *scharf* bewegen. Aus Sicht der heutigen Praxis des
Gebrauchs von *scharf* stellt sich nun die Frage, wie die Sprecher eine solche Vielfalt von
Verwendungen beherrschen und wie sie sie lernen. Und aus historischer Sicht stellt sich die
Frage, wie diese Vielfalt entstehen konnte. Nach unserer Erfahrung mit *billig* liegt die
Vermutung nahe, dass diese beiden Fragen eng zusammenhängen und dass die verbindende
Antwort etwa folgendermaßen lauten muss: Die Fähigkeiten der Sprecher, die die Entwick-
lung dieser Komplexität ermöglicht haben, ermöglichen auch das Erlernen und die Beherr-
schung dieser Komplexität. Dabei muss eine grundlegende Fähigkeit darin bestehen, den
Zusammenhang der Verwendungsweisen zu sehen. Im Folgenden versuchen wir für das
Beispiel *scharf* eine etwas genauere Beschreibung dieser Fähigkeit zu geben.

Eine grundlegende Verwendungsweise des Adjektivs *scharf* ist zweifellos die Verbindung mit *Messer* und verwandten Ausdrücken. Diese Verwendungsweise lernen Kinder
auch sehr früh, z.B. im Zusammenhang der Warnung *Vorsicht, das Messer ist scharf*. Mit
dem Erlernen des Gebrauchs von *scharfes Messer* lernt man normalerweise,

(i)   dass ein solches Messer eine bestimmte Form des Schliffs besitzt (im Gegensatz zu
        einem stumpfen Messer),
(ii)   dass es gut schneidet (vielleicht *zu* gut),
(iii)   dass ein Schnitt mit einem solchen Messer eine bestimmte Wirkung hat,
(iv)   dass diese Wirkung unangenehm wahrgenommen werden kann (z.B. wenn man sich
        schneidet).

Dieser kleine Wissensbestand (Frame) über scharfe Messer, der zur Fähigkeit gehört, den
Ausdruck *scharfes Messer* richtig zu verwenden und zu verstehen, kann nun genutzt werden, um den Zusammenhang zwischen *scharfes Messer* (i) und (ii), *scharfer Schnitt* (iii)
und *scharfer Schmerz* (iv) zu sehen. Der Wissensbestand eröffnet also ein **metonymisches
Muster**, das eine metonymische Verknüpfung zwischen vier Aspekten der Eigenschaftszu-
schreibung mit *scharf* erlaubt: Formaspekt, Funktionsaspekt, Wirkungsaspekt und Wahrnehmungsaspekt. Die zusammenhangspendende Wirkung dieses metonymischen Musters
wird nun dadurch besonders produktiv, dass ausgehend von der prototypischen Verwendungsweise *scharfes Messer* Übertragungen auf andere Arten von Gegenständen möglich
sind. Dabei werden aber nicht immer alle Aspekte des metonymischen Musters „ausgewer-
tet". Nur was relevant ist, wird fokussiert, d.h. semantisch genutzt.

– Bei *scharfe Bügelfalte, scharfe Kante, scharfes Profil* ist der **Formaspekt** fokussiert. Die
   anderen Aspekte erscheinen irrelevant.

– Bei *scharfes Auge* steht der **Funktionsaspekt** im Vordergrund. Man könnte darin eine
   Art Werkzeugmetaphorik sehen: Mit scharfen Augen kann man gut sehen. (Analog bei
   anderen Sinnesorganen: *scharfes Gehör, scharfe Nase; scharfer Tastsinn* ist ungebräuch-
   lich.) Ebenfalls als Werkzeugmetapher kann man *scharfe Brille* verstehen: Eine scharfe
   Brille ist ein gutes Werkzeug zum Sehen. Ein Werkzeug ganz anderer Art ist ein scharfer
   Verstand. Bei *scharfer Verstand* haben wir also eine Übertragung in den intellektuellen
   Bereich. Bei diesen Werkzeugmetaphern scheint generell jeweils nur der Funktionsas-

pekt fokussiert zu sein, der Formaspekt ist ebenso irrelevant wie der Wirkungs- und der Wahrnehmungsaspekt.

– Ausgehend vom **Wahrnehmungsaspekt** gibt es Übertragungen auf andere Sinnesbereiche: *scharfes Licht* (schmerzt in den Augen), *scharfer Wind* (schmerzt auf der Haut), *scharfer Ton, scharfer Knall* (schmerzt im Ohr). Mit *scharfer Pfeffer* können wir angeben, dass dieser Pfeffer auf der Zunge brennt, aber auch, dass er gut würzt. In einen ganz anderen Bereich führt *scharfer Spott*. Scharfer Spott ist intensiv und wirkungsvoll. Wenn man davon getroffen wird, kann er auch weh tun.

– Der **Wirkungsaspekt** scheint nicht so häufig genutzt zu werden (vgl. *scharfer Schnitt, scharfe Verätzung*).

Wir sehen also, dass die Produktivität des metonymischen Musters sich besonders durch die Übertragung auf eine Vielzahl von anderen Arten von Gegenständen entfaltet. Im Gebrauch von *scharf* erkennen wir ganze **Metaphernfamilien**: die Übertragung auf Sinnesorgane (Werkzeugmetaphorik), auf die unterschiedlichen Formen der Sinneswahrnehmung (Licht, Ton), auf das menschliche Handeln (*scharfer Kampf, scharfer Spurt*), insbesondere auf das geistige und kommunikative Handeln (*scharfe Analyse scharfe Kritik, scharfes Urteil*).

Dabei hat sich für den Bereich des menschlichen Handelns ein eigenes metonymisches Muster ausgebildet, in dem die wichtigsten Aspekte die folgenden zu sein scheinen: (i) der Handelnde (*ein scharfer Kritiker, ein scharfer Prüfer*), (ii) die Intensität der Handlung (*scharfer Kampf, scharfer Spurt, scharfe Kritik*), (iii) die Qualität des Produkts (*scharfe Analyse, scharfe Antwort*), (iv) die unangehme Wahrnehmung der Handlung (*scharfer Spott, scharfe Prüfung*).

Ein Ausschnitt aus den Verwendungsweisen von *scharf* lässt sich im Überblick folgendermaßen darstellen.

Einige Verwendungsweisen von *scharf* in der Gegenwartssprache, geordnet nach Verwendungsaspekten			
Form	**Funktionstüchtigkeit**	**Wirkung**	**Wahrnehmung**
scharfes Messer	scharfes Messer		
		scharfer Schnitt	
			scharfer Schmerz
scharfe Krallen	scharfe Krallen		
scharfes Blatt			
scharfes Profil			
scharfe Bügelfalte			
scharfe Kante			
scharfe Kurve			
scharfes Bild			
	scharfes Geschütz		
			scharfer Wind
			scharfer Frost
			scharfer Winter
	scharfes Auge		
	scharfes Ohr		
	scharfe Nase		
	scharfe Brille		
			scharfes Licht
			scharfer Ton

			scharfer Knall scharfer Dunst scharfer Geschmack scharfer Pfeffer scharfe Speisen
scharfer Pfeffer		-	
scharfe Lauge scharfe Worte scharfer Blick scharfer Verstand			scharfe Worte scharfer Blick
Handelnde Person	**Qualität/ Intensität der Handlung**	**Wirkung/ Produkt der Handlung**	**Wahrnehmung der Wirkung**
scharfer Analytiker scharfer Prüfer scharfer Richter scharfer Spötter scharfer Gegner	scharfe Analyse scharfe Beobachtung scharfe Kritik scharfe Prüfung scharfes Urteil scharfer Spott scharfer Kampf scharfer Spurt	scharfe Analyse scharfe Beobachtung scharfe Kritik scharfe Prüfung scharfes Urteil scharfer Spott	scharfe Kritik scharfe Prüfung scharfes Urteil scharfer Spott

Diese Beschreibung zeigt **ein produktives System** von Frame-Aspekten, metonymischen und metaphorischen Verknüpfungen und Fokussierungen. Dieses System stützt die etablierten Verwendungsweisen, „legitimiert" sie quasi und verleiht ihnen Zusammenhang. Gleichzeitig ermöglicht das System den Sprechern, jederzeit ad hoc und ohne besondere Anstrengung über die ihnen schon vertrauten Verwendungsweisen hinauszugehen. Daneben gibt es allerdings auch quasi-idiomatische Einzelgänger wie *scharfe Munition* oder *eine scharfe Quint*.

Die Fähigkeiten, die es einem Sprecher ermöglichen, eine derart komplexe Struktur von Verwendungsweisen zu beherrschen, kann man zusammenfassend folgendermaßen beschreiben:

(i)   Er kennt zentrale Verwendungsweisen (in Bezug auf Werkzeuge und Handlungen) und deren jeweiliges metonymisches Muster.

(ii)   Er kennt grundlegende metaphorische Übertragungsformen und die mit ihnen verbundenen Fokussierungen auf Aspekte der metonymischen Muster.

(iii)   Er verfügt über das in der Sprechergemeinschaft verbreitete stereotype Wissen über relevante Gegenstände (Messer, Brillen, Sauce) und Handlungen (analysieren, kritisieren).

(iv)   Er hat Routine in der Deutung gängiger Verwendungen.

(v)   Er hat einige der isolierten Verwendungsweisen irgendwann einzeln gelernt (*scharfe Kurve, scharfe Munition*).

(vi)   Er kann neue Verwendungen nach Präzedenzfällen verwenden und deuten.

11.4 Historische Entwicklungen eines produktiven Verwendungssystems

Bei einem Spektrum von Verwendungsweisen, wie wir es bei *scharf* heute kennen, drängt sich eine evolutionäre Betrachtungsweise geradezu auf. Man möchte sehen, welches historische Potenzial ein derartiges produktives System hat, wie sich ein solches Verwendungsspektrum schrittweise entfaltet hat, welche Varianten im Lauf der Geschichte gebildet wurden, welche Varianten erfolgreiche Karrieren hatten und welche wieder aufgegeben wurden. Die folgenden Beobachtungen sollen einige Schlaglicher auf den Prozess der Bedeutungsentwicklung dieses Wortes bis ins 17. Jahrhundert werfen. Sie verdeutlichen damit auch den funktionalen Nutzen der Entwicklung eines derartigen Verwendungsspektrums für die Sprecher: Das produktive Verwendungssystem erlaubt es, mit bemerkenswerter Ökonomie die unterschiedlichsten Gegenstände nach jeweils relevanten Eigenschaften prägnant zu beschreiben und zu bewerten. Anhand von Belegmaterial aus der Zeit vom 12. bis 17. Jahrhundert versuche ich zu zeigen,

(i) dass es ein entsprechendes produktives System in Ansätzen schon seit langer Zeit gibt,
(ii) dass sich dieses System zunehmend entfaltet hat und
(iii) dass die Sprecher das Potenzial dieses Systems über die Jahrhunderte hin in unterschiedlicher Weise genutzt haben.

Die Verhältnisse im Ahd. sind verhältnismäßig kompliziert, so dass ich sie hier nur am Rande berücksichtige (vgl. Fritz 1995, 99f.).

11.4.1 Beobachtungen zum Entwicklungsstand im Mittelhochdeutschen

1. Beginnen wir mit einem kleinen Korpus von epischen Texten des 12. Jahrhunderts (Konrads „Rolandslied", Lamprechts „Alexander", Veldekes „Eneide"). Hier finden wir bei ca. 50 Belegen für *scharf* (mhd. meist *scharph* oder *scharpf* geschrieben) etwa 90% Verwendungen zur Charakterisierung von Waffen, d.h. Schwertern, Lanzen und Pfeilen (*mit ir scharpfen ecken, mit iren scharpfen swerten* etc.). *scharpf* ist also die typische Qualitätskennzeichnung für Waffen. Diese Beleglage hängt natürlich auch damit zusammen, dass es sich hier um Texte handelt, in denen thematisch Schlachtschilderungen eine zentrale Rolle spielen. Ein ähnlicher Befund zeigt sich in epischen Texten der Zeit um und kurz nach 1200. Im Nibelungenlied beziehen sich 4 von 6 Belegen auf Waffen. Auch bei Wolfram von Eschenbach, der insgesamt ein größeres Spektrum an Verwendungsweisen von *scharpf* zeigt als die früheren Epiker, ist die Anwendung auf Waffen häufig (10 Belege). Hartmann von Aue bietet drei Belege, die nahe am Prototyp liegen: scharfes Messer (Armer Heinrich, 1209), scharfe Zähne und Klauen (Iwein, 459 und 6756). Nahe liegt auch die Verbindung *scharpfe dornen*, die sich in einem Lied Walthers von der Vogelweide findet (37.6) und die geradezu eine feste Wendung zur Kennzeichnung der Schmerz zufügenden Dornenkrone ist.

2. Eine nächste, auffallende Verwendungsweise von *scharpf* bezieht sich auf körperlichen und seelischen Schmerz, letzteres eine metaphorische Übertragung des Wahrnehmungsas-

pekts aus dem körperlichen Bereich. Den Schmerz von Amphortas' Wunde bezeichnet Wolfram als *diu scharphe sûre nôt* (Parzival, 789.21), den schmerzensreichen Tod am Kreuz als den *vil scharphen tôt* (Parzival, 113.20). Belege für den Bezug auf seelischen Schmerz, den wir heute wohl eher als *tiefen Schmerz* oder *grausamen Schmerz* bezeichnen würden, finden wir u.a. im Nibelungenlied: *waer iemen der bekande mîniu scharphen sêr* ‚wenn es jemanden gäbe, der meinen grausamen Schmerz kennt' (Nibelungenlied, 1173.2). Entsprechende Verwendungen von *scharphe pîn* und *scharphe nôt* sind auch bei Wolfram („Parzival" und „Willehalm") 6 mal belegt, z.B. in Bezug auf Gawans Liebeskummer (*sîne scharphe nôt* „Parzival", 643.25).

3. In Bezug auf unangenehme Witterungserscheinungen (scharfer Wind, scharfer Winter) finden wir *scharpf* bei Neidhart: *der scherfe wint* (5.15) und *dem scherpfen winder* (7.23; ähnlich 82.5).

4. Auch die Übertragung von *scharf* auf die Verstandesfähigkeiten ist in dieser Periode zu belegen: *met sô skarpen sinnen* (Veldeke, Eneite, 11472).

5. Eine weitere Gruppe bilden die Belege für *scharpher strît* ‚scharfer Kampf' (10 Belege bei Wolfram, ein Beleg im Nibelungenlied). *scharpher strît* ist ein Beispiel für die Anwendung von *scharf* auf menschliche Handlungen, insbesondere zur Kennzeichnung der Intensität von Auseinandersetzungen, die auch zum heutigen Spektrum der Verwendungsweisen gehört (*scharfes Gefecht, scharfe Streitigkeiten*). Allerdings scheint heute die Verbindung *harter Kampf* gebräuchlicher zu sein. Damit nahe verwandt ist *scharphe rache* (Wolfram, Parzival, 371.1). In einer Urkunde aus Mainz vom August 1235 (Altdeutsche Originalurkunden Bd. 1, Nr. 4, S. 16,37) ermahnt der Kaiser die Gerichtsherren, sie sollen „rechte richten" und droht ihnen für den Fall des Zuwiderhandelns an, sie seinerseits scharf zu richten: *Swer das nicht tut vbir den wollen wir scherflichen richten*.

6. Was die Anwendung von *scharf* auf kommunikative Handlungen betrifft, ist die Verbindung *scharfe Worte* seit dem Ahd. durchgehend belegt. Belege für verwandte Verwendungen im Mhd. sind *ir scharphiu saliure* (‚ihre scharfe Spottrede', Parzival, 531.19), *(sich) des scharpfen sanges genieten* (Walther von der Vogelweide, 32.7, ‚eine schärfere Tonart anschlagen'), *mit ein scharpfen capittel* (‚mit scharfer (Selbst-) Kritik' Mechthild von Magdeburg, 208.16).

7. *scharf* als Kennzeichnung eines Agens finden wir in folgendem Beleg: *der tôt gebirt uns hin ze gote, swie er doch sî ein scharpher bote* ‚der Tod ist ... ein grausamer Bote' (Freidank, Bescheidenheit, (vor 1233) 21,6).

Diese Belege machen wahrscheinlich, dass auch im Mhd. die Anwendung auf Messer, Schwerter und dergleichen die prototypische Verwendungsweise von *scharf* war. Sie zeigen weiterhin, dass das mit diesem Prototyp verbundene metonymische Muster schon genutzt wurde (z.B. bei der Fokussierung auf den Wahrnehmungsaspekt: scharfer Schmerz, scharfer Wind) und dass gewisse metaphorische Übertragungen schon gebräuchlich waren (der scharfe Verstand, scharfe Worte, scharfer Kampf, scharfer Spott). Und sie zeigen auch, dass die Anwendung dieser Muster z.T. Kollokationen ermöglichte, die uns heute ungewöhnlich erscheinen würden, wie z.B. *scharfer Liebeskummer, scharfer Tod, scharfer Bote*. Eine

Frage beantwortet eine solche Sammlung von Belegen natürlich nicht: Sind damit die Möglichkeiten des produktiven Verwendungssystems von *scharf* im Mhd. schon ausgeschöpft? Beispielsweise könnte man vermuten, dass Übertragungen auf verschiedene Sinnesbereiche, die um 1350 zu belegen sind, schon früher gebräuchlich waren, aber eben zufällig nicht in uns bekannten Texten vorkommen. Beispielsweise finden wir die Anwendung auf den Bereich der Geschmackswahrnehmung in einem frühen Kochbuch, dem „Buch von guter Speise" (ca. 1350) belegt: *tuo pfeffer dar zuo vnd ingeber, daz ez scharpf werde* (29,8) ‚gib Pfeffer und Ingwer dazu, damit es gut gewürzt ist'. Es gibt aber keinen Grund zu der Annahme, dass hier eine semantische Innovation dieses speziellen Kochbuchs vorliegt. Mit der zunehmenden Verfügbarkeit von fachsprachlichen Texten in der frühnhd. Periode wächst dann auch unsere Chance, entsprechende Verwendungen von *scharf* belegen zu können.

11.4.2 Beobachtungen zur Entfaltung der Verwendungsweisen im Frühneuhochdeutschen

Im Frühneuhochdeutschen entfaltet sich das Spektrum der Verwendungsweisen weiter. Die folgende kleine Sammlung stellt für einige Autoren aus der Zeit von 1350 bis etwa 1600 die bei ihnen jeweils vertretenen Typen von Verwendungsweisen zusammen. Damit soll ein Hinweis auf die Gebrauchsmöglichkeiten im Fnhd. gewonnen werden. (Belege aus Texten weiterer Autoren finden sich in Fritz 1995, 102ff. Belege aus Luthers Schriften, die eine wichtige Ergänzung zu dieser Sammlung bilden, sind im DWb recht ausführlich verzeichnet.)

Heinrich von Mügeln, „Der Meide Kranz" (ca. 1350)

In diesem Text sind folgende Verbindungen von *scharf* zu finden: die scharfe Spitze eines Dolches (*mins rütelinges ort*, 1538), scharfer Wind (1597), *die ander rede scharf und sur* (1373, ähnlich 1387), die Logik ist *in scharfen sprüchen balt* (‚sie tut sich mit scharfsinnigen Argumenten hervor', 222); die im Sternkreis des Löwen geborenen Menschen haben *scharfen sin* ‚einen scharfen Verstand' (2440), während dieser den Stier-Geborenen fehlt (2382). Dem sonstigen Spektrum der Verwendungsweisen ist folgender Beleg schwerer zuzuordnen: *scharfe stige* (‚holperige Wege', 1175). Hier zeigt sich wohl die Kontinuität einer schon im Ahd. gebräuchlichen Verwendungsweise im Sinne von *rau*, die auch in anderen Texten unserer Sammlung belegt ist.

Konrad von Megenberg, „Buch der Natur" (1350)

Wegen seiner thematischen Breite ist dieses Buch eine Fundgrube für frühe Belege unterschiedlicher Verwendungsweisen von *scharf*: Nelken sowie andere Gewürze und Kräuter sind *gar scharpf auf der zungen* (367.29), ein natürlicher Wirkstoff wie Buchenasche *ist gar scharpf und ist den värbern gut* (324,8). Viele Tiere (Luchs, Panther, Adler) haben scharfe Augen. Beispielsweise hat der Luchs *so scharphiu augen ...* (dass er durch die Wände sehen kann; 146.27). Der Formaspekt scheint in folgendem Beleg realisiert zu sein: *all vogel, die krump kläen* (‚gebogene Klauen') *habent, die habent ein scharpf prust* ‚ein scharfkantiges Brustbein' (165.35).

Einige der bei Megenberg dokumentierten Verwendungsweisen von *scharf* sind heute ungebräuchlich, beispielsweise die Charakterisierung von den Menschen stark angreifenden Krankheiten: *von der scharpfen colera* (358.11) oder die Anwendung auf schmerzhafte Wunden: *(Maria) hail mein scharpf wunden meiner durchsiechen sel* (336.32). Zu den heute ungebräuchlichen Verwendungsweisen gehören auch die alte Verwendung im Sinne von *rau*, bezogen auf Haut oder Rinde: *(Nereiden sind) an allem irm leib gar rauch und scharpf* (239.27), *(Der Salamander hat) ainen scharpfen leib und ain haut als ain cocodrill* ,Krokodil' (277.9), *(der Nespelbaum) hat ain scharpf rinden* (333.14). Ebenso die Verwendung im Sinne von *grausam*: Wilde Tiere wie Eber sind *alle zeit grimmig und scharpf* (121.11), aber auch grausame Menschen, z.B. gewisse religiöse Würdenträger, die ihren Pflichten gegenüber ihrer Gemeinde nicht nachkommen: *Verr scherpfer und grimmer sint unsere prelaten, pischöff, proebst und dechent, die irn undertanen [...] gotes wort niht pietent* (146.7).

Zwei weitere interessante Verwendungen finden sich in Megenbergs „Deutscher Sphaera", ein Beleg aus dem Bereich der Optik bzw. der Geometrie (ein Winkel erscheint *in dem augen scharpf* ,spitz'; 14.4) sowie eine Verwendung in Bezug auf die Sonne: *(im Sternbild des Skorpions ist die Sonne) des ersten senft und ze letzest scharpf* ,erst mild, dann brennend heiß' (23.30).

Johannes von Tepl, „Der Ackermann" (1400)

Hier gibt es drei Belege für *scharf*: Zweimal verwendet der Autor den Ausdruck im Sinne von *streng* (Antonym *gütig*), einmal finden sich die bekannten *scharfen worte*: *Süße und saur, linde und herte, gütig und scharf pfleget ir euch zu beweisen* (15.03); *Ist er zu gütig, ist er zu scharf, an in baiden wird er mit schaden gestrafet.* (28.32); *Grammatica [...] hilfet da nicht mit iren scharfen und wol gegerbten worten.* (26.07).

Kaufringers Mären (1. Hälfte 15. Jahrhundert)

Bei Kaufringer finden wir die Standardverwendungen für scharfes Messer, Schwert und Speer. Von den Naturgewalten erwähnt er *ain ungewitter scharpf und gros* (3.94); die Kampfkraft eines turniererfahrenen Ritters bezeichnet er als *sein manheit scharpf und pitter* (26.122), weiterhin verwendet er *scharpfen zorn* (25.118). Die übertriebenen Honorare der Anwälte („vorsprechen") bezeichnet er als *groß und scharf* (20.9). Im Sinne von *unangenehm* bzw. *schwer zu ertragen* findet sich: *Den Unkeuschen dunket scharpf zu aller frist käuschigkeit und reines leben* (25.236). Die Intensität einer Aktivität kennzeichnet *scharpf huot* (16.60, ,heftige Nachstellungen'). Schließlich findet sich auch hier ein Beleg für das Weiterleben der Verwendungsweise im Sinne von *rau* bzw. *uneben*: *ainen weg scharpf und krumb* (5.154).

Oswald von Wolkenstein (vor 1440)

Unter den 25 Belegen bei Oswald finden sich die Standardkennzeichnungen von Schwert, Hörnern und Klauen, Dornen, *scharpf winde* (37.61), *scharpf reden* (43.69). Daneben gibt es sonst unbekannte Verwendungen, die sich aber im Rahmen der bekannten Muster halten: (die Schande) *scharpf betrachten* (116.44), der Sprecher hat einen Konkurrenten mit kräftigem Einsatz überwunden (*überstritten scharf*, 25.124), *scharpf kosen* (,stimulierende Koseworte ins Ohr flüstern', 90,7). Den Aspekt unangenehmer Wahrnehmung fokussieren: (erlöst) *von scharpfer helle* (,Hölle') *gier* (13.13) und das starke Mißbehagen, das der saure Wein bringt (*scharpfen ungelimpfen*, 45.36). Bemerkenswert sind ein früher Beleg für den akustischen Wahrnehmungsbereich (die Vögel singen *scharpfe nötlin*, ,hell klingende Töne' oder ,hohe Töne', 116.12) sowie frühe Belege für die Verwendung im Sinne von *scharfsinnig*: *scharf tichter* (,Dichter'), *klug juristen* (22.87), *ain doctor aller weyshait scharf* (95.3).

Geiler von Kaysersberg, „Seelenparadies" (1510):

In diesem religiösen Werk finden sich Verwendungen in Bezug auf Messer oder Schwert (96ra, 164vb; 167rb), scharfe Dornen (171va), scharfe Ruten (82va), *scharpffe vernunft* (151ra), *schnelle scharpffe synn zeverston* ,schnelle Auffassungsgabe zum Verstehen' (45ra; ähnlich 49b). Auffallend sind Verwendungen im Sinne von *scharfsinnig* oder *subtil* in Bezug auf Diskussionen oder Themen der Reflexion: *fein und scharpf reden* (107rb; ähnlich 100va), *ein scharpffer hübscher punct* (3ra), *eine feine scharpffe meisterliche materi* (91va). Für den Aspekt der schmerzhaften Wahrnehmung finden sich folgende Belege: *vil ruhe* (,raue') *und scharpffe ding* (erleiden)(27ra), (den Leib kasteien) *mit scharpffen disciplinen* (215vb, 217vb).

„Aviso" (1609)

Der „Aviso" von 1609 ist die umfangreichere der ersten beiden deutschen Wochenzeitungen, die im Wesentlichen politische Berichterstattung lieferten. Der Gesamtbefund für diesen Text ist recht auffällig. Von 12 Belegen für *scharff* beziehen sich 11 auf amtliche Verlautbarungen, Anordnungen, Verbote etc., wie z.B.: *haben I. Keys. M*(ajestät) *ernstliche vnd scharffe Mandata außgehen vnd publicirn lassen* (133.31). Die einzige Ausnahme bildet ,scharfes Verhör': *im scharffen Examine gehabt* (244.31).

Johannes Kepler „Tertius Interveniens" (1610)(Gesammelte Werke Bd. 4, 147–258)

In diesem astronomisch-astrologischen Werk finden wir: zwei Belege für scharfen Wind (207.27/35), einen Beleg aus dem Bereich der Optik: *daß ein jede Sach mit ihrer Farb so scharpff im Aug drinnen abgemahlet steht/ so scharpff der Mensch dieselbe sihet* (183.3ff.), zwei Mal die Kollokation mit *genau*: einen Zeitpunkt *genau vnd scharpff* treffen (210.23), etwas *scharpff vnd genauw* ausrechnen (183.11), und zwei Belege in Bezug auf scharf-(sinnig)e Argumentation: *der Theologorum scharpffen Einreden* ,die scharfen Einwände der Theologen' (238.3; ähnlich 237.11).

Abschließend noch zwei lexikalische Beschreibungen aus dem 17. Jahrhundert. Die Beschreibung in Schottels „Hauptsprache" von 1663 erfasst aus dieser Vielfalt nur einen kleinen Ausschnitt (S. 1394). Er unterscheidet vier Verwendungsweisen:

(i)   acutus (*scharf Messer*),

(ii)   ingeniosus. klug, subtil,

(iii) acer, herbe/ scharffschmekkend,

(iv)   *scharf schiessen.*

Stielers Wörterbuch von 1691 bringt in Spalte 1734f. eine interessante, wenn auch etwas ungeordnete Liste von Kollokationen:

Scharfe Arzeney gebrauchen, Scharfe Aufsicht, Scharfe Worte brauchen, Scharfe Rede, Es ist ein scharfer Gast [,ein gewalttätiger, hitzköpfiger Mensch'], *Scharfer Eßig, Scharf Gedächtnüß, Scharfer Befehl, Scharf Gesicht, Scharf Gesetz, Scharfer Wind, Scharf Meßer, Scharf Regiment.*

Diese Belegsammlung zeigt, dass im Fnhd. viele der heute gebräuchlichen Verwendungsweisen – oder doch nahe Verwandte – zu belegen sind, dass es aber auch eine Vielfalt von heute nicht gebräuchlichen Verwendungsweisen gibt, die uns jedoch z.T. leicht ableitbar erscheinen.

11.4.3 Zusammenfassung der Entwicklungsbefunde

Spätestens seit dem Mhd. ist ein produktives System von metonymischen Mustern und metaphorischen Verwendungen erkennbar, das dem heutigen nicht unähnlich ist, dessen Potenzial aber in verschiedenen Zeiten und von verschiedenen Personen unterschiedlich ausgeschöpft wird. Im Rahmen dieses Systems waren neue Verwendungen von den Zeitgenossen vermutlich leicht zu verstehen, d.h. das produktive System erlaubte Neuerungen, die dem Prinzip der kleinen Schritte entsprechen. Da wir dieses System in seinen Grundzügen auch heute noch kennen, gelingt es uns als heutigen Lesern ebenfalls oft relativ leicht, eine einleuchtende Deutung von älteren Verwendungen zu finden.

Einige der in älteren Sprachstufen des Deutschen gebräuchlichen Verwendungsweisen sind uns heute allerdings fremd. Eine kurze Liste derartiger Verwendungsweisen ist:

- die Verwendung im Sinne von *uneben* oder *rau*, die vom Ahd. bis zum Fnhd. belegt sind, wie z.B. *scharfer Weg, scharfe Haut*,
- die Verwendung von *scharf* im Sinne von *grausam* (z.B. in Bezug auf Tiere oder Menschen)
- die Verwendung im Sinne von Schmerzen bereitend: *scharfe Wunde, scharfer Tod*,
- die Verwendung in Bezug auf verschiedene Gegenstände wie die Sonne oder eine Krankheit (*scharfe Colera*),
- insbesondere aber Verwendungen im Sinne von *scharfsinnig*, sowohl im Bezug auf Personen (*scharf tichter, klug juristen*; Wolkenstein) als auch auf Fragestellungen oder Argumente: *eine feine scharpffe meisterliche materi*; *ein scharpffer hübscher punct* (Kaysersberg). Hier ist also der Gebrauch von *scharf* heute weniger flexibel als im älteren Deutsch (vgl. auch DWb 14, 2187).

In evolutionärer Perspektive sehen wir darin Gebrauchsvarianten, die sich nicht bis heute halten konnten. Gleichzeitig zeigen uns diese Verwendungen aber auch ein heute unausgeschöpftes Potenzial des semantischen Systems von *scharf.* Wir sehen, wie im Rahmen eines kontinuierlich produktiven Systems von metonymischen und metaphorischen Verknüpfungsmöglichkeiten zu bestimmten Zeiten nur jeweils ganz bestimmte Verwendungsweisen mehr oder weniger fest etabliert sind.

Unter den heutigen Verwendungsweisen von *scharf* sind einige relativ jung. *scharfe Kleider* ‚gewagte Kleidung‘ gibt es seit den 20er Jahren des 20. Jahrhunderts. Später finden sich *scharfer Porno, scharfe Kurven, scharfe Braut, scharfer Sound.* Als Ausdruck zur unspezifischen positiven Bewertung wird *scharf* seit den 70er Jahren verwendet. Auch hier gab es möglicherweise Vorbilder. Das Oxford English Dictionary von 1989 führt als Verwendungsweise 7 von *sharp* an: „As a general term of approbation. original U.S. slang. a. Excellent, fine" (Bd. X, 184).

11.5 Das Spektrum der Verwendungsweisen im Sprachvergleich

Ähnlich wie der Vergleich mit früheren Sprachstufen des Deutschen kann der Vergleich mit anderen Sprachen Ähnlichkeiten und Unterschiede im Spektrum der Verwendungsweisen vergleichbarer Ausdrücke zeigen und damit Hinweise geben auf ähnliche oder unterschiedliche Anwendungen produktiver Verwendungssysteme. Auf Möglichkeiten solcher Vergleiche will ich hier kurz hinweisen.

Beim Sprachvergleich könnte man drei Typen von Vergleichssprachen unterscheiden: 1. Sprachen, von denen man annehmen kann, dass es zwischen ihnen Wechselbeziehungen gibt bzw. dass die eine die andere beeinflusst hat. 2. Verwandte Sprachen, die sich jedoch (in Bezug auf den Vergleichsgegenstand) nicht wechselseitig beeinflusst haben. 3. Sprachen ohne jede Verwandtschaft und historische Beziehungen. Die letztere Art von Vergleich ist beispielsweise im Bereich der Grammatikalisierungsforschung angestellt worden (z.B. Bybee/Perkins/Pagliuca 1994). Ein solcher Vergleich kann möglicherweise weit verbreitete Entwicklungsparallelen und -tendenzen zeigen. Diesen Typ von Sprachvergleich können wir hier nicht durchführen. Die beiden anderen wollen wir am Beispiel von *scharf* aber wenigstens kurz andeuten.

11.5.1 Mögliche Vorbilder im Lateinischen

Eine Sprache, die das Deutsche in seinen älteren Sprachstufen stark beeinflusst hat, ist das Lateinische. Unabhängig von der Entscheidung der Frage, ob das Spektrum der Verwendungsweisen von *scharf* teilweise auf lateinische Vorbilder zurückgeht, kann man zunächst einmal feststellen, dass sich im Spektrum der Verwendungsweisen von Ausdrücken wie *acer, acutus, acerbus, asper* die Anwendung eines ganz ähnlichen Systems metonymischer und metaphorischer Verknüpfungen erkennen lässt, wie wir es bei *scharf* gesehen haben. Wie man am Beispiel von *acer* (ähnlich *acutus*) zeigen kann, finden wir hier deutliche Parallelen zu den prototypischen Verwendungsweisen und anderen seit langem (oder über lange Zeit hin) fest etablierten Verwendungsweisen von *scharf: acria arma* ‚scharfe Waffen', *ventus acer* ,der scharfe Wind', *acrior hiems*' ein schärferer Winter', *sapor acer* ,ein scharfer Geschmack', *vox acer* ,ein scharfer Ton', *vir acri ingenio* ,ein Mann von scharfem Verstand', *bellum acre* ,ein heftiger Kampf'. Wir finden aber auch mögliche Vorbilder für auffällige, vielleicht eher marginale Verwendungsweisen von *scharf*, die in unserem Belegkorpus erscheinen: *sol acer* ,die scharf brennende Sonne', *pater acer* ,ein strenger Vater' (vgl. Georges, Ausführliches Lateinisch-Deutsches Wörterbuch). So weit die für ein Belegkorpus benutzten Texte Übersetzungen aus dem Lateinischen sind – und das gilt für viele ahd. Texte und auch spätere Fachtexte – können wir mit der Möglichkeit rechnen, dass die Übersetzer mit flexiblem Gebrauch eines Ausdrucks wie *scharf* den Verwendungsmustern eines bedeutungsverwandten Wortes wie *acer* oder *acutus* folgten und auf diese Weise zur Erweiterung des Verwendungsspektrums von *scharf* beitrugen. Allerdings wird im Falle von *scharf* kaum zu entscheiden sein, ob einzelne Verwendungen zunächst okkasionelle Übersetzungsprodukte sind, die sich dann im Laufe der Zeit als sog. Lehnbedeutungen etablieren konnten, oder ob entsprechende Verwendungsweisen oder Teile des metonymisch-metaphorischen Systems unabhängig von der Übersetzung schon gebräuchlich waren.

11.5.2 Parallelentwicklungen im Englischen

Das Englische und Deutsche sind eng verwandte germanische Sprachen, die sich jedoch in der Zeit vor dem 18. Jahrhundert kaum gegenseitig beeinflusst haben. Wenn wir also Parallelentwicklungen im Gebrauch von bestimmten Ausdrücken entdecken – das gilt beispielsweise für die Modalverben und den hier behandelten Ausdruck *scharf* –, dann können wir annehmen, dass in beiden Sprachen, ausgehend von einem ähnlichen Prototyp, auch ein ähnliches produktives System zur Erweiterung des Verwendungsspektrums genutzt wurde. Wenn wir den heutigen Gebrauch von *sharp* betrachten, dann ist dies ist ganz offensichtlich der Fall, und auch die historische Entwicklung von *scharf* und *sharp* zeigt Parallelen, wie man aus dem gut strukturierten Artikel *sharp* im Oxford English Dictionary entnehmen kann. Dabei ist nicht auszuschließen, dass die Verwandtschaft im Spektrum der Verwendungsweisen partiell auf parallelen Bedeutungsentlehnungen aus dem Lateinischen beruht.

Zur Illustration von Übereinstimmungen und Abweichungen im heutigen Gebrauch von *scharf* und *sharp* folgen hier drei kurze Listen von Verwendungsweisen:

– Liste (A) gibt einige Verwendungsweisen wieder, die sowohl im Deutschen wie im Englischen gebräuchlich sind,

– Liste (B) gibt Verwendungsweisen wieder, die (heute) nur im Deutschen gebräuchlich sind,

– Liste (C) gibt solche, die (heute) nur im Englischen gebräuchlich sind.

(A)   *a sharp knife, sharp features* (,ein scharfes Profil'), *a sharp edge* (,eine scharfe Kante'), *a sharp turn, a sharp voice, sharp frost, sharp words, a sharp sound, sharp eyes, sharp ears, sharp intelligence, a sharp conflict, sharp measures* (,scharfe Maßnahmen'), *a sharp fifth* (,eine scharfe Quint'), *a sharp-shooter,*

(B)   *scharfe Flüssigkeit* (,corrosive liquid'), *scharfe Brille* (,strong spectacles'), *scharfes Objektiv* (,high definition lens'), *scharfer Pfeffer* (,hot pepper'), *scharfe Frau* (,hot woman'), *scharfe Granate* (,live grenade'), *scharf auf* (,keen on'),

(C)   *a sharp temper* (,ein aufbrausendes Temperament'), *as sharp as a needle* (,hoch-intelligent'), *a sharp fellow* (,ein gerissener Bursche'), *a sharp practice* (,eine unehrliche Handlungsweise'), *ten o 'clock sharp* (,genau um zehn Uhr').

Ein genauer Vergleich müsste natürlich ein breites Spektrum von Kollokationen, deren Gebräuchlichkeit und das Vorhandensein von Konkurrenzausdrücken detailliert berücksichtigen. Ich möchte hier nur zwei Beobachtungen ergänzen: 1. Im Deutschen haben sich Verwendungen im Sinne von *intelligent, raffiniert, gerissen*, losgelöst von bestimmten Handlungsprädikaten, nicht entwickelt bzw. nicht erhalten. Wir sagen heute also *scharfer Analytiker*, aber nicht *scharfes Kind* (,heller Kopf') oder *scharfer Bursche*. (Aber wir erinnern uns an den Beleg *scharf tichter* bei Wolkenstein.) 2. Im Bereich intensiver/ unangenehmer Wahrnehmungen, in dem es im Englischen Verwendungsweisen von *sharp* gibt (z.B. *sharp flavour, sharp taste, sharp smell*), konkurrieren mit *sharp* Ausdrücke französischen bzw. lateinischen Ursprungs wie *acrid, acid, pungent*, die z.T. unterschiedliche Nuancen realisieren – ein *acrid taste* ist unangenehmer als ein *sharp taste*.

In Bezug auf die Nutzung und Entfaltung eines metonymisch-metaphorischen Systems zeigt der Vergleich mit dem Englischen, dass ähnliche produktive Systeme von metonymischen und metaphorischen Verknüpfungsmöglichkeiten in verwandten Sprachen zu bestimmten Zeiten in unterschiedlicher Weise genutzt werden können, so dass zwar der Gesamteindruck der Parallelität sehr stark ist, sich aber im Einzelnen doch Unterschiede im Repertoire der fest etablierten Verwendungsweisen ausprägen.

11.6   Zum Spektrum der Verwendungsweisen von *hart*

Ein metonymisch-metaphorisches System von Verwendungsweisen mit ähnlichen Eigenschaften wie bei *scharf* finden wir bei dem Adjektiv *hart*. Prototypische Kollokationen sind *harter Stein* und *harter Stahl*. Zum Frame des Wissens über einen harten Stein gehört beispielsweise, (i) dass er bestimmte Tasteigenschaften hat, (ii) widerstandsfähig oder schwer zu bearbeiten ist, (iii) seine Verwendung eine starke Wirkung hat, (iv) das Auftreffen auf den Stein schmerzhaft wahrgenommen wird oder zu Verletzungen führt.

(1)   Die Nussschale ist hart
(2)   Der Holzschnitzer hat Probleme mit dem harten Holz
(3)   Die Matratze ist hart
(4)   hartes Brot
(5)   ein harter Aufprall

Mit der metaphorischen Übertragung auf unterschiedliche Gegenstandsbereiche können u.a. intensive und/oder unangenehme Sinneswahrnehmungen, unangenehme Erfahrungen, unangenehme Personen und Einstellungen oder die intensive Ausführung von Handlungen gekennzeichnet werden, wie die folgende Liste zeigt:

(6)   hartes Licht
(7)   harte Geräusche
(8)   harter Knall
(9)   harter Winter
(10)   harte Prüfung
(11)   harte Kritik
(12)   hartes Urteil
(13)   harte Worte
(14)   harte Arbeit,
(15)   harte Kindheit
(16)   harter Mann
(17)   hartes Herz
(18)   harte Haltung
(19)   harter Widerstand
(20)   harter Kämpfer
(21)   hartes Wasser
(22)   harte Währung

Dass Ansätze zu einem komplexen System von Verwendungsweisen schon im Ahd. zu erkennen sind, zeigen folgende Belege:

(23)   Tiu ouh herte sind. also steina   Notker I.203.21
        ‚die Dinge, die hart sind wie Steine'

(24)   Gotes uuort diu herte uuâren   Notker II.210.19
        ‚Gottes Worte, die hart waren'

(25)   hertiu unde arbeitsamiu ougtest du dinemo liute   Notker II.227.2
        ‚Hartes und Schmerzliches hast du deinem Volk gezeigt'

(26)   uuelchiu precepta und hertiu   Notker II.599.213
        ‚leichte Vorschriften und schwere'

(27)   hart ist thiz uuort   Tatian 82.11a
        ‚hart ist diese Rede'

(28)   hart man   Tatian 146.9
        ‚homo durus'

Die historische Entwicklung dieses Systems ist Gegenstand der folgenden Aufgabe.

Aufgabe 1   Suchen Sie nach Spuren der historischen Entwicklung der Verwendungsweisen von *hart*. Sammeln Sie in den historischen Wörterbüchern (Lexer, DWb, Paul) und ggf. auch mit Hilfe von Konkordanzen bzw. Indices von älteren Texten frühere Belege sowohl für uns heute vertraute Verwendungsweisen als auch für Verwendungsweisen, die uns heute fremd sind.

(Beachten Sie, dass die mhd. Form des Adjektivs zumeist *herte* lautet, wie in folgendem Beleg:

    zir cluse ist daz geverte
    arbeitsam unde herte
    ‚zu ihrer Klause ist der Weg mühsam und hart'   Tristan 17079f.)

Zeigen Sie nach dem Muster der Beschreibung von *scharf*, in welcher Weise in der Gebrauchsgeschichte von *hart* ein System von metonymischen Mustern und metaphorischen Übertragungen genutzt wird.

Aufgabe 2   Verfolgen Sie die historische Entwicklung der Polysemie von *grün* mit Hilfe der Darstellung in Hundsnurscher (1988). Ziehen Sie für die Entwicklung seit 1950 die Hinweise in Stötzel/Eitz (2003, 182–1986) heran.

Literaturhinweise

Den gegenwärtigen Stand der Polysemie-Diskussion gibt der folgende Sammelband von Nerlich et al. (2003) recht gut wieder: „Polysemy. Flexible patterns of meaning in mind and language." Beschreibungen von komplexen Strukturen von Verwendungsweisen im Deutschen finden sich in Fritz (1995) zu *scharf* und Fritz (2000b) zum Verb *ziehen*. Geeraerts (1997, 47ff.) skizziert die Geschichte der Polysemie von niederländisch *vergrijpen*, die erkennbare Parallelen zur Geschichte von *sich vergreifen* im Deutschen zeigt.

12. Polysemie und lexikalische Ausdifferenzierung: Kennzeichnungen für Dimension und Quantität (*groß* und *viel*)

In der folgenden Betrachtung der Entwicklungsgeschichte von Dimensions- und Quantitätsadjektiven im Deutschen sind folgende Aspekte von besonderem Interesse:

1. Polysemie vs. lexikalische Differenzierung
    In der hier behandelten Entwicklungsgeschichte sehen wir zwei konkurrierende Prinzipien am Werk: Zum einen das Prinzip, dass Sprecher häufig einen Ausdruck in verschiedenen Verwendungsweisen benutzen (das Polysemieprinzip), wenn es dafür eine Basis im gemeinsamen Wissen gibt (vgl. Abschnitt 12.1). Zum andern das Prinzip, dass Sprecher häufig die Möglichkeit nutzen, wichtige semantische Unterschiede lexikalisch zu differenzieren, z.B. die Unterscheidung von Dimension und Quantität.
2. Die Übernahme von Ausdrücken in den Bereich der Kennzeichnung von Dimension/Quantität, die ursprünglich in anderen Bereichen verwendet werden, z.B. im Bereich der sozialen Einschätzung (*wenig*) oder als Qualitätsadjektiv (*klein*), und umgekehrt die Verwendung von Dimensions- und Quantitätsausdrücken als Intensitätswörter (mhd. *michel lachen* ‚starkes Gelächter‘, mhd. *vil lachen* ‚sehr lachen‘),
3. Die Entstehung von Wahlmöglichkeiten zwischen Ausdrücken in derselben Funktion (z.B. *michel* und *grôz* im Mhd.) – in strukturalistischer Redeweise *Konkurrenzen* genannt – und die historische Entwicklung dieser Wahlmöglichkeiten.
4. Die Betrachtung der Entwicklungen in einer Gruppe von Ausdrücken als Systementwicklungen (z.B. Entwicklung von Antonymiebeziehungen: *groß/klein*, *viel/wenig*),
5. Regional unterschiedliche Entwicklungen in der Verbreitung und dem Veralten von Verwendungsweisen. Die Neuerungen werden in verschiedenen Regionen unterschiedlich schnell aufgenommen, und umgekehrt veraltet nicht das ganze Spektrum der Verwendungsweisen eines Ausdrucks (z.B. *lützel* oder *michel*) überall auf einmal, sondern einzelne Verwendungsweisen veralten regional unterschiedlich schnell.
6. Entwicklungen im Sprachenvergleich: Vergleich mit dem Englischen

12.1 Grundlagen

Zum Grundwortschatz vieler, wenn nicht aller Sprachen gehören Ausdrücke, mit denen man angeben kann, dass ein bestimmter Gegenstand größer ist als ein normaler Gegenstand der betreffenden Art, und solche, mit denen man ausdrücken kann, dass eine Menge einer bestimmten Art überdurchschnittlich groß ist. Im Deutschen verwendet man dafür etwa *groß* wie in *ein großer Baum* und *viel* wie in *viel Geld*. Häufig werden dieselben Ausdrücke dazu verwendet, Dimension und Menge auszudrücken (vgl. Wierzbicka 1994, 494f.). Beispielsweise wird im Arrernte, einer Sprache der zentralaustralischen Aborigines, der Ausdruck *kngerre* normalerweise im Sinne von *groß* verwendet, manchmal aber auch im Sinne von *viel* und manchmal auch als Intensivierer im Sinne von *sehr*. Eine ganz ähnliche Situation finden wir im mittelalterlichen Deutsch und auch im mittelalterlichen Englisch. Zu diesem sprachvergleichenden Befund passt ein Befund aus der Spracherwerbsforschung, dass nämlich zwischen der Entwicklung der Fähigkeit, Gegenstände als größer zu beurteilen, und der Fähigkeit, Mengen als größer zu beurteilen, ein Zusammenhang besteht (vgl. Goede 1987).

Solche Befunde deuten darauf hin, dass es möglicherweise eine universal eingebaute Sichtweise, eine kognitive Verknüpfung gibt, aufgrund deren Menschen eine groß dimensionierte Anhäufung oder Ansammlung von Gegenständen als zahlenmäßig große Menge solcher Gegenstände sehen. Es ist, als hätten sie eine kleine Alltagstheorie der folgenden Art: Wenn irgendwo ein *großer* Haufen von Steinen liegt, dann ist das normalerweise eine beträchtliche Menge von Steinen. Diese kleine Theorie nutzen Sprecher offensichtlich, wenn sie Ausdrücke wie *Das kostet einen Haufen Geld* dazu verwenden, um auszudrücken, dass etwas viel Geld kostet. Man kann in der süddeutschen Umgangssprache sogar sagen *einen Haufen Zeit* ‚viel Zeit‘. Ähnlich im Englischen, wenn man sagt *There's heaps of time* ‚Wir haben noch jede Menge Zeit‘. Diese kleine Theorie scheint auch noch folgende Erweiterung zu haben: Wenn irgendwo eine beträchtliche Menge von Steinen liegt, dann würde sich beim Nachzählen herausstellen, dass das viele einzelne Steine sind (*große* Menge = *viele* Einzelgegenstände).

Wenn wir nun die Geschichte der deutschen Sprache betrachten, so sehen wir, dass diese Art der Verknüpfung von Dimension und Menge im mittelalterlichen Deutsch längere Zeit genutzt wird, um mit Dimensionskennzeichnungen wie *michel* (mhd. *ein michel hirz* ‚ein großer Hirsch‘) auch Mengenangaben (mhd. *michel wazzers* ‚viel Wasser‘) zu machen, dass sich dann aber im Laufe des Frühneuhochdeutschen eine Praxis einspielt, Dimensionsangabe und Mengenangabe lexikalisch zu differenzieren (*groß* und *viel*), so dass wir im Deutschen seit dieser Zeit folgendes Verwendungssystem haben:

(1)   ein großes Haus   Dimension
      viel Geld   Quantität (Menge)

Dasselbe gilt für die Ausdrücke zur Kennzeichnung des unteren Endes der Dimensions- und Quantitätsskala (*klein* und *wenig*, die Antonyme zu *groß* und *viel*):

(2)   ein kleines Haus   Dimension
      wenig Geld   Quantität (Menge)

Ähnlich wie im Deutschen verläuft – im Resultat, nicht in der Einzelentwicklung – die Geschichte im Englischen. Auch da finden wir in der neueren Sprache eine Differenzierung nach Dimensionsangabe und Mengenangabe (*large/big* und *much*, *small* und *little*). Zusätzlich finden wir im Englischen aber noch die lexikalische Differenzierung nach kollektiver Quantität (Menge) (*much money, little money*) und distributiver Quantität (Zahl) (*many coins, few coins*), eine Differenzierung, die in der deutschen Schriftsprache, nicht aber in allen Dialekten, durch die Flexion (Singular- bzw. Pluralmorphologie), gekennzeichnet wird: *viel Geld, viel-e Münzen, wenig Geld, wenig-e Münzen*. Dass die Unterscheidung von kollektiver Quantität (Menge) und distributiver Quantität (Zahl) im Englischen lexikalisch realisiert ist, im Deutschen aber nicht, ist ein Grund für die Schwierigkeit, die deutsche Englischlerner anfangs oft mit dem Gebrauch von *much* und *many* haben, nicht aber beim umgangssprachlichen *a lot of* (*a lot of money* und *a lot of coins*).

Die Ausdrucksmöglichkeiten zur Kennzeichnung von Dimension und Quantität im Englischen und im Deutschen lassen sich als unterschiedliche systematische Lösungen für eine Gruppe kommunikativer Aufgaben vergleichend darstellen:

(3)	a large/big house	ein großes Haus	Dimension
	much money	viel Geld	Quantität (Menge)
	many coins	viel-e Münzen	Quantität (Zahl)
	a small/little house	ein kleines Haus	Dimension
	little money	wenig Geld	Quantität (Menge)
	few coins	wenig-e Münzen	Quantität (Zahl)

Die zwei Verwendungsweisen von *little* (*a little house* und *little money*) sind ein Relikt des älteren Systems im Englischen, das dem Zustand im Mhd. entspricht.

Die Unterscheidung von Quantität (Menge) und Quantität (Zahl) habe ich nicht nur zu dem Zweck eingeführt, um unterschiedliche Lösungen für diese Differenzierung zu zeigen (lexikalisch im Englischen, morphologisch im Deutschen), sondern auch deshalb, weil sie in der geschichtlichen Entwicklung des hier betrachteten kleinen lexikalischen Teilsystems im Deutschen eine interessante Rolle spielt.

12.2   Zur Beschreibung der Entwicklungsgeschichte

12.2.1 ‚groß‘ und ‚viel‘ im Ahd.

Ahd. *mihhil* (spätahd.: *michel*) – Das ahd. Adjektiv zur allgemeinen Kennzeichnung des oberen Bereichs der Dimensionsskala ist *mihhil*. Man kann annehmen, dass die prototypische Verwendung sich auf konkrete Gegenstände bezieht wie *mihil stein* (‚ein großer Stein‘) O (= Otfried) IV.35. 37 [865]. Daneben aber wird es auch auf Gegenstände angewendet, bei denen die räumliche Ausdehnung kein primärer Aspekt ist, wie bei *mihil erdbiba* (‚großes Erdbeben‘) O V.4.21, und sehr häufig auch auf Gegenstände ohne räumliche Ausdehnung, wie *mihil angust* (‚große Angst‘) O I.22.18 oder *mihil liubi* (‚große Liebe‘) O V.7.4. In den letzteren Fällen handelt es sich um eine übertragene Verwendung als Intensitätswort. Man kann vermuten, dass dieser Verwendung eine Sichtweise zugrundeliegt, nach der ein starkes Gefühl einen Menschen ausfüllt, also quasi räumlichen Charakter hat. Die Verwendung von Dimensions- und Quantitätskennzeichnungen als Intensitätswort ist außerordentlich häufig, und ich werde noch an verschiedenen Stellen auf diese Verwendungsmöglichkeit hinweisen.

Daneben wird *mihhil* aber auch zur Quantitätsangabe verwendet. Der Zusammenhang zwischen Dimension und Quantität ist verhältnismäßig leicht zu zeigen an Konstruktionen wie *mihil menigi* („große Menge von Leuten') O III.6.8. Eine große Ansammlung von Leuten ist groß in der räumlichen Ausdehnung, aber auch in der Menge. So übersetzt Notker lat. *multiplex populus* („große Menschenmenge') mit *michel liut* N (= Notker) I.827.30 [vor 1020] oder *multas divitias* („große Reichtümer') mit *michel rîhtuom* N II.129, 31. In der Quantitätsangabe scheint *mihhil* jedoch auf kollektive Angaben beschränkt zu sein, d. h. es wird nur für Mengenangaben, nicht für Zahlenangaben verwendet.

Ahd. *filu* – Primär als Quantitätswort wird ahd. *filu* verwendet, sowohl zur Angabe großer Menge (4) – auch im übertragenen Sinne (5) – als auch, in Verbindung mit dem Plural des Verbs, zur Angabe großer Zahl (6).

(4)   Filu thero liuto giloubta in druhtinan tho   (O III.16.69)
       ‚Eine große Menge des Volks glaubte da an den Herrn'

(5)   uuanda [...] des zîtis filo ist   (N I.410.24)
       ‚weil es eine Menge Zeit benötigt'

(6)   Filu ouh in then liutin ... giloubtun ...   (O II.11.59)
       ‚Viele im Volk glaubten ...'

Wie *mihhil* wird auch *filu* als Intensitätsbezeichnung verwendet, bei Adjektiven, Adverbien und Verben: *filu scôni* O I.4.24 („sehr schön'), *filu kraftlicho* („sehr kraftvoll') O I.23.24, *uueinonte filu* („laut weinend') Tatian 60.12.

Ahd. *manag* – Um anzugeben, dass es sich in einem bestimmten Fall um eine große Zahl von Gegenständen handelte, konnten die Sprecher des Ahd. auch den Ausdruck *manag* verwenden. Dementsprechend wird *manag* meistens im Plural verwendet. Dabei ist zu beachten, dass man mit ahd. *manag* nicht eine eingeschränkte Vielzahl bezeichnet, wie mit nhd. *manche*, sondern eine uneingeschränkte, wie mit dem etymologisch verwandten englischen *many*.

(7)   in lante wârun manage wîsduames biladane   (O I.22.39)
       ‚es gab im Land viele mit Weisheit beladene Leute'

(8)   wio manige taga sint dînes scalches?   (N II.522.4)
       ‚wie viele Tage sind es (noch) für deinen Knecht?' (d.h. Wie lange muss er noch warten?)

Interessanterweise gibt es von *manag* aber auch ähnliche Verwendungen wie von *michel*, z.B. *manag menigi* („große Menge') Tatian 89.1 oder *mit managemo megine* („mit großer Macht') Tatian 104.19, so dass auch hier eine gewisse Überschneidung in den Verwendungsweisen zu beobachten ist.

Ahd. *grôz* – Eine Sonderrolle unter den ahd. Dimensionsadjektiven spielt *grôz*, das in seinem Gebrauch dem nhd. *dick* verwandt ist. Mit diesem Ausdruck kann man Gegenstände dem oberen Ende der Dimensionsskala zuordnen, allerdings nicht in Bezug auf die gesamten Dimensionen oder die Hauptdimension des charakterisierten Gegenstandes, sondern in Bezug auf eine Nebendimension, ähnlich wie wir im Nhd. von einem *dicken Ast* im Gegensatz zu einem *langen Ast* sprechen.

(9)   Sume [...] druagun stangun grôza   (O IV.16.21)
       ‚Einige trugen dicke Stangen'

(10)   iuno warteta [...] an sîne grôzen arma   (N I.759.15)
       ‚Iuno betrachtete seine (des Herkules) mächtigen Arme‘

Daneben gibt es im Südrheinfränkischen Otfrids, nicht aber im Alemannischen Notkers, bei dem sich ohnehin nur zwei Belege für *grôz* (bzw. *grôzi*) finden, die Verwendung als Intensivierer bei Abstrakta: *grôza angust* O I.22.27 (und IV.18.19) (‚große Angst‘), *grôzan scadun* O IV.24.34 (‚großen Schaden‘). In der übertragenen Verwendung als Intensivierer wird, wie bei *mihhil*, keine Dimensionsangabe gemacht. Damit fällt auch die Spezialisierung auf eine Nebendimension weg, so dass *grôz* in dieser Verwendungsweise in Konkurrenz zu *mihhil* tritt. Diese Verwendungsweise scheint es auch zu sein, von der aus die Ablösung von *mihhil* durch *grôz* ihren Anfang nimmt (vgl. 12.2.3).

Wir können jetzt das ahd. Teilsystem zur Kennzeichnung von Dimension und Quantität im oberen Skalenbereich im Überblick folgendermaßen darstellen:

(11)

Dimension	**Quantität**	
	Menge	**Zahl**
mihhil	mihhil filu manag	filu manage
grôz (Nebendimension)		

Dieses Schema lässt verschiedene Konkurrenzen erkennen, deren Entwicklung wir beobachten können, wenn wir die weitere Geschichte dieses Systems betrachten.

12.2.2 ‚klein‘ und ‚wenig‘ im Ahd.

Wenn wir jetzt die Ausdrücke zur Kennzeichnung des unteren Skalenbereichs von Dimension und Quantität behandeln, so sehen wir z.T. ganz ähnliche Beziehungen (Kontraste und Überschneidungen) im Gebrauch der Ausdrücke untereinander wie im vorigen Abschnitt. Gleichzeitig wollen wir darauf achten, wo eine enge Beziehung zwischen bestimmten Ausdrücken der beiden Teilsysteme besteht, nämlich die schon erwähnte Antonymierelation (etwa: *groß* : *klein*, *viel* : *wenig*).

   Im Dimensionsbereich ist ahd. *luzzil* das Antonym zu *mihhil*, wie folgender Beleg aus Notkers Übersetzung von Boethius' Kommentar zu den „Kategorien" des Aristoteles verdeutlicht. In dieser Textstelle wird übrigens sehr schön gezeigt, dass Adjektive wie *groß* und *klein* „relative Adjektive" sind: Ein kleiner Berg ist größer als ein großes Hirsekorn.

(12)   wanda man den berg chit luzzelin, ein hirsechorn micheliz   (N I.412.29)
       ‚wenn man von einem kleinen Berg und einem großen Hirsekorn spricht‘

Im Quantitätsbereich dagegen lautet das zentrale Antonymenpaar offensichtlich *luzzil* : *filu* (vgl. 13), was sich daraus ergibt, dass *mihhil* zwar zur Mengenangabe verwendet werden kann, aber nicht der zentrale Ausdruck für diese Funktion ist. Der zentrale Ausdruck dafür ist *filu. luzzil* wird wie *filu* sowohl zur Angabe von Menge als auch Zahl verwendet.

(13)   der luzzel gibet unde filo inphâhet   (N II.208.14)
       ,der wenig gibt, aber viel empfängt'

Nicht näher berücksichtigen möchte ich hier ahd. *fôh(i)* ,wenige', das schon im Laufe des Ahd. ausstirbt: In der Benediktinerregel, im Hildebrandslied und im Tatian ist es noch belegt, Otfrid und Notker verwenden es nicht mehr. Sein etymologisches Gegenstück im Englischen dagegen, das Wort *few*, ist heute das gebräuchliche Wort zur Angabe der kleinen Zahl. Ein anderes, seltenes Quantitätswort ist *gôreg*, das bei Notker im Sinne von *arm*, *armselig* und im Sinne von *wenig* verwendet wird (N II.118.15; N I.416.8). Dieser Ausdruck ist deshalb in unserem Zusammenhang erwähnenswert, weil der Ausdruck *wênec*, später der prototypische Ausdruck zur Angabe kleiner Zahl, im Mhd. ein ähnliches Spektrum an Verwendungsweisen wie ahd. *gôreg* hat.

Ahd. *smal* – Aufgrund der nicht sehr zahlreichen Belege ist die Beschreibung von ahd. *smal* relativ schwierig, da der Zusammenhang der verschiedenen spezialisierten Verwendungsweisen nur in Umrissen erkennbar wird. Mit einigen Beispielen will ich das Verwendungsspektrum dieses Adjektivs andeuten: *smalez feho* N II.624.4 ,Kleinvieh', *smaliu gefugele* N II.437.14 ,kleine Vögel', ,Sperlinge'; *in demo smalen anasidele* N I.113.12 ,auf diesem (flächenmäßig) engen Wohnraum'; *ze ende dero smalun erdo* N I.118.11 ,am Rande des engbegrenzten Erdkreises'; *pe einemo smalemo fademe* N I.154.25 ,an einem dünnen Faden'; *eina smala strâza* N I.752.22 ,eine schmale Straße'.

Ahd. *kleini* – Von ahd. *kleini* gibt es im wesentlichen drei Verwendungsweisen, die man mit *fein*, *raffiniert* und *winzig* wiedergeben könnte. Die erste Verwendungsweise, die häufigste, ist vertreten durch Belege wie die folgenden:

(14)   Iro wât was chleine unde wâhe   (N I.10.3)
       ,Ihre Kleidung war fein gearbeitet und wertvoll'.

(15)   mit duachun filu kleinen...   (O IV.35.34)
       (sie hüllten ihn ein) ,in sehr feine Tücher'

In Abschnitt IV.29 bezeichnet Otfrid auch *Faden* und *Garn* als *kleini*, d. h. als fein oder dünn. Die ahd. Bedeutung lässt sich aufgrund dieser Belege folgendermaßen skizzieren: *kleini* ist zunächst ein positives Qualitätsadjektiv, möglicherweise speziell für handwerkliche Arbeit. Der Übergang zum Dimensionsadjektiv dürfte sich in Kontexten wie (14) und (15) vollzogen haben, wo die Sprecher das Wissen benutzen konnten, dass feine Webarbeit normalerweise einen dünnen Stoff abgibt. Die Verwendung als Dimensionsbezeichnung ist aber erst im Mhd. sicher nachzuweisen. Dort erscheint es als Antonym zu *grôz*: *edel gesteine, grôz, niht ze kleine*; Wolfram, Parzival, 70.24f.
    Die zweite Verwendungsweise von ahd. *kleini* bezieht sich auf den intellektuellen Bereich und kann mit *raffiniert* wiedergegeben werden. Hier könnte man an eine metaphorische Übertragung aus dem handwerklichen Bereich denken, wie im folgenden Beleg:

(16)   chleinen rât ‚einen fein gesponnenen, raffinierten Plan'   (N II.240.2)

Für die weitere historische Entwicklung ist eine dritte Verwendungsweise von Interesse, die bei Notker einmal belegt ist, nämlich die Verwendung mit einem Abstraktum als Kopf der Konstruktion:

(17)   chleina sunda ‚peccata minuta' (‚winzige Sünden')   (N II.148.18)

Diese Verwendungsweise erinnert an die parallele Verwendung von *grôz* bei Abstrakten, die möglicherweise (ebenfalls) den Ausgangspunkt für die Entwicklung zur allgemeinen Dimensionskennzeichnung darstellt. Interessanterweise zeigt der früheste Beleg für *kleini* im Frühmhd. dieselbe Kollokation:

(18)   chleiniu noch grôzziu (Sünden)   (Speculum Ecclesiae 110.3)

Das Verwendungsspektrum von *kleini* im Ahd. lässt sich auch im Mhd. noch nachweisen. Allerdings rückt dort die Verwendung als Dimensionsadjektiv zunehmend in den Vordergrund. Den Gebrauch der Ausdrücke zur Kennzeichnung des unteren Endes der Skala der Dimensions- und Quantitätsbeurteilung im Ahd. können wir nun folgendermaßen im Überblick darstellen:

(19)

Dimension	Quantität	
	Menge	**Zahl**
luzzil (kleini) smal	luzzil	luzzil

12.2.3 ‚groß' und ‚viel' im Mhd. und Nhd.

Für das Mhd. und Fnhd. können wir in diesem lexikalischen Bereich drei Entwicklungsphasen rekonstruieren:

1. Phase: Im Fmhd. und bei manchen Autoren der mhd. Periode um 1200 scheint der Gebrauch von *grôz* zunächst im Wesentlichen noch dem ahd. Gebrauch zu entsprechen, wie folgende Verwendungen im Sinne von *dick* oder *breit* bzw. *mächtig* zeigen:

(20)   der grôzeste (Finger) (‚der dickste Finger', d.h. der Daumen)   (Wiener Genesis 271)

(21)   grôz was er zen brusten (‚er hatte einen mächtigen Brustkorb')   (Nibelungenlied 1734.2)

(22)   sîn junger lîp wart beide michel unde grôz   (Walther 27.5)
          ‚er war sowohl groß gewachsen als auch breit'

2. Phase: Der Gebrauch von *grôz* entwickelt sich von der Spezialfunktion im Sinne von *dick* zur allgemeinen Dimensionskennzeichnung. Damit wird *grôz* eine Gebrauchsalternative zu *michel*. Wir können also von dieser Zeit an von einer Konkurrenz von *grôz* und *michel* sprechen.

3. Phase: Die Verwendung von *grôz* wird gegenüber *michel* generell bevorzugt. Auf diese Weise veraltet *michel* allmählich. Dieser Prozess verläuft allerdings regional unterschiedlich schnell.

Die zweite und dritte Phase sollen jetzt mit einigen Beispielen illustriert werden. Einen ersten Schritt zur Entstehung der Konkurrenz von *michel* und *grôz* kann man in der Verwendung beider Ausdrücke mit Abstrakta sehen, wie folgende Belege zeigen:

(23)   ain vil michil gedrenge,
        der heiden grôz gevelle   (Rolandslied 343f.)
        ‚ein sehr großes Gedränge, der große Sturz der Heiden‘

(24)   grôz heil und michel ungemach   (Hartmann, Iwein, 3929)

In Bezug auf abstrakte Gegenstände ist die ursprüngliche Besonderheit von *grôz* sozusagen neutralisiert. Vielleicht konnte man mit *grôz* eine Zeit lang noch einen besonderen stilistischen Effekt erzielen, ähnlich der heutigen Verwendung von *dick* in *ein dickes Lob*.

In einem nächsten Schritt ermöglichte es die Verwandtschaft des Gebrauchs von *michel* und *grôz* in dieser Kollokation mit Abstrakta den Sprechern, *grôz* auch in anderen Kollokationen nach dem Muster von *michel* zu verwenden, d.h. ohne die ursprüngliche Einschränkung auf die Kennzeichnung einer Nebendimension. Damit ergab sich generell die Möglichkeit der Wahl zwischen *grôz* und *michel* als Dimensionskennzeichnung. Aus Gründen, die wir heute wohl kaum mehr rekonstruieren können, zogen die Sprecher des Mhd. zunehmend den Gebrauch von *grôz* vor, so dass *michel* allmählich als Dimensionswort ungebräuchlich wurde.

Auffallend ist, dass dieser Vorgang in den verschiedenen **Dialekten** verschieden schnell ablief. Konservativ waren das Bairisch-Österreichische und das Alemannische (vgl. schon Notker im Ahd.), progressiv war das Fränkische. Wolfram von Eschenbach, der aus Franken stammte, bevorzugte um 1200 eindeutig die Verwendung von *grôz* als Dimensionswort. Im „Parzival" findet sich noch *ein* Beleg für *michel* neben knapp 300 Belegen für *grôz*. Im Verlauf des 14. und 15. Jahrhunderts ziehen auch die anderen Dialekte nach. Beispielsweise stehen bei Oswald von Wolkenstein (österreichisch, vor 1440) 13 Belegen von *michel* ca. 160 Belege von *gross* gegenüber. Der folgende Beleg zeigt, was auch schon bei Wolfram erkennbar ist: *grôz* wird nicht isoliert in der Rolle der Dimensionsbezeichnung übernommen, sondern das Antonymenpaar *grôz : klein* wird in der alten Rolle von *michel : lützel* gebraucht:

(25)   gross houbt und klaini ougen   (Wolkenstein, Lieder, 103.30)

Bemerkenswerterweise hält sich *michel* länger als Mengenkennzeichnung und als Intensitätswort, wie folgende Belege zeigen:

(26)   In grossen wassern michel visch (‚... viel Fische‘)   (Wolkenstein 19.193)

(27)   grosses vich will michel gras (‚... viel Gras‘)   (Wittenwiler, Ring, 3244 [ca. 1400])

(28)   michel erd oder wazzers (‚... viel Erde‘)   (Megenberg, Buch der Natur,379.1 [ca. 1350])

(29)   Si twinget barmung michel gross (‚... sehr großes Erbarmen‘)   (Wolkenstein 4.31)

Eine interessante Beobachtung ist, dass die Verwendung von *grôz* als Dimensionskennzeichung es weiter ermöglichte, *grôz* – ähnlich wie früher schon *michel* – auch im Mengenbereich zu verwenden. Dafür lassen sich spätmhd./ frühnhd. Belege finden (DWb 9, 467):

(30)   wurd [...] gross volck erschlagen (,... viele Soldaten')
       (Tschudi, Chronicon helveticum, [vor 1572])

(31)   da ward vergossen groszes blut (,... viel Blut')   (Volkslied)

Zur Kennzeichnung der großen Menge war aber *viel* offensichtlich so fest etabliert, dass diese Verwendungsmöglichkeit von *groß* marginal blieb und *groß* im weiteren Verlauf des Nhd. auf den Dimensionsbereich und die Verwendung als Intensitätswort beschränkt blieb.

Mhd. *vil* – In der Verwendung von *vil* hat sich vom Ahd. zum Mhd. nichts Wesentliches geändert. Es bleibt weiterhin unflektiert. Erst im Nhd. treten daneben flektierte Formen auf. Auch heute ist eine konsequente Unterscheidung nach Menge (unflektiert) und Zahl (flektiert) in der Umgangssprache nicht durchgeführt, obgleich, wie erwähnt, in der Schriftsprache die Tendenz dazu besteht. Im Mhd. war *vil* das häufigste Intensitätswort bei Verben und Adjektiven:

(32)   ich muoz [...] vil gelachen (,... sehr lachen')   (Neidhart 47.33)

(33)   ein vil hiuzer dorfknabe   (Neidhart 100.6)
       ,ein sehr unverschämter Dorflümmel'

Im Lauf des Frühnhd. wird *vil* in dieser Verwendung in der Schriftsprache durch *sehr* verdrängt. In manchen Dialekten konkurrieren auch andere Adverbien, z.B. *arg* im Schwäbischen. Adelung (1811, IV. Theil, 1201) akzeptiert die Verwendung von *vil* als Intensitätswort für die Schriftsprache nicht, kennt es aber aus der Umgangssprache: „In den niedrigen Sprecharten ist dieser Gebrauch noch nicht veraltet, indem man daselbst noch oft höret: es ist viel warm, viel kalt u.s.f.". Noch im 20. Jahrhundert ist es im Österreichischen belegt (z.B. *viel gut*).

Mhd. *manec* – Auch mhd. *manec* verändert sich in seinem Gebrauch nicht auffallend gegenüber dem Ahd. Erst für das 17. Jahrhundert ist die Differenzierung zwischen *viele* und *manche*, die wir heute kennen, belegt: Stieler gibt in seinem „Teutschen Sprachschatz" von 1691 *manche leute* mit *nonnulli homines* ,etliche, manche Menschen' wieder.
12.2.4 ,klein' und ,wenig' im Mhd. und Nhd.

Im Bereich der Ausdrücke zur Kennzeichnung der kleinen Dimension finden wir im Mhd. ein beachtliches Angebot an konkurrierenden Wörtern: *lützel, kleine, smal, wênec*.

(34)   Dauid was uil *lutzeler* gescaft   (Rolandslied 8847)
       ,David war sehr klein von Wuchs' (im Vergleich zu Goliath)

(35)   der *lützel* Alberich   Ortnit A, 408 (Lexer I, 1999)

(36)   er was bî mir, der *kleine* (Sohn)   (Wolfram, Parzival, 66.18)

(37)   diu *kleinen* vogelîn   (Neidhart 54.3)

(38)   undir disin landen al
        was dikeinez also *smal*   (Nikolaus von Jeroschin (DWb 15, 911) [ca. 1340])
        ,unter all diesen Ländern war keines so klein ...'

(39)   der *wênige* man   (Hartmann, Erec, 4436)
        ,der kleingewachsene Mann'

Mhd. *lützel, kleine, smal* – *lützel* findet sich vor allem noch in älteren oder altertümlichen Texten. Wie *michel* veraltet es im Verlauf des Mhd., wobei auch dieser Prozess in verschiedenen Dialekten unterschiedlich verläuft. *kleine* ist das gebräuchlichste Adjektiv für die Kennzeichnung der kleinen Dimension. Nur selten kommt es noch in der alten Verwendungsweise im Sinne von *fein* vor. Bei *smal* kommen zu den ahd. belegten Verwendungsweisen im Mhd. noch weitere hinzu, nämlich im Sinne von *schlank* und *gering* (bei Abstrakta). Zentral scheint aber schon mhd. die Verwendung als Antonym zu *breit*. Auch heute ist *schmal* vor allem zur Kennzeichnung der geringen Ausdehnung in der Breite gebräuchlich (*schmale Straße*, wie schon im Ahd.), daneben gibt es marginal Verwendungsweisen wie *schmales Einkommen*. Bemerkenswert ist, dass *small*, das englische Gegenstück zu *smal*, sich im Laufe der Geschichte zum zentralen Ausdruck zur Kennzeichnung geringer Größe entwickelt hat (*a small house*, *a small child*).

Mhd. *wênec* – Ausführlicher müssen wir auf den „Neuzugang" *wênec* eingehen. Im Ahd. dient das Wort dem Ausdruck von sozialen Einschätzungen. Es wird verwendet im Sinne von *arm, armselig, bemitleidenswert* und dient oft zur Wiedergabe von lat. *miser*:

(40)   temo wênigen, der alles guotes tarbet   (N I.259.10)
        ,dem Armen, dem es an allem fehlt'

(41)   wir wênegon weison   (O I.18.24)
        ,wir armen Waisenkinder'

Die Anwendung dieses Ausdrucks auf kleine Personen, insbesondere auf kleine Kinder scheint sich zu einer prototypischen Verwendungsweise entwickelt zu haben. In dieser Kollokation konnte *wênag* (später: *wênic*) dann auch als Größenangabe verwendet werden, was seit dem Spätahd. belegt ist:

(42)   unser suester ist noh uuênag   (Williram (DWb 29, 3) [ca. 1050])
        ,unsere Schwester ist noch ein Kind / ist noch klein'

(43)   diu wênigen kindelîn   (Kaiserchronik 1466 [ca. 1130])

(44)   ein sus wênic man (,ein solcher Knirps')   (Hartmann, Erec, 119)

Wir könnten den Vorgang als eine Art Prototypenverschiebung in einem Frame beschreiben:

(45)   **bemitleidenswert** (weil klein) > **klein** (und (vielleicht auch) bemitleidenswert)

Später wird *wênec* auch auf unbelebte Gegenstände anwendet:

(46)   ein wênec gezelt (,ein kleines Zelt')   (Wolfram, Parzival, 710.21)

Sehr häufig ist *wênec* in dieser Verwendungsweise nicht. Das DWb belegt sie bis ins 17. Jahrhundert. Schon mhd. wird es häufiger zur Kennzeichnung kleiner Quantität und adverbial im Sinne von *ein bisschen* verwendet. Es ist bemerkenswert, wie schnell der Gebrauch von *wênec* im Mhd. ausgehend von seiner ursprünglichen Verwendungsweise im Sinne von *armselig* auf das ganze Spektrum der Dimensions- und Quantitätskennzeichnung ausgedehnt wird.

Uns bleiben jetzt noch die Adjektive zur Kennzeichnung kleiner Quantität zu behandeln. Das ursprüngliche Wort für diese Verwendung war *lützel*. Wie schon erwähnt, konkurriert damit seit dem Mhd. *wênec*, wie folgende Belege zeigen:

(47)	grüenes angers, lützel sandes	(Wolfram, Parzival, 31.27)
(48)	doch bedorfte er wênec soldes	(Wolfram, Parzival, 17.21)
(49)	füeret ûz dem hûse lützel oder vil	(Nibelungenlied, 1994.2, Handschrift B)
	füeret zu dem hûse wênich oder vil	(Nibelungenlied, 1994.2, Handschriften A, D)

In dieser Verwendungsweise wird *wênec* zunehmend gegenüber *lützel* bevorzugt. Allerdings verläuft auch dieser Prozess regional unterschiedlich. Im Österreichischen ist *lützel* beispielsweise noch mindestens bis ins 15. Jahrhundert zu belegen (50). Einige Einzelheiten zu diesem historischen Vorgang sind in Abschnitt 12.4 zusammengestellt.

(50)	fleisch lutzel, krût ain gross geschrai	(Wolkenstein 45.1.9)

Im adverbialen Gebrauch zeigt sich Ähnliches wie bei den Ausdrücken zur Angabe großer Dimension und Quantität: Diese werden häufig als Intensitätswörter verwendet, die Ausdrücke zur Kennzeichnung kleiner Dimension und Quantität häufig als (verstärkte) Negation:

(51)	da kêre ich mich wênec, vil wênec an ‚darum kümmere ich mich kein bisschen'	(Wolfram, Parzival, 546.9)
(52)	das half in lutzel umb ain ai ‚das half ihnen nicht die Bohne'	(Wolkenstein 105.63)
(53)	sol freuen mer, klain umb ain har ‚... nicht im Geringsten'	(Wolkenstein 68.29)

12.3 Schematische Übersicht der Entwicklungen

Die historische Entwicklung der Kennzeichnungen für Dimension und Quantität im Deutschen kann man im Überblick folgendermaßen schematisch darstellen. Diese Übersicht ist allerdings in mehrfacher Hinsicht vereinfacht: Erstens stimmen die Entwicklungsphasen der Verwendungsweisen – wie wir gesehen haben – nicht säuberlich mit den traditionellen Periodeneinteilungen (Ahd., Mhd., Nhd.) überein. Zweitens verlaufen die Entwicklungen in den verschiedenen Dialekten unterschiedlich. Dies gilt besonders für die Periode vom 12. bis 15. Jahrhundert (vgl. Abschnitt 12.4). Drittens sind hier nicht alle Verwendungsweisen der betreffenden Ausdrücke berücksichtigt.

Dimension	Quantität		
	Menge	**Zahl**	
mihhil grôz	mihhil filu manag	filu manage	AHD
luzzil (kleini) smal	luzzil	luzzil	
michel grôz	michel vil	vil manec	MHD
(lützel) kleine smal wênec	lützel wênec	lützel wênec	
groß	viel	viel(e) manch(e)	NHD
klein	wenig	wenig(e)	

12.4 Dialektgeographische Verteilung von Verwendungsweisen im 15. Jahrhundert

Das ganze Mittelalter hindurch gab es keine einheitliche Schriftsprache in Deutschland, allenfalls einigermaßen klar begrenzte Schriftdialekte. Und so ist es nicht verwunderlich, dass die Sprecher verschiedener Dialekte in unterschiedlicher Weise von dem „Angebot" an lexikalischem Material Gebrauch machten, so dass sich unterschiedliche lexikalische Strukturen ergaben. Die dialektgeographischen Verhältnisse für die Dimensions- und Quantitätswörter ‚klein' und ‚wenig' im 15. Jahrhundert wurden von Besch (1967) und Ising (1968) untersucht. Dabei verwendete Besch das Verfahren der Wortersatz-Untersuchung, bei dem die Überlieferung eines Textes in verschiedenen Handschriften verglichen wird. Dieses Verfahren ist besonders dazu geeignet, das Veralten eines Wortes nachzuweisen. Ising verwendete das Verfahren des Übersetzungsvergleichs, das er an verschiedenen, regional ausgewählten Bibelübersetzungen durchführte. Eine Karte aus Besch (1967) und die darauf folgenden Abschnitte aus Ising (1968) lassen den Stand der regionalen Entwicklungen im 15. Jahrhundert in Ansätzen erkennen. Die folgende Karte findet sich in Besch (1967, 189).

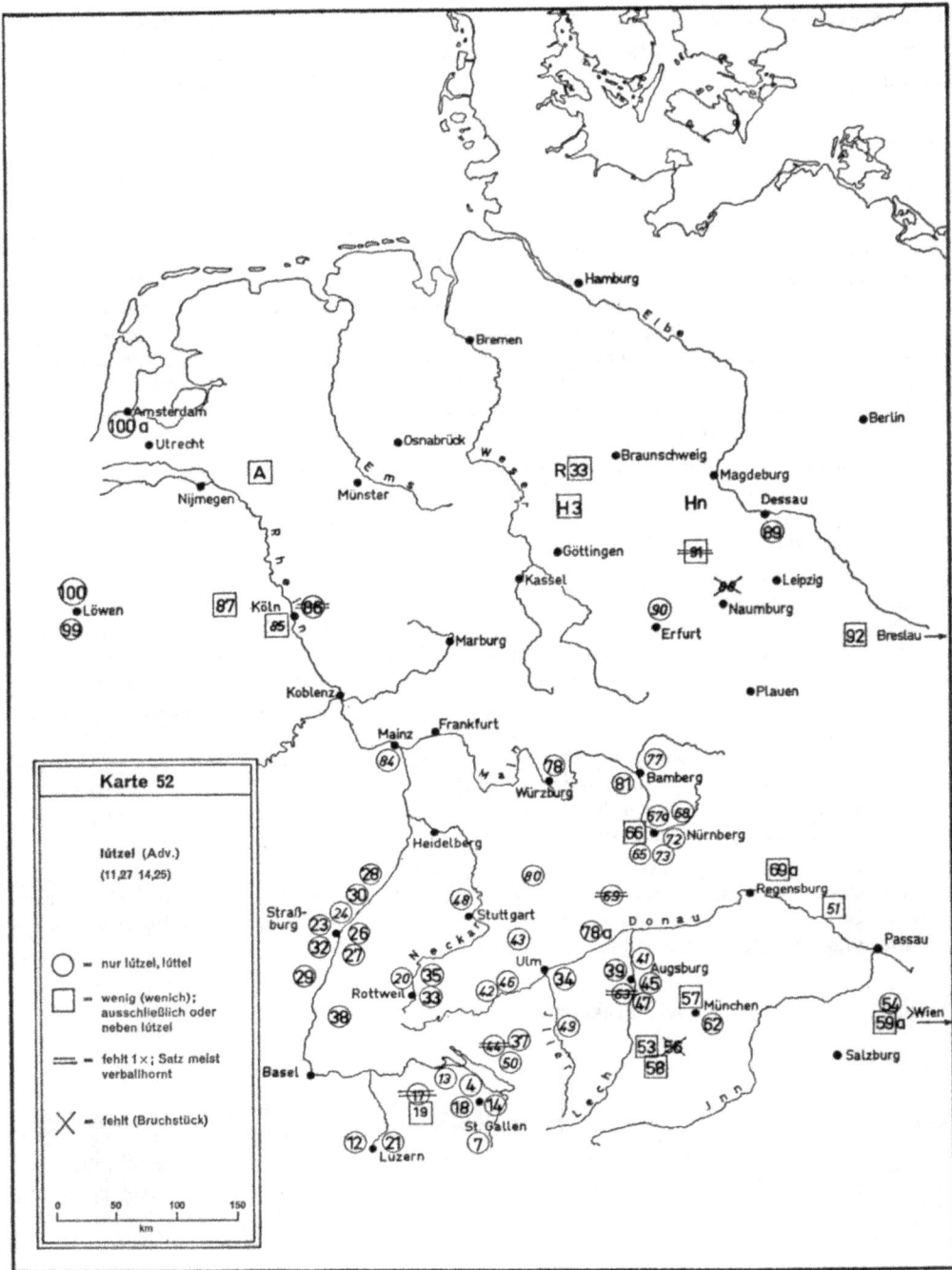

Karte 52

lützel (Adv.)
(11,27 14,25)

○ = nur lützel, lüttel

□ = wenig (wenich); ausschließlich oder neben lützel

= fehlt 1×; Satz meist verballhornt

✕ = fehlt (Bruchstück)

In dieser Karte sieht man eine Art Momentaufnahme der regionalen Verteilung des adverbiellen Gebrauchs von *lützel* und *wenich* im 15. Jahrhundert. Die runden Markierungen stehen für Texte, in denen nur *lützel* (bzw. die niederdeutsche Form *lüttel*) vorkommt, die quadratischen für Texte, in denen *wenich* ausschließlich oder neben *lützel* vorkommt. Man sieht, dass *lützel* in dieser Funktion vor allem in einem breiten Streifen von Basel und St. Gallen bis Würzburg und Nürnberg noch vertreten ist (d.h. im Alemannischen, Schwäbischen und Fränkischen). In den übrigen Regionen ist *wenig* schon stärker etabliert.

Die in neuerer Sprache geläufige Trennung von Mengenbezeichnung und Größenbezeichnung mit ihren Gegensatzpaaren *wenig : viel* und *klein : groß* hat sich im Spätmittelalter herausgebildet. [...]

Allgemein gilt *klein* jedoch als Übersetzung von *parvus, pusillus, modicus*; es ist damit schon zum Gegensatzwort von *groß* geworden. Es fällt auf, daß *klein ← parvus* auch in den nd. Drucken durchweg vorherrscht [...], während die meisten nd. Mundarten bis heute an *lütt(ek)* festhalten. *lützel* ,klein' tritt auch in den hd. Quellen beträchtlich gegenüber *lützel* ,wenig' zurück, das gleiche gilt von der Delfter Bibel; allein in der Mentelbibel kommt es in diesem Sinne noch mehrmals vor. Die Ablösung von *lützel, lüttel* ist somit bereits im 15. Jahrhundert entschieden, im Ostmd. offenbar schon eher. In dieser Zeit hat sich bereits die schriftsprachliche Ausgleichstendenz im Niederdeutschen stärker durchgesetzt als im Oberdeutschen, wo vor allem das Alemannische noch länger an *lützel* ,wenig' festhält. [...]

wenig und *klein* werden im Spätmittelalter z.T. noch synonym gebraucht, doch zeigen sich in fast allen Quellen Ansätze zu einer begrifflichen Scheidung. Überschneidungen im Wortgebrauch bleiben aber noch überall bei Maßbezeichnungen und Kollektivbegriffen bestehen (z.B. *wenig Zeit – eine kleine Zeit, wenig Volk – kleines Volk*). [...]

Es ergibt sich folgendes Bild: im Norden (nordnsächs. ostfäl.) gilt *klein* auch im Sinne von ,wenig', umgekehrt gilt *wenig* im Südosten (ostmd., bair.) auch für ,klein'; der Süden (bes. das Alem.) wie das Nl. halten noch an *lützel, lüttel* ,wenig', aber nicht so sehr an *lützel, lüttel* ,klein' fest. Allein die Wortwahl der rhein.-westfäl. Kölner Bibel entspricht im ganzen bereits dem nhd. Sprachgebrauch. Für die Wortwahl in Luthers Übersetzung gilt dies noch mit der Einschränkung, daß hier entsprechend dem norddeutschen Sprachgebrauch noch wiederholt *ein kleines*, ,ein wenig' (in zeitlicher Hinsicht) vorkommt: es ist noch *vmb eyn kleyns, so ist der gottlose nymer* Ps 37,10 (*beide noch een weynich vnde de sunder en schal nicht sin* K); *es ist noch gar vmb ein kleines zu thun, so wird ... Jes 10,25* (*noch een wenich* K); [...] Aufs Ganze gesehen entspricht Luthers Wortgebrauch hinsichtlich der Abgrenzung von *klein* und *wenig* jedoch dem schon vorher im Nordwesten (K) erreichten Stand.

Eine Neuerung zeigt sich jedoch darin, daß in dieses Wortfeld bei Luther das Wort *gering* eintritt. Als Größen- bzw. Mengenbezeichnung ist dieses Wort in den vorlutherischen Übersetzungen noch sehr selten, vielmehr wird es vorwiegend in zeitlicher Hinsicht und zur Bezeichnung des Schwierigkeits- oder Schweregrades verwandt. [...]

Ising (1968), 79f. und 81, leicht gekürzt

Aufgabe 1 Diskutieren Sie die Form der Erklärung, die Stanforth (1967, 125–136) für die semantischen Veränderungen im Bereich der Kennzeichnung von Dimension und Quantität im Deutschen und anderen germanischen Sprachen gibt.

Bearbeitungshinweise

Im vorliegenden Kapitel wird an verschiedenen Stellen die Annahme gemacht, dass die Sprecher des Deutschen bzw. bestimmter Dialekte zu einem bestimmten Zeitpunkt Gründe hatten, einen Ausdruck (in einer bestimmten Verwendungsweise) einem anderen (in einer bestimmten Verwendungsweise) vorzuziehen. Nun wäre es interessant zu wissen, welche Gründe das gewesen sein könnten. Aus unserer eigenen Erfahrung wissen wir, dass für uns manchmal ein neuer Ausdruck pfiffiger klingt als der traditionell gebräuchliche, dass seine Verwendung einfach etwas Besonderes hat, das ihn attraktiv macht. Über derartige Gründe erfahren wir aber in Bezug auf die entfernte historische Vergangenheit nur selten Genaueres. Daneben findet man aber in der historisch-semantischen Literatur gewisse Standardannahmen über Prinzipien, denen die Sprecher bei der Wahl von Ausdrücken (in bestimmten Verwendungsweisen) folgen. Dazu gehören die Annahme, dass die Sprecher es nicht gerne haben, wenn verschiedene Ausdrücke in derselben Weise oder sehr ähnlich verwendet werden (wie z.B. *lützel*, *wênec*, *kleine* und *smal* im Mhd.) und dass sie deshalb dazu neigen, Ausdrücke nach Verwendungsweisen zu differenzieren. (Man könnte fragen, wie gut begründet diese Annahme ist und ob unsere gegenwärtige Praxis diese Annahme in starker Form rechtfertigt.) Eine zweite derartige Annahme ist die, dass die Sprecher es nicht gerne haben, wenn ein Ausdruck zu viele Verwendungsweisen hat, da in diesem Fall leicht Missverständnisse passieren können. (Auch hier könnte man fragen, wie weit diese Annahme als Erklärungsgrundlage trägt.) Wenn man diese beiden Annahmen von der Praxis der Sprecher auf die Eigenschaften von Sprachsystemen überträgt, kommt man zu einem Erklärungsmodell für den semantischen Wandel, der in strukturalistischen Arbeiten häufig angewendet wird, nämlich zum Versuch, Veränderungen in lexikalischen Systemen als Fälle von „Synonymenfurcht" (oder „Synonymenflucht") und „Homonymenfurcht" (oder „Homonymenflucht") zu erklären. Eine derartige Erklärung gibt Stanforth (1967, 125–136) für den Bereich der Kennzeichnung von Dimension und Quantität im Deutschen.

Diskutieren Sie diese Form der Erklärung. Berücksichtigen Sie dabei Feststellungen wie die folgende: „Es ist nicht verwunderlich, daß die Sprache etwas Ordnung in diese Fülle der Bezeichnungen zu bringen versuchte" (Stanforth 1967, 104). Überlegen Sie, in welchem Sinne man sagen kann, dass ein Sprachsystem etwas *versucht*. Ziehen Sie zum Vergleich Keller (1994, 114–116) heran, der eine ähnliche Entwicklung und das Problem derartiger Erklärungen behandelt.

Aufgabe 2 Skizzieren Sie die semantische Vorgeschichte des Gebrauchs von *much* und *many* im Englischen. Vergleichen Sie die Entwicklungen mit den in diesem Kapitel gezeigten Entwicklungen im Deutschen.

Bearbeitungshinweise:

- Eine kurze Beschreibung der einschlägigen Entwicklung im Englischen gibt Dekeyser (1994).
- Weiteres Belegmaterial finden Sie im Oxford English Dictionary. 2nd edition 1989.

148

Literaturhinweise

1. Zur semantischen Beschreibung von Dimensionsadjektiven

– Bierwisch (1970): Eine differenzierte Beschreibung der deutschen Dimensionsadjektive im Rahmen der generativen Grammatik, theoretisch heute nicht mehr aktuell, aber mit interessanten deskriptiven Einsichten. Als „Neueinspielung in Stereo" dieses Aufsatzes von Bierwisch versteht sich Lang (1987). Beide Texte sind für Anfänger nicht einfach zu lesen.

2. Zur historischen Entwicklung im Deutschen und anderen germanischen Sprachen

– Stanforth (1967): Eine strukturalistische Beschreibung der Entwicklung in verschiedenen germanischen Sprachen. Stanforth versucht eine Erklärung des semantischen Wandels nach dem Prinzip der „Sprachökonomie".

Aufgabe 3	Beschreiben Sie nach dem Muster des vorliegenden Kapitels die Entwicklung der Antonymenpaare von mhd. *siech : gesunt – kranc : starc* zu nhd. *krank : gesund – schwach : stark*.

Bearbeitungshinweise:

– Erste Hinweise auf die Entwicklungsgeschichte und auf einschlägige Fragestellungen bei der Analyse dieser Entwicklungen gibt Fritz (1998a, 142f.).

– Eine kurze Darstellung der Geschichte dieses Antonymenfeldes (mit weiterführender Literatur) gibt Koller (1990 und 1991).

– Material zum Stand der regionalen Entwicklung im 15. Jahrhundert findet sich bei Ising (1968, 76–79).

Aufgabe 4	Ein interessantes Beispiel für die Entwicklung eines lexikalischen Teilsystems ist auch die Geschichte der Verwandtschaftsbezeichnungen im Deutschen. Versuchen Sie, auf der Grundlage der historischen Wörterbücher Entwicklungen im Gebrauch der Verwandtschaftsbezeichnungen *Vetter, Oheim, Base, Muhme* zu rekonstruieren. Berücksichtigen Sie auch die Bedeutungsentwicklung des Ausdrucks *Neffe*.

Literaturhinweise

Einen ersten Überblick gibt die knappe Skizze in Fritz (1974, 36ff.). Grundzüge der Entwicklung beschreibt Ruipérez (1984) auf der Grundlage von Wörterbuchdaten. Eine differenzierte, datenreiche und philologisch genaue Analyse bietet die Untersuchung von Jones (1990) für die Zeit von 750–1500. Für die vorliegende Aufgabe sind besonders die zusammenfassenden Kapitel 4 und 5 hilfreich.

13. Konkurrenz-Geschichten:
Haupt und *Kopf, können* und *mögen*

13.1 Zum Begriff der Konkurrenz

Von einer Konkurrenz sprachlicher Ausdrücke sprechen wir dann, wenn für die Sprecher zwei oder mehr Ausdrücke für eine bestimmte Funktion zur Verfügung stehen. Nehmen wir an, wir wollen jemandem erlauben, jetzt in den Garten zu gehen, dann könnten wir dafür die Sätze (1) oder (2) verwenden:

(1)   Du *kannst* jetzt in den Garten gehen

(2)   Du *darfst* jetzt in den Garten gehen

In dieser Funktion bzw. Verwendungsweise sind *können* und *dürfen* weitgehend äquivalent, sie konkurrieren also bei den Sprechern um den Vorzug der Benutzung. Je weiter die Verwendungsmöglichkeiten zweier Ausdrücke sich überschneiden, desto größer ist der Konkurrenzbereich. Im Extremfall haben zwei Ausdrücke identische Verwendungsmöglichkeiten. In diesem Falle sprechen wir von der Synonymie dieser Ausdrücke. Im Deutschen sind *können* und *dürfen* nicht synonym, wie etwa die Sätze (3) und (4) zeigen. Dagegen dürften die Ausdrücke *Fahrstuhl* und *Lift* Synonyme sein.

(3)   So etwas *kann* nicht passieren

(4)   So etwas *darf* nicht passieren

(5)   Der *Aufzug* ist kaputt

(6)   Der *Lift* ist kaputt

Man nimmt häufig an, dass eine Konkurrenz zweier Ausdrücke in vielen Verwendungsweisen auf die Dauer in einer Sprache nicht stabil ist. Die Sprecher, so liest man manchmal, ziehen es vor, wenn die Ausdrücke ihrer Sprache jeweils auf bestimmte Funktionen spezialisiert sind, im Extremfall nach dem Prinzip: eine Form für eine Funktion. Es ist sicherlich richtig, dass die Sprecher bisweilen einen bestimmten Ausdruck in einer Funktion vorziehen, aber das Eins-zu-Eins-Prinzip entspricht in seiner strengen Form nicht der sprachlichen Wirklichkeit. Vielmehr scheint die Verfügbarkeit von unterschiedlichen Varianten für eine bestimmte Funktion häufig nicht störend und in manchen Fällen sogar attraktiv zu sein. Die genaue Betrachtung der Sprachgeschichte zeigt, dass sich in vielen Fällen über längere Zeitspannen hinweg eine Überschneidung verschiedener Ausdrücke in ihren Verwendungsweisen ergibt, die man differenziert beschreiben muss, wenn man ein klares Bild von der Rolle der Konkurrenz für den Bedeutungswandel bekommen will. Unter den Entwicklungsmöglichkeiten einer Konkurrenzsituation sind vor allem zwei hervorzuheben: die Ausdifferenzierung des Verwendungsspektrums der beteiligten Ausdrücke und die dauerhafte Bevorzugung eines Ausdrucks gegenüber dem anderen, die dazu führt, dass der letztere Ausdruck (in bestimmten Verwendungsweisen) nicht mehr verwendet wird und veraltet.

Als Beispiel für die geschichtliche Entwicklung einer semantischen Konkurrenz soll zunächst die Geschichte des Gebrauchs von *Haupt* und *Kopf* skizziert werden. Ein weiteres interessantes Beispiel für die Geschichte einer Konkurrenz, die Geschichte von *können* und *mögen*, wird anschließend in Abschnitt 13.3 behandelt. Weitere einschlägige Beispiele sind die Konkurrenz von *lützel, kleine, smal, wênec* im Mhd. (vgl. Kap. 12.2.4), die Konkurrenz von *siech* und *krank* (vgl. Kap. 12, Aufg. 3) sowie die Konkurrenz von *Minne* und *Liebe* (vgl. Besch 1967, 194ff., Heringer 1999, 223ff., Robertshaw 1999).

13.2 Zur Konkurrenz von *Haupt* und *Kopf*

Im Ahd. war *houbit*, die Vorform unseres heutigen Ausdrucks *Haupt*, der Standardausdruck zum Bezug auf den Kopf von Menschen und Tieren:

(1) ich wili thaz thu sliumo gebes mir in diske Iohannes *houbit* thes toufares
     (Tatian 79.7) (ca. 830)
     ‚ich möchte, dass du mir gleich auf einer Schüssel den Kopf Johannes des Täufers gibst‘

Der Ausdruck *chopf* dagegen wurde verwendet, um auf einen Becher Bezug zu nehmen (vgl. engl. *cup*):

(2) sinen slafmachigen chopf   (Notker I.758.6) (vor 1020)
     ‚seinen Becher mit einem Schlaftrunk‘

Seit etwa 1160 finden sich im Mhd. Belege für eine Verwendung von *kopf* zum Bezug auf den Kopf einer Person, und zwar im Zusammenhang von Schlachtschilderungen, in denen dargestellt wird, wie einer dem anderen mit dem Schwert auf den Kopf schlägt:

(3) sin slege dem doners krache warn gesellet:
     die erdünten im den gebel,
     daz im vür ougen viel ein vinster nebel,
     mit sulcher kraft wart im sin *kopf* erschellet   (Lohengrin 2163ff.) (ca. 1280)

     ‚seine (des Gegners) Schwertschläge klangen wie Donner.
     Sie ließen ihm den Schädel erklingen,
     so dass es ihm vor den Augen dunkel wurde wie vom Nebel,
     mit solcher Kraft wurde ihm sein Kopf zum Klingen gebracht‘

Hier wird der Ausdruck *kopf*, der mhd. auch weiterhin zum Bezug auf Trinkgefäße verwendet wird, auf eine neue, sarkastische Art metaphorisch zum Bezug auf den Kopf eines der Kämpfenden verwendet. Als Vergleichsgegenstand ist hier bei der Verwendung von *kopf* offensichtlich an ein Trinkgefäß aus Metall gedacht, das unter den Schwertschlägen zum Klingen kommt. Wir könnten die metaphorische Verwendung heute nachahmen mit einer Formulierung wie *Er hat ihm mächtig eins auf den Becher gegeben.* Gebräuchlich sind in dieser Funktion heute allerdings andere metaphorisch verwendete Ausdrücke: *Jemandem eins auf die Rübe / auf die Birne / auf den Deckel geben.*

Die Kollokation mit einem Klangverb findet sich ähnlich schon bei Neidhart (ca. 1240):

(4)   daz im müeze misselingen
        so daz hundert swert uf sinem *kophe* lute erklingen.   (Neidhart 54.29f.)
        ,ihm (seinem Konkurrenten) soll Misserfolg beschieden sein,
        so dass hundert Schwerter auf seinem Kopf laut erklingen'

Eine zweite häufige Kollokation von *kopf* in dieser Zeit ist das Zusammen-Vorkommen mit Verben wie *zerschlagen* oder *zerspalten*, eine Kollokation, die sich ganz ähnlich mit dem Ausdruck *helm* findet (vgl. August 1970, 120f.; 184f.).

Wenn dagegen ohne diesen sarkastischen Ton auf den Kopf einer Person Bezug genommen wird, wird weiterhin der Ausdruck *houbet* verwendet:

(5)   den helm er het ze *houbet* vaste gebunden   (Lohengrin 2193)
        ,seinen Helm hatte er am Kopf festgebunden'

Die Tatsache, dass in literarischen Texten der Ausdruck *kopf* zum Bezug auf den Kopf bzw. auf die Schädeldecke zunächst vorwiegend im Zusammenhang von Kampfschilderungen verwendet wird, lässt die Vermutung zu, dass es sich hier um die Übernahme einer metaphorischen Verwendung aus der Soldatensprache der Zeit stammt – eine Art Kriegersarkasmus. „Der erste, der es brauchte, mag es als bitteres witzwort gemeint haben, in bezug auf ein zerbrechen des ,schädels' oder ,gehirnkastens' im streite, mit hieben" (DWb 11, 1748). Als Muster für diese Metapher diente möglicherweise der Ausdruck *teste* ,Scherbe', ,Kopf' (> tête) in der altfranzösischen Rittersprache, der dort neben dem Standardausdruck *chief* ,Kopf' verwendet wurde. (Zur Geschichte der Ausdrücke für ,Kopf' in den romanischen Sprachen vgl. Blank 1998). Die neue Verwendung von *kopf* ist aber bis 1250 in literarischen Texten nur selten belegt. August (1970, 69) zählt insgesamt nur 8 Belege in der Zeit von 1170–1250. Nach 1250 nimmt die Zahl der Belege deutlich zu.

Für einen Sprecher im späteren 13. Jahrhundert gab es also die Möglichkeit, sich entweder auf normale Weise mit *houbit* auf einen Kopf zu beziehen oder in Nachahmung der Soldatensprache sarkastisch-metaphorisch den Ausdruck *kopf* zu verwenden – daneben in grobem Tonfall aber auch noch andere Gefäßwörter, nämlich *schedel* ,Schädel' oder *hirnschal* ,Hirnschale' (vgl. Neidhart 171,11; 93,28). Wir haben hier also eine Variationsmöglichkeit und damit den ersten Ansatz einer Konkurrenz von *houbet* und *kopf*. Der gängige Gebrauch von *haupt* im Sinne von ,Kopf' und *kopf* im Sinne von ,Becher' bleibt von dieser Variationsmöglichkeit aber auf längere Zeit weitgehend unberührt. Beispielsweise finden wir bei einem Autor wie Megenberg in seinem „Buch der Natur" (um 1350) regelmäßig den Ausdruck *haupt* für ,Kopf (von Menschen und Tieren)' verwendet und *kopf* ausschließlich für ,Becher'.

(6)   in des hirzs *haupt* ist ein wurm, der in oft müet   (Megenberg, Buch der Natur, 130.33)
        ,der Hirsch hat in seinem Kopf einen Wurm, der ihn oft quält'

(7)   daz vaz, ez sei schüzzel oder *kopf*   (Megenberg, Buch der Natur, 478.15)
        ,das Gefäß, es sei eine Schüssel oder ein Becher'

Vielleicht spielen hier auch regionale Besonderheiten eine Rolle, denn auch andere süddeutsche Autoren wie Oswald von Wolkenstein und Heinrich Kaufringer halten sich bis in die erste Hälfte des 15. Jahrhunderts in ihren Werken (fast) ausschließlich an die traditionelle Verteilung von *haupt* und *kopf*.

Im 14. und 15. Jahrhundert scheint sich die neue Verwendungsweise von *kopf* in der gesprochenen Sprache zu verbreiten, was man daraus schließen kann, dass der Ausdruck häufig in Texten zu belegen ist, die der gesprochenen Sprache nahestehen (z.B. in Fastnachtsspielen und in der Fachsprache der Metzger und Köche). Wir müssen dabei zwei Phasen unterscheiden: die erste Phase, in der *kopf* wegen seines grob-witzigen Ausdruckspotenzials attraktiv war und deshalb häufiger verwendet wurde, und die zweite Phase, in der der Ausdruck wegen des häufigen Gebrauchs dieses Potenzial nach und nach verlor und zum normalen Ausdruck wurde. Es fällt auf, dass sich in letzterer Periode viele Belege finden, in denen in Bezug auf vermeintlich dumme, hässliche und sozial niedrig stehende Menschen (Bauern, Knechte, Räuber) der Ausdruck *kopf* verwendet wird (vgl. Augst 1970, 220; 322), während in Bezug auf sozial hochstehende oder anderweitig hoch bewertete Personen (Fürsten, biblische Personen wie Jesus und Maria) *haupt* verwendet wird. Auch in der Sprache von Luthers Bibelübersetzung von 1545 gibt es eine charakteristische Verteilung von *haupt*, das er generell viel häufiger verwendet, und *kopf*. Einige Belege sollen das zeigen:

(8)   vnd solt nehmen das Salböle / vnd auff sein *heubt* schütten   (2. Mose 29.7)

(9)   vnd neiget das *Heubt* vnd verschied   (Johannes 19.30)

(10)   Vnd lege seine hand auff des Brandopffers *heubt*   (3. Mose 1.4)

(11)   Vnd hieben jm [Saul] sein *Heubt* abe / vnd zogen jm seine Waffen ab   (1. Samuel 31.9)

(12)   vnd das volck satzt jn [Jephthah] zum *Heubt* vnd Obersten vber sich   (Richter 11.11)

(13)   wie Damascus das *heubt* ist in Syria   (Jesaja 7.8)

(14)   Für eim grawen *Heubt* soltu auffstehen / vnd die Alten ehren   (3. Mose 19.32)

(15)   Vnd ich will Feindschaft setzen zwischen Dir [der Schlange] vnd dem Weibe / vnd zwischen deinem Samen vnd jrem Samen/ Der selb sol dir den *Kopff* zutreten [‚zertreten‘] / Vnd Du wirst jn in die Verschen [‚die Ferse‘] stechen   (1. Mose 3.15)

(16)   Vnd der Priester sols [das Opfertier] zum Altar bringen / vnd jm den *kopff* abkneipen   (3. Mose 1.15)

(17)   Aber ein Weib warff ein Stück von einem Mülstein Abimelech auff den *Kopff* / vnd zubrach jm den schedel   (Richter 9.53)

(18)   Abermal sandte er zu jnen einen andern knecht / Demselben zeworffen sie den *Kopff* mit steinen   (Markus 12.4)

(19)   Alle die mich sehen / spotten mein / Sperren das Maul auff / vnd schütteln den *Kopff* (Psalm 22.8)

(20)   alles vbel der Menner Sichem / vergalt jnen Gott auff jren *Kopff*   (Richter 9.57)

Im Überblick lässt sich die Verteilung folgendermaßen beschreiben: Luther verwendet in der Bibelübersetzung von 1545 regelmäßig *heubt* als Normalwort zum Bezug auf den Kopf (ca 80% der Belegstellen), dagegen *kopff* insgesamt viel seltener (ca. 20%) und vor allem in der traditionellen Kollokation mit Verben wie *abhauen, zerwerfen, zertreten* sowie in einigen festen Wendungen wie *den Kopf schütteln* (neben *sein heubt schütteln*) und (*eine Übeltat*) *auf jemandes Kopf bringen* ‚jemanden für eine Übeltat büßen lassen‘. In anderen Schriften Luthers, die dem mündlichen Sprachgebrauch näher stehen, ist die statistische

Verteilung von *Haupt* zu *Kopf* gegenläufig: 43% zu 57% in den Predigten und 37% zu 63% in den Tischgesprächen (nach Augst 1970, 441). Man sieht also am Beispiel Luthers einen Unterschied des Gebrauchs für die geschriebene und die gesprochene Sprache: In der gesprochenen Sprache ist *Kopf* bereits gebräuchlich zum Bezug auf den Kopf von Menschen und Tieren und mit *Haupt* weitgehend austauschbar, während in der gehobenen Schriftsprache *Haupt* weiterhin das Normalwort ist, während *Kopf* noch einen eingeschränkten Kollokationsbereich hat. Von einer Konkurrenz im engeren Sinne für die Verwendung zum Bezug auf den Kopf können wir also vor allem im Hinblick auf die gesprochene Sprache sprechen.

Will man nun für die Zeit um 1500 die Verwendungsweisen von *Haupt* und *Kopf* insgesamt beschreiben, so sind für *Haupt* neben dem Bezug auf den Kopf zunächst vor allem die Verwendung zum Bezug auf eine besonders hervorgehobene Persönlichkeit (12) oder auf einen zentralen Ort wie in Beleg (13) sowie pars-pro-toto-Verwendungen wie in Beleg (14) zu nennen. Darüber hinaus wird *haupt* weiterhin – wie schon im Mhd. – in zahlreichen Komposita als erstes Kompositionsglied verwendet, wobei zwei Verwendungsweisen hervorstechen: ‚den Kopf betreffend‘ wie in *haupthar* ‚Haupthaar‘, *Hauptküssen* ‚Kopfkissen‘ und zur Kennzeichnung eines besonders wichtigen, zentralen Gegenstands wie in *hauptpunct* ‚zentraler Gesichtspunkt‘, *haubtsach* ‚zentraler Streitpunkt einer rechtlichen Auseinandersetzung‘, *haubtstück* ‚Kapitel‘, ‚größerer Abschnitt‘. Viele dieser Komposita sind schon lexikalisiert, wie z.B. *Hauptmann*. In manchen Komposita setzt sich seit dem 16. Jahrhundert *kopf* gegenüber *haupt* durch. So spricht Kaysersberg im „Seelenparadies“ von 1510 noch vom *hauptwee*, der Nürnberger Bürger Balthasar Paumgartner berichtet in einem Brief von 1587 von seinem *Kopfweh*. *Kopf* im Sinne von ‚Becher‘ wird zunehmend seltener verwendet, und wenn, dann zumeist mit verdeutlichenden Hinweisen wie *ein goldener kopf*. Der gebräuchliche Ausdruck ist inzwischen *Becher*.

Um 1600 ist *Kopf* offensichtlich auch in der geschriebenen Sprache der gängige Ausdruck für den Bezug auf den Kopf. Beispielsweise wird in der „Relation“ von 1609, einer der ersten Zeitungen, zum Bezug auf den Kopf mehrfach *Kopff* verwendet (z.B. auch *eines keysers kopff* auf einer Münze), daneben auch in festen Wendungen wie *an den Kopff stoßen* ‚vor den Kopf stoßen‘ oder *die Hände vber dem Kopff zusammen schlagen*. Von den zwei Belegen für *Haupt* bezieht sich einer auf den Kopf einer Marienstatue, also auf eine Darstellung einer besonders hervorgehobenen Person. Auch in Keplers „Tertius Interveniens“ von 1610 wird mehrfach *Kopff* verwendet. Auffallend sind in diesem Text Verwendungen von *Kopf* in Wendungen zur Kennzeichnung intellektueller Leistungen und Fähigkeiten (*die fvndamenta* (‚Grundbegriffe‘) *in Kopff fassen*, *sich den Kopff darüber zerbrechen*, *ein guter Kopff* ‚ein kluger Kopf‘, *ein Philosophischer Kopff*). *Haupt* dagegen wird nur einmal im Sinne von *Oberhaupt* verwendet.

Diese Verteilung im Gebrauch von *Haupt* und *Kopf* scheint sich über längere Zeit hin zu halten. Den Stand des Gebrauchs ca. 200 Jahre später beschreibt Adelung in seinem Wörterbuch folgendermaßen: „*Der Kopf* [...] 3. In der engsten Bedeutung, der gemeiniglich runde oder rundliche oberste Theil eines thierischen Körpers [...] Besonders des menschlichen Körpers. 1) Eigentlich, wo dieses Wort in der vertraulichen Sprechart am üblichsten ist, und besonders von solchen Personen gebraucht wird, welchen man keine vorzügliche Achtung schuldig zu seyn glaubt; dagegen in den entgegen gesetzten Fällen Haupt üblicher

154

ist" (Adelung, Grammatisch-kritisches Wörterbuch, 1811, Bd. II. Spalte 1711). Auffallend sind die zahlreichen Redensarten mit *Kopf*, die ebenfalls vor allem in der Umgangssprache gebräuchlich sind (*über Hals und Kopf, jemanden vor den Kopf stoßen, überall mit dem Kopfe durch wollen, einem den Kopf waschen*). *Haupt* dagegen wird, wie schon im Artikel *Kopf* angedeutet, „nur in der edleren und anständigern (‚gehobeneren') Sprechart gebraucht, besonders, wenn man von Personen redet, denen man Achtung und Ehrerbietung schuldig ist (Adelung 1811, Bd.II. Spalte 1008).

Aufgabe 1	Stellen Sie aus der Luther-Bibel von 1545 (Digitale Bibliothek Bd. 29) die Belege für *heubt* und *kopf* zusammen und ordnen Sie die Belege nach typischen Verwendungsweisen und Kollokationen.
Aufgabe 2	Stellen Sie die bei Adelung aufgeführten übertragenen Verwendungen von *Haupt* und *Kopf* zusammen. Vergleichen Sie damit die Beschreibung in einem modernen Wörterbuch der Gegenwartssprache (z.B. DUDEN Deutsches Universalwörterbuch).
Aufgabe 3	Suchen Sie in einer heutigen Zeitung (z.B. DIE ZEIT auf CD-ROM) charakteristische Verwendungsweisen von *Haupt* und vergleichen Sie sie mit den in diesem Abschnitt dargestellten älteren Verwendungsweisen.

13.3 Zur Konkurrenz von *können* und *mögen*

Als Vorbereitung zur Lektüre und Bearbeitung dieses etwas schwierigeren Kapitels empfiehlt sich die Lektüre der einleitenden Abschnitte von Kapitel 17 („Entwicklungen im System der Modalverben").

Aus heutiger Sicht ist die Überschneidung der Verwendungsweisen von *können* und *mögen* sehr gering. Sie beschränkt sich im Wesentlichen auf die epistemische Verwendungsweise:

(1)   Das kann/ mag so sein

Ansonsten ist *können* das allgemein gebräuchliche Modalverb zum Ausdruck der Möglichkeit (2), während *mögen* vor allem als Hauptverb im Sinne von *gern haben* verwendet wird (3).

(2)   Er kann den Zug erreichen
(3)   Er mag seine Schwester

Dazu kommt – wenn man *möchte* nicht als eigenes Verb auffasst – noch die Verwendung zum Ausdruck eines Wunsches wie in (4):

(4)   Er möchte es wissen

Dies war in der Geschichte der deutschen Sprache nicht immer so. In einem lang andauernden Prozess, der sich von der ahd. Periode bis zur Gegenwart erstreckt, veränderte sich der Gebrauch von *mögen* und *können* in der Weise, dass die ursprünglichen Verwendungsweisen von *mögen*, dessen ahd. Verwendungen sich weitgehend mit unserem *können* wiedergeben lassen, mehrheitlich auf *können* übertragen wurden. Die Entwicklung von *können* ist ein Paradebeispiel für einen graduellen Wandel in kleinen Schritten. Sie führt vom rein agensorientierten Gebrauch (Fähigkeits-*kann*) bis zum agensfernen Gebrauch in unpersönlichen Konstruktionen. Als Nebenwirkung dieser Entwicklung ergab sich vor allem im Fnhd. eine weit gehende Konkurrenz von *können* und *mögen*. Gleichzeitig entwickelten sich für *mögen* neue Verwendungsweisen. Diesen nicht einfach zu beschreibenden Prozess wollen wir im folgenden skizzieren und mit einer Fallstudie für das Fnhd. illustrieren.

Im Ahd. war *mugan* das zentrale Modalverb zum Ausdruck der Möglichkeit, wobei ein Verwendungsschwerpunkt im Bereich der Zuschreibung einer Möglichkeit aufgrund körperlicher Kraft lag (vgl. die Belege in 17.2.1). *kunnan* dagegen, das insgesamt viel seltener belegt ist als *mugan*, dient in erster Linie der Zuschreibung einer geistigen bzw. einer durch Lernen erworbenen Fähigkeit.

Diese Verteilung lässt sich zunächst auch noch im Mhd. erkennen. Nehmen wir als Beispiel eines mhd. Textes das Rolandslied (ca. 1170). Den 20 Belegen für *kan* stehen ca. 140 Belege von *mac* gegenüber. *kan* wird vor allem mit Verben wie *sagen*, *zeigen*, *geleren* ,lehren', *raten* ,einen Rat geben' verwendet:

(5)   die ime aller beste kunden gerate(n)   (Rolandslied 2196)
       ,die besten Ratgeber'

(6)   nehain arzet ne kunde si gehailen   (Rolandslied 4530)
       ,kein Arzt konnte sie heilen'

mac dagegen wird mit einem weiten Spektrum von Hauptverben kombiniert und kommt auch in unpersönlichen Konstruktionen wie (9) und in epistemischer Verwendung vor (10):

(7)   swaz siben mule machten getragin   (Rolandslied 2694)
       ,was sieben Maultiere tragen konnten'

(8)   der mac nu uor dir samphte buwen   (Rolandslied 4733)
       ,der kann jetzt von dir ungestört leben'

(9)   nemagiz nicht besser werde(n)   (Rolandslied 8963)
       ,wenn es nicht besser werden kann'

(10)   er machte lichte scaden gewinnen   (Rolandslied 3976)
       ,er dürfte leicht Schaden nehmen'

Im Laufe des Mhd. wird *kunnen* nach dem Muster von *mugen* zunehmend auch mit Verben kombiniert, die nicht geistige bzw. gelernte Fähigkeiten kennzeichnen, also auch körperli che Fähigkeiten, und es wird auch allgemein zum Ausdruck einer Möglichkeit verwendet, die nicht auf den Fähigkeiten einer handelnden Person beruht, sondern auf äußeren Bedingungen. Man spricht hier manchmal von „extrasubjektiver Möglichkeit". Weiterhin finden sich mhd. auch schon unpersönliche Konstruktionen mit *kunnen* (11), allerdings noch keine epistemischen Verwendungen.

(11)   ob ez sich gevüegen *kan*   (Hartmann, Iwein, 2063)
         ‚wenn es so eingerichtet werden kann‘

Damit wird die Verwendung von *kunnen* für die Sprecher zunehmend eine Alternative zu *mugen*, d.h. die beiden Ausdrücke stehen in einem relativ breiten Spektrum von Verwendungsweisen in Konkurrenz. Allerdings konnten die beiden Modalverben auch mhd. noch kontrastiert werden, wie der folgende Beleg aus dem „Weinschwelg" zeigt, in dem ein Weintrinker betont, dass er nicht nur ein Kenner ist, sondern auch einiges verträgt:

(12)   ich kan wol trinken unde mac,
         ich han kunst unde kraft   (Weinschwelg, zit. nach DWb 5, 1729)

Dieser Kontrast weist darauf hin, dass auch im Mhd. die prototypischen Verwendungsweisen von *können* und *mögen* noch unterschieden waren.

Die Entwicklungsschritte im Gebrauch von *können* lassen sich in einer Übersicht folgendermaßen zusammenfassen, wobei mit „>" jeweils eine neu hinzukommende Verwendungsweise gekennzeichnet ist. Zur Erläuterung sind in Klammern jeweils nhd. Beispiele angegeben:

(13)   Angabe einer geistigen bzw. gelernten Fähigkeit   (*Er kann lesen*)
         > Angabe einer körperlichen Fähigkeit   (*Er kann die Last tragen*)
         > Angabe einer extrasubjektiven Möglichkeit   (*Er kann mit dem Zug fahren*)
         > unpersönliche Verwendungsweise   (*Es kann einen Stau geben*)
         > epistemische Verwendungsweise   (*Das kann durchaus sein*)

Was die Sprecher damals bewogen hat, das Gebrauchsspektrum von *kunnen* in kleinen Schritten immer weiter auszudehnen, lässt sich heute wohl nicht mehr rekonstruieren. Wir können jedoch an einzelnen Texten Stufen dieses Prozesses quasi in Momentaufnahme zeigen. Für das Mhd. gibt es dazu viele Detailhinweise in älteren Arbeiten (z.B. Deggau 1907, Klarén 1913). Für das Frühnhd. um 1600 will ich hier eine Fallstudie skizzieren (vgl. Fritz 1997b).

Bevor wir zu dieser Fallstudie kommen, möchte ich jedoch noch auf eine Neuerung im Gebrauch von *mugen* hinweisen, die sich wohl im Laufe des Mhd. entwickelt hat und die für die weitere Entwicklung des Gebrauchs von *mögen* eine wichtige Rolle spielt. An folgendem fnhd. Beleg kann man zeigen, wie es zu der Neuerung kommen konnte (weitere, z.T. frühere Belege in Fritz 1997a, 103f.). In einem Lied Oswalds von Wolkenstein (vor 1440) beschimpft eine Bäuerin eine Magd wegen ihrer Faulheit und fordert sie zur Arbeit auf. Darauf antwortet die Magd:

(14)   Fraw, eur straffen ist enwicht,
         Spinnen, keren *mag* ich nicht.   (Wolkenstein 48.33ff.)

‚Bäuerin, euer Schimpfen ist mir egal.
Spinnen und kehren kann ich nicht.'

Mit ihrer Weigerung *Spinnen, keren mag ich nicht* kann die Magd zu verstehen geben, dass sie aus innerem Widerwillen nicht spinnen und kehren kann, m.a.W. dass sie es nicht w i l l. Nach dieser Deutung der Stelle wäre der Hinweis, dass sie nicht spinnen und kehren möchte, also eine konversationelle Implikatur, die besonders in negativen Kontexten nahe liegt. Noch offensichtlicher ist diese Art der Deutung in folgendem Beleg aus Luthers Bibel von 1545:

(15)   Thu nur weg von mir das geplerr deiner Lieder /
        Denn / ich mag deines Psalterspiles nicht hören   (Amos 5.23)

Die Verwendung von *mag* in diesem Beleg könnte man vergleichen mit unserer heutigen Wendung: *Ich kann diese Musik nicht mehr hören.* Die Verwendung ohne Negation (häufig in Verbindung mit *gerne*) ist wohl der nächste Schritt in der Entwicklung. Er bedeutet eine Generalisierung dieses Musters. Ein früher Beleg für den Indikativ ist (16), Belege für den Konj. II sind (17) und (18):

(16)   daz man gerne hoeren *mac*, da kert er sinen vlîz an   (Hartmann, Iwein, 26)
        ‚was man gerne hören möchte, darum bemühte er sich'

(17)   Nu *mocht* ich *gerne* ein szo hoch vornunfft hören, die erdenckenn mocht, was nw hynfurt
        kunde geschehen [...]   (Luther, An den christlichenen Adel, (1520), WA 6, 426f.)

(18)   Ich *möchte* auch *gerne* wißen, warum baß Amelie mir nicht auff den brieff antwortet, den ihr
        mittgebracht habt.
        (Elisabeth Charlotte von Orléans (1676); Holland 1867, Bd. 1, 8.13f.)

Seit dem späten 17. Jahrhundert ist diese Verwendungsweise von *mögen* häufiger zu belegen. Nach der Konventionalisierung der ursprünglichen konversationellen Implikatur wird diese Neuerung zunehmend zu einer zentralen Verwendungweise dieses Modalverbs.

13.4   Fallstudie zu *können* und *mögen*

Kommen wir nun zu der Fallstudie für die Konkurrenz von *können* und *mögen* in zwei Texten des frühen 17. Jahrhunderts. Es handelt sich dabei um die zwei ersten deutschen Zeitungen, den „Aviso" (A) und die „Relation" (R), beide aus dem Jahre 1609. Um die Überschneidung in den Verwendungsweisen zu dokumentieren, bilden wir drei Gruppen von Belegen:

1.   Verwendungsweisen / Kollokationen, die nur für *können* belegt sind,
2.   Verwendungsweisen / Kollokationen, die für *können* und *mögen* belegt sind,
3.   Verwendungsweisen / Kollokationen, die nur für *mögen* belegt sind.

158

13.4.1 Verwendungsweisen / Kollokationen, die nur für *können* belegt sind

13.4.1.1 Angabe von geistigen bzw. erlernten Fähigkeiten

Zum ältesten Bestand der Verwendungsweisen von *können* gehört die Angabe von geisti-gen Fähigkeiten, und zwar in der Konstruktion *können* + NP. In unseren Texten ist diese Verwendungsweise vertreten durch Angaben zu sprachlichen Fähigkeiten:

(19)   weil er wol Türckisch vnd andern Sprachen *gekundt*   (A 372.26)
(20)   vnd *kan* gut Italienisch   (A 135.26; parallel R 80.11)

In den Bereich der geistigen Fähigkeiten fällt wohl auch folgende Verwendung:

(21)   da er nichts anderst predigen *könt/* mög ers wol bleiben lassen   (R 118.17f.)

Auch beim Aspekt technischer Fähigkeiten und Möglichkeiten scheint *können* vorgezogen zu werden:

(22)   ein gar Künstreicher doch ein geringer Bauerßman so ... vnterm Wasser auff grund gehen/ vnnd allerley Arbeit verrichten *kann*   (A 404.24f.)
(23)   obwol man die Navigation der Schiff ... mit grabung einer Revier ('eines Kanals') in Flandern richten *köndt*   (A 356.36f.)

13.4.1.2 Angabe von persönlich bedingten Handlungsmöglichkeiten

Eine zweite Gruppe von Verwendungen, in denen *können* ausschließlich oder doch weit bevorzugt verwendet wird, ist dadurch gekennzeichnet, dass es jeweils um persönliche Fähigkeiten oder persönlich bedingte Handlungsmöglichkeiten geht. 1. Die Möglichkeit zum erfolgreichen Gebrauch der Sinne (unter bestimmten Bedingungen) wird fast aus-schließlich mit *können* angegeben: *sehen können*, (der Predigt) *zuhören können*, (die ver-witterte Schrift) *nicht lesen können*. 2. Einige Verwendungen von *können* finden sich in Berichten darüber, wie jemand wegen eines körperlichen Gebrechens oder einer psychi-schen Belastung eine normalerweise problemlos mögliche Handlung nicht vollziehen kann:

(24)   (Ihre Königliche Majestät hat die Gicht in einem Backen) das sie *nicht essen könne* (A 286.15)
(25)   also das ich (wegen dem Podagra) nirgent hin *reisen kann*   (R 49.20)
(26)   vor weinen *kaum reden können*   (A 214.6)
(27)   auß forcht den Dolchen nit zucken können   (R 149.34)

13.4.1.3 Kollokation mit *wissen*

Weiterhin fällt eine charakteristische formelhafte Wendung mit *kan* auf, die vor allem für den Abschluss einer Meldung oder eines Berichts verwendet wird (insgesamt 19 Belege). In

Fällen, in denen der Korrespondent noch nicht in der Lage ist, einschlägige Information zu bieten, signalisiert er diese Nachrichtenlage bisweilen mit Ausdrücken wie *kan ich / kan man (noch) nicht wissen*:

(28)   wann aber das Fußvolck gemustert wirdt/ *kan* ich nit wissen   (R 129.37)

(29)   zu was end ('zu welchem Zweck')/ *kan* man noch nicht wissen   (A 35.30)

13.4.2 Überschneidungen im Gebrauch von *können* und *mögen*

Eine Überschneidung des Gebrauchs von *können* und *mögen* ist für die folgenden Bereiche zu belegen.

13.4.2.1 Verwendung zur Angabe einer körperlichen Fähigkeit

Ein alter Prototyp des Gebrauchs von *mögen* ist die Angabe einer körperlichen Fähigkeit. Dafür ist in den Zeitungen jeweils einmal *mögen* und *können* belegt:

(30)   so viel sie auff den Achseln tagen (l. tragen) *mögen*   (R 180.41)

(31)   mehr nicht/ als sie tragen *können*   (A 336.4)

13.4.2.2 Verwendung zur Angabe einer persönlichen Disposition

Bei Verben wie *leiden* oder *gedulden* ('ertragen') wird mit *können* eine persönliche Disposition signalisiert.

(32)   weil sies nicht mehr gedulden *können*   (R 134.31)

(33)   (der Kaiser soll krank zu Bett liegen) vnnd das gepolter von fahren vnnd reiten nicht gedulden *können*   (A 316.2; parallel: R 170.29)

(34)   warumb sie den Cantzler nit leiden *können* vnd wollen
         (A 259.7; ähnlich A 259.12, A 276.22)

Auffallend ist, daß wir in diesen Belegen *können* nur mit Negation finden. In der positiven Version dieser Wendung wird *mögen* verwendet, was allerdings nur einmal belegt ist:

(35)   wie sie dann Jhrer Mayst. Abgesandte wol leiden mögen   (A 141.3)

Nahe verwandt erscheinen Verwendungen von *mögen* wie in (36):

(36)   (Die evangelische Gräfin von Sultz hat auf ihrem Totenbett) dieselbe (Jesuiten) so man jhr zugeordnet/ nicht sehen noch haben *mögen*   (A 39.17)

13.4.2.3 Extrasubjektive Möglichkeit

Sowohl mit der Verwendung von *können* als auch mit *mögen* kann man angeben, dass bestimmte Sachverhalte eine Handlung bzw. ein Ereignis oder einen Zustand zulassen.

Hier erlaubt das Zeitungskorpus, die Konkurrenz von *können* und *mögen* bei einigen Kollokationen mit Prädikatsausdrücken direkt zu zeigen:

(37) sie haben aber nichts verrichten *mögen*   (R 188.41)

(38) vnd endlich ... nichts verrichten *können*   (A 125.19)

(39) derselben (Güter) wieder erlangen *mögen*   (R 47.16; ähnlich A 220.17)

(40) kein endtliche richtige Resolution erlangen *können*   (A 182.17; ähnlich A 13.18)

(41) daß sie wenig erhalten *mögen*   (R 212.41)

(42) haben aber nichts erhalten *können*   (R 39.15; insgesamt 12 Belege)

(43) Personen/ mit denen die Ständt zu frieden seyn *mögen*   (A 259.19)

(44) daß sie mit solcher Antwort noch nicht zufrieden seyn *könten*   (A 190.36)

(45) damit nichts weiters auff Wien kommen *mög*   (R 27.11)

(46) damit weiters nichts mehr auff Wien kommen *kan*   (A 35.24)

Schon bei dieser kleinen Gruppe von Belegen zeigt sich mehrfach die Präferenz der „Relation" für *mögen* gegenüber *können*, die auch sonst zu beobachten ist. Hier wird möglicherweise eine Eigenart des Straßburger Alemannischen greifbar und/oder eine Besonderheit der Redaktion der „Relation", nämlich ein relativ konservativer Charakter dieser Zeitung im Vergleich zum „Aviso".

Wir sehen also, dass *können* für ein breites Spektrum der Kennzeichnung von Möglichkeiten verwendet wird, für die ursprünglich *mögen* gewählt wurde. Will man nun noch genauer sehen, wie weit *können* im traditionellen Verwendungsbereich von *mögen* verwendet werden kann, muss man vor allem Konstruktionstypen und Verwendungsweisen betrachten, die dem Fähigkeits-Prototyp von *können* besonders fern stehen. Dies sind insbesondere Passivkonstruktionen (47), Formulierungen mit nicht-persönlichem Subjekt (48), unpersönliche Konstruktionen (49) sowie epistemische Verwendungsweisen (50):

(47) (dass) die arme Diener bey Hoff bezahlet werden *können*   (A 204.27)

(48) daß solche verhoffende ('erhoffte') Absolution nicht (hat) erfolgen *können*   (A 100.23)

(49) wie es denn auch anderst nicht wird seyn *können*   (A 115.13)

(50) (Man will den Soldaten nur ein Drittel ihres ausstehenden Soldes bezahlen) *kan* noch wol ein mutination daraus folgen   (A 143.1)
      ‚das kann durchaus noch zu einer Meuterei führen‘

Damit lässt sich zeigen, so kann man zusammenfassen, dass *können* um 1600 fast im vollen Spektrum der Möglichkeitsangaben verwendet werden kann und damit prinzipiell in großer Breite mit *mögen* konkurriert, wenn auch beispielsweise die epistemische Verwendung von *können* gegenüber *mag* und *möchte* statistisch noch sehr gering vertreten ist.

13.4.3 Nur für *mögen* belegte Verwendungsweisen

Nach der ausführlichen Betrachtung des Überschneidungsbereichs von *können* und *mögen* kommen wir nun zu den Verwendungsweisen von *mögen*, in denen keine Konkurrenz mit *können* zu erkennen ist. Unter den nicht-epistemischen Verwendungsweisen sind dies vor allem vier Typen:

1. die Verwendung zur Erteilung einer Erlaubnis bzw. zum Bericht über eine erteilte Erlaubnis,
2. die Verwendung bei der Angabe von Beratungsthemen,
3. die Verwendung zur Kennzeichnung von Wunschäußerungen und Befürchtungen,
4. die Verwendung zur Kennzeichnung von Direktiva (z.B. Bericht über Forderungen).

13.4.3.1 Erteilung einer Erlaubnis bzw. Bericht über eine erteilte Erlaubnis

Die Verwendung zur Erlaubnis bzw. Bericht über eine Erlaubnis ist in unseren Texten ein Spezifikum des Gebrauchs von *mögen* und gehört noch nicht zum Verwendungsspektrum von *können*. Es scheint also gerechtfertigt, bei der Bedeutungsbeschreibung für 1609 hier innerhalb der Verwendungen von *mögen* die Verwendung zum Bericht über eine erteilte Erlaubnis als eine besondere Verwendungsweise hervorzuheben, auf die die Verwendung von *können* erst im weiteren Verlauf der historischen Entwicklung ausgedehnt wird. In den folgenden beiden Beispielen würden wir *mögen* heute jeweils mit *können* oder *dürfen* wiedergeben:

(51) Korröck/ vnd Meßgewandt/ *mag* brauchen wer da will   (A 271.10)

(52) (Man ist zu dem Beschluss gekommen) daß die Herren vnd Landtleut ... das freye exercitium der Augspurg. Confession anstellen vnd gebrauchen *mögen*   (A 84.29–33)

13.4.3.2 Die Verwendung von *mögen* bei der Angabe von Beratungsthemen

In einer weiteren Sonderform der Verwendung zur Angabe einer Möglichkeit wird in unseren Zeitungen ebenfalls ausschließlich *mögen* verwendet, während wir heute nur *können* verwenden würden, nämlich bei der Angabe des Gegenstands einer Beratung oder eines Planungsgesprächs. Im heutigen Sprachgebrauch kennen wir dafür Ausdrücke wie *Wir haben darüber nachgedacht, wie man das Problem lösen könnte.*

(53) zu berahtschlagen ... wie sie ehest jhre Kriegsschieff/ an die Pääs vnd Meerporten ... außrüsten *mögen*   (A 243.3–6)

(54) vnd berahtschlagen/ wie sie selbst ein Defension im Land für sich allein anstellen *möchten* (A 191.3f.)

13.4.3.3 Die Verwendung von *mögen* im Zusammenhang der Angabe von Wünschen, Hoffnungen und Befürchtungen

Mehrfach findet sich *mögen* im untergeordneten Satz mit einem Ausdruck des Wünschens oder Hoffens im übergeordneten Satz, wie in folgenden Belegen:

(55) (Die kaiserliche Majestät wünscht nichts mehr)/ als daß sie viel lieber in diesem Königreich/ vnd bey deren getrewen Ständen in gutem frieden regieren vnd verbleiben *mögen* (A 197.28–30)

(56) Gott gebe daß waß guts verrichtet werden *möge*   (R 57.14)

(57) verhoffen/... das ein jeder bey dem seinen wohnen vnd bleiben *mög*   (R 65.38)

Damit verwandt ist der Ausdruck von ebenfalls zukunftsorientierten Einstellungen wie Befürchtungen und Sorgen. Bei der Angabe des Inhalts dieser Einstellungen wird ebenfalls *mögen* im untergeordneten Satz verwendet. Dabei fällt auf, daß zum Ausdruck von Befürchtungen und Sorgen ausschließlich der Konjunktiv II (*möchte*) verwendet wird.

(58)   sondern befürchten/ es *möchte* bey den andern Herrn von Osterreich ... ein Verdacht causirn (A 167.27f.)

(59)   als ist zu besorgen/ wann die Pfaffen Kriegsobristen werden/ jhr Kön: Maytt: (,ihre Königliche Majestät') in grossen Schaden gerahten *möchte*   (A 7.18–20)

Diese Kollokation von Verben wie *befürchten, sorgen* und dergl. mit *möchte* ist sehr auffällig und bis ins 19. Jahrhundert gut belegt. Diese feste Verbindung ist eine nahe Verwandte der epistemischen Verwendungsweise von *möchte* (60) und schließt um 1600 die Verwendung von *können* aus, die heute die normale Formulierung wäre.

(60)   *möcht* also dieser Succession halber/ sich noch allerley zutragen   (A 143.21)
        'es könnte sich also (d.h. aufgrund der genannten Indizien) in der Sache der Nachfolge in Jülich noch einiges ereignen'

13.4.3.4 Die Verwendung von *mögen* für (den Bericht über) Direktiva

In diesen Typen der Verwendung erscheint das Verb *mögen* immer im Konjunktiv – soweit die Verbform den Modus erkennen lässt. Typische Beispiele sind Wiedergaben der Forderungen von Verhandlungspartnern in politischen Auseinandersetzungen (z.B. Forderungen der Stände an den Kaiser und umgekehrt). In der Gegenwartssprache würden wir diese Verwendungen normalerweise mit *sollen* wiedergeben.

(61)   vnd sonderlich die Stende jhre gesanden mit besserer Instruction hierher senden *möge*
        (R 37, 4; eine Forderung des Königs von Österreich)

(62)   Zum 10. daß man die Landgüter zum Königreich gehörig/ nit *möge* vnd *soll* versetzen/ wie geschehen.   (R 210.36; eine Forderung der böhmischen Stände)

Mehrfach findet sich *mögen* auch abhängig von Verben wie *begehren* ('fordern'). Möglicherweise ist die Verwendung von *mögen* in Direktiven als eine zurückhaltend-euphemistische Redeweise zu erklären, vergleichbar unserer Direktivformulierung *Sie könnten jetzt noch die Rechnungen überprüfen*. Allerdings ist abhängig von *begehren* auch *sollen* möglich. Diese Verbindung ist in unseren Texten sogar stärker belegt.

(63)   *begerten* derwegen das solches *möge* eingestellt vnd abgeschafft ... (werden) (R 215.19)

(64)   Erstlich *begehrten* sie (d.h. die Reichsfürsten) sambt vnd einhelig das J.M. (,Ihre Majestät') ehest einen Reichstag außschreiben/ vnd denselben in eigener Person beywohnen *solle*   (A 238.18f.)

13.4.4 Ergebnis der Fallstudie

Als Ergebnis dieser Momentaufnahme aus dem Jahre 1609 können wir zusammenfassend feststellen:

(i)   Ein traditioneller Verwendungsschwerpunkt von *können* ist im Bereich der Angabe von intellektuellen Fähigkeiten um 1600 weiterhin erkennbar.

(ii)   In einem weiten Bereich von Verwendungsweisen konkurrieren *können* und *mögen*, auch in unpersönlichen Konstruktionen.

(iii)   Bei den epistemischen Verwendungsweisen ist *können* zahlenmäßig noch sehr schwach vertreten. Die häufigste Form zum Ausdruck einer Vermutung ist *möchte*.

(iv)   Nur *mögen* wird verwendet zum Erlauben, zur Kennzeichnung von Plänen, Hoffnungen und Befürchtungen und zur Kennzeichnung von Direktiva. Bis auf den Bereich der Direktiva kann auch hier in der Gegenwartssprache *können* verwendet werden.

Aufgabe 1   Notieren Sie aus den ersten zwölf Kapiteln von Grimmelshausens „Simplizissimus" Belege für den Gebrauch von *können* und *mögen*. Ordnen Sie sie nach Verwendungsweisen und vergleichen Sie Ihre Ergebnisse mit dem Befund unserer Fallstudie. Vergleichen Sie Ihren Befund auch mit dem heutigen Gebrauch von *können* und *mögen*.

Aufgabe 2   Vergleichen Sie die Ergebnisse der hier dargestellten Fallstudie mit den Ergebnissen der Längsschnittuntersuchung für die Zeit von 1500–1730 in Peilicke (1997).

14. Prototypenverschiebung: Zur Entwicklungsgeschichte von *Arbeit*

14.1 Entwicklungen vom Ahd. bis zur Gegenwart – ein erster Überblick

In althochdeutschen Texten finden wir manchmal Verwendungen des Wortes *arbeit* (*arabeit, arebeit*), die uns ganz vertraut vorkommen:

(1)   Ferlégenêr unde lázêr . unde dér síh *árbéite* erchúmet . lébet in éseles uuîs
        (Notker I. 251, 20ff.) (vor 1020)
        ‚Ein träger und fauler (Mensch), der sich vor (harter) Arbeit drückt, lebt wie ein Esel.'

Aber in vielen Fällen können wir den ahd. Ausdruck *arbeit* nicht problemlos mir unserem nhd. *Arbeit* wiedergeben:

(2)   (Tíh nedárf nehéin uuúnder sîn) úbe uuír in dísemo uréisigen lîbe *árbéite* lîdên . fóne mánigên
        persecutoribus   (Notker I.20, 23f.)
        ‚(Du brauchst dich nicht zu wundern), wenn wir in diesem gefährlichen Leben Bedrängnisse
        erleiden von vielen Verfolgern'

In diesem Beispiel ist besonders die Kollokation von *arbeit* mit *lîdên* charakteristisch. *Arbeit* in diesem Sinne ist nicht etwas, was man aktiv tut, sondern etwas, was man erleidet.

Das „Althochdeutsche Wörterbuch" von Schützeichel (1989, 70) gibt als Hinweis auf die Verwendungsweisen von *arbeit* (*arabeit, arebeit*) folgende nhd. Übersetzungsäquivalente: *Drangsal, Unglück, Mühe, Mühsal, Last, Anstrengung, Arbeit, Werk*. Diese Liste deutet an, dass der Ausdruck *arbeit* im Ahd. eine Familie von Verwendungsweisen hat, die man in drei Gruppen aufteilen könnte:

(3)   Man kann sich im Ahd. mit *arbeit* beziehen auf:
        (i)   das, was man unter Schmerzen erduldet,
        (ii)   die Mühe, die man bei bestimmten Tätigkeiten (z.B. der Feldarbeit) auf sich nimmt,
        (iii)   mühselige Tätigkeit (und das Produkt solcher Tätigkeit).

Man könnte (ii) als die prototypische Verwendungsweise ansehen, von der aus (i) und (iii) jeweils als Verwandte zu deuten wären. Dabei ließe sich das ganze Verwendungsspektrum auf der Grundlage des Frame-Wissens über Formen harter Arbeit beschreiben. Bei (i) wird der Aspekt des Unangenehmen, Schmerzhaften so fokussiert, dass die Verbindung des Unangenehmen mit einer bestimmten Tätigkeit ausgeblendet ist. Umgekehrt ist bei der Verwendung im Sinne von (iii) die Tätigkeit als solche fokussiert. Den Zusammenhang zwischen (ii) und (i) und zwischen (ii) und (iii) kann man also jeweils als eine Form metonymischer Verknüpfung deuten.

Auch für den mhd. Sprachgebrauch scheint dieses Spektrum von Verwendungsweisen von *arebeit* im Wesentlichen charakteristisch zu sein, wie die folgenden drei Belege andeuten:

(4)   uns ist in alten maeren wunders vil geseit
        von helden lobebaeren von grôzer *arebeit*   (Nibelungenlied 1.1f.)

        ‚Uns wird in alten Geschichten viel Erstaunliches berichtet
        von ruhmreichen Helden, von großer Mühsal'

(5)   ir verlieset michel *arbeit*   (Hartmann, Iwein, 6276)
,Ihr macht euch umsonst große Mühe'

(6)   daz selbe lon sol dem (*büttel*) werden, der die *arbait* hat
(Nürnberger Polizeiordnung, 2. Hälfte 13. Jahrhundert; nach DWbN 3, 185)

Daneben gibt es auch Spezialverwendungen von *arbeit*, z.B. diejenige im Sinne von *Geburtswehen*, die vom Ahd. bis zum 18. Jahrhundert belegt ist:

(7)   [...] thanne siu gibirit then kneht, iu ni gihugit thera *arbeiti* thuruh gifehon, uuanta giboran ist man in mittilgart.   (Tatian, 174.5) (ca. 830)

,[...] wenn sie (d.h. die Frau) das Kind geboren hat, dann denkt sie nicht mehr an die Geburtswehen wegen der Freude, denn es ist ein Mensch zu Welt gekommen'

(8)   der tac / daz diu küneginne gelac / nâch wîplîcher *arbeit*
(Rudolf von Ems, Alexander 1207 (um 1235), DWbN 3, 182)

(9)   diese *arbeit* muß sie (*die gebärende*) solange fortsetzen, als die zusammenziehung des uteri anhält   (Henckel, geburtshülfe 147 (1761), DWbN 3, 182)

Diese Verwendungsweise ist vermutlich eine Bedeutungsentlehnung nach dem Muster von lateinisch *labores* ,Wehen'.

Wenn wir diesen ersten Befund für den Gebrauch von *arbeit* im mittelalterlichen Deutsch mit einer lexikalischen Beschreibung des Gebrauchs in der Gegenwartssprache vergleichen, so erkennen wir auffallende Übereinstimmungen und Unterschiede:

Arbeit
1. a) Tätigkeit mit einzelnen Verrichtungen

   b) das Arbeiten, Schaffen, Tätigsein; das Beschäftigtsein mit etwas

   c) Mühe, Anstrengung, Beschwerlichkeit, Plage

   d) Berufsausübung, Erwerbstätigkeit, Arbeitsplatz

2. körperliche Vorbereitung auf bestimmte Leistungen, Training

3. a) (Pferdesport) der Ausbildung für den jeweiligen Verwendungszweck dienende Beschäftigung mit dem Pferd

   b) (Jagdwesen) Abrichtung und Führung eines Jagdhundes

4. a) als Ergebnis einer Betätigung entstandenes Werk; Erzeugnis, Produkt

   b) Klassenarbeit

5. (Physik) Produkt aus Kraft und Weg

(DUDEN-Universalwörterbuch, 4. Aufl. 2001, 160)

Wenn wir einmal von den fachsprachlichen Sonderverwendungen im Pferdesport, im Jagdwesen, in der Schule und in der Physik absehen, so könnte man, in Anlehnung an diese Beschreibung, heute zwei zentrale Verwendungsweisen von *Arbeit* nennen:

(10)   (i)   die Verwendung zur Kennzeichnung angestrengter Tätigkeit und

        (ii)   die Verwendung zur Kennzeichnung beruflicher Tätigkeit.

Diese Konstellation ist in der Beschreibung des DUDEN-Wörterbuchs nicht ganz optimal dargestellt, da (1.d) ,Berufsausübung' sicherlich prominenter und vor (1.c) zu platzieren wäre. Die Verwendungsweise (1.c) ‚Mühe, Anstrengung, Beschwerlichkeit, Plage' scheint heute eine eher periphere Rolle zu spielen und wird häufig durch zusätzliche intensivierende oder quantifizierende Ausdrücke verdeutlicht: *Das war eine ziemliche Arbeit, Wir haben viel Arbeit mit ihm gehabt.* Die Verwendung zur Kennzeichnung des Ergebnisses der Tätigkeit (4. a) ist die metonymische Verwendungsweise, die es im Deutschen seit dem Mittelalter gibt: Mit dem Ausdruck, mit dem man die Tätigkeit bezeichnet, kann man auch das Ergebnis der betreffenden Tätigkeit bezeichnen.

Betrachten wir nun die semantische Entwicklung vom Ahd. zur Gegenwart in einem ersten Überblick, so scheint der entscheidende Vorgang eine allmähliche Verschiebung des Verwendungsschwerpunkts zu sein, eine Prototypenverschiebung, nämlich vom MÜHE-Prototyp – vgl. (3) (ii) – zum TÄTIGKEIT-Prototyp – vgl. (3) (iii). Die Verwendung zum Bezug auf Qualen und Schmerzen – (3)(i) – geht dabei verloren. Diese Art der Veränderung wurde bereits 1854 im ersten Band des Grimmschen Wörterbuchs recht schön beschrieben: „Man musz sich so ausdrücken: während in der älteren Sprache die bedeutung von molestia (d.h. Mühe, Beschwerlichkeit, GF) und schwerer arbeit vorherschte, die von opus, opera (d.h. Tätigkeit, Werke, GF) zurück trat, tritt umgedreht in der heutigen diese vor und jene erscheint seltener" (DWb 1, 539).

Dieser Überblicksbefund legt zwei Fragen nahe:

1. In welcher historischen Periode vollzog sich diese Entwicklung?
2. Auf welche Weise vollzog sich diese Entwicklung im Einzelnen?

Auf die erste Frage kann man eine einigermaßen klare Antwort geben: Die kritische Periode für die Prototypenverschiebung ist die frühneuhochdeutsche Periode vom 15. bis 17. Jahrhundert. Im folgenden Abschnitt soll etwas Material zur Illustration dieses Vorgangs vorgeführt werden. Auf die zweite Frage haben wir noch keine detaillierte Antwort. Hier müsste man anhand von größeren Textmengen unterschiedlicher Textsorten aus dem späten Mittelalter und der frühen Neuzeit eine quantitative Auswertung machen und dabei auch die Konkurrenz anderer Ausdrücke genauer betrachten, z.B. *Mühe, Anstrengung, Strapaze* (seit dem 17. Jh.), *Last, Qual, Beschwernis* etc. Auch die Frage, welche Veränderungen im gemeinsamen Wissen der Sprecher mit dieser Verschiebung zusammenhingen, ist nur in Ansätzen zu beantworten. Als Faktoren in dieser Entwicklung gelten die steigende Wertschätzung insbesondere der handwerklichen Arbeit im Bewusstsein der Bürger der aufstrebenden Städte und die Wertschätzung der Arbeit als einer von Gott gebotenen Pflicht im Umfeld der Reformation. Auf den letzteren Punkt werde ich im folgenden Abschnitt noch einmal kurz zurückkommen.

14.2 *arbeit* im Frühneuhochdeutschen

Wie schon erwähnt, bildet das Frühnhd. vom 15. bis 17. Jahrhundert eine besonders interessante Phase in der Bedeutungsgeschichte des Ausdrucks *arbeit*. Eine lexikalische Beschreibung des Gebrauchs von *arbeit* in dieser Periode sowie Belege und Literaturhinweise zur Diskussion geben Anderson/Goebel/Reichmann (1984) (vgl. auch den Artikel *arbeit* im

Frühneuhochdeutschen Wörterbuch, Bd. 2, 32ff.). Der folgende Materialienblock ist ein kurzer Auszug aus ihren Ergebnissen. Die Listen der Beschreibungsausdrücke für die einzelnen Verwendungsweisen sind etwas gekürzt, und ich wähle zumeist nur einen charakteristischen Beleg aus.

Verwendungsweisen von *arbeit* in der Zeit von 1400 bis 1700

1.　,Widrigkeiten, Qual, Leid, Not, Mühsal, Anstrengung'
　　Beleg: „Alle arbeit und widerwärtigkeit / die in von der welt ist berait"
　　(schwäb., 1491)

2.　,Kampf von Einzelpersonen'; ,Kriegsbeschwernisse'
　　Beleg: (die Stadt Hadamar wehrte sich militärisch) „mit werfen, mit geschoße unde ander große arbeit"　　(Chronik, mittelfränkisch, 2. Hälfte 14. Jahrhundert)

3.　,Anstrengung und Mühe der Gottsuche' (in mystischen und scholastischen Texten)
　　Beleg: „Herre man sol dich suochen mit emziger erbeit." (alemannisch, 1345/60)

4.　,Todesnot, Todeskampf' (in Darstellungen der Passion)
　　Beleg: „Nuo slafent. Mir nahet min *arbeit*" (Passionsspiel, mittelrheinisch, um 1535)

5.　,Geburtswehen'
　　Beleg: „welche frawe in *arbeit* mit eynem kinde gehit"
　　(ostmitteldeutsch, nach 1474)

6.　,anstrengende Tätigkeit insbes. zum Erwerb des Lebensunterhaltes; berufliche, in der Regel körperliche Arbeit auf allen Gebieten'; mit offenem Übergang zu ,Erwerbstätigkeit zur Erzielung von Gewinn'; vereinzelt ,geistiges Schaffen'
　　Belege: (Die Frau ist) „Siech zu *arbeit*, gesund zu wollust"
　　(Johannes von Tepl, „Der Ackerman", 28,21; Handschrift ostmitteldeutsch, 1465)

　　„Eß soll auch kein meister dem andern sein *arbeit* ablauffen (,wegnehmen')"
　　(hessisch, 1570)

　　„sej er von Nürnberg wegZogen, sej Zue Leiptzig nach *Arbeit* gewesen"
　　(Egerer Urgichtenbuch, 119,4; nordwestböhmisch, 1574)

7.　,Ergebnis, Produkt der Arbeit'
　　Beleg: „alein in der *arbeit*. das ist im gemachten werk"
　　(Paracelsus 1, 326,33; oberdeutsch,1568)

8.　,Kunstfertigkeit, Geschicklichkeit
　　Beleg: „Nachdem berayt man das grab in ainem kostlichen marmelstain mit schoner zier von *arbait* gemacht" (Österr. Chronik, ostoberdeutsch, 15. Jahrhundert)

9.　,Gärung'
　　Beleg: „der wein von *arbeit* lauter wird / wann er treber auf wirfft und girt"
　　(M. Behaim 199, 140; nordoberdeutsch, 2. Hälfte 15. Jahrhundert)

Die Verwendungsweise 1. finden die Autoren über die ganze Periode hinweg belegt, 2.–5. vorwiegend im älteren und mittleren Frühnhd. (3. und 4. besonders in religiösen Texten). Bei 6. nimmt die Nuance ‚berufliche Tätigkeit' im späteren Frühnhd. zu. „*arbeit* wird zunehmend selten für mühseliges Dulden, immer häufiger für zielgerichtete Tätigkeiten verwendet. Es ist ein Prozess, der in der Zeit der Reformation seinen eigentlichen Umschlagpunkt hat, ohne dass damit gesagt werden soll, die Reformation sei das geschichtliche Gefüge, das ihn bedingt habe" (Anderson/Goebel/Reichmann 1984, 276).

Die Verwendung im Sinne von *Handwerk* ist schon seit dem 14. Jahrhundert belegt (vgl. Deutsches Rechtswörterbuch, Bd. 1, 804). Die Neubearbeitung des DWb bringt für das 15. Jahrhundert eine ganze Anzahl von Belegen von *arbeit* im Sinne eines festen Arbeitsverhältnisses (*arbeit haben, arbeit suchen, arbeit geben*), z.B.:

(11) wellicher knechte in diese bruderschafft nit kommen wolt, demselben soll kein meister arbeit geben   (Oberrheinische Stadtrechte I, 867; 1484)

Die von Anderson/Goebel/Reichmann gemachte Einschränkung, dass sie die Reformation nicht als entscheidenden Faktor in der beobachteten Bedeutungsentwicklung ansehen wollen, widerspricht einer in der älteren Forschungsliteratur gängigen These, nämlich dass „Luther den Worten *Beruf* und *Arbeit* ihre neue, von starken sittlichen Werten erfüllte Bedeutung gibt" (Maurer/Rupp 1974, Bd. I, 452). Diese These wird noch im DUDEN-Universalwörterbuch von 2001 als unbestrittenes Faktum erwähnt: „die heutige Bedeutung (von *Arbeit*) seit Luther" (DUDEN-Wb. 2001, 160). Natürlich ist die Auffassung von Luthers Einfluss auf die Bedeutung des Wortes *Arbeit* geistes- und sozialgeschichtlich attraktiv, und es besteht auch kein Zweifel, dass der Begriff der Arbeit im reformatorischen Denken eine wichtige Rolle spielte, da Arbeit ein Gebot Gottes für alle war (vgl. Conze 1972, 163ff.). Allerdings kann die These in ihrer starken Form durch das Material von Anderson/Goebel/Reichmann nicht gestützt werden. Die Neuerung ist z.T. schon im 15. Jahrhundert zu beobachten und erscheint im 16. Jahrhundert auch in nicht-reformatorischer Literatur. Bemerkenswert ist auch, dass das französische *travail* eine parallele Entwicklung teilweise schon vor dem 16. Jahrhundert zeigt (vgl. Baldinger 1958 zu altgaskognisch *trebalh*). Die erwähnte These ist ein Beispiel für die Neigung mancher Forscher, einzelnen prominenten Personen einen starken Einfluss auf die Sprachgeschichte zuzusprechen.

14.3   Entwicklungen im neueren Deutsch

Das Ergebnis der Umgewichtung der Verwendungsweisen in den frühnhd. Entwicklungen zeigt beispielsweise das zu Ende des 18. Jahrhunderts ausgearbeitete grammatisch-kritische Wörterbuch von Adelung (Auflage von 1811, Bd. 1, 418f.).

Die Arbeit

I. Die Anwendung seiner Kräfte, so fern sie mit Anstrengung verbunden ist; und zwar,

1. In eigentlicher Bedeutung, die angestrengte Anwendung der Leibeskräfte, vornehmlich, um zeitliches Vermögen damit zu erwerben. [...]

2. In weiterer Bedeutung, die pflichtmäßige Anwendung der Seelenkräfte [d.h. beispielsweise auch geistige Arbeit, GF]

3. Figürlich. 1) Die innere Bewegung lebloser Körper, besonders diejenige, welche durch die Gährung hervorgebracht wird. [...] 2) Mühe, Beschwerlichkeit [...]

II. Der Gegenstand der Arbeit, und zwar,

1. Dasjenige, was durch die Arbeit hervorgebracht werden soll [...] Jemandem eine Arbeit auftragen.

2. Dasjenige, was durch Arbeit hervorgebracht werden soll. Das ist seiner Hände Arbeit, er hat es verfertiget. [...] Gelehrte Arbeiten [...]

Bemerkenswert an dieser lexikalischen Beschreibung ist einerseits Adelungs Deutung der Verwendungsweise I.3.2, die dem mittelalterlichen Verwendungsschwerpunkt entspricht, als übertragene („figürliche") Verwendungsweise, bezogen auf die „eigentliche" Bedeutung I.1., andererseits die Tatsache, dass er diese Verwendungsweise I.3.2 offensichtlich als peripher ansieht. Auffallend ist auch die Verzeichnung der fachsprachlichen Verwendungsweise aus dem Bereich des Weinbaus (3.1 ‚Gärung'), die wir schon aus dem frühnhd. Material von Anderson/Goebel/Reichmann kennen (dort Nr. 9).

Zu den Entwicklungen des Gebrauchs von *Arbeit* im 19. Jahrhundert gehören u.a. fachsprachliche Verwendungsweisen, zum einen im Bereich der Physik (vgl. DWbN 3, 188f.), zum anderen im Bereich der Wirtschaftswissenschaft (vgl. die Rolle von Begriffen wie „Arbeit" oder „Arbeitskraft" in der Marxschen politischen Ökonomie). Darüber hinaus spielt das Wort *Arbeit* natürlich eine zentrale Rolle in der Programmatik der Arbeiterbewegung, u.a. in der Opposition von *Arbeit* und *Kapital*. Auf diese Andeutungen muss ich mich hier beschränken. Erste Hinweise auf die Geschichte des Wortes *Arbeit* im 19. und 20. Jahrhundert gibt W. Conze in seinem Beitrag „Arbeit" zum Lexikon „Geschichtliche Grundbegriffe" (Bd. 1, 196−215).

15. Anredeformen und ihre Geschichte

15.1 Zur Funktion von Anredeformen

Anredeformen wie *du, Sie, Papa, Peter, Herr Müller, Herr Präsident, sehr geehrte Damen und Herren* haben verschiedene Funktionen. Zunächst einmal dienen sie dazu, die oder den Angesprochenen oder Angeschriebenen zu identifizieren (*Hallo Sie!* etc.). Darüber hinaus kann man mit einzelnen von ihnen signalisieren, ob man in einem Verhältnis vertrauter Bekanntschaft oder höflicher Distanz zu dem Angesprochenen/Angeschriebenen steht (*du/Sie, Peter/Herr Müller*), dass man in einer bestimmten Rollenbeziehung zueinander steht (Vater/Tochter), dass man jemanden als Funktionsträger anspricht (*Herr Präsident*) oder dass man informell bzw. formell-höflich redet (*Also, Leute, hört mal zu* vs. *Meine sehr verehrten Damen und Herren*).

Das Repertoire der Anredeformen, die mit ihnen verbundenen Ausdrucksmöglichkeiten und die Regeln ihres Gebrauchs haben sich im Laufe der Geschichte vielfach verändert. Diese Veränderungen stehen häufig im Zusammenhang mit anderen sozialen Veränderungen, z.B. mit Veränderungen im Gefüge und der Deutung sozialer Rangordnungen oder mit Veränderungen der Praxis höflicher Kommunikation. Bei der Betrachtung der Anredeformen wird besonders deutlich, was für den Sprachgebrauch generell gilt: Der Sprachgebrauch spiegelt die soziale Praxis nicht nur wieder, wie oft gesagt wird, sondern der Sprachgebrauch ist *Teil* der sozialen Praxis. Dementsprechend ist die Praxis der höflichen oder distanzierenden Anrede *ein integraler Bestandteil* der sozialen Praxis, und der Bedeutungswandel der Ausdrücke, mit denen angeredet wird, *ist* eine Form des sozialen Wandels.

In diesem Kapitel will ich zunächst einmal in vereinfachter Form zeigen, wie der Gebrauch von Anredeformen vom Einzelnen gelernt und wahrgenommen wird. Dabei wird schon deutlich, dass sich die Anredepraxis auch in den letzten Jahren verändert hat und heute weiter verändert. Danach können Sie sich an einem etwa 250 Jahre alten Beispieltext eine von der heutigen extrem verschiedene Anredepraxis ansehen. Schließlich können Sie mithilfe von sprachhistorischen Materialien in Ansätzen rekonstruieren, wie sich Veränderungen der Anredepraxis in den letzten eintausend Jahren vollzogen haben.

15.2 Beobachtungen zur Anredepraxis der letzten Jahre

Einige Beobachtungen zur neueren Anredepraxis will ich in Form einer kleinen biographischen Geschichte darstellen. Der kleine Max, Jahrgang 1945, wächst in Deutschland auf und lernt dabei auch einiges über den Gebrauch von Anredeformen. (Es ist bemerkenswert, dass man die Geschichte des kleinen Moritz, Jahrgang 1980, etwas anders erzählen müsste. Ich werde das an einigen Stellen andeuten.) In der Familie sprechen sich alle gegenseitig mit *du* an. (Das war übrigens nicht immer so. Noch vor gut 200 Jahren wurden in vielen Familien die Eltern von den Kindern mit *Sie* angeredet, wie die Texte (5) bis (8) zeigen.) Kleine Kinder duzen auch außerhalb der Familie nicht nur andere Kinder, sondern auch

Erwachsene. Im Kindergarten lernt Max dann, die Kindergärtnerinnen (heute nennt man sie *Erzieherinnen*) mit *Frau Walter* und *Frau Müller* anzureden, allerdings immer noch mit *du*. Das bleibt auch in der Grundschule so. Im 5. Schuljahr kommt Max in die höhere Schule und lernt dort, dass man die Lehrerinnen und Lehrer jetzt mit *Sie* anreden muss, während diese die Schülerinnen und Schüler weiterhin duzen. Auch andere, ihm nicht näher bekannte Erwachsene wird er jetzt siezen. Ab dem 11. Schuljahr, in der Oberstufe des Gymnasiums, wird er von den Lehrern gesiezt, was zu Beginn des Schuljahres für beide, Lehrer und Schüler, ein wenig seltsam ist. Nur der Sportlehrer duzt die Schüler weiterhin. (Seit etwa 1980 werden Schüler in der Oberstufe zunehmend geduzt. Zuerst an den Gesamtschulen, dann auch an den traditionellen Gymnasien. Heute ist das an vielen Schulen der Normalfall.) Da Max jetzt schon ziemlich erwachsen aussieht, siezen ihn auch ältere Erwachsene. Jetzt sind wir im Jahre 1965. Max kommt an die Universität. Dort siezen sich die Studierenden, wenn sie sich nicht näher kennen, wie andere Erwachsene auch. (Das ändert sich erst Anfang der 70er-Jahre. Im Jahre 2000 wirkt es sehr seltsam, wenn ein Studierender einen anderen im Seminar siezt.) Wenn Max eine Studentin näher kennen lernt, gilt es irgendwann die Hürde vom *Du* zum *Sie* zu überwinden. Dafür gibt es kleine Rituale. In den Semesterferien arbeitet er in einer Fabrik. Dort duzen sich die Arbeiter gegenseitig, ihn auch. Bei einem Familienfest kommt das Gespräch auf die komplizierten Praktiken des Duzens und Siezens. Ein Onkel erzählt, wie er nie dazu kam, einen ihm nicht unsympathischen, aber um einige Jahre älteren Kollegen zu duzen, da die Initiative dazu von *diesem* hätte ausgehen müssen. Ein anderer erzählt die bemerkenswerte Geschichte von einem älteren Bekannten, der nach der Scheidung seine ehemalige Frau in Briefen immer mit *Sehr verehrte gnädige Frau* und mit *Sie* anredete.

Die Kenntnis der Regeln, die in dieser kleinen Geschichte aus der Sicht des Einzelnen erkennbar werden, gehört mit zur Sprachkenntnis eines Sprechers des Deutschen bzw. zur Sprachkenntnis der Sprecher in bestimmten sozialen Gruppen. Mit dem Gebrauch von Anredeformen und von Anredepronomina wie *du* kann man, wie schon erwähnt, persönliche Nähe (in der Familie, im Freundeskreis) signalisieren oder auch Gruppensolidarität (am Arbeitsplatz, in der Universität, in einer Partei, als alteingesessener Dorfbewohner). Damit harmoniert oft der Gebrauch des Vornamens und im brieflichen Verkehr die Anrede mit *Lieber X*. Umgekehrt kann man mit dem Gebrauch von *Sie, Herr Maier* und *Sehr geehrter Herr Maier* höfliche Distanz signalisieren. Ein interessanter Fall ist die Asymmetrie der Anrede (z.B. Schüler siezt Lehrer, Lehrer duzt Schüler), die in früheren Phasen des Deutschen viel häufiger war als heute. In einer formellen Situation, etwa bei einer offiziellen Begrüßung oder einem Vortrag kann man *Meine sehr verehrten Damen und Herren* als höfliche Anrede wählen. Man kann auch signalisieren, dass man sich des Status einer Person bewusst ist, indem man sie oder ihn mit *Frau Direktorin* oder *Herr Präsident* anredet. In manchen Fällen kombiniert man statusorientierte und persönliche Anrede in Formen wie *Sehr geehrter Herr Dekan, lieber Andreas*. Für die Anrede von bestimmten Würdenträgern halten sich teilweise noch traditionelle Anredeformen, etwa *Spectabilis* für den Dekan einer Fakultät, *Exzellenz* für einen Bischof und *Hoher Senat* für die Mitglieder eines Universitätssenats. Manche dieser traditionellen Anreden sind aber im Aussterben begriffen: Wer heute an einer hessischen Universität den Dekan eines Fachbereichs mit *Spectabilis* anredet, tut das im Scherz oder um zu zeigen, dass er den Verlust der Förmlichkeit vergangener Zeiten bedauert.

An dieser kleinen Beispielsammlung aus der neueren Anredepraxis kann man schon sehen, dass die Formen der Anrede sich in den letzten Jahren verändert haben, insbesondere seit den späten sechziger Jahren, und auch heute in Veränderung begriffen sind. Man sieht auch, dass sich solche Veränderungen, z.B. die Ausweitung der *du*-Anrede, schrittweise und nach Gruppen differenziert vollziehen, so dass sich für den Einzelnen interessante Konfliktsituationen ergeben können. Diese Veränderbarkeit der Anrederegeln ist immer wieder kommentiert worden, und wir können sie im Deutschen mindestens tausend Jahre zurückverfolgen, wobei es Zeiten gibt, in denen sich besonders extreme Veränderungen beobachten lassen, wie im 16. und 17. Jahrhundert, und in denen die Anredepraxis besonders subtil ausdifferenziert ist, wie im 18. Jahrhundert.

15.3   Zur Praxis der Anrede um die Mitte des 18. Jahrhunderts – ein Beispiel

Besonders komplex waren die Regeln für den Gebrauch der Anredepronomina vom Ende des 17. Jahrhunderts bis in die zweite Hälfte des 18. Jahrhunderts. Ein Beispiel für diese Komplexität ist der folgende Ausschnitt aus Lessings Lustspiel „Die Juden" aus dem Jahre 1749. Der abgedruckte Ausschnitt ist dem 11. – 13. Auftritt des Stücks entnommen. Die handelnden Personen sind ein adliges Fräulein, Tochter eines Barons, ihre Kammerjungfer Lisette und ein Bediensteter des Barons, der Gutsvogt Martin Krumm. Da Lessing es offensichtlich recht genau nimmt mit der realistischen sprachlichen Charakterisierung der Personen, kann man einen solchen Theater-Text wohl als einigermaßen verlässliche Quelle für die Verwendung der Anredeformen um die Mitte des 18. Jahrhunderts betrachten.

Text 1

(1)   *Lisette*: Hat man jemals eine dümmre Grobheit gefunden! – ein Herz einer Schnupftabaksdose gleich zu schätzen?
Mart. Kr.: Ja, ein steinern Herz einer silbern Schnupftabaksdose –
Lisette: Vielleicht würde es aufhören, steinern zu sein, wenn – Doch alle meine Reden

(5)   sind vergebens – Er ist meiner Liebe nicht wert – Was ich für eine gutherzige Närrin bin! – (*Will weinen*) Beinahe hätte ich geglaubt, der Vogt wäre noch einer von den ehrlichen Leuten, die es meinen, wie sie es reden –
Mart, Kr.: Und was ich für ein gutherziger Narre bin, daß ich glaubte, ein Frauenzimmer meine es, wie sie es redt! – Da, mein Lisettchen, weine Sie nicht! – (*Er gibt ihr die Dose*) – Aber nun bin ich

(10)   doch wohl Ihrer Liebe wert? – Zum Anfange verlange ich nichts als nur ein Küßchen auf Ihre schöne Hand! – (*Er küßt sie*) Ah, wie schmeckt das! –
Das Fräul.: (*Sie kömmt dazu geschlichen und stößt ihn mit dem Kopfe auf die Hand*) Ei, Herr Vogt, – küß Er mir doch meine Hand auch!
Lisette: Daß doch! –

(15)   *Mart. Kr.*: Ganz gern, gnädiges Fräulein – (*Er will ihr die Hand küssen*)
Das Fräul.: (*gibt ihm eine Ohrfeige*) Ihr Flegel, versteht Ihr denn keinen Spaß?
Mart. Kr.: Den Teufel mag das Spaß sein!
Lisette: Ha! ha! ha! (*Lacht ihn aus*) O ich bedaure Ihn, mein lieber Vogt – Ha! ha! ha!
Mart. Kr.: So? Und Sie lacht noch dazu? Ist das mein Dank? Schon gut, schon gut! (*Geht ab*)

(20) *Lisette*: Ha! ha! ha!
    Das Fräul.: Hätte ichs doch nicht geglaubt, wenn ichs nicht selbst gesehen hätte. Du läßt dich küssen? Und noch dazu vom Vogt?
    Lisette: Ich weiß auch gar nicht, was Sie für Recht haben, mich zu belauschen? Ich denke, Sie gehen im Garten mit dem Fremden spazieren.

In diesem Gesprächsausschnitt werden zur Anrede verwendet die Pronomina *Er/ Sie* (sing.), *Ihr, Du, Sie* sowie *mein Lisettchen* und die Standesanreden *Herr Vogt, gnädiges Fräulein*. Aus dem Gebrauch der Pronomina in dieser Szene könnte man folgende Regeln ableiten: Zum Ausdruck der sozialen Distanz zwischen adligem Fräulein und einem Bediensteten mittleren Rangs (dem Gutsvogt) verwendet die sozial Höherstehende *Er*. In der vertraulicheren Konstellation Herrin/Kammerjungfer verwendet die Herrin *Du*. Dagegen verwendet die Untergebene in dieser Konstellation *Sie*, die höchste Stufe in der Höflichkeitsskala. Wir finden hier also eine Asymmetrie der Anrede. Bedienstete gleicher Rangordnung verwenden untereinander als mittlere Höflichkeitsform *Er/Sie*.

Von diesen Regeln wird in diesem Gespräch an einer Stelle abgewichen. In (13) verwendet das Fräulein gegenüber dem Vogt *Er* als normale Anrede in dieser Konstellation. In (16) äußert sie ihre Verärgerung, indem sie ihn nicht nur als *Flegel* bezeichnet, sondern auch die soziale Distanz durch die Verwendung des Pronomens *Ihr* betont (*Ihr Flegel!*), das normalerweise für niedrige Bedienstete vorgesehen ist. Dieses Beispiel gibt einen Hinweis darauf, dass die Regeln für die Verwendung der Anredepronomina im 18. Jahrhundert nicht nur differenzierter und komplizierter waren als sie es heute sind, sondern dass diese Pronomina auch flexibler zum Ausdruck bestimmter Gefühle und Einstellungen verwendet werden konnten – wie auch im Mhd. (vgl. Text 3).

15.4 Materialien zur Geschichte der Anredeformen

Nun stellt sich natürlich die Frage: Wie konnte ein solch kompliziertes System von Anredeformen entstehen? Viele Details der Geschichte der Anredeformen sind zwar noch nicht erforscht, die groben Umrisse dieser Geschichte lassen sich aber einigermaßen überblicken.

Im frühen Mittelalter gab es ein einziges Anredeprononomen, das *du*. Wie sich von diesem Ausgangspunkt schrittweise das komplexe System des 18. Jahrhunderts entwickeln konnte, soll mit den folgenden Materialien belegt werden.

Text 2   Im Mittelalter

§ 103. Verschiebungen in der Verwendung der Personalpronomina für die Anrede haben sich zunächst infolge von Unterwürfigkeit, dann auch von bloßer Höflichkeit ergeben. Den Ausgangspunkt bildet die Gewohnheit der römischen Kaiser, von der eigenen Person den Pl. *nos* zu gebrauchen, woraus sich dann als Anrede an sie ein *vos* ergab. Dieser Gebrauch ging dann auf die fränkischen und deutschen Könige über, zunächst in lat. Schriftstücken. Weiterhin wurde *vos* und danach deutsch *ir* zur Anrede an Höhergestellte. In der ritterlichen Gesellschaft scheint es dann zuerst auch als Anrede an Gleichgestellte üblich gewesen zu sein, ebenso wie die Titel *herre* und *frouwe*. Seit dem späteren MA. ist die Sitte des Ihrzens zwischen Personen gleichen Standes in immer tiefere Schichten eingedrungen.

(Hermann Paul, Deutsche Grammatik, Bd. III, (1919), 122f.)

Auffallend aus heutiger Sicht sind Formen des Wechsels zwischen *Duzen* und *Ihrzen*, die wir in mittelalterlichen Dialogdarstellungen finden (vgl. Text 3).

Text 3

Schon im Rolandslied [einem epischen Text aus der Zeit um 1170, GF] wurde beobachtet, daß die Wahl der Anredeformen auch von der Stimmung des Redenden abhängen kann. Die Beschaffenheit der inneren Bewegung, ob nach freundlicher oder feindlicher Richtung gewendet, und der Anredetypus, ob Duzen oder Ihrzen, decken sich dabei nicht ohne weiteres, [...] vielmehr entscheidet oft der innere Zusammenhang, die Situation, über den in der Anredeform gemeinten Ton. Nur im allgemeinen läßt sich sagen: hält sich die Gefühlslage der sich Unterhaltenden im Milieu, so ist das Ihrzen bloß ein Ausdruck der Höflichkeit, das Duzen ein solcher der Vertraulichkeit; das ist einfach die in der Etikette geregelte Form des Verkehrs. Spielt aber zugleich die Stimmung mit, so kann das höfliche Ihr zum fernstellenden werden und Entfremdung, ja Ärger und Verdruß andeuten; das vertrauliche Du andererseits zu dem erniedrigenden und die Empfindung aufwallenden Zorns, von Hohn, Spott, Verachtung begleiten. Der Stimmungswechsel und damit jene mit einem besonderen Gefühlstone ausgestatteten Nüancierungen des fernstellenden Ihr und des scheltenden Du kommen am deutlichsten beim unmittelbaren Übergang vom Duzen zum Ihrzen [...] zum Ausdruck.

(Ehrismann 1902, 146f.)

Die Praxis der Verwendung von zwei Anredepronomen *du* und *ir* hielt sich bis ins 16. Jahrhundert.

Text 4   Im 17. und 18. Jahrhundert

5 §. Doch dabey blieb es nicht. Im vorigen Jahrhunderte hat Deutschland und Italien einen höheren Grad der Höflichkeit darinne gesuchet, daß man anstatt der zweyten Person *Du*, die dritte der einzelnen Zahl, nämlich *Er* und *Sie* zu brauchen angefangen. Man sprach also, für, *Du hast mirs gesagt, Er hat mir gesagt* und so redeten die höflichsten Leute damals; ja noch itzo gibt es Landschaften in der Schweiz, und in Niedersachsen, wo man damit zufrieden ist. Allein bald zu Anfange dieses Jahrhunderts hat man die Sache noch höher getrieben, und gar die vielfache Zahl der dritten Person, für die einfache der zweyten, zu brauchen angefangen. So heißt es nunmehr, anstatt des obigen:

Natürlich	althöflich	mittelhöflich
Ich bitte dich	*Ich bitte euch*	*Ich bitte ihn*
...	...	...
neuhöflich	überhöflich	
Ich bitte Sie	*Ich bitte dieselben*	
...	...	

6 §. Aber auch in diesem Überfluß von Höflichkeit haben sich noch einige Unordnungen eingeschlichen. Man hat nämlich angefangen, einigen Wörtern andere Endungen zu geben, und wohl gar andere an ihrer Stelle einzuschieben, als z.E. *Ihro* statt *Ihre*, oder *Ihrer*; und *Dero* gleichfalls für *Ihre*, oder *Ihrer*: als wenn man saget: *Ich kenne Dero Bibliothek; ich liebe Dero Haus*.

(Johann Christoph Gottsched, Vollständigere und neuerläuterte deutsche Sprachkunst. 5. Aufl. Leipzig 1762, 279f.)

15.5 Zur Entstehung der Anrede mit Pronomina der dritten Person (*Er*-Singular, *Sie*-Plural)

Bis ins frühe 16. Jahrhundert war *ihr* die gängige Form der höflichen Anrede. Im 16. Jahrhundert verbreitete sich dann die Praxis, Höherstehende nicht direkt anzureden, sondern einen Titel zur Anrede zu verwenden, z.B. *der Herr*. Mit dieser Indirektheit konnte man höfliche Distanz zu dem sozial höher Stehenden signalisieren. Bei der Wiederaufnahme der Anrede im Text bot sich die dritte Person Singular *er* als korrektes anaphorisches Pronomen an, z.B. "ach *der Herr* sitzt unproperlich, ey daß man *jhm* das groß Küssen [d.h. Kissen, GF] bring, so sitzt *er* höher" (Fischart, Geschichtklitterung, 1582; zit. nach Behaghel 1923, 324). Ausgehend von dieser Verwendung im Textzusammenhang konnte dann das Pronomen der dritten Person Singular auch allein stehend zur Anrede verwendet werden und die erwähnte höfliche Distanz signalisieren: "Ser werter Baron. Ich hoffe, *er* wird nicht ungern die Mühe auf sich nehmen [...]" (Brief von 1680; zit. nach Behaghel 1923, 324)

Nach demselben Muster wurden seit dem 16. Jahrhundert häufig auch sog. abstrakte Würdenamen wie *Eure Gnaden*, *Eure Fürstliche Gnaden* grammatisch korrekt mit Pronomina der 3. Person *Plural* wieder aufgenommen: "darumb ist an E.K.G. (d.h. Eure Königliche Gnaden) mein demuthig unterthänige Bitt, *sie* wollen mir gnädigst zu gut halten [...]" (Luther, 1522, zit. nach Behaghel 1923, 324). Seit dem Ende des 17. Jahrhunderts ist dann auch die Verwendung von Plural-*Sie* zur höfliche Anrede ohne textuellen Bezug auf vorhergehende abstrakte Würdenamen belegt. Behaghel (1923, 325) belegt dies mit einem Beispiel aus einem Brief von 1682: "ser werter Baron [...] so hoffe ich, *sie* werden doch persuadiert sein".

Wir finden also beim Plural-*Sie* denselben Übergang von der textuellen (anaphorischen) Verwendung des Pronomens zur reinen Anredeform wie beim Pronomen der 3. Person Singular (*er*). Die zunächst grammatisch bedingte Möglichkeit der höflichen Anrede mit *Sie*-Plural hatte nach Listen (1999, 150) zum Zeitpunkt der Innovation im 17. Jahrhundert ein doppeltes Potenzial zum Ausdruck extremer Höflichkeit, nämlich als Form der 3. Person das Potenzial zum Signalisieren der Distanz (ähnlich wie *er* als 3. Person Singular) und als Pluralform das Potenzial zum Signalisieren der Anerkennung der Macht (ähnlich wie mhd. *ir*-Plural). Spätestens um 1740 sind diese Implikaturen der Anrede mit *Sie*-Plural jedoch konventionalisiert. *Sie*-Plural wird jetzt konventionell zum Ausdruck größter Ehrerbietung verwendet, wie die Beschreibung im obigen Gottsched-Text belegt.

15.6 Wie reden Kinder ihre Eltern an?

Die Praxis, dass sich Eltern und Kinder gegenseitig duzen, ist nicht selbstverständlich. Die folgenden Materialien geben Hinweise auf die ältere Praxis und deren Entwicklungen.

15.6.1 Im Mittelhochdeutschen

Eltern duzen die Kinder, der Sohn ihrzt die Eltern, die Tochter sagt „du" zur Mutter. (Jacob Grimm, Deutsche Grammatik Bd. 4.1., 361ff.)

15.6.2 Um 1700

Um 1700 gab es, zumindest regional und für bestimmte Schichten, die Norm, dass Kinder ihre Eltern ihrzen sollten. Allerdings wurde diese Norm offensichtlich nicht immer eingehalten. Dafür spricht die folgende Anweisung des Erzbischofs von Salzburg an seine Beamten vom 5. März 1700:

Text 5

Generalbefehl, wodurch den Beamten aufgetragen wird, daß sie den Kindern auf dem Gäu sowohl als in den Städten und Märkten das Dusitzen (d.h. das Duzen, GF) ihrer Eltern nicht gestatten, sondern sie ihre Eltern zu Ihrzen bey Androhung einer Strafe anhalten sollen.

(Abgedruckt in: Ebel, Wilhelm: Curiosa iuris germanici. Göttingen 1968, 16.)

15.6.3 Entwicklungen um 1800

Im letzten Drittel des 18. Jahrhundert war das Siezen der Eltern in bürgerlichen Familien offensichtlich der Normalfall. Beispiele dafür sind die folgenden Briefe von Hölderlin und Friedrich Schlegel an ihre Mütter.

Im Jahre 1786 schrieb der 16-jährige Friedrich Hölderlin aus der Klosterschule Maulbronn an seine Mutter und bat sie, ihm etwas Kaffee zu schicken.

Text 6

Liebste Mamma!

Ich habe wirklich wieder Geschäfte die Menge auf dem Hals; und Geschäfte, wo die Geisteskräfte ziemlich stark angegriffen werden – ich will also nur so bei Gelegenheit gestehen, daß Bilfingers Kaffee, und mein Zucker, verbraucht sind, und daß ich mich inzwischen manchmal nach einem Frühstück gesehnt habe – bei dem frühen Aufstehen – und dem beständigen starken Angreifen des Kopfs – [...] Ein gutes, gutes Werk wärs also für den Fritz, wenn Sie ihm etwas Kaffee schickten.

Sie werden lachen, über meine weitschweifige Bittschrift, aber's war nur, daß Sie sich einen kleinen Begriff von unserm Klosterkreuz machen können. Dann das sind doch ordentliche Nahrungssorgen, wenn man so nach einem Schluck Kaffee, oder nur einem guten Bissen Suppe hungert, und nirgends, nirgends nicht auftreiben kann. [...]

Ihr gehorsamster Sohn

Hölderlin

(Hölderlin Sämtliche Werke. Bd. 6, 1. Hälfte: Briefe. Hg. Von A. Beck. Stuttgart 1954, 795)

Der Student Friedrich Schlegel (geb. 1772) schrieb im April 1792 aus Dresden an seine Mutter.

Text 7

Theuerste Mutter,

Seit der Zeit daß ich hier bin, haben mich Besuche und Gesellschaften, das Zusammensein mit Ernsts, und besonders ein Fremder, von dem ich nachher reden werde, so beschäfftigt, daß ich erst itzt Ihnen von mir Nachricht geben kann. Ich hoffe aber, daß Sie so gütig gewesen sind, diesen

Aufschub lieber zu sehen, als wenn ich etwas wichtiges versäumt, oder auch mir ein lange erwartetes Vergnügen entzogen hätte. [...]

Sie sind so gütig gewesen, mir noch 35 Thl. zu versprechen. Ich wünsche sehr sie noch hier zu erhalten, weil ich sonst von Lottchen Reisegeld borgen muß; [...] Ich küsse Ihnen und meinem Vater in Gedanken die Hand.

Ihr gehorsamster Sohn

Friedrich Schlegel

(Kritische Friedrich-Schlegel-Ausgabe. Hg. Von E. Behler. Bd. 23. Paderborn etc. 1987, 47f.)

Die Regeln der höflichen Anrede der Eltern scheinen aber in der Folgezeit zunehmend nicht einheitlich befolgt worden zu sein. Beispiele für die divergierende Praxis in der Zeit um 1800 sind Briefe der Generationsgenossen Jacob Grimm (geb. 1785) und Ludwig Börne (geb. 1786) an ihre Eltern. Jacob Grimm redet im Jahre 1805 seine Mutter und seine Tante mit *Sie* an, Ludwig Börne redet seinen Vater in einem Brief von 1807 mit *Du* an.

Text 8

Paris, 7. September 1805

Liebe Tante und liebe Mutter,

Mit recht kindischer und zugleich kindlicher Freude habe ich die vorige Woche Ihre Briefe bekommen. [...] Ich werde fast zu der nämlichen Zeit in Kassel eintreffen, wo ich sonst bei Ihnen, liebe Mutter, in Steinau ankam [...]

Ihr ewig gehorsamer Sohn

Jacob

(Briefwechsel zwischen Jacob und Wilhelm Grimm aus der Jugendzeit. Hg. von Hermann Grimm und Gustav Hinrichs. 2. verm. Aufl. besorgt von Wilhelm Schoff. Weimar 1963, 75)

Ludwig Börne schrieb am 24. Juli 1807 aus Heidelberg an seinen Vater

Text 9

[...] Ich weiß es, daß Du vollkommen zufrieden sein wirst, wenn ich einst so geschickt werde wie ein Dr. U. oder K., mein ehrliches Auskommen habe, bis endlich nach 20jährigem Streben mein Ruhm durch den den vielbeschäftigen Mund der Tanten und Cousinen bis an die äußerste Stadtmauer dringt [...]

(Ludwig Börne, Sämtliche Schriften, Hg. von I. und P. Rappmann, Bd. 5, Darmstadt 1968, 606)

Diese Veränderung der Anredepraxis, die man z.T. dem (schlechten) Einfluss der Rousseauschen Pädagogik und der Gleichheitsideale der französischen Revolution zuschrieb, wurde von manchen Autoren kritisch kommentiert. So erschien 1811 eine Schrift mit folgendem Titel: „Über die Sünde des Du und Du zwischen Eltern und Kindern" (vgl. Augst 1977, 42). Ein Engländer namens Noethen, Verfasser einer deutschen Grammatik, schrieb in der ersten Auflage seines Buches von 1800: "Children are sometimes allowed to speak to their parents in the same manner (i.e. with *Du*); though, in general the third person plural, Sie, is preferred as more respectful". In der dritten Auflage von 1817 fügte er die folgende kritische Fußnote hinzu: "I found, in my last visit to Germany, since writing the above, that this practice of speaking between children and parents, had very much gained ground, and was, in some parts, almost becoming general. I am among those, who do not approve it" (Noethen, zit. in Metcalf 1938, 128).

Um die Mitte des 19. Jahrhunderts war in der bürgerlichen Mittelschicht die Anrede der Eltern mit *Du* der Normalfall, wie etwa Briefe folgender Autoren an ihre Eltern zeigen: Gottfried Keller an seine Mutter (1834), Georg Büchner an seine Familie (1834; Anrede nur im Plural: *Ihr/Euch*), Wilhelm Raabe an seine Großmutter (1842) und an seine Mutter (1859), Theodor Fontane an seinen Vater (1856).

15.7 Überblick und Erklärungsversuche

15.7.1 Textmaterialien

Der folgende Text 10, ein Ausschnitt aus der grundlegenden Darstellung von Metcalf (1938), gibt nochmals kurz einen Überblick über die wichtigsten Entwicklungen seit dem 16. Jahrhundert und deutet auch Erklärungen für diese Entwicklungen an.

Der im ersten Abschnitt von Text 10 (und auch schon in Text 2) erwähnte Mechanismus der Ausbreitung "von oben nach unten" lässt sich generell für die Verbreitung von Höflichkeitsmustern postulieren. Die Höfe dienten, auch nach Einschätzung von Zeitgenossen, bis ins frühe achtzehnte Jahrhundert den mittleren und niederen Schichten explizit als ein Model für Verhaltensmuster. Auf diese Weise breiteten sich Höflichkeitsformen von den Höfen zu anderen Schichten der Gesellschaft aus. Text 11 (aus: Beetz 1990) zeigt am Beispiel der Anredeprädikate *Edler* und *gnädig* diesen Mechanismus der Verbreitung, der gleichzeitig einen Entwertungsmechanismus auslöst.

Text 10

Die geradezu verwirrende Vermehrung der Anredeformen, die im 17. Jahrhundert einen Höhepunkt erlebte, hing zusammen mit der Veränderung der sozialen Verhältnisse in dieser Zeit. Die vielen kleinen Höfe, deren strenge Hierarchie im absolutistischen Monarchen gipfelte, verlangten als Anredeformen Ausdrücke, die vielfältige Rangabstufungen angemessen wiedergeben konnten. Diesem Bedürfnis kam besonders die Verwendung von Umschreibungen entgegen, zu denen verschiedene Arten von abstrakten Titeln (*Euer Gnaden*) oder andere nominale Formen (*der Herr*) gehören. Zudem gab es keinen zentralen Hof wie in Frankreich, der ausreichende Autorität gehabt hätte, das Auswuchern unterwürfiger Anredeformen zu verhindern. Vielmehr hatte jede Neuerung, die sich als eine einschmeichelnde Anredeform empfahl, beste Aussichten, im ganzen deutschen Sprachgebiet schnell angenommen zu werden. Gleichzeitig waren die niedrigeren sozialen Schichten darauf erpicht, die Formen zu übernehmen, die ursprünglich für die höheren Schichten gedacht waren, was den Wert der betreffenden Formen verminderte und den Erfindungsgeist derer anspornte, die neue Anredeformen suchten.

[...] Mit dem Verebben der barocken Mentalität am Ende des 17. Jahrhunderts gewannen die einfacheren pronominalen Formen die Überhand gegenüber den komplizierten Umschreibungen. Der entscheidende Schritt in der Weiterentwicklung der deutschen Anredeformen war jedoch schon vollzogen. Die Pronomina, die diese Umschreibungen ersetzten, waren nicht mehr Pronomina der zweiten Person, sondern solcher der dritten Person, mit denen man ursprünglich die mit den Um-

schreibungen gemachte Anrede fortführte. Nach der unglaublich raschen Verbreitung der nomina-
len Konstruktion Ende des 16. Jahrhunderts wurden die Pronomina der dritten Person sehr bald
unabhängige Anredeformen. Die Pronomina der dritten Person Plural etablierten sich jedoch am
Ende des 17. Jahrhunderts erst nach einer langen Zeit, in der sie nur kombiniert mit den abstrakten Titeln verwendet wurden, die zu dieser Zeit schon eine vierhundertjährige Geschichte hinter
sich hatten. Erst im 16. Jahrhundert verdrängten die Pronominalformen der dritten Person die ursprünglichen *Ihr*-Formen zur Fortführung der mit abstrakten Titeln gemachten Anrede; desglei-
chen setzten sich auch erst in diesem Jahrhundert die Pluralformen der dritten Person endgültig
gegenüber den Singularformen als Formen der Fortführung von Abstrakta durch. Nachdem aber
die Formen der dritten Person Plural diese zwei Siege errungen hatten, stand ihnen der Weg zur
Verwendung als unabhängige Anredeformen offen.

Schon im 18. Jahrhundert, in dem die pronominalen Formen wieder entschieden im Aufstieg waren, erwies sich das Vierer-System der Anrede (*Du, Ihr, Er, Sie*) als zu komplex. Die wachsende
demokratische Tendenz des Jahrhunderts begünstigte die Auflösung dieses Systems dadurch, dass
sie die niedrigeren Schichten dazu brachte, als höfliche Form der Anrede die höchste der vier
Formen zu fordern, was sie schließlich auch erreichten, so dass die Zwischenstufen *Ihr* und *Er*
dem Verfall preisgegeben wurden. So erhielt *Sie*-Plural schließlich die Position, die *Ihr* im Mittelalter gehabt hatte; und diese Position hat es bis zu heutigen Tag behalten, trotz der Angriffe von
Philologen und Sprachreinigern, die Mißtrauen gegenüber dem Ursprung dieser Anredeform zeig-
ten, dabei aber übersahen, dass der normale Sprecher des Deutschen heute *Sie*-Plural als ein Pronomen der zweiten Person versteht.

(George J. Metcalf, Forms of Address in German (1500–1800),
St. Louis 1938, 170f.; Übersetzung GF)

Text 11

Den diachronen Prozeß der Titelreferenz charakterisiert der stufenweise Abstieg auf jeweils niedrigere Schichten. So bezeichnete etwa Mitte des 16. Jahrhunderts das Prädikat "Edler" den Frei-
herrenstand, also noch nicht einmal den niedrigsten Adelsrang; Mitte des 18. Jahrhunderts hinge-
gen einen Handwerker. Ähnlich war innerhalb des Adels "gnädig" in der ursprünglichen juristischen Bedeutung eines Souveräns, dem das Begnadigungsrecht zusteht, zunächst dem Kaiser und
König reserviert. Anfang des 17. Jahrhunderts wurde es auf mit entsprechender Binnendifferen-
zierung auf den Hochadel ausgedehnt. 1637 lehnten die Kurfürsten den Titel ab, der sie mit Frei-
herren und Grafen auf eine Stufe stellte. 1720 war "Ew. Gnaden" schließlich auf eine auch für den
niederen Adel gebräuchliche Anrede herabgekommen

(Beetz 1990, 250f.)

15.7.2 Formen der Erklärung der Entwicklungen

Erklärungsbedürftig in der Geschichte der Anredeformen erscheint zunächst vor allem der
von Gottsched beschriebene „Überfluß an Höflichkeit", der uns in der Vielfalt der Ausdrücke und ihrer subtilen Verwendung im 17. und 18. Jahrhundert auffällt. Ebenso erklärungsbedürftig ist natürlich die Auflösung dieser komplexen Praxis im Laufe des 19. Jahrhunderts, die insgesamt schlechter erforscht ist und in diesem Kapitel auch nicht näher behandelt wird. Knappe Hinweise dazu finden sich in Text 10. Auf konservativen Gebrauch von
Anredepronomina im dörflichen Leben macht Grober-Glück (1994) aufmerksam. Ihr Datenmaterial zeigt, dass die Verwendung von *Ihr* als Respektsanrede, in geringerem Umfang

auch die Anrede mit *er/sie*, in der Zeit um 1930 noch weit verbreitet ist, allerdings nach Regionen differenziert.

Bei der Erklärung der Entstehung des Systems der Anredepronomina stellen sich u.a. folgende Fragen:

(i)   Wie und wozu wurden immer mehr zusätzliche Formen ins Spiel gebracht? (Die Frage der Innovation)

(ii) Welches waren die Bedingungen, die die Verbreitung der Neuerungen begünstigten, und auf welche Weise verbreiteten sich die Neuerungen? (Die Frage der Verbreitung)

(iii) Warum und in welchen Schritten wurden bestimmte Formen, z.B. die "mittleren" Anredepronomina (*ihr, er*), nicht mehr verwendet? (Die Frage des Aufgebens von Teilen des komplexen Systems)

Diesen Fragen können Sie mit der folgenden Aufgabenstellung nachgehen.

> **Aufgabe 1**   Stellen Sie aus den Texten dieses Kapitels, insbesondere aus Text 10 und 11, Hinweise zur Erklärung der Innovation, der Verbreitung und des Aufgebens von Formen der pronominalen Anrede zusammen.
> Ordnen Sie diese Erklärungshinweise nach der Art der Sachverhalte, auf die in den Erklärungen Bezug genommen wird, und nach Aspekten einer historisch-semantischen Erklärung. (Erste Hinweise dazu finden Sie in Fritz 1998a, 29–35; vgl. auch Keller 1994, 83–139.) Überlegen Sie, welchen Stellenwert die einzelnen Erklärungshinweise haben.

Lösungshinweise

In den vorliegenden Texten lassen sich Erklärungshinweise folgender Art finden, die im Wesentlichen nur Kürzel sind, die aber erkennen lassen, welche Sachverhalte die Autoren für erklärungsrelevant halten. Dabei handelt es sich vor allem um gewisse Bedingungen für das kommunikative Handeln der Sprecher und gewisse Mechanismen, die kumulativ Verbreitungs- oder Entwertungswirkungen erzielen.

1.   Erklärungshinweise für die **Innovation**
      Als Beitrag zur Erklärung der Innovation können gelten Hinweise auf:

1.1   das Vorbild der Anredepraxis in anderen Sprachen: lat. *vos*, frz. *vous*,

1.2   die Einführung von Pronomina in einem bestimmten textuellen Zusammenhang (anaphorischer Gebrauch der Pronomina der dritten Person) und die Ablösung von diesem textuellen Zusammenhang als reine Anredeformen,

1.3   kommunikative Bedürfnisse und Interessen bestimmter Gruppen:
      – das Interesse an der Hervorhebung der Sonderstellung des römischen Kaisers und der späteren Könige,

    – das Interesse an einer deutlichen Kennzeichnung der höfischen Hierarchien durch die Fürsten und deren soziales Umfeld,

1.4   die Befolgung von Höflichkeitsprinzipien,

1.5   invisible-hand-Prozesse wie den Verschleiß von modischen Höflichkeitsformen und die Entwertung bestimmter Formen (durch die Übernahme in soziale niedrigere Gruppen) als Motivation für die Einführung von Innovationen.

2.   Erklärungshinweise für die **Verbreitung** neuer Anredeformen
    Als Beitrag zur Erklärung der Verbreitung können gelten Hinweise auf:

2.1   das Interesse an der Nachahmung der kommunikativen Praxis höherer Schichten und anderer Länder,

2.2   die Forderung von Mitgliedern der unteren Schichten, in der höflichen Form angeredet zu werden,

2.3   die Vielfalt der Verbreitungswege zwischen vielen kleinen Höfen.

3.   Erklärungshinweise für das **Aufgeben** von Teilen des komplexen Systems
    Als Beiträge zur Erklärung des Aufgebens können gelten Hinweise auf:

3.1   Veränderungen der Lebensform oder der Mentalität (das „Verebben der barocken Mentalität"; „demokratische Tendenzen"),

3.2   Entwertungsmechanismen, z.B. ausgelöst durch die Forderung niedrigerer Schichten, mit dem höchsten Wert in der Skala angeredet zu werden,

3.3   strukturelle Eigenschaften des Systems der Anredeformen (der Überfluss der Höflichkeit, die zu große Komplexität des Vierer-Systems).

Aufgabe 2   Zu den sprachlichen Mustern des höflichen Umgangs gehören auch die Formen des Grüßens. Beschreiben Sie Ihre eigene Praxis des Grüßens und Sich-Verabschiedens. Vergleichen Sie damit die Beschreibung der Verwendung von *tschüss* (und *hallo*) in Linke (2000) und der dort angeführten Literatur. Zur Geschichte der Grußausdrücke vgl. Paul (2002) unter den Stichwörtern *(guten) Tag, hallo; tschüs, tschau, wiedersehen, ade, servus*. Ziehen Sie auch die Beobachtungen in Linke (1996, 120–131) zur Entwicklung von Grußgesten und sprachlichem Gruß auf der Straße im 19. Jahrhundert heran.

16. Zur Geschichte der redekennzeichnenden Verben

Sätze mit redekennzeichnenden Verben (verba dicendi) werden dazu verwendet, bestimmte sprachliche Handlungen zu machen (*Ich* verbiete *dir zu gehen*) oder zu beschreiben (*Du hast mir* vorgeworfen, *dass*). Neben den Ausdrücken für einzelne sprachliche Handlungen wie *verbieten* und *vorwerfen* gibt es auch Ausdrücke, mit denen komplexe sprachliche Handlungen oder Sequenzen von sprachlichen Handlungen gekennzeichnet werden, z.B. *erzählen, Komplimente machen, diskutieren*. Andere Ausdrücke heben besondere Aspekte der Ausführung von Äußerungen hervor, wie *anschreien* oder *stammeln*, oder die Stellung einer Äußerung in der Sequenz („...", *antwortete er, versetzte er*) oder auch die Wirkung einer sprachlichen Handlung (*beleidigen*). In den redekennzeichnenden Ausdrücken einer Sprache spiegelt sich ein wichtiger Teil des Repertoires an sprachlichen Handlungsmustern, über das die Sprecher zu einem bestimmten Zeitpunkt verfügen und das ihnen auch reflexiv zugänglich ist. Man spricht hier auch vom „kommunikativen Haushalt" (Luckmann 1986) einer Gesellschaft. Die historische Entfaltung eines redekennzeichnenden Vokabulars gibt Hinweise auf die Geschichte von kommunikativen Praktiken und auf damit verbundene Sichtweisen ihrer sozialen Funktion, z.B. die Praxis des Vorwerfens oder des Beschimpfens. So ist es beispielsweise eine bemerkenswerte Beobachtung, dass im Deutschen „die mittelalterliche Rechtssprache [...] ungemein reich an Bezeichnungen für die Beleidigung" ist (*lästern, schmähen, schelten*; Munske 1973, 255f.). Ebenso fallen die zahlreichen Ausdrücke zur Kennzeichnung des Prahlens im älteren Deutsch auf (vgl. 16.3). Wenn wir Streitschriften aus der Zeit um 1600 lesen, lernen wir große Teile des konfliktkennzeichnenden Wortschatzes der Zeit kennen, z.B. *fürwerffen* ‚vorwerfen', *aufflegen* ‚vorwerfen', *bezüchtigen* ‚bezichtigen', *Inzicht* ‚Bezichtigung', *verweisen* ‚tadeln', *beklagen* ‚anklagen', *verhetzen* ‚aufhetzen gegen', *calumniren* ‚beleidigen', *diffamiren* ‚verleumden', *iniuriren* ‚die Ehre verletzen', *schänden* und *schmähen* ‚üble Nachrede führen', *schelten als* ‚beschimpfen als', *Außreden* oder *Außflucht suchen* ‚Ausreden oder Ausflüchte suchen', *zu red setzen* ‚zur Rede stellen', *in Verdacht setzen* ‚verdächtigen', *sich verantworten* ‚sich rechtfertigen', *sich entschuldigen* ‚die Schuld abstreiten', *erweisen* ‚beweisen', *probiren* ‚beweisen'. Dies ist nur ein kleiner Ausschnitt aus dem gängigen Kontroversenvokabular, das der protestantische Theologe Lucas Osiander in einer Auseinandersetzung mit zwei Jesuiten im Jahre 1585 verwendet. Ein interessantes Licht auf die Konversationspraxis im 17. und 18. Jahrhundert wirft die Entlehnung des Wortes *raillieren* aus dem Französischen, das mit *aufziehen, schrauben, spitzige Schertze machen* und *Stichel=Reden führen* erläutert wird (Hunold 1716, 44–50). Offensichtlich waren in der gehobenen Gesellschaft spitze Bemerkungen und anzügliche Scherze beliebt, aber auch als problematisch bekannt. Ebenso ist es in derselben Zeit charakteristisch für die Höflichkeitspraxis in den höheren Gesellschaftsschichten, dass der aus dem Französischen entliehene Ausdruck *Kompliment* häufig verwendet wird, u.a. um die kommunikative Praxis des Komplimentierens zu reflektieren (vgl. z.B. Rohr 1728, I. Theil, V. Capitul). Auffallend ist, dass mit dem Ausdruck *Kompliment* nicht nur kurze lobende Bemerkungen bezeichnet wurden, wie es heute der Fall ist, sondern vielfältige Arten von Äußerungen, z.T. auch längere Reden, mit denen man „Demuth oder

Hochachtung gegen dem andern an Tag lege[n]" konnte (Rohr 1728, 141). (Eine ausführliche Darstellung der Komplimentierpraxis im 17. und 18. Jahrhundert gibt Beetz 1990.)

Aus der Sicht der historischen Semantik sind die vielfältigen Bedeutungsveränderungen im Bereich der redekennzeichnenden Verben bemerkenswert. Offensichtlich gab es immer wieder ein Bedürfnis nach neuen, treffenden Bezeichnungen für Aspekte des kommunikativen Lebens. Auffallend sind auch fachsprachliche Sonderverwendungen, beispielsweise im Bereich der Rechtssprache (vgl. Uhlig 1983, Objartel 1990). In der Entwicklungsgeschichte der verba dicendi zeigen sich auch gewisse Regularitäten darin, dass manche Entwicklungspfade immer wieder begangen werden, beispielsweise die Nutzung von Verben des lauten Redens als Verben zur Kennzeichnung des Prahlens oder die Entwicklung von Verwendungsweisen zur Kennzeichnung des Strafens bei Verben des Tadelns.

Im Folgenden wollen wir zunächst die Geschichte der Verben des Sprechens betrachten (*queden, sagen, sprechen, reden*)(16.1), dann auf die Entwicklung der Verba des Vorwerfens eingehen (16.2) und schließlich einen kurzen Blick auf die Geschichte einiger Verba des Prahlens werfen (16.3).

16.1 Verben des Sprechens

16.1.1 Zum heutigen Gebrauch von Verben des Sprechens

Neben redekennzeichnenden Verben wie *vorwerfen, versprechen* oder *befehlen*, mit denen man die Illokution einer sprachlichen Handlung angeben kann, gibt es solche, mit denen man Redeereignisse relativ unspezifisch kennzeichnen kann. Im Deutschen sind das heute vor allem *sagen, reden* und *sprechen*. Einige Bedeutungsverwandtschaften und -unterschiede dieser Verben zeigen sich in folgender Batterie von Sätzen:

(1/1)   A sagt "Schönes Wetter heute"
(1/2)   ?A spricht "Schönes Wetter heute"
(1/3)   *A redet "Schönes Wetter heute"

(2/1)   A sagt, dass es regnet
(2/2)   *A spricht, dass es regnet
(2/3)   *A redet, dass es regnet

(3/1)   *Das Kind kann noch nicht sagen
(3/2)   Das Kind kann noch nicht sprechen
(3/3)   Das Kind kann noch nicht reden

(4/1)   *Er sagt Japanisch
(4/2)   Er spricht Japanisch (= Er kann Japanisch / Er spricht gerade Japanisch)
(4/3)   Er redet Japanisch (= Er spricht gerade Japanisch)

(5/1)   *A sagt morgen in Frankfurt
(5/2)   A spricht morgen in Frankfurt (= Er hält eine Rede oder dergl.)
(5/3)   A redet morgen in Frankfurt (= Er hält eine Rede oder dergl.)

(6/1) *A sagt über die Entwicklungspolitik
(6/2) A spricht über die Entwicklungspolitik
(6/3) A redet über die Entwicklungspolitik

(7/1) *Sie sagen nicht mehr miteinander
(7/2) Sie sprechen nicht mehr miteinander
(7/3) Sie reden nicht mehr miteinander

(8/1) *Wann kann ich Sie sagen
(8/2) Wann kann ich Sie sprechen?
(8/3) *Wann kann ich Sie reden (aber: Wann kann ich mit Ihnen reden)
(9/1) Das sagt mir nichts
(9/2) *Das spricht mir nichts
(9/3) *Das redet mir nichts
(10/1) *A hat gut sagen
(10/2) *A hat gut sprechen
(10/3) A hat gut reden

Wenn wir diese Satzbatterie auswerten, kommen wir zu dem Ergebnis, dass *sagen* zwei Verwendungsschwerpunkte hat, die Einleitung der wörtlichen Wiedergabe einer Äußerung (1/1) und die Einleitung der Wiedergabe des Inhalts (des propositionalen Gehalts) einer Äußerung (2/1). In der ersten Verwendungsweise entspricht es dem Verb *äußern*, in der zweiten ist es verwandt mit *behaupten*. Diese beiden Verwendungsweisen gibt es für *sprechen* und *reden* in der heutigen Schriftsprache normalerweise nicht. Dagegen wird mit *sprechen* und *reden* u.a. die Sprechfähigkeit (3), die Kompetenz in einer bestimmten Sprache (4), die zusammenhängende Rede (5), das thematische Sprechen (6) und die kommunikative Funktion des Sprechens (7) gekennzeichnet. Auf besondere Kollokationen wie in (8) bis (10), von denen es noch eine ganze Reihe gibt, will ich hier nicht weiter eingehen.

16.1.2 Zur Geschichte der Verben des Sprechens

Wenn wir die historische Entwicklung dieses kleinen Systems von Verben betrachten, so sehen wir zunächst, dass es in diesem Bereich auch noch andere Verben gab (z.B. ahd. *quedan*; ahd. *jehan*, mhd. *jehen*; ahd. *kôsôn*, mhd. *kôsen*) und dass die Verben sich in ihren Verwendungsweisen und ihrer Gebräuchlichkeit veränderten. Insgesamt ist die außerordentlich komplexe Bedeutungsgeschichte der Verben des Sprechens noch nicht zusammenhängend erforscht, so dass ich hier nur einige besonders auffällige Entwicklungen skizzieren kann. Insbesondere haben wir noch keinen Überblick über die regionalen Sonderentwicklungen, die sich z.B. darin zeigen, dass im Bairischen noch heute *reden* gegenüber *sprechen* bevorzugt wird und dass im Schwäbischen statt *reden schwätzen* verwendet wird (vgl. Deutscher Sprachatlas Karte 55; der Karte ist der Satz Nr. 31 zugrunde gelegt: „Ich verstehe euch nicht, ihr müßt ein bißchen lauter sprechen.“). Die Komplexität der regionalen Verteilung zeigt sehr schön die auf der folgenden Seite wiedergegebene Karte „sprechen“ (Karte Nr. 41) des „Rheinischen Wortatlas“ (Lausberg/Möller 2000). Sehr nützliche Hinweise zur Geschichte der Verben des Sprechens bietet Hundsnurscher (2003), eine Arbeit auf die ich mich im Folgenden an verschiedenen Stellen beziehe.

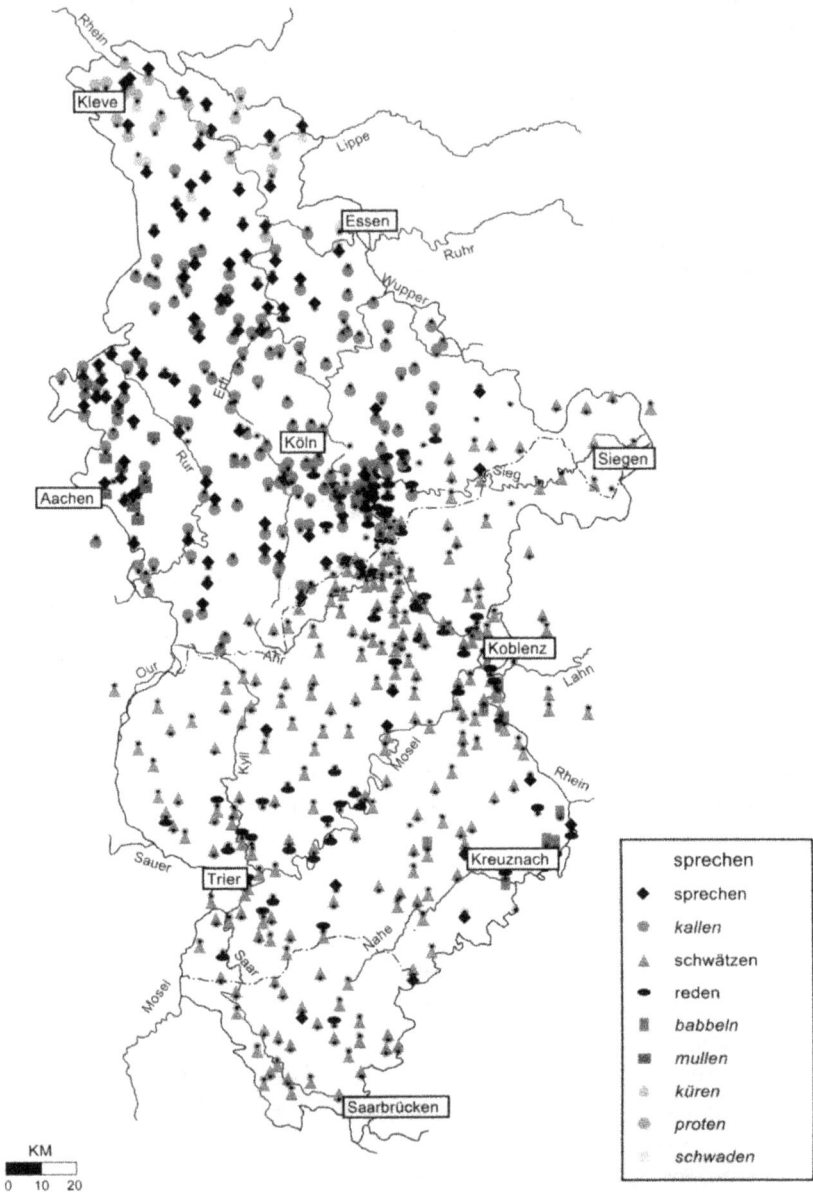

Legend (sprechen):
- sprechen
- kallen
- schwätzen
- reden
- babbeln
- mullen
- küren
- proten
- schwaden

KM
0   10   20

16.1.2.1 Die Verhältnisse im Ahd.

Wie wir gesehen haben, wird zur Einleitung der wörtlichen Redewiedergabe und der Wiedergabe des Redeinhalts heute das Verb *sagen* verwendet. Das war nicht immer so. Im Ahd.
ist *quedan* das gebräuchlichste Verb zur Einleitung der direkten Rede (1). Insgesamt ist es,
beispielsweise in den Texten Notkers (in der Form *cheden*), das häufigste Verb des Spre-

chens überhaupt. Neben der Wiedergabe der Form der Äußerung signalisiert *quedan* in vielen Fällen wie unser heutiges *sagen* die Wiedergabe des Redeinhalts (2). Schließlich fällt noch eine Verwendungsweise auf, bei der *quedan* in der dritten Person Singular (*daz chît*) formelhaft eine Erläuterung oder Deutung einer Textstelle einleitet, ähnlich wie unser *das bedeutet* oder *das heißt so viel wie* (3)

(1)   Quad thô zi imo thie engil: ni forhti thu thir, Zacharias   (Tatian, 2.5)
        ‚Da sprach der Engel zu ihm: „Fürchte dich nicht, Zacharias"‘

(2)   sum chad . ûzer fiure . sum chad ûzer uuazere   (Notker I.101.7f.)
        ‚Der eine (Philosoph) behauptete, (die Erde sei) aus Feuer (geschaffen); der andere behauptete aus Wasser‘

(3)   Taz pezeichenet practicam uitam . taz chît actiuam   (Notker I.10.22f.)
        ‚Das (griechische π) bezeichnet das praktische Leben. Das heißt so viel wie das aktive (Leben).‘

Neben *quedan* wird, allerdings seltener, auch *sprechan* zur Kennzeichnung der Redeeinleitung verwendet (4), in Einzelfällen auch *sagen* (5), (6):

(4)   er sprah mit unwirdin: „meistar, ja ich iz ni bin?   (Otfrid IV.12.24)
        ‚er (Judas) sprach mit unwürdigem Benehmen: „Meister, ich bin es doch nicht etwa?"‘

(5)   daz uuib [...] sagata then mannun: quemet inti sehet then man [...]   (Tatian 87.7)
        ‚die Frau sagte den Männern: „Kommt und seht den Mann ..."‘

(6)   sagetun, thaz sie gahun sterron einan sahun   (Otfrid I.17.19)
        ‚sie sagten, dass sie unerwartet einen Stern gesehen hätten‘

In vielen Fällen können wir *sagen* in ahd. und mhd. Texten mit *berichten, erzählen* oder *beschreiben* wiedergeben. Eine weitere Besonderheit des Gebrauchs von *sagen* im Ahd. und Mhd., in der er sich von der Gegenwartssprache unterscheidet, ist die Einleitung der Wiedergabe des behandelten Themas (meist mit der Präposition *von*):

(7)   Unz hara sageta er gemeinlicho uone allen predicamentis   (Notker I.378.25f.)
        ‚Bis hierher sprach er in allgemeiner Form über die Prädikamente insgesamt‘

Die Möglichkeit, in dieser Funktion das Verb zu variieren und statt *sagen chôsôn* zu verwenden, zeigt folgender Beleg:

(8)   Ich neuuile des nieht *chôsôn* . daz [...].
        [...] fone dien uuile ich sagen   (Notker I.74.5/10f.)
        ‚Ich will nicht reden davon, dass [...], vielmehr will ich von denen (d.h. deinen ganz besonderen Glücksfällen) berichten‘

jehan konkurriert manchmal in der Funktion der Redeeinleitung (9), in vielen Fällen wird damit aber eine Äußerung gekennzeichnet, die besonderen Verpflichtungscharakter hat, ein Bekenntnis, eine Zustimmung oder eine Zusage (10).

(9)   Der hier sprichet . der iihet soliches . kehore mih truhten   (Notker II.536.27)
        ‚der hier spricht, der sagt Folgendes: „Erhöre mich, Herr."‘

(10)   (dass ich ein rationales und sterbliches Wesen bin) Taz uueiz ich.
         unde daz iiho ih mih uuesen   (Notker I.47.27)
         ,das weiß ich und (dass ich das bin) das bekenne ich auch'

reden (*redon, redinon*) ist insgesamt relativ selten belegt. Mit diesem Verb wird zumeist eine längere zusammenhängende Äußerung (ein Bericht, eine Argumentation) gekennzeichnet.

16.1.2.2 Der Übergang zum *sprechen*-System

Zum Mhd. hin ändert sich das Bild in einem Punkt grundlegend. Während das Verb *queden* bis auf einige Reste (z.B. die formelhafte Wendung *daz quît*) im Mhd. nicht mehr gebräuchlich ist, wird in der geschriebenen Sprache zur Einleitung der wörtlichen Rede und der Angabe des propositionalen Gehalts nun allgemein *sprechen* verwendet:

(11)   si sprachen: ,herre du tuost üble ...'   (Rolandslied 2096, ca. 1170)

(12)   si sprachen, er were ein helt guot   (Rolandslied 2184)

Für diese spektakuläre Entwicklung – das schnelle Veralten von *queden* im 12. Jahrhundert – gibt es bis heute noch keine überzeugende Erklärung (vgl. Kolb 1969, Hundsnurscher 2003, 35). Wenn wir die Wahlmöglichkeiten der Sprecher im 12. Jahrhundert für die Funktion der Redeeinleitung betrachten, so wäre neben *sprechen* auch *sagen* ein Kandidat für die Rolle der Standardeinleitung gewesen. Dass *sagen* dafür aber (zunächst) nicht gewählt wurde, hängt wohl damit zusammen, dass die prototypische Verwendung von *sagen* durch den syntaktischen Rahmen (mit Dativobjekt) auf die Wiedergabe eines speziellen Situationstyps zugeschnitten war, nämlich die Situation, in der jemand einem bestimmten Adressaten etwas mitteilt, erzählt oder berichtet:

(13)   fur war sage ich dir daz:
         dich enphahent di engel mit sange   (Rolandslied 7822f.)
         ,ich sage dir aufrichtig:
         dich werden die Engel mit Gesang empfangen'

(14)   mir sageten mine man,
         si uallen uffe die erden   (Rolandslied 3547f.)
         ,mir berichteten meine Soldaten, sie (die Christen) fielen (vor Angst) auf den Boden'

In folgendem Beleg werden *sagen* und *sprechen* auf engem Raum jeweils in ihrer spezialisierten Funktion genutzt:

(15)   Der keiser in do *sagete*
         daz er willen habete
         die heidenscaft zestoren
         di cristin gemeren.
         Er *sprach*: ,wol ir mine liebin,
         nu scul wir gote dinin ...'   (Rolandslied 83ff.)

‚Der Kaiser sagte ihnen dann, dass er sich vorgenommen habe, das Heidentum zu schwächen und die Zahl der Christen zu vermehren. Er sagte: „Auf, ihr meine Lieben, wir werden jetzt Gott dienen ...“‘

Auch die Kennzeichnung zusammenhängender (16) und thematischer Rede (17) mit *sagen* ist weiterhin gebräuchlich:

(16) so saget man uon mir nuwiu mere:
     si redent daz ich ungetruwe phlege   (Rolandslied 2361f.)

     ‚so wird man über mich (böse) Neuigkeiten erzählen.
     Sie werden behaupten, ich begienge Verrat‘

(17) er sagete in uon dem gotes riche   (Rolandslied 5787)
     ‚er sprach zu ihnen vom Reich Gottes‘

Die Belege (16) und (18) zeigen, dass *reden* teilweise mit *sprechen* und *sagen* in der Funktion der Einleitung des Redeinhalts und der Äußerungsform konkurriert. Der Verwendungsschwerpunkt von *reden* bleibt aber weiterhin die Kennzeichnung zusammenhängender Rede:

(18) Der keiser alliz swicte.
     Duo redet aber der alte:
     O wol du keiser edele [...]   (Rolandslied 731ff.)

     ‚Der Kaiser hieß alle schweigen.
     Da redete der Alte weiter:
     ‚Wohl dir, erhabener Kaiser [...]‘

Auch die Verwendung von *jehen* bildet weiterhin eine Möglichkeit der unspezifischen Redeeinleitung:

(19) und jahen, daz daz wære
     ein armer marteræere   (Gottfried, Tristan, 7647)

     ‚und behaupteten, dies sei
     ein armer Mann, der Qualen leidet‘

Die Verwendung von *jehen* zur Kennzeichnung einer verpflichtenden oder emphatischen Äußerung, die wir schon fürs Ahd. beobachtet hatten, lässt sich auch im Mhd. zahlreich belegen. Entsprechende Verwendungen kann man im Nhd. etwa mit *versprechen* (20) oder *zugestehen* (21) wiedergeben:

(20) und jach, er wollte mit im wesen,
     mit im ersterben oder genesen   (Gottfried, Tristan, 7337)

     ‚und versprach, er werde bei ihm bleiben
     und mit ihm sterben oder überleben‘

(21) und jahen des, daz in der schar
     nieman [...] also behendiclichen rite   (Gottfried, Tristan, 700f.)

     ‚und gestanden ihm (bewundernd) zu,
     dass von der ganzen Ritterschar keiner ein so guter Reiter war wie er ‘

Das Verb *jehen* ist bis in die Mitte des 15. Jahrhunderts belegt (z.B. in Wittenwilers „Ring", Oswald von Wolkensteins Liedern und Kaufringers Mären), im weiteren Verlaufe des 15. Jahrhunderts scheint es dann zu veralten.

Die Verwendung von *sprechen* bleibt bis ins 16. Jahrhundert in der geschriebenen Sprache die Standardform der Einleitung der unspezifischen Redewiedergabe (direkte und indirekte Rede). Das gilt auch noch für Luthers Bibelübersetzung von 1545. Nach Hundsnurscher (2003, 39) dominiert beispielsweise im Lukas-Evangelium das Vorkommen von *sprechen* gegenüber *sagen* im Verhältnis 330:15.

(22)   Aber der Engel sprach zu jm / Fürchte dich nicht Zacharias   (Lukas 1.13, Luther 1545)

(23)   Es fragten jn aber seine seine Jünger vnd sprachen / Was dies Gleichnis wäre   (Lukas 8.9)

Es ist aber bemerkenswert, dass sich auch hier Verwendungen von *sagen* zur Einleitung der wörtlichen Redewiedergabe finden:

(24)   Wie geschrieben stehet in dem Buch der rede Jesaias des Propheten / der da *sagt* / Es ist eine stimme eines Predigers in der Wüsten [...]   (Lukas 3.4)

16.1.2.3 Der Übergang zum *sagen*-System

In der zweiten Hälfte des 16. Jahrhunderts lässt sich eine Veränderung im Gebrauch dieses Systems von Verben beobachten. In Texten, die der gesprochenen Sprache nahe stehen (z.B. in Privatbriefen), aber auch in literarischen Texten wird zur unspezifischen Redekennzeichnung nun häufiger *sagen* verwendet. Als Beispiel gebe ich einen kleinen Abschnitt aus einem Brief der Nürnbergerin Magdalena Behaim an ihren Verlobten Balthasar Paumgartner vom 25. Dezember 1582, in dem sie von einem Gespräch mit einer kürzlich verwitweten Nachbarin berichtet, der sie wünscht, dass sie einen neuen Ehepartner findet.

(25)   [...] must sy gleich aug schmuzen
         und *sagt* scherzweis zu mir, wan du noch kein breidigum
         werst, sy woltte dich mir nimer lasen. *Sagt* ich gleich, ich
         danckte Got, das du mir worn werst, ehr sy ein widwe worn
         wer. Und *sagt*, ich wolt dirs schreiben [...]

         ‚[...] da musste sie auch gleich schmunzeln und sagte scherzhaft zu mir, wenn du (B. Paumgartner) noch nicht mein Bräutigam wärst, würde sie dich mir niemals überlassen. Darauf sagte ich gleich, dass ich Gott danke, dass du mein Bräutigam geworden seiest, bevor sie Witwe geworden sei. Und ich sagte weiter, ich würde dir über dieses Gespräch im Brief berichten [...]'

In den Briefen des Paumgartner-Briefwechsels wird zur Einleitung der Redewiedergabe ausschließlich *sagen* verwendet. Auch in anderen zeitgenössischen Texten, die teilweise der Umgangssprache nahe stehen dürften, dominiert der Gebrauch von *sagen*, beispielsweise in Streitschriften von Christoph Rosenbusch („Antwort und Ehrenrettung", 1586) und Johannes Kepler („Tertius Interveniens", 1610). Keplers „Tertius" zeigt sehr schön, welche stilistische Möglichkeit die Wahl zwischen *sagen* und *sprechen* eröffnet. Wenn er seinen Kontroversengegner Feselius zitiert, verwendet er regelmäßig Formulierungen wie *Feselius sagt*. Dagegen verwendet er in der Eröffnung seines Texts, in der er die Bibel zitiert, das förmliche *sprechen*:

(26)   Günstiger Leser: Es spricht der weise König Salomo an einem Ort / daß Gott alles gemacht habe von sein selbst wegen   (Kepler, Tertius Interveniens, 157) (1610)

Bemerkenswert ist, dass Kepler in diesem Text *reden* fast ausschließlich zur Kennzeichnung der thematischen Rede in der Kollokation *reden von* verwendet.

Ein literarischer Text aus derselben Zeit ist die „Historia von D. Johann Fausten", das Faustbuch von 1587. In diesem Text ist die Einleitung der wörtlichen Rede mit *sagen* schon im Verhältnis 2 : 1 gegenüber *sprechen* in der Überzahl (Hundsnurscher 2003, 45). Und 80 Jahre später verwendet Grimmelshausen in seinem „Simplicissimus" (1669) dazu fast ausschließlich *sagen*. Die Ausnahme bilden bemerkenswerterweise zwei Bibelzitate (Hundsnurscher 2003, 41). Damit haben wir weitgehend den heutigen Stand der schriftsprachlichen Redeeinleitung erreicht.

Betrachten wir die beobachteten Entwicklungen nochmals im Zusammenhang und aus evolutionärer Perspektive. Den SprecherSchreibern des Deutschen stellte sich seit den Anfängen der Überlieferung die kommunikative Aufgabe, im Zusammenhang von Erzählungen und Berichten wiederzugeben, was Personen gesagt haben. In dieser Funktion wurden zur Einleitung der Redewiedergabe, sei es bei der Wiedergabe der Form der Äußerung, sei es bei der Wiedergabe des Redeinhalts, unterschiedliche Ausdrücke benutzt, die z.T. auch dazu dienten, besondere Aspekte der wiedergegebenen Rede hervorzuheben. Im mittelalterlichen Deutsch gehörte dazu etwa

– die Fokussierung der Sprechszene bei der Verwendung von *sagen* (A sagt B, dass p),
– das Signalisieren einer besonderen Emphase bei der Verwendung von *jehen*,
– die Kennzeichnung der zusammenhängenden, thematischen Rede bei der Verwendung von *reden*.

Interessant ist, dass die SprecherSchreiber es offensichtlich bevorzugten, jeweils einen der konkurrienden Ausdrücke als „Spezialwort" für die reine Redeeinleitung zu benutzen. Im 9. bis 11. Jahrhundert war dieses Spezialwort *quedan*. Im 12. Jahrhundert wurde dieses Wort zugunsten von *sprechen* fast völlig aufgegeben: Aus der Sicht des Sprachsystems geradezu eine kleine semantische Katastrophe. Vielleicht wurde *quedan* mit einer altertümlichen Redeweise identifiziert. Vielleicht war es auch störend für die Schreiber, dass das Verb in unterschiedlichen Dialekten ganz verschiedene Lautformen hatte. Zudem stand mit *sprechen* auch ein geeignetes neutrales Verb für die Spezialrolle zur Verfügung, das als zweiwertiges Verb auch die richtigen syntaktischen Eigenschaften hatte. Möglicherweise hatten unterschiedliche Schreiber ganz verschiedene Gründe, *sprechen* zu bevorzugen, und die unsichtbare Hand führte dann die Katastrophe herbei. Nach den schriftsprachlichen Texten zu urteilen, die uns zur Verfügung stehen, bleibt dieses *sprechen*-System mit Sonderrollen für *sagen*, *reden* und, bis ins 15. Jahrhundert, *jehen* für lange Zeit weitgehend stabil. Sporadische Ansätze zur stärkeren Verwendung von *reden* in der Redeeinleitung setzten sich nicht durch (vgl. Hundsnurscher 2003, 45). Erst im 16. Jahrhundert kam dann wieder verstärkt Bewegung in die Praxis der Redewiedergabe. Möglicherweise hatte sich im Laufe des 16. Jahrhunderts eine Zweiteilung im Gebrauch eingespielt, nämlich die Verwendung von *sprechen* in der Schriftsprache und die Verwendung der zweiwertigen Variante von *sagen* in der gesprochenen Sprache. So mag es dann dazu gekommen sein, dass für Schreiber in der Zeit um 1600 der Gebrauch von *sagen* in der Redewiedergabe lebendiger und attraktiver wirkte als das förmliche *sprechen*, so dass die unsichtbare Hand die Ablösung von *sprechen* durch *sagen* bewirkte, ähnlich wie vierhundert Jahre zuvor das alte *quedan* durch *sprechen* abgelöst wurde. Allerdings war die Entwicklung im 16. Jahrhundert nicht so radikal, denn *sprechen* blieb in verschiedenen Verwendungsweisen bis zum heutigen Tag erhalten – in Bibeltexten sogar als übliches Mittel der Redeeinleitung.

16.2   Verben des Vorwerfens

Nicht immer verläuft der menschliche Umgang glatt und problemlos. In Konfliktsituationen kann es nötig sein, auf verfehlte Handlungen eines Mitmenschen aufmerksam zu machen oder seine Handlungen kritisch zu beurteilen. Dies kann im alltäglichen Umgang geschehen, oder, in gravierenderen Fällen, vor Gericht oder einer anderen dafür vorgesehenen Institution. Verschiedene Verben dienen dazu, unterschiedliche Aspekte dieses Zusammenhangs zu fokussieren: Man kann b e h a u p t e n, dass jemand etwas Bestimmtes getan hat, von dem man annimmt, dass es bestimmten Normen widerspricht. Um diesen Vorgang zu bezeichnen, wird man Ausdrücke wie *beschuldigen* oder *vorwerfen* verwenden. Umgekehrt kann man eine Handlung als normwidrig oder schlecht b e w e r t e n, von der man annimmt, dass der Betreffende sie tatsächlich begangen hat. Um d i e s e n Vorgang wiederum zu bezeichnen, kann man Verben wie *tadeln* oder *kritisieren* verwenden. Andere Aspekte (Verantwortung, Schuld) werden fokussiert mit Wendungen wie *jemanden für etwas verantwortlich machen, jemandem die Schuld zuweisen*. Zur Kennzeichnung von sprachlichen Handlungen des Vorwerfens, wie ich diesen Bereich von sprachlichen Handlungen zusammenfassend benennen will, gibt es im Deutschen schon seit langem ein differenziertes Vokabular, das im Laufe der Geschichte auch interessante Wandlungen erfahren hat. Zu den auffallenden Entwicklungen in diesem Bereich gehören:

– die Entwicklung von Verwendungsweisen zur Kennzeichnung des Strafens bei Verben des Tadelns und, damit verbunden, die Entstehung einer aus heutiger Sicht ungewöhnlichen Polysemie (*wîzen, refsen, strâfen*),

– die Entwicklung von Verben des Beschuldigens aus Verben für körperliche Handlungen (*vorwerfen, vorhalten, auflegen*)

– die Nutzung von Verben des Beschimpfens zur Kennzeichnung von Vorwürfen (*schenden, schelten, strâfen*)

– die kettenartige historische Ablösung von Verben des Tadelns durch neue Verben: *refsen* (bis 1200) – *strâfen* (seit 1200, bis 1800) – *tadeln* (seit dem 16. Jahrhundert) / *kritisieren* (seit dem 17. Jahrhundert).

16.2.1   Verben des Beschuldigens

16.2.1.1 *rüegen*

Im mittelalterlichen deutschen Recht musste derjenige, dem ein Unrecht geschehen war, das der Gerichtsbarkeit selbst anzeigen oder von Vertretern anzeigen lassen, d.h. ein Vergehen wurde nicht von Amts wegen verfolgt. Der Ausdruck zur Kennzeichnung dieser Anzeige war ahd. *ruogen*, mhd. *rüegen*. Man spricht deshalb in der Rechtsgeschichte auch vom sog. Rügeverfahren. *rügen* wird in diesem Sinne mindestens bis ins 17. Jahrhundert verwendet. Beispielsweise wurde in den Nürnberger Polizeiordnungen des 13. und 14. Jahrhunderts die Anzeigepflicht als Aufgabe der Büttel festgelegt:

(1)   Sie sullen auch alle, die der stat schedelich sint oder dem lande, die sie wizzen, rügen, bei ihren aiden   (Baader, Nürnberger Polizeiordnungen, 11).

In einer Polizeiordnung des 15. Jahrhunderts wurde den Männern verboten, mit offenem Hosenlatz herumzulaufen:

(2)   Dann wellicher sich also damit entplosset und desshalb gerügt oder fürbracht wurde, [...] der solle [...] geben drey guldin   (Baader, Nürnberger Polizeiordnungen, 106).

Bemerkenswert ist hier die Doppelformel „gerügt oder fürbracht", die zwei Verba der Anzeige verbindet.

Neben der Anzeige bei Gericht konnte mit *rüegen* mhd. auch die Anklage vor Gott oder bestimmten Autoritäten gekennzeichnet werden:

(3)   da wirt vür war vergezzen nicht
man rüege da swaz alhie
des lîbes leben ie begie   (Rudolf von Ems, Barlaam, 8824ff.) (ca. 1230)

‚man vergisst dort (beim jüngsten Gericht) bestimmt nicht anzuklagen, was hier einer zu seinen Lebzeiten begangen hat'

Von dieser prototypischen, rechtssprachlichen Verwendungsweise aus entwickelten sich mhd. schrittweise unspezifischere Verwendungsweisen, bei denen aber immer noch als zentraler Aspekt die Mitteilung eines Sachverhalts fokussiert war, zunächst noch mit Bezug auf Übeltaten (4), dann aber auch auf unerfreuliche Erfahrungen (5) und schließlich auf neutrale Sachverhalte bezogen (6).

(4)   der rügt des andern missetât,
der selbe hundert groezer hât   (Freidank 24.5, Ausgabe von W. Grimm)

‚Der posaunt eines Anderen Übeltat aus,
der sich selbst hundert größere hat zuschulden kommen lassen.'

(5)   owê daz ich sol
nu mîn selbes laster rüegen   (Neidhart 65.10f.)

‚O weh, dass ich jetzt meine eigene Schmach offenbaren muss.'

(6)   do wart Lanzelet vil geil
und bat in schiere rüegen
waz wâfens sie trüegen   (Zatzikoven, Lanzelet, 6289)

‚Da wurde Lanzelet sehr fröhlich
und bat ihn, er solle ihm gleich verraten,
wie sie bewaffnet seien.'

In der Entwicklung zum Nhd. lässt sich bei *rüegen*, neben einigen Sonderentwicklungen, eine Prototypenverschiebung beobachten. Während noch im Mhd. die Mitteilung einer verwerflichen Handlung mit *rüegen* beschrieben wurde, wird seit dem Fnhd. mit *rügen* häufig die negative (zumeist) moralische Bewertung einer Handlung gekennzeichnet. In dieser Verwendungsweise konkurriert *rügen* mit *tadeln*. Im heutigen Sprachgebrauch ist mit *rügen* vor allem das Aussprechen eines Tadels von Amts wegen gemeint. Wir haben hier also wieder einen fachsprachlichen Gebrauch, ähnlich wie schon im Ahd. und Mhd.

16.2.1.2 *anklagen* und *beschuldigen*

Die erwähnte unspezifische Verwendung von *rüegen* als allgemeines Verb der Mitteilung war möglicherweise ein Anlass dafür, andere Verben des Beschuldigens im spezifisch rechtssprachlichen Gebrauch zu erproben und langfristig auch vorzuziehen. So erklärt sich wohl die Tatsache, dass im 13. bis 15. Jahrhundert in Stadtrechtsbeschreibungen neue Verben des Anklagens auftauchen, durchwegs Präfixverben, insbesondere *anklagen* und *beschuldigen*. Das Deutsche Rechtswörterbuch verzeichnet *anklagen* zum ersten Mal 1276 in Augsburg. *beschuldigen* erscheint zuerst im 13. Jahrhundert in Halle. Dass in diesem Bereich zunächst noch eine gewissen Offenheit des Gebrauchs herrschte, zeigen wohl die Doppelformeln, die das Rechtswörterbuch für das 14. und 15. Jahrhundert belegt (DRWB 2, 120):

(7)	verclagt oder beschuldigt	1392 Baiern (ohne nähere Angabe)
(8)	anclaghen noch beschuldeghen	1376 Bremen
(9)	beschuldigt oder geziegen	1331 Regensburg
(10)	betichtiget unde beschuldeget	1426 Quedlinburg

16.2.1.3 *zîhen*

Das gebräuchlichste Verb der Beschuldigung, vielleicht ähnlich gebräuchlich wie unser heutiges *vorwerfen*, ist im Mhd. das Verb *zîhen* (ahd. *zîhan*), die Vorform unseres heutigen *zeihen*. Der Gegenstand der Beschuldigung wird zumeist im Genitivobjekt ausgedrückt:

(11)   verrâtens ich doch wênec kan
swie mich des *zîhen* sîne man   (Wolfram, Parzival, 27.1f.)

‚Ich bin doch keine Verräterin,
wenn mich auch seine Gefolgsleute dessen beschuldigen.'

(12)   si zigen Tristanden aber do mê [...]
zouberlicher dinge   (Gottfried, Tristan, 10794ff.)

‚Sie beschuldigten Tristan noch weiter
der Zauberei.'

Fnhd. wird *zeihen* auch häufig mit Ergänzungssatz verwendet:

(13)   die pfaffen zihen in [...], er het [...] gestolen
       (Sebastian Franck (1538), zit. nach DWb 31, 511)

Die weitere historische Entwicklung wird im DWb folgendermaßen charakterisiert: „der in der frühnhd. Periode noch reiche gebrauch des wortes *z[eihen]* ist seit der mitte des 18. jahrh.s auf den gehobenen literarischen stil eingeschränkt; umgangssprache und mundarten kennen das wort mit ausnahme etwa bair. und schwäb. bezirke [...] gleichfalls nicht mehr" (DWb 31, 510).

Eine Ableitung von *zîhen* (über die Substantivierung *bîziht* ‚Beschuldigung‘) ist *bezichtigen*, das seit dem 16. Jahrhundert belegt ist:

(14)   zwo sehr gifftige Schrifften [...] / darinnen sie mich bezüchtigen / daß ich [...] mich vnderstehe / die Catholischen Potentaten [...] in ein verdacht zubringen
       (Lucas Osiander, Verantwortung, 2) (1586)

16.2.1.4 *vorwerfen, vorhalten, auflegen*

Die Verben in dieser Gruppe haben gemeinsam, dass sie in der Verwendung als Verben des Vorwerfens metaphorische Übertragungen aus dem Bereich körperlicher Handlungen zeigen. Ausgehend von der Verwendung im Sinne von *etwas vor jemanden hinwerfen* über die Verwendung im Sinne *von jemandem etwas vor Augen halten* (15) entwickelte sich im 16. Jahrhundert die heute gängige Verwendungsweise von *vorwerfen* (16), (17):

(15)   so muß ich auch erzelen / [...] was / nämlich / der Bischoff zu Augsburg ettlichen Fürstlichen Gesandten [...] fürgeworffen ‚... vor Augen geführt hat‘
       (Lucas Osiander, Verantwortung, 68)

(16)   So haben auch die Papisten vns offtermaln fürgeworffen / daß nicht bald zwen Lutherische Predicanten allerdings / in Glaubenssachen / miteinander einig seien.
       (Lucas Osiander, Verantwortung, 87)

(17)   Das III. Capitel.
       Von etlichen sachen die den Poeten vorgeworffen werden;
       vnd derselben entschuldigung   (Opitz, Buch von der Deutschen Poeterey) (1624)

In ähnlicher Weise wird *vorhalten* ursprünglich im räumlichen Sinne von *etwas vor jemanden hinhalten* verwendet. Diese Verwendungsweise ist dann der Ausgangspunkt für die metaphorische Übertragung auf den geistigen Bereich (vgl. *jemandem etwas vor Augen halten*) und schließlich die Spezialisierung auf das Vorwerfen schlechter Handlungen:

(18)   allda alle seine handlungen von den bösen geistern vorgehalten [...] werden
       (Moscherosch, Gesichte Philanders von Sittewald) (1650) (zit. nach DWb 26, 1146)

Heute nicht mehr gebräuchlich ist die Verwendung von *auflegen* im Sinne von *vorwerfen*. Diese metaphorische Verwendung entspricht dem heute noch gebräuchlichen *zur Last legen*:

(19)   WEnn jemand ein Weib nimpt / vnd wird jr gram / wenn er sie beschlaffen hat / vnd legt jr
        was schendlichs auff ,... und legt ihr ein schuldhaftes Verhalten zur Last'
        (5. Mose 22.13f.) (Luther 1545)

Beim Gebrauch von *vorwerfen* war offensichtlich ursprünglich der Aspekt der Bekanntma-
chung einer als falsch betrachteten Handlung fokussiert, ähnlich wie bei *rüegen*. Es war
also primär ein Verb des Beschuldigens. Heute kann *vorwerfen* sowohl zur Kennzeichnung
einer Beschuldigung als auch einer Kritik bzw. eines Tadels dienen, wie der Vergleich von
(20) und (21) zeigt:

(20)   In einem Schreiben an die Presse wurde dem Klinikchef vorgeworfen, er habe Abrechnungen
        gefälscht

(21)   Ich werfe dir gar nicht vor, dass du gezögert hast, ich finde es sogar ganz gut

Hier haben wir also eine Parallele zur Entwicklung von *rüegen*, das ebenfalls eine Verwendungsweise als Verb des Tadelns entwickelte, nur mit dem Unterschied, dass bei *rüegen* die
ältere Verwendungsweise als Verb des Beschuldigens aufgegeben wurde.

16.2.2   Verben des Tadelns

16.2.2.1 *wîzen* und *verwîzen*

Mhd. *wîzen* (ahd. *wîzan*) entspricht nach den Valenzeigenschaften (Dativ der Person, *dass*-
Ergänzung) unserem heutigen *jemandem vorwerfen, dass* bzw. *jemandem Vorwürfe machen*. Das dazugehörige Präfixverb *verwîzen* ist, soweit sich das aus heutiger Sicht beurteilen lässt, weitgehend synonym. Heute ist nur noch *verweisen* gebräuchlich, und zwar nur in
der gehobenen Sprache. Daneben kennen wir noch die Substantivierung zu *verweisen*:
einen Verweis erteilen.

(22)   waz wîze ich dem guoten man?
        Er ist hie lîhte unschuldic an   (Gottfried, Tristan, 1015)

        ,was mache ich dem edlen Mann Vorwürfe?
        Er ist daran vielleicht unschuldig'

(23)   er verweiz ie genôte
        dem getwerge Melôte
        daz ez in haete betrogen   (Gottfried, Tristan, 14925ff.)

        ,er (König Marke) warf dem Zwergen Melot heftig vor, er habe ihn belogen'

Für diese beiden Verben sind Verwendungen belegt, die einen etwas anderen syntaktischen
Rahmen haben (Bezug auf den Getadelten mit dem Akkusativobjekt) und die wir mit *bestrafen* wiedergeben würden:

(24)   mînen bruoder ich unrehte weiz
        wan ich in drumbe ze tôde beiz

        ,meinen Bruder bestrafte ich zu Unrecht,
        als ich ihn deshalb zu Tode biss'   (Reinhart Fuchs, ca. 1180, zit. nach BMZ III, 782b)

(25) Dvo der tiufel durch ubermuot
      wesen wollte sam got
      unt er in *uerweiz*
      daz er in ab dem himele stiez   (Wiener Genesis 527ff., ca. 1060)

      ,als der Teufel aus Hybris
      sein wollte wie Gott
      und der ihn bestrafte,
      indem er ihn vom Himmel hinabstieß'

Diese Verknüpfung von zwei Verwendungsweisen bei den beiden Verben *wîzen* und *verwîzen*, im Sinne von *Vorwürfe machen* und von *bestrafen*, erscheint uns heute sonderbar.
Wie wir sehen werden, findet sie sich aber auch bei anderen Verben des Tadelns im Mhd.
Zur Erklärung dieser Verknüpfung von Verwendungsweisen erscheinen folgende Deutungen möglich:

(i)   Mit den beiden Verben konnte man jeweils zwei verschiedene Formen der Strafe
      kennzeichnen, eine verbale Strafe – eine Art Strafpredigt – und eine nicht-verbale
      Strafe.

(ii) Es gab hier für die Sprecher des Mhd. eine metonymische Verknüpfung der Art,
      dass zwei Aspekte einer Strafszene verknüpft wurden, der Vorwurf des strafwürdi-
      gen Verhaltens und die dazugehörige Strafe selbst. Eine ähnliche Verknüpfung wer-
      den wir jetzt auch bei den Verben *refsen* und *strâfen* beobachten.

Diese Zusammenhänge konnten die Verwendung dieser Ausdrücke im Sinne von heutigem
bestrafen als euphemistische Redeweise ermöglichen: Man sagte *tadeln* und meinte *bestrafen*.

16.3.2.2 *refsen* und *strâfen*

Bis etwa um 1200 war *refsen* (ahd. *refsan*) gebräuchlich, um eine Äußerung als scharfen
Tadel oder Zurechtweisung zu kennzeichnen.

(26) Iacob si rafste
      vil ernisthafte
      si heten im ubile mite gevarn   (Wiener Genesis 3293ff.)

      ,Jakob tadelte sie
      sehr ernsthaft,
      sie hätten ihm übel mitgespielt'

(27) ein wîser man der hât verguot,
      refse ich in swenne er missetuot
      (Freidank, „Bescheidenheit", 80.20; Ausgabe von W. Grimm)

      ,ein weiser Mann nimmt es mir nicht übel,
      dass ich ihn tadle, wenn er etwas Unrechtes tut'

Wie von *wîzen* gibt es – auch schon im Ahd. – von *refsen* Verwendungen, die wir mit *bestrafen* wiedergeben können, wie folgende Belege zeigen:

(28) Die er sah ubelo tuon . die rafste er baldo   (Notker II.394.3)
      ‚Die er Böses tun sah, die bestrafte er hart‘

(29) doch nelie daz der heideniske man nieht,
      erne rafstin mit slegin suâre   (Exodus 280f., ca. 1130)

      ‚der Heide ließ sich nicht davon abbringen,
      ihn mit Schlägen hart zu züchtigen‘

Im 13. Jahrhundert ist *refsen* nur noch selten belegt. In derselben Zeit finden sich erste Belege für das Verb *strâfen*, und zwar in Verwendungen, die wir teils mit *hart beschimpfen*, teils mit *tadeln* oder *zurechtweisen* wiedergeben können. Es scheint also, als hätte die Verwendung des neuen Wortes *strâfen* den inzwischen altmodisch gewordenen Gebrauch von *refsen* abgelöst. Möglicherweise lag die Attraktivität von *strâfen* darin, dass es ursprünglich ein Wort der gesprochenen Sprache war, mit dem man grobe Beschimpfungen kennzeichnete. In ähnlicher Weise wird auch *schelten* seit dem Mhd. einerseits zur Kennzeichnung stark emotionaler Beschimpfungen und andererseits zur Kennzeichnung von ruhigem Tadel und Kritik verwendet.

(30) ir strâfet mich als einen kneht   (Hartmann, Iwein, 171)
      ‚ihr beschimpft mich wie einen Diener‘

(31) wir hân vil sêre missetân
      daz wir unser frouwen hân
      gestrâfet umb des knappen lîp   (Konrad von Würzburg, Partonopier, 8533ff., ca. 1280)

      ‚wir haben sehr falsch gehandelt,
      als wir unsere Herrin
      hart beschimpften wegen der Sache mit dem jungen Ritter‘

(32) Tristan der brahte Isote wider
      sinem oeheime Marke
      und strafet in starke   (Gottfried, Tristan, 13438ff.)

      ‚Tristan brachte Isolde seinem Onkel Marke wieder zurück und tadelte diesen scharf‘

Dass *strâfen* sich im Mhd., anders als heute, auf eine sprachliche Handlung bezog, verdeutlicht noch folgender Beleg:

(33) mit also scharpfen worten wart ich gestrâfet nie   (Alpharts Tod, 225.2, ca. 1200)
      ‚mit so scharfen Worten wurde ich noch nie in meinem Leben zurechtgewiesen‘

Diese Verwendung von *strafen* im Sinne von *tadeln* oder *kritisieren* ist bis ins 19. Jahrhundert zu belegen, wie folgende Beispiele zeigen:

(34) seine nechsten oder freünd straften in und
      sprachen zuo im.
      (Kaysersberg, Seelenparadies, 84vb, [1510])

(35) von stroffen vnd selb tun

Der ist eyn narr der stroffen will
Das jm zuo tuon nit ist zuo vil
…

Es stat eym lerer vbel an
Der sunst kan stroffen yederman
Wann er das laster an jm hat
Das vbel ander lüt an stat

Vom Kritisieren und (das Kritisierte)
Selbst-Tun

‚Der ist ein Narr, der das kritisiert,
was er selbst auch tut.
....

Es steht einem Lehrer übel an,
der sonst jedermann kritisiert,
wenn er selbst den Fehler an sich hat,
der an anderen so schlimm aussieht.'

(Sebastian Brant,
Das Narrenschiff (1494), Kapitel 21
Der Holzschnitt zeigt einen Narren, der
anderen Leuten den rechten Weg weist
und selbst im Sumpf stecken bleibt.)

vō ſtroffē vnd ſelb tun

Der iſt eyn narr der ſtroffen will
Das jm zů tůn nit iſt zů vil

(36) Denn wir bauen beyde uns und unsere Zuhörer auf den wahren Grund der Propheten und
Apostel / da Jesus Christus der Eckstein ist [...] und straffen es / so iemand auf einen anderen
und fanatischen Grund der Lehre bauen wollte.
(A.H. Francke, Beantwortung [...] eines Sendschreibens, Schriften Bd. 1, 249 [1706])

(37) von unsern Helden möchte ich niemand strafen,
da jeder sich am Tag zusammenrafft   (Goethe, Weimarer Ausgabe Bd. 3, 198 [1821])

Die Gebrauchsvariante, die unserem heutigen *strafen* entspricht, lässt sich zu Beginn des
15. Jahrhunderts belegen:

(38) mit gerten schol man kinder straffen   (Wittenwiler, Ring, 9015 [ca. 1400])
‚mit Ruten soll man Kinder bestrafen'

Hier ist eindeutig von einer körperlichen Züchtigung die Rede. Diese Neuerung im Gebrauch
entspricht dem Spektrum der Verwendungsweisen, das uns schon von *wîzen* und *refsen* her
bekannt ist. In einem Rechtstext wie der „Carolina" von 1533, einer von Karl V. erlassenen
Gerichtsordnung, wird *straffen* regelmäßig im heutigen Sinne verwendet:

(39) Straff der zauberey

109. Item so jemandt den leuten durch zauberey schaden oder nachtheyl zufügt, soll man
straffen vom leben zum todt, vnnd man soll solcher straff mit dem fewer thun.

Mit *strafen* kann also vom 15. bis 19. Jahrhundert sowohl die verbale Zurechtweisung als auch die nicht-verbale Strafe gekennzeichnet werden kann. Diese Polysemie, die uns heute störend erscheinen könnte, war also vermutlich für die Sprecher in dieser Periode, z.B. Luthers Zeitgenossen, nicht problematisch. Im Laufe des 19. Jahrhunderts scheint dann die ältere Verwendungsweise im Sinne von *tadeln* veraltet zu sein.

16.2.2.3 *tadeln* und *kritisieren*

Im 16. Jahrhundert tritt das Verb *tadeln* in Konkurrenz zu *strafen*. Es ist abgeleitet vom Substantiv *tadel*, das im Mhd. im Sinne von *Mangel, Fehler, Gebrechen* verwendet wird. Man kann also die ursprüngliche Verwendung von *tadeln* mit *auf einen Fehler hinweisen* wiedergeben. Die folgenden Belege zeigen deutlich die Konkurrenz von *tadeln* und *strafen*:

(40)   Warumb taddlet jr die rechte rede? Wer ist vnter euch / der sie straffen künde?
          (Hiob 6.25) (Luther 1545)

(41)   an dir findstu zu straffen mehr
          denn das an mir zu tadlen wer
          (Petri, Der Teutschen Weissheit (1604); zit. nach DWb 19, 719)

Neben derjenigen Verwendung von *tadeln*, bei der sich der Tadel auf eine (moralische) Verfehlung bezieht, ist auch die allgemeinere Verwendung im Sinne unseres heutigen *kritisieren* oder *etwas auszusetzen haben* belegt:

(42)   Es gehet nimmer wie sie wollen / wissen alle ding zurichten / taddlen / vnd ist jnen nichts gut gnug / sie wissens alles besser   (Luther, Judasbrief, Anmerkung 2 [1545])

(43)   daran habe ich [...] auch nichts zu tadeln ,daran habe ich ... nichts auszusetzen'
          (Kepler, Tertius Interveniens, 166 [1610])

Noch im 18. Jahrhundert wurde *tadeln* in diesem weiteren Sinne verwendet. So gibt Adelung in seinem Wörterbuch als erstes Beispiel für den Gebrauch von *tadeln*: *eine Waare tadeln* (Adelung, Grammatisch-kritisches Wörterbuch (1811), Bd. IV, 513). Heute wird *tadeln* fast ausschließlich in Bezug auf Personen und deren Handlungen verwendet. Es ist ein schriftsprachlicher Ausdruck, an dessen Stelle in den Dialekten zumeist andere Ausdrücke verwendet werden, im Schwäbischen z.B. *schelten*. Der heute auch in der Umgangssprache gebräuchliche Ausdruck *kritisieren*, den ich im letzten Abschnitt bei der Bedeutungsbeschreibung benutzt habe, wurde im 17. Jahrhundert aus französisch *critiquer* entlehnt.

(44)   daher dann so viel zankens und kritisirens entstanden (wegen der Unsicherheiten der Rechtschreibung)   (Schottel, Deutsche HauptSprache, 186 [1663])

Mit diesem Ausdruck steht eine mögliche Alternative zu *tadeln* zur Verfügung. Er scheint allerdings erst im 19. Jahrhundert gebräuchlicher geworden zu sein.

16.3   Verben des Prahlens

Ein kurzer Abschnitt zu den Verben des Prahlens, von denen es im älteren Deutsch eine große Zahl gibt, soll dieses Kapitel abschließen. Bei vielen von ihnen ist ein interessanter metonymischer Zusammenhang zu beobachten. Häufig werden nämlich Verben zur Kennzeichnung lauter und übermütiger Äußerungen auch dazu verwendet, Äußerungen als prahlerisch zu kennzeichnen. Dies scheint auf der Annahme zu beruhen, dass lautes, aufdringliches Reden ein hervorstechendes Merkmal des Prahlens ist. Nach diesem Muster werden im Mhd. beispielsweise *gelpfen, giuden, güften* und *schallen* verwendet Auch *rüemen*, das mhd. wohl häufigste Wort für ‚prahlen‘, zeigt eine Verwendungsweise im Sinne von *jubeln*. Nach Auffassung des DWb ist dies die ursprüngliche Verwendungsweise des Verbs (DWb 14, 1446). Der Ausdruck *pralen* selbst ist im 14. Jahrhundert in der Verwendung ‚lärmend reden‘ belegt und seit dem 15. Jahrhundert in der heutigen Verwendung von *prahlen*. Auch das fnhd. häufig gebrauchte *prangen* ‚prahlen‘ „bezieht sich auf schall und glanz“ (DWb 13, 2065). Nach ähnlichem Muster verwenden wir heute umgangssprachlich den Ausdruck *tönen*.

Seit dem 17. Jahrhundert gibt es als Verb des Prahlens den Ausdruck *aufschneiden*, den wir schon in Abschnitt 10.3 behandelt hatten. Seit dem 19. Jahrhundert schließlich ist das Fremdwort *renommieren* gebräuchlich und seit dem Ende des 19. Jahrhunderts *angeben* (Küpper 1963, Bd. I, 65f.). Das umfangreiche Repertoire an Ausdrücken in diesem Bereich wird in der Umgangssprache ergänzt durch Ausdrücke wie *großtun* oder *mächtig auf den Putz hauen*. Auch in den Dialekten gibt es noch weitere Verben des Prahlens.

Aufgabe 1	Beschreiben Sie die Bedeutungsentwicklung von *kosen*. Benutzen Sie als Ausgangspunkt die Darstellungen im DWb und im Paulschen Wörterbuch.
Aufgabe 2	Skizzieren Sie auf der Grundlage der Materialien aus den historischen Wörterbüchern (Lexer, DWb, Paul 2002, Trübner, Adelung) die Geschichte von *schimpfen* ‚scherzen‘ > ‚spotten‘ > ‚Mißfallen äußern‘
Aufgabe 3	Skizzieren Sie auf der Grundlage der Materialien aus den historischen Wörterbüchern die semantischen Zusammenhänge zwischen Verben des Beschimpfens und des Tadelns (z.B. *schenden, schelten, swachen, smaehen*)

17. Entwicklungen im System der Modalverben

17.1 Modalverben und ihre Verwendungsweisen

Die Verben *dürfen, können, mögen, möchte, müssen, sollen, wollen* bilden eine Gruppe von Verben, die teilweise durch morphologische, synktaktische und semantische Gemeinsamkeiten verbunden sind (vgl. Öhlschläger 1989, Kap. 3.1). Diese Verben tragen in vielfältiger Weise zur Kennzeichnung der kommunikativen Funktion von Sätzen bei, wie die folgenden Beispiele zeigen. Modalverben werden u.a. verwendet:

(i)   zum Erlauben und Verbieten

    (1)   Du *kannst/ darfst* jetzt (nicht) aufhören

(ii)   zur Willensäußerung und zum Äußern eines Wunsches

    (2)   Ich *will/ möchte* jetzt etwas Anderes machen

(iii)   zum Auffordern

    (3)   Du *sollst* jetzt aufhören

(iv)   zum Ausdruck der Möglichkeit oder Notwendigkeit

    (4)   Wir *können* das auch ganz anders machen
    (5)   Wir *müssen* das ganz anders machen

(v)   zum Ausdruck von höflichen Aufforderungen

    (6)   Ich *darf* Sie bitten nicht mehr zu rauchen
    (7)   Ich *möchte* Sie bitten nicht mehr zu rauchen

(vi)   zum Ausdruck von Vermutungen unterschiedlicher Stärke (sog. epistemische Verwendungsweisen)

    (8)   Er kann es gewusst haben
    (9)   Er dürfte es gewusst haben
    (10) Er muss es gewusst haben

(vii)   zur Kennzeichnung des Berichts aus zweiter Hand

    (11) Er soll es gewusst haben
    (12) Er will es gewusst haben

(viii) zur sog. epischen Vorausdeutung

    (13) Das sollte er noch sehr bereuen.

Wie die Beispiele schon erkennen lassen, gibt es in dieser Vielfalt von Verwendungsmöglichkeiten Ansätze zur Systembildung, so dass es für die semantische Analyse sinnvoll erscheint, diese Gruppe von Verben im Zusammenhang zu behandeln. Dasselbe gilt für die historische Analyse, da die Verben z.T. ähnliche Bedeutungsentwicklungen zeigen und manche dieser Entwicklungen sich als Systementwicklungen innerhalb der Gruppe deuten lassen.

    Die Bedeutungsgeschichte der Modalverben im Deutschen ist ein Lehrstück für die historische Semantik. Einerseits zeigen diese Verben z.T. überraschende, ja scheinbar chaotische Bedeutungsentwicklungen, die bis zum heutigen Tag nicht alle befriedigend erklärt sind, andererseits lassen sich – oft erst bei genauerem Hinsehen – systematische Entwicklungsprinzipien erkennen. Ein weiterer Gesichtspunkt, der in der Forschung der letzten Jahre immer wieder hervorgehoben worden ist, ist die Tatsache, dass es bemerkenswerte Parallelentwicklungen von Modalverben in verschiedenen germanischen Sprachen gibt, z.B. im Deutschen, Englischen und Niederländischen. (Zur Bedeutungsentwicklung der Modalverben im Englischen vgl. z.B. Traugott/Dasher 2002, Kap. 3; Beispiele für Entwicklungsparallelen in den germanischen Sprachen gibt Fritz 1997a, Entwicklungen im Bereich der Modalität untersuchen Bybee/Perkins/Pagliuca 1994, 176ff. für eine große Zahl von Sprachen der Welt.)

In diesem Kapitel werde ich zunächst einen kurzen Überblick über einige wichtige Bedeutungsentwicklungen im Bereich der Modalverben geben und dann als Fallstudie die Entwicklung des Systems von epistemischen Verwendungsweisen der Modalverben skizzieren. Andere Aspekte der semantischen Entwicklungsgeschichte der Modalverben im Deutschen werden in den Abschnitten 13.3/4 (Konkurrenz von *mögen* und *können*) 10.4.3 (kleinschrittige Bedeutungsveränderungen) und 4.4 (Entwicklung von *sollen*) behandelt. Eine Übersicht über Fragestellungen und Forschungsstand der historischen Semantik der Modalverben im Deutschen finden Sie in Fritz (1997a).

17.2 Die semantische Entwicklung der Modalverben im Überblick

In diesem Abschnitt will ich zunächst für die einzelnen Modalverben Grundzüge ihrer Bedeutungsentwicklung skizzieren. Um den Kontrast zwischen den älteren Verwendungsweisen und dem heutigen Gebrauch besonders deutlich zu machen, werde ich als Ausgangspunkt der Darstellung zumeist Beispiele aus dem Althochdeutschen anführen. Dieser Abschnitt greift auf die Darstellung in Fritz (1997a, 9–13) zurück.

17.2.1 *mögen*

Ahd. *mugan* ähnelt im Spektrum seiner Verwendungsweisen dem nhd. *können*, d.h. es dient vor allem dazu auszudrücken, dass (jemandem) etwas möglich ist,

1. aufgrund der (vor allem körperlichen) Fähigkeiten des Handelnden,
2. aufgrund äußerer Gegebenheiten,
3. als abstrakte Möglichkeit, in unpersönlichen Konstruktionen,
4. als Ausdruck einer schwachen Vermutung (sog. epistemische Verwendungsweise).

Vier Beispiele sollen diese Verwendungsweisen illustrieren:

(1) Iz *mag* ouh in wára burdin dragan suára
     mag scadon harto lídan, ni kann inan bimídan   (Otfrid IV.5.9f.)

     ,Es (das Tier, d.h. der Esel) kann wahrhaftig schwere Lasten tragen, es kann auch eine Strafe gut ertragen, es ist aber intellektuell nicht fähig, sie zu vermeiden'

(2)   Ni *mag* man thaz irzellen   (Otfrid II.24.5)
       ,(Im Rahmen dieses Werkes) ist es nicht möglich, das im Einzelnen auszuführen'

(3)   Sama ni *mag* iz werdan thaz ir sít giborgan   (Otfrid II.17.19)
       ,Ebenso kann es nicht geschehen, dass ihr im Verborgenen bleibt' (– wie die biblische Stadt
       auf dem Berg).

(4)   thaz *mag* thes wánes wesan meist   (Otfrid II.7.50)
       ,das kann am meisten zu dieser Meinung beigetragen haben'

Dieses Verwendungsspektrum bleibt im Wesentlichen bis zum 15. Jahrhundert konstant.
Seit dieser Zeit sind Verwendungen von *mögen* im Sinne von *gerne haben* bzw. *gerne tun*
belegt, sowohl für *mag* als auch für die Konjunktiv-II-Form *möchte*. In einem Prozess, der
bis auf das Mhd. zurückgeht, wird zur Kennzeichnung der Möglichkeit zunehmend *können*
verwendbar. Seit dem 16. Jahrhundert wird *können*, je nach Region und Textsorte, zunehmend bevorzugt, so dass es im 18. Jahrhundert das prototypische Möglichkeitsverb ist,
während *mögen* zunehmend auf seine „neuen" Verwendungsweisen beschränkt wird. Heute
wird *mögen* vor allem im Sinne von *gerne haben* und, eher marginal, epistemisch verwendet (*Er mag es gewusst haben*). Die alte Konjunktiv-II-Form *möchte* hat sich im 19. Jahrhundert zu einer eigenen lexikalischen Einheit entwickelt.

17.2.2 *können*

Ahd. *kunnan* wird im Wesentlichen dazu verwendet, geistige Fähigkeiten zuzuschreiben
bzw. die Möglichkeit zum Handeln aufgrund von geistigen, insbesondere durch Lernen
entwickelten Fähigkeiten anzugeben. Dafür zwei Beispiele:

(5)   Alle die astronomiam *chunnen*   (Notker I.111.15)
       ,alle, die etwas von Astronomie verstehen'

(6)   der den strît mit redo verzeren *chan*
       unde er daz in rhetorica gelirnet habet   (Notker I.65.16)
       ,Wer eine Kontroverse mit Argumenten führen kann,
       wie er es in der Rhetorik gelernt hat, (ist ein Redner)'

Diese Verwendungsweisen dominieren noch im Mhd. Daneben entwickelt sich aber
schrittweise die Verwendung zur Angabe von Möglichkeiten aller Art. Damit wird die
Verwendung von *können* zunehmend zu einer Alternative zum Gebrauch von *mögen* (siehe
13.3/4). Seit dem Beginn des 16. Jahrhunderts ist auch eine epistemische Verwendungsweise von *können* belegt.

17.2.3 *müssen*

Mit *muozan* kann man im Ahd. zunächst angeben, dass bestimmte Umstände eine Handlung oder einen Sachverhalt ermöglichen. In vielen Fällen gibt man diese Verwendung am
besten mit *können* wieder, bisweilen mit *dürfen*.

(7)   uuanda mannelih mendet daz er darinne wesen *muoz*   (Notker II.600.17)
        ‚denn jedermann freut sich, dass er drinnen sein kann/ darf‘ (im himmlischen Jerusalem)

In dieser Periode kontrastiert der Ausdruck der Möglichkeit aufgrund äußerer Umstände (*muozan*) mit dem Ausdruck der Möglichkeit aufgrund persönlicher Fähigkeiten (körperliche Stärke: *mugan*, geistige Fähigkeit: *kunnan*). Im 10. Jahrhundert entwickelt sich eine Verwendungsweise von *muozan*, mit der man angeben kann, dass Umstände eine Handlung oder einen Sachverhalt notwendig machen. (Zu diesem scheinbar extremen Bedeutungsübergang von ‚können‘ zu ‚müssen‘ vgl. Fritz 1997a, 85–94).

(8)   Tie minnera habeton, die *muoson* gân   (Notker I.151.30f.)
        ‚Diejenigen, die weniger besaßen, mussten zu Fuß gehen‘

Diese Verwendungsweise entspricht der heutigen Verwendung von *muss* zum Ausdruck der Notwendigkeit. Sie scheint um 1200 bereits vorherrschend zu sein, die ältere Verwendungsweise ist aber weiterhin gebräuchlich. Das Nebeneinander der beiden Verwendungsweisen zeigen folgende Belege aus dem Nibelungenlied:

(9)   sie *muosen* da belîben allen einen tac
        und ouch die naht mit vollen. wie schône man ir pflac!   (Nib. 1630, 1f.)
        ‚Sie konnten dort einen ganzen Tag rasten
        und auch die ganze Nacht. Sehr gastfreundlich wurden sie versorgt!‘

(10)   dâ ze Pazzouwe man konde ir niht gelegen.
        si *muosen* über’z wazzer, dâ si funden velt.   (Nib. 1629, 2f.)
        ‚Dort in Passau konnte man sie nicht unterbringen.
        Sie mussten über den Fluss, wo sie freies Gelände zum Lagern fanden.‘

Um 1500 ist die ältere Verwendungsweise zum Ausdruck der Möglichkeit weitgehend veraltet. Um dieselbe Zeit lässt sich eine epistemische Verwendungsweise von *müssen* belegen (*Gott* muss *sehr mächtig sein, wenn er alles geschaffen hat*). Damit ist in wesentlichen Punkten der heutige Gebrauch erreicht.

17.2.4 *dürfen*

Ahd. *durfan* wird fast ausschließlich mit Negation verwendet und dient in dieser Verbindung dazu anzugeben, dass etwas nicht nötig ist bzw. dass jemand etwas Bestimmtes nicht zu tun braucht.

(11)   ni *durfut* ir nan riazan   (Otfrid V.4.48)
        ‚Ihr braucht ihn (den auferstandenen Jesus) nicht zu beweinen‘

Diese Verwendungsweise ist schon in mhd. Texten seltener belegt, findet sich aber regional bis in die Gegenwart.

(12)   Wer den Schaden hat *darf* vor den Spott nicht sorgen
        (Stieler, Wörterbuch (1691), Bd.1, 279)

In der geschriebenen Standardsprache wird dafür seit dem 18. Jahrhundert zunehmend *nicht brauchen* verwendet.

Seit dem 10. Jahrhundert gibt es eine zweite Verwendungsweise von *nicht dürfen* im Sinne von *nicht können* (besonders: *nicht ohne negative Konsequenzen können*).

(13)   Uzerhalb dero ecclesię nedarf man in suochen   (Notker II.154.26)
        ‚Außerhalb der Kirche kann (soll?) man ihn (d.h. Gott) nicht suchen'

Diese Verwendungsweise von *dürfen*, die dem heutigen Gebrauch nahe steht, ist im Mhd. fest etabliert. Seit dem 15. Jahrhundert ist auch die Verwendung ohne Negation im Sinne von *können* belegt und vermutlich auch die Verwendung zum Erlauben und Verbieten gebräuchlich. Seit etwa 1500 ist eine epistemische Verwendungsweise belegt, insbesondere in der Konjunktivform *dörffte*, die dem heutigen *dürfte* entspricht. Schon im 13. Jahrhundert wird das veraltende Verb *turren* ‚wagen' als eine Form von *dürfen* gedeutet. Auf diese Weise kommt es zu einer Verwendungsweise von *dürfen* im Sinne von *wagen*, die vor allem im 16. und 17. Jahrhundert gut belegt ist. Heute sind vor allem die Verwendung zum Erlauben und Verbieten und das epistemische *dürfte* gebräuchlich. Auf eine Reihe anderer heutiger Verwendungsweisen macht Öhlschläger (1989, 160ff.) aufmerksam.

17.2.5 *sollen*

Insgesamt ist das Spektrum der Verwendungsweisen von *sollen* und dessen Geschichte ziemlich komplex, so dass hier nur die gröbsten Entwicklungslinien angedeutet werden können. Im Ahd. gibt es für *sculan* eine Familie von Verwendungsweisen, die man stark vereinfacht folgendermaßen beschreiben kann. Man kann mit *sculan* angeben,

(i)   dass jemand verpflichtet ist, eine Schuld zu begleichen,
        (14)   ein *solta* finfhunt pfenningo, ander *solta* finfzug   (Tatian 138.9)
                ‚(es waren zwei Schuldner), der eine schuldete fünfhundert Silbermünzen, der
                zweite fünfzig'

(ii)   dass jemand verpflichtet ist etwas zu tun,
        (15)   Ob ih uuuosc iuuuere fuozzi herro inti meistar, inti ir *sulut* ander anderes fuozzi
                uuasgan   (Tatian 156.2)
                ‚Wenn ich, der Herr und Meister, euch die Füße gewaschen habe, dann ist es eure
                Pflicht, euch auch gegenseitig die Füße zu waschen'

(iii)   dass eine Person verlangt, dass der Angesprochene etwas tut,
        (16)   ther engil sprah imo zua: thu *scalt* thih heffen filu frua   (Otfrid I.19.3)
                ‚Der Engel sprach zu ihm: du sollst dich sehr früh (aus dem Schlaf) erheben.'

(iv)   dass etwas Bestimmtes geschehen muss
        (17)   Er *scal* irsterban thuruh not, so wizod unser zeinot   (Otfrid IV.23.23.)
                ‚Er muss unbedingt sterben, wie es unser Gesetz verlangt'

(v)   dass etwas Bestimmtes in der Zukunft geschehen wird,
        (18)   Mugut ir trincan kelih then ih trincan *scal*   (Tatian 112, 2)
                ‚Könnt ihr den Kelch trinken, den ich trinken werde ...?'
                (lat. Potestis bibere calicem quem ego bibiturus sum?)

Diese Familie von Verwendungsweisen charakterisiert im Wesentlichen auch den Gebrauch von *soln* im Mhd., wobei allerdings *müezen* zur Verwendung im Sinne von (iv) zunehmend vorgezogen wird. Schon ab 1200 gibt es zusätzlich Belege für eine Verwendungsweise zur Kennzeichnung des Berichts aus zweiter Hand (vgl. *Er soll es gewusst haben*), die vom 14. Jahrhundert an gebräuchlich ist. Im Laufe des Fnhd. veralten die Verwendungsweise zum Zukunftsbezug (v) und die Verwendungsweise (i). Abgesehen von verschiedenen marginalen Verwendungsweisen halten sich die Verwendungsweisen (ii) und (iii) bis heute.

17.2.6 *wollen*

Vom Ahd. bis heute gibt es kontinuierlich eine prototypische Verwendungsweise von *wollen* zum Ausdruck des Willens oder eines Wunsches. Daneben gibt es vielfältige, eher marginale Verwendungsweisen, z.B. zur Ankündigung zukünftiger Handlungen (ahd. bis fnhd.), zur Kennzeichnung der sog. ingressiven Aktionsart (*Das Haus* wollte *schon einstürzen*), zur Verwendung im Sinne von *behaupten* (mhd., fnhd.), eine epistemische Verwendungsweise (mhd., fnhd.) und die Verwendung zur Kennzeichnung des Berichts aus zweiter Hand (*Er* will *es gewusst haben*). (Beobachtungen zur semantischen Entwicklungsgeschichte von *wollen* finden sich in Fritz 2000a.)

17.2.7 Drei größere Systementwicklungen

Wenn man diese ausgewählten Entwicklungen im Zusammenhang zu sehen versucht, so erkennt man verschiedene größere Systementwicklungen, von denen ich hier drei erwähnen will:

(i)   Im Gegensatz zu unserem relativ einfachen *können/müssen*-System für den Ausdruck von Möglichkeit und Notwendigkeit, das sich schrittweise seit dem Spätahd./Mhd. entwickelt hat, finden wir im Ahd. in beiden Bereichen komplexe Verwendungssysteme: körperliche vs. geistige Fähigkeiten (*mag/kan*), Möglichkeit aufgrund persönlicher Fähigkeiten vs. Möglichkeit aufgrund äußerer Umstände (*mag/muoz*), seit dem späten Ahd. eine Sonderform für ‚nicht können‘, nämlich *nedurfen*. Ähnlich gibt es im Notwendigkeitsbereich einerseits das auf die Negation spezialisierte *ni durfan* und andererseits *sculan* mit dem oben skizzierten Verwendungsspektrum, in dem die Verwendung im Sinne von *müssen* wohl nicht die zentrale Verwendungsweise war.

(ii)   Im Ahd. und Mhd. dienen vor allem *sculan/soln* und *wellen* dem Zukunftsbezug. Seit dem 14. Jahrhundert konkurriert *werden*, das dann seit dem 16. Jahrhundert zunehmend der spezialisierte Ausdruck für den Zukunftsbezug wird.

(iii)   (Spätestens) im 16. Jahrhundert hat sich sich ein komplexes System von epistemischen Verwendungsweisen entwickelt, die dem Ausdruck von mehr oder weniger stark gestützten Vermutungen dienen.

Die folgende Übersicht fasst einige Grundzüge der Entwicklung tabellarisch zusammen.

9. Jh. 10. Jh. 11. Jh. 12. Jh. 13. Jh. 14. Jh. 15. Jh. 16. Jh. 17. Jh. 18. Jh. 19. Jh. 20. Jh.

mögen	
Möglichkeit	
epistemisch	
‚gern haben'	
können	
Fähigkeit	
Möglichkeit	
epistemisch	
müssen	
Möglichkeit	
Notwendigkeit	
epistemisch	
dürfen	*brauchen*
Notwend. (Neg.)	
Möglichkeit (Neg.)	
Erlaubnis	
epistemisch	
sollen	
Verpflichtung	
Zukunftsbezug	
Bericht aus 2. Hand	
wollen	
Präferenz	
Zukunftsbezug	
Bericht aus 2. Hand	

17.3 Zur Entwicklung des Systems epistemischer Verwendungsweisen

In der Gegenwartssprache gibt es ein System der Verwendung von Modalverben, mit dem wir fein abgestimmt Vermutungen unterschiedlicher Stärke aussprechen können, wie der folgende Beispielsatz zeigt:

(1)   Er *mag/ kann/ könnte/ dürfte/ wird/ muss/ müsste* es gewusst haben

Der Ausbau dieses Systems epistemischer Verwendungsweisen, das sich im Laufe der Sprachgeschichte schrittweise entfaltet hat, gehört zu den interessantesten Entwicklungen in der Bedeutungsgeschichte der Modalverben im Deutschen. Wir können hier charakteristische Entwicklungspfade beobachten, denen verschiedene Verben folgen, Entwicklungsansätze, die sich nicht durchgesetzt haben und verschiedene marginale Verwendungsweisen. Gerade bei den epistemischen Verwendungsweisen gibt es in den anderen germanischen Sprachen interessante Parallelentwicklungen ebenso wie bemerkenswerte Divergenzen zu beobachten.

Im Ahd. gibt es nur ein Verb, das für die epistemische Verwendung infrage kommt, und zwar *magan*, die Vorstufe unseres heutigen *mögen*. Wie schon erwähnt, besitzt dieses Verb ein Spektrum an Verwendungsweisen, das dem des heutigen *können* ganz ähnlich ist. Wir hatten festgestellt, dass eine zentrale Verwendungsweise von *magan* darin besteht, eine Fähigkeit (besonders eine körperliche Fähigkeit) anzugeben. Daneben gibt es aber auch die reine Möglichkeitslesart, und zwar in Sätzen mit unpersönlichem Subjekt:

(2)   Sama ni *mag* iz werdan thaz ir sit giborgan   (Otfrid II.17.19)
          ‚Ebenso kann es nicht geschehen, dass ihr im Verborgenen bleibt‘

Nun kann man aber auch Verwendungen beobachten, die sich deutlich von den bisher genannten abheben, etwa in dem ebenfalls schon angeführten Beleg (3).

(3)   thaz *mag* thes wanes wesan meist   (Otfrid II.7.50)
          ‚das kann am meisten zu dieser Meinung beigetragen haben‘

Der Autor scheint an dieser Stelle eine schwache Vermutung zu äußern. Wenn diese Deutung zutrifft, haben wir hier eine epistemische Verwendung vor uns. Eine solche epistemische Verwendung scheint am engsten verwandt mit der reinen Möglichkeitslesart vom Typ (2). Den Zusammenhang von Ausdruck der reinen Möglichkeit und Äußerung einer schwachen Vermutung könnte man folgendermaßen rekonstruieren: Wenn ich behaupte, dass ein bestimmter Sachverhalt unter gegebenen Bedingungen möglich ist, dann kann ich damit auch zu verstehen geben, dass ich *persönlich* mit einem relativ schwachen Gewissheitsgrad die *Annahme* mache, dass das Betreffende der Fall ist. Wir hätten hier also den Fall einer konversationellen Implikatur, bei der die epistemische Verwendung von der Verwendung zum Ausdruck der reinen Möglichkeit abgeleitet wird. Allerdings scheint dieser Implikatur-Zusammenhang im Ahd. schon konventionell zu sein, d.h. die epistemische Verwendungsweise ist schon fest etabliert, so dass die Sprecher nicht immer die erwähnte Ableitung machen mussten. Dafür spricht auch, dass auch die Form des Konjunktivs II epistemisch verwendet wird:

(4)   Thie liuti datun mari, thaz Johannes Krist wari,
          joh warun ahtonti theiz wola wesan *mohti*   (Otfrid I.27.2)

          ‚Die Menge verbreitete die Nachricht, dass Johannes der Christus sei
          und sie waren der Meinung, dass das gewiss auch so sein könne‘

Der erwähnte Implikatur-Zusammenhang zeigt demnach, wie die Verknüpfung der beiden Verwendungsweisen ursprünglich, wohl schon im Vorahd., entstanden sein könnte, möglicherweise auch, welchen Zusammenhang die Sprecher des Ahd. zwischen den beiden etablierten Verwendungsweisen sahen.

Ausgehend von dem ahd. Befund könnte man eine allgemeine Hypothese zum Zusammenhang der genannten Verwendungsweisen formulieren:

(5)   Wenn ein Modalverb dazu verwendet werden kann, in allgemeiner Form Möglichkeit auszudrücken, dann kann es grundsätzlich auch dazu verwendet werden, eine schwache Vermutung auszudrücken.

Mit dieser Hypothese kann man nun die weitere Entwicklung betrachten, wobei die Suche nach Spuren dieser Entwicklung durchaus detektivischen Charakter annimmt.

Der nächste Kandidat für eine epistemische Verwendungsweise ist *können*. Hier gibt es, wie wir gesehen haben, im Ahd. noch keine epistemische Verwendungsweise. Dies ist nach unserer Hypothese auch nicht überraschend, denn das Verb *kunnan*, das übrigens im Ahd. ziemlich schwach belegt ist, ist im Wesentlichen auf die Angabe von (geistigen) Fähigkeiten beschränkt und wird nicht zum Ausdruck der reinen Möglichkeit verwendet. Einen typischen ahd. Beleg gebe ich aus Notkers Psalmenübersetzung:

(6)   Vuer uueiz daz . uuer *chan* uns ieht kesagen fone uita eterna?   (Notker II.10.24)
        ‚Wer weiß das? Wer kann uns irgendetwas sagen über das ewige Leben?‘

Nach unserer Hypothese müsste für *kunnen* erst die Verwendung zum Ausdruck der Möglichkeit in unpersönlicher Konstruktion gebräuchlich sein, bevor sich eine epistemische Verwendungsweise einspielt. Diese Verwendungsweise von *kunnen* entwickelt sich im Deutschen auch, aber wohl erst nach einiger Zeit. Das DWb belegt sie zum ersten Mal bei Luther. Wenn man jedoch gezielt sucht, findet man auch schon frühere Belege, im Mhd. etwa (7) und (8), im 15. Jahrhundert z.B. in Kaufringers Mären:

(7)   ob ez sich gevüegen *kann*   (Hartmann, Iwein, 2063)
        ‚wenn es so eingerichtet werden kann‘

(8)   wie *kunde* daz ergân daz ich dich minnen solde   (Nibelungenlied 285.1)
        ‚Wie könnte es dazu kommen, dass ich deine Liebe gewinne?‘

(9)   wie *kan* gesein in deinr gewalt
        die hell und auch das himelreich   (Kaufringer, Sappler 1972, 3.426)
        ‚Wie ist es möglich, dass die Hölle und der Himmel in deiner Gewalt ist?‘

Nach unserer Hypothese sind von diesem Zeitpunkt an auch epistemische Verwendungen möglich. Allerdings sind bisher erst für das frühe 16. Jahrhundert Belege bekannt, die sich als Verwendungen zum Ausdruck einer schwachen Vermutung deuten lassen. Ich zitiere eines der Beispiele aus Peilickes Untersuchung von Leipziger Frühdrucken, das aus dem Jahre 1534 stammt (Peilicke 1997, 222), sowie einen Beleg aus einer der ersten deutschen Zeitungen aus dem Jahre 1609:

(10)   Vber das/ *kan* die Messe auch den opffer namen vonn dem lobe gottes haben
        (Witzel, „Eucharistie", M IVa)

(11)   (Man will den Soldaten nur ein Drittel ihres ausstehenden Soldes bezahlen) *kan* noch wol ein
        mutination daraus folgen (Aviso 1609 143,1) ‚das könnte leicht zu einer Meuterei führen‘

Auch die dazugehörige epistemische Verwendung der Konjunktiv-II-Form ist seit dem 16. Jahrhundert belegt:

(12)   es köndt wol auch sein
        (Mathesius Werke, Bd. IV, 361.27 [um 1560]; zit. nach Behaghel 1924, 239)

Um 1630 gibt Ratke in seiner „Wortbedeutungslehr" folgende Paraphrase:

(13)   Es kann sein
        Es mochte sein   }   Das ist so viel alß vieleicht
        [...]
        (Ratke, „WortbedeutungsLehr", Ising 1959, 299)

Spätestens jetzt scheint also die Verwendungsweise fest etabliert und konkurriert damit mit
der epistemischen Verwendung von *mögen*.

Der dritte Kandidat für eine Verwendung zum Ausdruck einer Vermutung ist *dürfen*.
Die abenteuerliche Frühgeschichte von *dürfen* will ich hier nicht behandeln. Hinweise dazu
gibt der Artikel *dürfen* in der Neubearbeitung des DWb (Bd. 6, 1797ff.). Was wir nach
unserer Hypothese suchen, ist eine Verwendungsweise zum Ausdruck der Möglichkeit.
Und diese ist tatsächlich seit dem 15. Jahrhundert zu belegen. Einen Beleg aus dieser Zeit
gibt das DWbN, und zwar aus einer Handschrift des Alsfelder Passionsspiels:

(14)   der (gekreuzigte) ist erstanden werlich/
        das *dorffen* mer (die Soldaten am Grab) woil sagen sicherlich
        (Alsfelder Passionsspiel 7392; DWbN 6, 1799)
        ‚er ist wahrhaftig auferstanden, das können wir mit Sicherheit bezeugen‘

Allerdings handelt es sich hier nicht um eine unpersönliche Konstruktion, in der ja der reine
Ausdruck der Möglichkeit am deutlichsten erkennbar ist. Belege für diese Verwendung
kenne ich erst aus etwas späterer Zeit. Wenn wir nun annehmen, dass die Verwendung von
dürfen zum Ausdruck der unpersönlichen Möglichkeit um 1500 gebräuchlich ist, dann wäre
damit die Voraussetzung gegeben für die Entstehung der epistemischen Verwendungsweise, die das DWbN auch tatsächlich für 1526 belegt, allerdings in der Form des Konjunktivs-
II:

(15)   es stat eim priester lästerlich an/ mit leien und kinden z'disputieren:/
        ich *dörft* bi gott min pfründ verlieren   (Niclas Manuel (1526), 151 B; DWbN 6, 1800)

Für das 16. Jahrhundert lassen sich noch weitere Belege anführen (u.a. bei Fischart). Aus
den Zeitungen von 1609 gebe ich folgende zwei Belege, einmal mit Indikativ und einmal
mit Konjunktiv II:

(16)   Gleichwol sollen morgen etlich Puncten erlediget werden / vnd *darff* der Vergleich allhie /
        wol ehe ins werck gericht werden / Als etwan in Böhemb (Aviso 1609, 61.18–20)
        ‚ ... und dürfte eine Einigung (bei der morgigen Verhandlung) hier wohl früher erreicht wer-
        den als etwa in Böhmen‘

(17)   doch ist man guter hoffnung/ das an itzt ein gewisse vergleichung geschehen werde/ wo nicht/
        so *dörffte* letzlich ein groß Blutvergiessen darauß entstehen
        (Relation 1609, 40.27–29)

In Texten um 1600 ist die Konjunktivform (*dörffte*) im epistemischen Gebrauch deutlich
häufiger belegt als die Indikativform (*darff*). Die Bevorzugung des Konjunktivs gegenüber
dem Indikativ könnte damit zusammenhängen, dass die häufigste epistemisch verwendete
Form überhaupt, nämlich der Konjunktiv II *möchte*, als Muster für den epistemischen
Gebrauch von *dürfen* genommen wurde.

Insgesamt scheint sich also die Ausgangshypothese, dass die epistemische Verwendungsweise jeweils die Verwendung zum Ausdruck der unpersönlichen Möglichkeit voraussetzt, zu bestätigen. Wenn sie zutrifft, dann haben wir damit folgenden interessanten semantischen Pfad entdeckt:

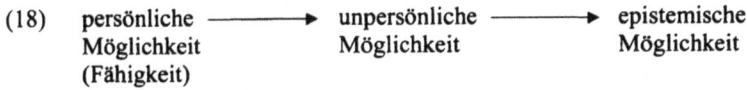

(18) persönliche ⟶ unpersönliche ⟶ epistemische
      Möglichkeit   Möglichkeit   Möglichkeit
      (Fähigkeit)

Auf dem anderen Ende der Skala epistemischer Verwendungsweisen finden wir heute *muss* bzw. *müsste*. In früheren Zeiten gab es daneben aber auch noch entsprechende Verwendungen von *soll* und – selten – von *wil*. Ich möchte zunächst auf die Entwicklung des epistemischen *müssen* im Mhd. und Fnhd. eingehen, die übrigens eine Parallelentwicklung im Englischen hat (vgl. Traugott/Dasher 2002, 120ff.). Den Ansatz zur Entwicklung der epistemischen Verwendungsweise kann man, ähnlich wie bei *mögen*, *können* und *dürfen* in der Möglichkeit einer Implikatur sehen. Wenn jemand behauptet, eine bestimmte Bedingung sei notwendig für einen faktisch gegebenen Sachverhalt, indem er äußert ... *muss* ..., dann kann er damit gleichzeitig zu verstehen geben, dass es sehr gute Gründe (z.B. Indizien) für die A n n a h m e gibt, dass diese Bedingung erfüllt ist bzw. war. Wenn nun aufgrund des Kontextes erkennbar ist, dass dieser Hinweis auf die Gründe für die A n n a h m e die eigentliche Pointe der Äußerung ist, so wird man die Verwendung des Modalverbs als Ausdruck einer starken Vermutung, also epistemisch, deuten. Das ist etwa bei Beispiel (19) der Fall, das wir nicht-epistemisch im Sinne von (19') und epistemisch im Sinne von (19'') verstehen können.

(19)   Er muss gewusst haben, wo der Schlüssel war, um die Tür ohne Gewalt zu öffnen können.

(19')   Zu wissen, wo der Schlüssel war, war eine notwendige Bedingung dafür, die Tür ohne Gewalt öffnen zu können.

(19'') Dass er die Tür ohne Gewalt öffnen konnte, ist ein starkes Indiz dafür, dass er wusste, wo der Schlüssel war.

Der naheliegende Implikatur-Zusammenhang ermöglicht also für den Ausdruck der (kausalen) Notwendigkeit mit *müssen* eine parallele epistemische Verwendungsweise zum Ausdruck einer starken Vermutung. Wenn wir die historische Entwicklung betrachten, dann setzt die Entstehung der epistemischen Verwendungsweise von *müssen* voraus, dass die Verwendung von *muoz* zum Ausdruck einer Notwendigkeit schon etabliert ist. Wie wir gesehen haben, ist diese Bedingung erst seit dem späteren Ahd. gegeben. Seit dem Mhd. ist die Verwendung von *müssen* zum Ausdruck der Notwendigkeit dann häufiger belegt. Wir können also erwarten, dass wir mhd. Belege finden, für die eine epistemische Deutung plausibel erscheint. Das ist auch der Fall, z.B. in folgendem Textbeleg:

(20)   min herre was biderbe gnuoc,
        aber jener der in da sluoc,
        der *muose* tiurre sin dan er:
        erne het in anders her
        niht mit gewalt gejagt   (Hartmann, Iwein, 2033–37)

Die Sprecherin (die Burgherrin) folgert: Derjenige, der ihren Mann (*min herre*) erschlagen hat, *muss* stärker gewesen sein als er, denn sonst hätte er ihn nicht mit Gewalt zur Burg hertreiben können. Die Sicherheit der Schlussfolgerung ist hier die Pointe der Verwendung von *muoz*, wir haben also eine epistemische Verwendung vor uns. Auffallend ist nun aber, dass Belege dieser Art offenbar im Mhd. relativ selten sind. Erst um 1500 scheinen Belege in größerer Zahl nachzuweisen zu sein, z.B.:

(21)   Nimm darnach war/ wie weiß der sein *muoß* der alle dise geschaffne ding
         ordenet/ regieret/ richtet und berichtet   (Kaysersberg, Seelenparadies, 4r)
         , ... wie weise der sein muss, der die ganze Schöpfung ordnet ...'

(22)   Das *mus* ein grosser herr sein, der sie (die sonne) gemacht hat
         (Jesus Sirach 43.5 (Luther-Übersetzung 1533); DWb 12, 2756)

Wir müssen also unterscheiden zwischen den Bedingungen, unter denen eine bestimmte Neuerung naheliegt, und den Bedingungen, unter denen diese Neuerung, vielleicht in bestimmten kommunikativen Zusammenhängen, auch gebräuchlich wird. Eine epistemische Verwendung von *müssen* ist zwar um 1200 schon möglich, aber in größerem Umfang gebräuchlich ist sie, nach dem gegenwärtigem Stand der Kenntnis, erst um 1500.

Insgesamt weniger stark belegt und heute auch nicht mehr gebräuchlich ist die epistemische Verwendung von *sollen*. Sie lohnt aber eine kurze Betrachtung, da sie einen interessanten Entwicklungspfad zeigt, der auch in anderen Sprachen Parallelen hat. Ausdrücke, mit denen zukünftige Ereignisse vorausgesagt werden, werden oft auch dazu verwendet, relativ starke Vermutungen auszudrücken. Beispiele dafür sind das deutsche *werden* (23) und das Englische *will* (24):

(23)   Die meisten von Ihnen *werden* unsere Probleme kennen
(24)   Most of you *will* know the problems we have

Der Entwicklungspfad von der Verwendung zur Voraussage zur Verwendung zur Äußerung einer Vermutung beruht ebenfalls auf einer naheliegenden Implikatur. Wenn ich voraussage, dass ein Ereignis eintreten wird, dann lege ich mich darauf fest, dass ich starke Indizien für das Eintreten des Ereignisses habe und deshalb das Ereignis auch für sehr wahrscheinlich halte. Also kann ich mit der Verwendung eines Voraussage-Ausdrucks zu verstehen geben, dass ich ein Ereignis oder einen Sachverhalt für sehr wahrscheinlich halte.

Nun erhebt sich die Frage, wie bei *sollen* der betreffende Entwicklungspfad beschritten werden konnte. Aus heutiger Sicht wäre das kaum zu erklären, da *sollen* heute nur am Rande der Kennzeichnung des Zukunftsbezugs dient. Wie wir aber in 17.2.5 gesehen haben, wurde *sollen* im Ahd. und Mhd. häufig zur Kennzeichnung des Zukunftsbezugs verwendet. Diese Verwendungsweise war nun der Ausgangspunkt für die Entwicklung einer epistemischen Verwendungsweise, die seit dem Mhd. zu belegen ist:

(25)   mir *sol* des strîtes vür kommen mîn her Gawein
         des ist zwîfel dehein   (Hartmann, Iwein, 9144ff.)
         ,mir dürfte gewiss Gawein als Kämpfer zuvorkommen'

(26)   schaw, liebe Fraw, wer kumbt dort rein?
         sol wol der Teuffel selber sein
         (H. Sachs, Fastnachtsspiele; zit. nach Behaghel 1924, 259)
         ,das muss wohl der Teufel selber sein'

(27)   Mich däucht, ich *soll* ihn irgendwo gesehen haben
         (Adelung, Grammatisch-kritisches Wörterbuch (1811), Bd. IV, 134: ,Vermuthung')

Ein möglicher Grund für das Veralten dieser Verwendungsweise mag darin liegen, dass zum Zukunftsbezug seit dem 17. Jahrhundert fast ausschließlich *werden* verwendet wird und nicht mehr *sollen*, so dass für *sollen*, im Gegensatz zu *werden*, eine Verknüpfung der epistemischen Verwendungsweise mit der Zukunftskennzeichnung nicht mehr gegeben ist.

Wenn wir davon ausgehen, dass neben *sollen* auch *wollen* im Mhd. zur Kennzeichnung des Zukunftsbezugs verwendet wurde, dann müssten wir eigentlich erwarten, dass wie englisch *will* auch das deutsche *wollen* epistemisch verwendet werden konnte. Diese Möglichkeit scheint jedoch im Deutschen nur selten genutzt worden zu sein, wohl vor allem deshalb, weil *sollen* und seit dem 14. Jh. auch *werden* als Futurindikator vorgezogen wurden (vgl. Fritz 2000a, 264–270).

In seinen Grundzügen scheint sich das heutige System der epistemischen Verwendungsweisen bis zum 16. Jahrhundert entfaltet zu haben. Betrachten wir abschließend den Entwicklungsstand dieses Systems um das Jahr 1600 und seine Weiterentwicklung (vgl. Fritz 1991). Um 1600 finden wir im Deutschen folgende Möglichkeiten, mit Modalverben eine mehr oder weniger stark gestützte Vermutung auszudrücken:

(28)   mag, möchte, kann, könte, darff, dörffte, soll, (wil), muss

Dazu kommt noch das epistemische *wird* wie in *Er wird es gewusst haben.*

Wenn man von regionalen Sonderentwicklungen absieht, so kann man die Entwicklung des Systems epistemischer Verwendungsweisen seit 1600 in groben Zügen folgenmaßen beschreiben:

(i)   Von den genannten Möglichkeiten war das epistemische *darf* im Indikativ vermutlich nie sehr gebräuchlich, im Gegensatz zum konkurrierenden *dörffte*, das wir in der Form *dürfte* vor allem schriftsprachlich auch heute noch verwenden. Umgangssprachlich wird heute zumeist *werden* vorgezogen.

(ii)   Das epistemische *möchte*, das noch im 17. Jahrhundert sehr häufig verwendet wurde, ist heute veraltet.

(iii)   *Kann* ist heute das gebräuchlichste Modalverb zum Ausdruck einer schwachen Vermutung, wobei mit *könnte* noch eine weitere Abschwächung ausgedrückt werden kann.

(iv)   Der entsprechende Gebrauch von *mag* veraltet zunehmend und wirkt deshalb außerhalb der Schriftsprache etwas geziert.

(v)   *soll* und *wil* sind heute epistemisch nicht mehr gebräuchlich, dagegen ist *muss* – mit der Abschwächungsform *müsste* – heute das zum Ausdruck einer stark gestützten Vermutung gebräuchliche Modalverb.

Aufgabe 1 Die häufige Verbindung von Modalverb (zumeist in der ersten Person Singular) mit einem redekennzeichnenden Verb hat besondere kommunikative Funktionen, beispielsweise die der höflichen Aufforderung: *Ich darf Sie bitten jetzt nicht mehr zu rauchen.* Man spricht hier von „modalisierten Sprechakten". Manche dieser Muster sind schon früh zu belegen, wie etwa folgende Stelle aus Wolframs „Parzival" zeigt: *muoz ich iu biten des* („wenn ich euch darum bitten darf", Parzival 393.4), andere sind wohl erst im 16. bis 18. Jahrhundert entstanden und konventionell geworden.

Versuchen Sie mit Hilfe der Darstellung in Gloning (1997) einen Überblick über die wichtigsten Formen modalisierter Sprechakte und deren Entwicklung zu gewinnen.

Aufgabe 2 Die Verwendung von *wollen* zum Ausdruck des Willens oder eines Wunsches ist im Deutschen seit mehr als tausend Jahren konstant gebräuchlich. Daneben gibt es aber Verwendungsweisen, die heute z.T. marginal, z.T. gar nicht mehr gebräuchlich sind. Auf einige von ihnen habe ich in Abschnitt 17.2.6 hingewiesen. An marginalen Verwendungsweisen sieht man oft sehr schön das historische Verwendungspotenzial eines Ausdrucks, das in der Gegenwartssprache nur teilweise ausgeschöpft ist.

Suchen Sie Belege für heute nicht mehr gebräuchliche Verwendungsweisen und für die Geschichte der heutigen marginalen Verwendungsweisen. Belegmaterial und Hinweise zur Beschreibung dieser Verwendungsweisen finden Sie in Fritz (2000a), Diewald (1999, 424ff.) und dem umfangreichen Artikel zu *wollen* im DWb, Bd. 30, 1331–1363.

18. Zur semantischen Entwicklung von Partikeln

18.1 Erste Orientierung

Partikeln sind nicht-flektierende Ausdrücke wie *ja, doch, denn*. Grammatisch und semantisch ist auffallend, dass viele Partikelausdrücke Varianten besitzen, die unterschiedlichen
grammatischen Status haben und auch ganz unterschiedlich verwendet werden, so dass man
sich fragt, ob es sich hier noch um *ein* Wort oder mehrere Wörter mit gleicher oder ähnlicher Lautform handelt, also um Fälle von Homonymie. Manche Autoren sprechen hier von
sog. Heterosemie (Lichtenberk 1991, Autenrieth 2002). Beispielsweise kann man *doch* als
Dialogpartikel, als Konjunktor und als Modalpartikel verwenden:

(1)   A: Hast du das nicht gesehen? B: *Doch.*
(2)   Das allein wäre schlimm genug, *doch* das Buch führt zu immer neuem Schrecken.
(3)   Das hättest du *doch* wissen müssen!

Aus historischer Sicht stellt sich die Frage, wie sich ein derartiges Spektrum von Varianten
entwickelt. Im ersten Teil dieses Kapitels soll am Beispiel der Partikel *ja* eine Musteranalyse
für eine solche Entwicklung vorgestellt werden. Dabei sollen auch die Schwierigkeiten der
Analyse historischer Entwicklungen nicht verschwiegen werden. Im zweiten Teil wird Belegmaterial für die Betrachtung der Entwicklungsgeschichte der Partikel *doch* bereitgestellt,
die heute als Dialogpartikel und Modalpartikel ein ähnliches Spektrum von Verwendungsweisen zeigt wie *ja*, das aber auf eine gegenläufige historische Entwicklung zurückgeht.

18.2 Zur Entwicklungsgeschichte von *ja*

18.2.1 Heutige Verwendungsweisen von *ja*

Für die Vielfalt von Funktionen einer Partikel ist *ja* ein gutes Beispiel. Heringer (1988,
747) hat eine Liste von Verwendungsbeispielen zusammengestellt, die das heutige Spektrum von Verwendungsweisen von *ja* recht gut zeigt. Einige dieser Beispiele gebe ich hier
wieder:

(4)   Kommt er? – Ja.
(5)   Er kommt, ja.
(6)   Hörst du, ja?
(7)   Ja? (Angerufener Sprecher meldet sich am Telephon.)
(8)   Der Großherzog von Schwerin, ja, der hat ein bißchen mehr gehabt.
(9)   Ja wenn ich will, mach ich alles.
(10)   Ja kommt der denn?
(11)   Du bist ja ganz nass!
(12)   Es lohnt sich nicht, noch Bilder aufzuhängen, wir ziehen ja bald um
(13)   Ich komme ja.
(14)   Bleib ja hier!
(15)   Hast du auch ja nichts vergessen?

Aus dieser Beispielliste lassen sich Gruppen von Verwendungen bilden, die in sich wieder ausdifferenziert und mit den anderen Gruppen mehr oder weniger eng verwandt erscheinen:

- das Antwort- oder Zustimmungs-*ja* und seine Verwandten (4) – (6), z.B. das Rückfrage-*ja*,
- das *ja* zum Signalisieren des Bezugs auf gemeinsames Wissen (12) und (13),
- das Überraschungs-*ja* (11),
- das Emphase-*ja*, z.B. in der Befehlsverwendung wie in (14).

Eine bemerkenswerte Gruppe bilden die Verwendungsbeispiele (8) – (10), die syntaktisch dadurch gekennzeichnet sind, daß der Ausdruck *ja* jeweils vor den eigentlichen Satz herausgestellt ist. Im Beispiel (8) etwa steht *ja* vor dem Vorfeld, das mit *der* besetzt ist, allerdings nach dem links herausgestellten *der Großherzog von Schwerin*. Einerseits haben diese Beispiele mit dem Antwort-*ja* gemeinsam, daß sie nicht in den Satz integriert sind, andererseits gibt es Verwandtschaften mit den satzintern verwendeten Formen, z.B. die Bedeutungsähnlichkeit von (10) und (11), die beide zum Ausdruck der Überraschung verwendet werden. Möglicherweise bildet also diese Gruppe das Verbindungsglied zwischen der Anwort-Gruppe und den anderen Gruppen. In diesem Fall wäre es nicht überraschend, wenn diese Gruppe auch *historisch* den Übergang zwischen der Verwendung als Antwort und der Verwendung zum Signalisieren des Bezugs auf gemeinsames Wissen bilden würde. Die Verwendung des Beschreibungsausdrucks *signalisieren* weist darauf hin, dass dieser Bezug auf das gemeinsame Wissen nicht behauptet, sondern zusätzlich zur behaupteten Proposition ausgedrückt wird (vgl. Heringer 1988, 739).

Wie Heringer im Anschluß an seine Beispielliste sagt, ist „dem evolutionär geschulten Auge ein solches Corpusculum eine reine Freude. Überall sieht es Verwandtschaften, fein gestreute Unterschiede, nuancierte Ausformungen und Spielarten". Es stellt sich nun die Frage, ob man den historischen Entwicklungsgang, in dem sich dieses Verwandtschaftsgeflecht ausgebildet hat, wenigstens in Ansätzen rekonstruieren kann. Eine solche Rekonstruktion wollen wir im Folgenden mit historischen Belegen und einigen Zitaten aus der Forschungsliteratur versuchen. Wir haben dabei im Wesentlichen folgende Fragen zu beantworten:

1. Gibt es *eine* Verwendungsweise, auf die sich unser heutiges Spektrum von Verwendungsweisen zurückführen läßt?
2. Wie sehen die Verwandtschaftsbeziehungen zwischen den Verwendungsweisen in früheren Sprachstadien aus?
3. Wie entwickeln sich einzelne Verwendungsweisen im Lauf der Geschichte?
4. Wie entsteht die Verwendung von *ja* als Modalpartikel?

Dabei müssen wir uns immer vor Augen halten, dass kleine Sammlungen von Belegen wie die folgende zu *ja* und die anschließende zu *doch*, die natürlich unter der Annahme zusammengestellt sind, dass sie etwas Charakteristisches zeigen, nur einen ersten Blick auf die historischen Entwicklungen erlauben. Auch wenn man das Tausendfache an Belegmaterial aus unterschiedlichsten Textsorten verfügbar hätte, wäre man noch weit entfernt davon, eine repräsentative Darstellung machen zu können. So sind etwa Häufigkeitsbeobachtungen, die für die Einschätzung der Gebräuchlichkeit bestimmter Verwendungsweisen eine wichtige Rolle spielen, beim gegenwärtigen Stand der Forschung auf sehr kleine Corpora gestützt und somit nur bedingt aussagekräftig.

18.2.2 Die Situation im Ahd

Die Frage nach den Ursprüngen der Familie von Verwendungsweisen der Partikel *ja* wurde von dem Grammatiker Otto Behaghel folgendermaßen beantwortet: „*ja* ist von Haus aus ein eingliedriger, der Antwort auf eine Frage dienender Satz (...). Dementsprechend steht es, auch wenn es in einen anderen Satz einbezogen wird, zunächst stets am Anfang dieses Satzes. ...“ (Behaghel 1928, 196f.). Mit „von Haus aus“ weist Behaghel darauf hin, daß die Verwendung von *ja* bzw. einem entsprechenden lautlichen Gegenstück als Antwortpartikel in allen germanischen Sprachen (Gotisch, Altnordisch, Altenglisch, Altsächsisch, Althochdeutsch) zu finden ist, also als eine ursprüngliche germanische Verwendungsweise gelten kann.

Schon im Ahd. gibt es aber unterschiedliche Facetten des Gebrauchs von *ja*, wobei die syntaktische Position der Partikel – abgesehen von der Verwendung als Antwortpartikel – immer der linke Satzrand ist, also das Vorfeld oder die Position vor dem Vorfeld.

1.   Die Antwortpartikel:

(16)   furstuontut ir thisu elliu? quadun si imo: *ja*   (Tatian 77.5) [um 830]
         (‚Habt ihr das alles verstanden? Da antworteten sie ihm: Ja.‘)

2.   Die sog. vokativische Verwendung, die oft lat. „O“ wiedergibt:

(17)   *Ia* du truhten tuo mih kehaltenen   (Notker II.496.32) [um 1000]
         (‚Oh du Herr, mach mich zu einem Geretteten‘; lat.: O domine saluum me fac ...)

3.   Die Verwendung zum Ausdruck der Bekräftigung:

(18)   *Ia* uuio heuig taz uuas.   (Notker I.253.16)
         (‚Ja, wie schrecklich das war!‘, d.h. ‚Das war wirklich schrecklich‘)

4.   Die Verwendung zum Signalisieren der Annahme, daß ein Sachverhalt unkontrovers ist oder zum gemeinsamen Wissen gehört:

(19)   ni thurfut ir nan riazan;
         ja was iuz er giheizan.   (Otfrid V.4.48) [um 865]
         ‚ihr braucht ihn nicht zu beweinen,
         es (d.h. dass er sterben und auferstehen würde) wurde euch ja vorhergesagt‘

(20)   *Ia* negedenchent ir gold ufen dien boumen zesuochennne ...   (Notker I.167.12)
         ‚Ihr denkt doch nicht daran, Gold auf den Bäumen zu suchen‘

Die Verwendung von *ja* in (19) und (20) steht derjenigen unserer heutigen Modalpartikeln *ja* bzw. *doch* nahe, die ich in den Übersetzungen auch benützt habe, um mein Verständnis der Belege zu verdeutlichen. Ebenso die Verwendung in Fragen, wie im folgenden Beispiel:

(21)   (Sind Reichtümer als solche wertvoll oder wenn sie euch gehören?)
         Ia uueder ist tiurera iro zueieo?   (Notker I.88.25f.)
         ‚Welches von den beiden ist denn wertvoller?‘

Hier kann der Autor mit *ia* seine Annahme signalisieren, dass es gemeinsames Wissen ist, welches die richtige Antwort auf seine Frage ist. Wir verstehen also (21) als eine Art rhetorischer Frage, bei der schon klar ist, was die Antwort sein muss. Auffallend ist, dass in der Gegenwartssprache diese Annahme in Fragesätzen mit *denn* signalisiert wird und nicht mit *ja*.

Eine erste Analyseaufgabe besteht nun darin, einen Zusammenhang zwischen diesen Verwendungsweisen zu rekonstruieren. Nehmen wir an, eine Verwendung von *ja* als Antwortpartikel wäre als Bestätigung eines erfragten oder behaupteten Sachverhalts zu deuten, dann läßt sich die Verwendung zur Bekräftigung (18) als relativ nahe Verwandte beschreiben. Dabei ist das Element der Emphase erklärungsbedürftig, wenn man nicht annehmen will, dass im Ahd. die Verwendung von *ja* an sich schon eine emphatische Bestätigung darstellt. Die Verwandtschaft zwischen (16) und (18) ließe sich folgendermaßen formulieren: Wenn man eine Behauptung oder Exklamation wie in (18) besonders bekräftigen will, dann kann man das tun, indem man das Mittel der Bestätigung, die Partikel *ja*, dem Satz vorausschickt. Dabei wird die Emphase durch die Voranstellung ausgedrückt. Ähnlich könnte man den Zusammenhang zwischen (16) und (17) konstruieren. Auch die vokativische Verwendung in (17) ist eine emphatische Verwendung. Etwas weiter sind Deutungswege, die zu (19) bzw. (20) weiterführen könnten. Folgende Annahmen könnten eine Verbindung herstellen: Wenn eine Feststellung schon gemeinsames Wissen ist, dann kann sie als unzweifelhaft zutreffend gelten. Wenn eine Feststellung unzweifelhaft zutreffend ist, dann kann man sie emphatisch bekräftigen. Aufgrund dieser Verknüpfung kann man mit dem Standardausdruck für (emphatische) Bestätigung signalisieren, dass ein Sachverhalt schon zum gemeinsamen Wissen gehört. Genau das scheint die Funktion von *ja* in (19) und (20) zu sein. Ähnlich ist es bei der Verwendung in einer Art rhetorischer Frage wie (21). Mit dem Hinweis auf das gegebene gemeinsame Wissen kann der Sprecher signalisieren, dass die Antwort auf seine Frage schon klar ist.

Aufgrund dieser Rekonstruktion führen Verwandtschaftslinien von (16) zu (17) bzw. zu (18), und von (18) führt die Linie weiter zu (19)/(20)/(21). Wenn Behaghels Annahme zutrifft, dass die Verwendung von *ja* als Antwortpartikel die ursprüngliche Verwendungsweise ist, dann könnte die eben rekonstruierte Verwandtschaftslinie gleichzeitig der *historischen* Entwicklungslinie entsprechen.

18.2.3 Belege für den Gebrauch im Mhd.

Die eben gezeigten ahd. Verwendungsweisen sind alle auch im Mhd. belegt. Die Antwortpartikel *ja* hat ohnehin eine ungebrochene Tradition bis zur Gegenwart. Die vokativische Verwendung kann man mit (22) und (23) belegen, und die Verwendung zum Ausdruck der Bekräftigung mit (24).

(22)   ja ir boesen zagen   (‚Oh ihr üblen Feiglinge'; Nibelungenlied 930.1)

(23)   Ja, mein lieber herr, seit irs?
        (Wittenwiler, Ring, 1349ff.) [um 1400]

(24)   Si sprach: ja ist mir kunt
        sin name nu vor maneger stunt   (Hartmann, Iwein, 2109)

Ein Gegenstück zu der ahd. Verwendung (19) bzw. (20), dem Signalisieren des gemeinsamen Wissens, könnte man in dem mhd. Beleg (25) sehen:

(25)　des enwil ich nimmer wîbe
　　　　mêr getruwen einen tac.
　　　　waz red ich? *jâ* sint si guot.

　　　　‚Deshalb will ich niemals mehr einer Frau
　　　　(auch nur) einen Tag lang vertrauen.
　　　　Was rede ich? Sie sind ja/doch gut.' (Reinmar, Minnesangs Frühling, 202.3) [um 1200]

Wie die Belege (19), (20) und (25) zeigen, gibt es im Ahd. und Mhd. Verwendungsweisen von *ja*, die semantisch der heutigen Modalpartikel *ja* verwandt sind, die aber syntaktisch nicht die für den heutigen Gebrauch typische Position im Satzinnern besetzen. (Man muss hinzufügen, dass sich die heutigen grammatischen Regeln für das sog. Mittelfeld, wohl erst im Laufe des Fnhd. ausbildeten.) Die Verwendung von *ja* in einer Mittelfeldposition ist bisher erst seit dem 16. Jahrhundert belegt. Auf die schwierige Frage, wie es zu dieser neuen Verwendungsweise kommt, werden wir in Abschnitt 18.2.4 eingehen.

Zum bisher behandelten Spektrum der Verwendungsweisen kommt im Mhd. zumindest noch eine weitere Verwendungsweise hinzu, deren Funktion man mit „Signalisieren einer Steigerung" beschreiben könnte, entsprechend unserem *ja sogar* (26). Diese Verwendungsweise ist im Fnhd. (27) und bis ins 19. Jahrhundert gebräuchlich. Heute gilt sie ohne *sogar* als veraltet.

(26)　waz ich guoter rede hân verlorn!
　　　　jâ die besten die ie man gesprach.　　(Reinmar, Minnesangs Frühling, 175.31f.)

　　　　‚Was habe ich gute rhetorische Leistungen verschwendet!
　　　　Ja, sogar die besten, die je ein Mensch vollbracht hat. '

(27)　er ist heilig / ja der aller heiligest　　(Kaysersberg, Seelenparadies, 3rb) [1510]

In Beispielen dieser Art bezieht sich die Partikel immer auf eine nachfolgende Phrase (*ja die besten*, *ja der aller heiligest*), d.h. wir können von einer *Fokuspartikel* sprechen.

Den Zusammenhang dieser Verwendungsweise mit der schon etablierten Verwendungsweise zur Emphase beschreibt das DWb (10, 2195) folgendermaßen: „4) *dem hervorhebenden nahe steht das steigernde ja eines nachsatzes*". Man könnte diesen Zusammenhang aus Sicht eines Hörers mit folgendem Räsonnement näher explizieren: Warum hebt der Sprecher mitten im Satz eine Phrase mit *ja* hervor? Wenn man die Bedeutungsbeziehung zwischen der vorhergehenden und der hervorgehobenen Phrase ansieht, dann erkennt man ein Steigerungsverhältnis. Nimmt man nun an, dass der Sprecher mit der Verwendung von *ja* etwas Relevantes ausdrücken will, dann liegt die Annahme nahe, dass er mit *ja* den Hörer oder Leser gerade auf diese semantische Beziehung aufmerksam machen will, d.h. dass er die Steigerung signalisieren will.

Fnhd. wird *ja* aber auch in dieser Funktion am linken Satzrand verwendet, d.h. zum Signalisieren einer Steigerung gegenüber dem mit dem vorhergehenden Satz ausgedrückten ganzen Sachverhalt:

(28)　Sie (die Mediziner) lassen auch offt an Vbelthätern/ die der Hencker mit dem Strick straffen
　　　　sollte/ jhre Gifft vnnd Antidota probieren. *Ja* man sagt fürnemmen authoribus anatomicis diß

nach/ daß sie die Leute in actu Venerio eygener Handt gewürget haben/ die motus viscerum zu erlernen.

‚... Ja, schlimmer noch, man sagt hervorragenden Anatomie-Autoren nach, dass sie Versuchspersonen beim Geschlechtsverkehr mit eigener Hand erwürgt hätten, um etwas über die Bewegungen der Eingeweide herauszufinden.'

(Kepler, Tertius Interveniens, Werke Bd. IV, 257) [1610]

Wenn man den sonstigen Gang der Entwicklung von *ja* betrachtet, würde man eigentlich erwarten, dass die satzinitiale Verwendung wie in (27) der Verwendung im Satzinneren, also mit Fokussierung einer Phrase, historisch vorausgegangen sein müsste. Bis jetzt gibt es m.W. dafür aber keine Belege.

Spätestens um 1600 findet sich auch die Verbindung mit *sogar*, die heute die Rolle des einfachen *ja* in dieser Funktion übernommen hat:

(29)   ein jeder / *ja sogar* der Bawersman   (Aviso 1609, 45.20)

18.2.4 Belege für den Gebrauch im Fnhd.

Die vielleicht interessanteste Neuerung im Fnhd. ist die Entwicklung der Modalpartikelverwendung von *ja*. Die folgenden zwei Beispiele aus Luthertexten zeigen das neue Verwendungsmuster:

(30)   (...) das solche leichtfertige Leute solten ein Geschwetz und Narrenwerck aus jrer
         Weisheit machen. Es sind Sew vnd bleiben Sew, für die man *ja* nicht solt Berlen
         werffen.   (Luther, Äsop-Bearbeitung; WA50, 454.24ff.) [1530]
         ‚... Sie sind Säue und bleiben Säue, vor die man ja (bekanntlich) keine Perlen werfen soll'

(31)   der Gerechte wird sich frewen, wenn er solche Rache siehet, das die Leute werden sagen, der
         Gerechte wird sein *ja* genießen, es ist *ja* noch Gott Richter auf Erden   (Psalm 58.11)

Nun stellt sich die Frage, wie und wann sich diese neue Verwendungsweise eingespielt hat, denn Luther hat sie sicherlich nicht erfunden. Es sind mir bisher aber keine überzeugenden früheren Belege bekannt geworden.

Der Beleg (30) aus einem informellen Brief könnte die Hypothese nahelegen, daß die Verwendung von *ja* als Modalpartikel modernen Typs aus dem Register der gesprochenen Sprache stammt. Das würde verständlich machen, warum die Frühgeschichte der Modalpartikel *ja* so schwer zu greifen ist. Das würde auch ganz gut dazu passen, dass auch heute die Modalpartikeln im gesprochenen Deutsch häufiger sind als in formellen schriftlichen Texten. Allerdings läßt sich für die angeführte Bibelstelle (31) eine besondere Nähe zur gesprochenen Sprache nicht ausmachen. Die Verwendungsweise scheint also um 1530 schon zum schriftsprachlichen Standard zu gehören. Knapp 80 Jahre später läßt sie sich auch in den ersten deutschen Zeitungen nachweisen, die ebenfalls nicht der gesprochenen Sprache nahestehen. Der folgende Beleg stammt aus einem formellen Dokument der Position der protestantischen Stände in der Religionsauseinandersetzung des Jahres 1609.

(32)   Ferner so sey *ja* menniglich bewust / daß die Augspurgische Confession... von allen
         Römischen Keysern ... den protestirenden Stenden im Römischen Reich zugelassen /
         ‚Weiterhin sei ja allgemein bekannt ...';   (Aviso 1609, 67.20f.)

Wenn man die Hypothese von der Herkunft aus der gesprochenen Sprache erhärten wollte, müsste man Texte des frühen 16. Jahrhunderts und der Zeit davor untersuchen, bei denen man eine Nähe zur gesprochenen Sprache glaubhaft machen kann, z.B. Dialogdarstellungen oder informelle Briefe. Bis jetzt ist das noch nicht geschehen.

Aus grammatischer Sicht stellt sich die Frage, wie die Partikel vom linken Satzrand in das Mittelfeld kommt. Eine erste Hypothese läßt sich auf eine Beobachtung in Stielers Wörterbuch „Teutscher Sprachschatz" von 1691 zurückführen. Hier schreibt Stieler: „Ja / expletivum nonnumquam est, atque idem valet quod *je*." („*Ja* ist bisweilen ein Füllwort und bedeutet dasselbe wie *je*'; Stieler 1691, 873). Als eines der Beispiele für diese Verwendung von *ja* als „Füllwort" gibt er an: *Es wird ja so böse nicht seyn.* Die Partikel *je*, von der Stieler behauptet, dass sie dieselbe Funktion wie (diese Verwendungsweise von) *ja* hat, ist von Haus aus ein temporales Adverb (mhd. *ie*) und hat ihre Position im Satzinneren. Beispiele für eine modalpartikelartige Verwendung von *je* im 16. Jahrhundert gibt Paul (1992, 435) aus den Fastnachtsspielen des Hans Sachs, z.B. *Hab wir je weder gelt noch pfandt.* Auf einen derartigen Befund stützt offensichtlich Johann Christoph Adelung in seinem „Grammatisch=kritischen Wörterbuch" eine Entwicklungshypothese: „Es (d.h. *ja*) scheint in dieser Bedeutung aus *je* entstanden zu seyn, welches unter andern auch aus dem Oberdeutschen erhellet, wo es in diesem Fall wirklich *je* lautet" (Adelung 1811, Zweyter Teil, 1407). Diese Hypothese, die auch in Paul (1992, 435) als Vermutung geäußert wird, läuft auf die Annahme hinaus, dass *je* in fnhd. Zeit, also irgendwann nach 1350, als eine lautliche Sonderform von *ja* gedeutet wurde, sodass auch die „Normalform" *ja* nach dem Muster von *je* im Satzinnern verwendet werden konnte. Nach dieser Hypothese wäre die Neuerung *ja* im Mittelfeld ein Beispiel für eine Umdeutung oder Reanalyse.

Ob man die Annahme einer Reanalyse braucht, ist schwer zu entscheiden. Eine alternative Hypothese wäre, daß die Bewegung ins Mittelfeld von Verwendungen als Fokuspartikel ausging, die mit einem anderen Ausdruck zusammen eine Konstituente bilden. Ein möglicher Kontext für die Neuerung könnte ein Zusammenhang wie der folgende sein:

(33)   Sag mir eins / wölcher mensch mag zuo rechtem kristenlichen friden kommen / er sey denn tugenthaft? *ja keiner* / denn wo ein untugenthafft mensch ist / der hat ...
(Kaysersberg, Seelenparadies, 98va)[1510]

Wenn man die selbstgegebene Antwort *ja keiner* in den vorausgehenden Fragesatz einsetzt, so rückt *ja keiner* ins Vorfeld – eine für die Zeit unauffällige Stellung – und wir bekommen:

(34)   Ja keiner mag zuo rechtem kristenlichen friden kommen

Deuten wir nun das *ja* in (34) als eine Art Fokuspartikel, dann bildet *ja* zusammen mit *keiner* eine Konstituente. Wird nun das Vorfeld beispielsweise mit *es* besetzt, ebenfalls eine ganz gewöhnliche Struktur, dann müsste die Konstituente *ja keiner* nach rechts gerückt werden, und damit befände sich das *ja* genau in der Position, in der sich Modalpartikeln heute befinden:

(35)   Es mag *ja* keiner zuo rechtem kristenlichen friden kommen

Nach dieser Hypothese wäre die Neuerung ein Fall von Generalisierung eines grammatischen Musters von der Fokuspartikelverwendung auf die Modalpartikelverwendung. Es fehlen allerdings bisher überzeugende Belege für eine derartige Entwicklung.

Eine dritte Hypothese wäre die, dass *ja* nach dem Muster einer Partikel wie *doch* verwendet sein könnte, die seit dem Ahd. einerseits am linken Satzrand vorkommt wie *ja* und andererseits, auch schon seit dem Ahd., im Satzinnern. Nach dieser Auffassung wäre *doch* die Präzedenz für *ja*. Insgesamt kann man sagen, dass die Frage der Erklärung des neuen Stellungstyps ‚*ja* im Mittelfeld' bisher nicht entschieden ist.

Als eine weitere Neuerung finden wir im Fnhd. das sog. Emphase-*ja*, das in der einleitenden Beispielliste mit (14)/(15) vertreten war (*Bleib ja hier!, Hast du auch ja nichts vergessen?*).

Die folgenden fnhd. Belege (36) und (37) stammen aus einer Streitschrift Keplers an die Adresse des Astrologen Röslin. Das DWb gibt auch schon Belege aus Luthers Schriften (DWb 10, 2194), z.B. die Bibelstelle (38):

(36) Damit sie also alle zumal recht behalten/ vnd *ja* keiner nichts bessers von dem andern lehrne/ als von den alten Arabischen Scribenten.
      (Kepler, Antwort ...auff ... Röslini Discurs, Werke Bd. IV, 132) [1609]

(37) Der arme Juppiter muß Fewer vnnd Wasser/ sagittarium et
      Pisces beschützen/ damit er *ja* temperirt gnug sey
      (Kepler, Antwort ...auff ... Röslini Discurs, Werke Bd. IV, 141) [1609]

(38) sie sprachen aber: *ja* nicht auf das fest, das nicht ein aufruhr im volke werde
      (Markus 14.2)

Mit diesen Beispielsätzen wird jeweils eine Absicht beschrieben (mit dem *damit*-Satz) oder eine Forderung ausgedrückt. Durch die Verwendung von *ja* wird signalisiert, dass es sich um eine besonders feste Absicht bzw. eine dringende Forderung handelt. Wenn wir die Entstehung *dieser* Verwendungsweise beschreiben wollen, so sind wir einer ähnlichen Lage wie bei der Modalpartikelverwendung. Wir kennen zwar die seit dem Ahd. etablierte Verwendung zur Bekräftigung (18), die bedeutungsmäßig unserem Emphase-*ja* nahesteht, aber wir müssen plausibel machen, wie es zu der Verwendung im Satzinneren kommt. Eine einfache Lösung dieses Problems wäre die Annahme, dass das Emphase-*ja* nach dem Vorbild des Modalpartikel-*ja* ebenfalls im Mittelfeld verwendet wird. Indizien für die Gültigkeit dieser Präzedenz-Erklärung müssten allerdings noch gefunden werden.

Weiterhin bemerkenswert erscheinen zwei fnhd. Verwendungsweisen, die man als Diskurspartikel-Verwendungen bezeichnen könnte, d.h. als Partikelverwendungen, die der Gesprächs- oder Textorganisation dienen. Die erste entspricht der heutigen Verwendung vom Typ (39):

(39) *Ja*, wer könnte das gewesen sein?

Mit dieser Verwendung der Partikel kann man einleitend Zögern oder Ratlosigkeit signalisieren, bevor man eine Äußerung macht. In folgendem Beispiel setzt sich Kepler mit einem Gegner, dem Mediziner Feselius, auseinander, der nicht akzeptiert, dass sich die Erde um die Sonne bewegt. Allerdings akzeptiert er, dass sich der Mond um die Erde dreht und wählt dafür die Formulierung dass sich der Mond im Himmel bewegt.

(40)   Vnd wird doch der Mond von D. Feselio in Himmel gesetzt. *Ja* was soll ich sagen/ die Erdtkugel selbst ist im Himmel/ vnd läufft drinnen hervmb.
         (Kepler, Tertius Interveniens, Werke Bd. IV, 249)

Eine zweite Verwendungsweise wird eingesetzt, wenn Autoren im Rahmen der Darstellung ihrer eigenen Position signalisieren wollen, dass sie jetzt einen möglichen Einwand eines Gegners einführen:

(41)   Ein mensch muoß sich tringen und zwingen zuo guoten tugenntreichen werken / will er echter tugentreich werden. *Ja* sprechen etlich menschen / wir sind nit heilige / tugent üben ist ein volkommenheit.
         (Kaysersberg, Seelenparadies, 65va)[1510]

(42)   *Ja* spricht einer/ es seynd hie wol etliche Täge ernennet/ es ist aber nichts specificiert/ ob es daran schneyen oder regnen werde. Antwort/ wahr ist es/ auß dem Himmel allein lässet es sich nicht specificiren
         (Kepler, Tertius Interveniens, Werke Bd. IV, 206) [1610]

Diese rhetorische Verwendung von *ja* ist heute nicht mehr gebräuchlich. Wir würden stattdessen vielleicht *nun* und/oder *allerdings* verwenden:

(43)   Nun gibt es (allerdings) Leute, die behaupten ...

Der Herausgeber von Kaysersbergs „Seelenparadies" nimmt offensichtlich an, dass das *ja* zu der jeweils wiedergegebenen Äusserung des Gegners gehört, wobei *sprechen etlich menschen* dann als Parenthese gedeutet würde. Er zeigt diese Annahme dadurch an, dass er bei all den einschlägigen Fällen gegen das Zeugnis des Originaldrucks eine Virgel nach *ja* einfügt. Der Blick auf die Kontexte und auf andere Texte wie den Keplerschen, in dem ebenfalls keine Abtrennung des *ja* vorgenommen wird, lässt vermuten, dass diese Deutung des Herausgebers unzutreffend ist.

Beide Diskurspartikel-Verwendungen kann man von der Verwendung zur Hervorhebung ableiten. Im ersten Fall wird hervorgehoben, dass der Sprecher mit der folgenden Äußerung Probleme hat, im zweiten Fall dient die Hervorhebung der Aufmerksamkeitssteuerung: Achtung, jetzt kommt ein gegnerischer Einwand.

Zusammenfassend können wir sagen: Um das Jahr 1600 hat nach unserer Beschreibung die Entwicklung der Partikel *ja* im Wesentlichen den Stand erreicht, der uns heute vertraut ist. Die Einschränkung „im Wesentlichen" bezieht sich auf mehrere Sachverhalte:

– Erstens haben wir im Fnhd. einzelne Verwendungsweisen nicht gefunden, die wir heute kennen. Beispielsweise ist das Überraschungs-*ja* (*Du bist ja ganz naß!*) nicht belegt, und aus naheliegenden Gründen gibt es auch kein *ja* zum Melden am Telephon.

– Zweitens gibt es Verwendungsweisen, die wir heute nicht kennen, z.B. die zweite der erwähnten Diskurspartikel-Verwendungen.

– Drittens sind um 1600 im Allgemeinen die semantisch verwandten Verwendungen mit Position am linken Satzrand und im Satzinneren (z.B. Signalisieren des Bezugs auf ge-

226

meinsames Wissen, Emphase-*ja*) jeweils beide noch gebräuchlich, so dass die entwicklungsgeschichtliche Verwandtschaft zwischen diesen Paaren von Verwendungsweisen noch lebendig ist, während in der Gegenwartssprache verschiedene Verwendungen mit Position am linken Satzrand nicht mehr gebräuchlich sind, so dass die Verwendung im Satzinneren ihren nächsten Verwandten verloren hat. Auf diese Weise wird die semantische Verwandtschaft zwischen Antwortpartikel und Modalpartikel sehr viel weniger offensichtlich, als sie es vermutlich um 1600 noch war, weil das verbindende Zwischenglied fehlt. Eine genaue Beschreibung der Entwicklungen von 1600 bis heute wäre eine wertvolle Ergänzung des bisherigen Kenntnisstandes.

18.2.5 Literatur zur Entwicklung von *ja*

Weiteres Belegmaterial, Bedeutungsbeschreibungen und Entwicklungshypothesen finden Sie in: Abraham (1990) Behaghel (1928, 195–198) Hentschel (1986) Meibauer (1994, 158–169) Wauchope (1991, 92–131).

18.3   Zur Entwicklungsgeschichte von *doch*

Ähnlich vielfältig wie bei *ja* sind die Verwendungsweisen von *doch*, so dass sich auch hier die Frage stellt, wie dieses Spektrum von Verwendungsweisen sich entwickelt hat. Weitere Belege finden Sie in der unter 18.3.7 genannten Literatur. Das in den folgenden Abschnitten bereitgestellte Belegmaterial soll wichtige Entwicklungslinien erkennbar machen und eigene Beobachtungen zur Entwicklungsgeschichte von *doch* ermöglichen. Die folgenden Aufgaben geben Fragestellungen, unter denen Sie das Material betrachten können.

Aufgabe 1   Versuchen Sie eine kurze, zusammenfassende Auswertung des Belegmaterials zur Geschichte von *doch*.
– Skizzieren Sie dazu zunächst das Spektrum der Verwendungsweisen im Ahd. Berücksichtigen Sie dabei die Verwendung in Aufforderungen und Fragen.
– Vergleichen Sie die Verwendung von *doch* in Fragesätzen vom Ahd. bis zum Fnhd. mit der heutigen Zuordnung von *doch* zu Satzarten.
– Geben Sie an, seit wann im vorliegenden Material die Verwendung als Dialogpartikel belegt ist. Nennen Sie eine Hypothese für die Entwicklung der Verwendung als Dialogpartikel.

Aufgabe 2   Vergleichen Sie im Überblick die Entwicklungslinien von *doch* und *ja*.

18.3.1 Beispielmaterial zum heutigen Gebrauch von *doch*

Die folgenden Satzbeispiele zeigen einige charakteristische Verwendungen im heutigen Gebrauch von *doch*:

(1)   A: Du hast mir das nicht gesagt – B: *Doch*
(2)   Ich habe mehrmals angerufen, *doch* er war nicht zuhause
(3)   Peter hat es also *doch* gewusst
(4)   A: Peter wird mit dem Ergebnis aber nicht zufrieden sein
        B: Er hätte es *doch* vermeiden können
(5)   Nehmen Sie *doch* noch ein Stück Kuchen
(6)   Bring mir *doch* mal den Hammer
(7)   Das ist *doch* eine traurige Geschichte
(8)   Wie hieß der *doch* nochmal?

Als Antwort-Partikel wie in (1) wird *doch* zumeist verwendet, wenn der Gesprächspartner in seiner vorhergehenden Äußerung einen Negationsausdruck verwendet hat, sei es bei einer Behauptung, einer Aufforderung oder einer Frage. Man kann damit der Behauptung widersprechen, sich weigern, der Aufforderung zu folgen oder die negativ formulierte Frage positiv beantworten. Bei diesem und den folgenden Beispielen spricht man auch von einem *adversativen* Gebrauch. In (2) ist *doch* als Konjuktion verwendet. Damit kann der Sprecher signalisieren, dass er einen Gegensatz zwischen der ersten Feststellung (oder einer damit verbundenen Annahme) und der zweiten Feststellung sieht. Wenn jemand feststellt, dass er mehrfach angerufen hat, dann liegt die Annahme nahe, dass er erwartet hat, dass der Angerufene auch zuhause ist. Mit dem *doch*-Satz signalisiert der Sprecher den Kontrast zwischen dieser Erwartung und der Feststellung, dass der Angerufene nicht zuhause war. In (3) ist *doch* Adverb, es ist betont und steht diesmal im Mittelfeld. Mit dieser Verwendung signalisiert der Sprecher einen Kontrast zwischen dem Schluss, dass Peter es gewusst hat und einer früheren Behauptung oder Annahme, dass Peter es nicht gewusst hat. In (4) bis (8) dagegen ist *doch* unbetont als Modalpartikel verwendet. Bei (4) und (5) ist die Verwandtschaft mit den bisherigen Verwendungsweisen noch relativ eng. Mit der Verwendung von *doch* in (4) kann der Sprecher

(i)   signalisieren, dass er einen Kontrast sieht zwischen der Feststellung, dass Peter mit dem Ergebnis nicht zufrieden sein wird, und der Feststellung, dass er es hätte verhindern können. (Nach dem Prinzip: Wenn jemand ein unerfreuliches Ergebnis hätte verhindern können, dann hat er keinen Grund, damit unzufrieden zu sein.)
(ii)   signalisieren, dass das Sehen dieses Kontrasts zum gemeinsamen Wissen von A und B gehört.

Mit der Verwendung von *doch* in (5) kann der Sprecher die Annahme signalisieren, dass der Angesprochene möglicherweise zögert, den angebotenen Kuchen zu nehmen. Auch hier finden wir noch einen schwachen Kontrast zwischen dem Angebot und der signalisierten Annahme. Ähnlich in (6), wo der Sprecher mit der Verwendung von *doch* signalisieren kann, dass es gemeinsames Wissen ist, dass der Angesprochene von sich aus den Hammer nicht bringen würde. In (7) wird *doch* ganz ähnlich verwendet wie *ja*, zum Signalisieren der

Annahme, dass der Sprecher mit dem Angesprochenen in der Beurteilung des Sachverhalts übereinstimmt, möglicherweise im Gegensatz zur Beurteilung durch andere Personen. Das Kontrastelement ist hier, wenn überhaupt, nur in sehr abgeschwächter Form vorhanden. Das gilt auch für die Verwendung von *doch* in (8), mit der der Sprecher die Annahme signalisieren kann, dass er den Namen, der ihm gerade nicht einfällt, eigentlich kennen müsste.

Wie bei vielen Modalpartikeln zeigt *doch* eine Verteilung auf bestimmte Satztypen. In der Gegenwartssprache wird *doch* als Modalpartikel normalerweise in sog. Aussage-, Aufforderungs- und Exklamativsätzen (*Wie mich das doch freut!*) verwendet, in Ergänzungsfragen dagegen nur eingeschränkt (*Wie hieß der doch?*) und in Entscheidungsfragen gar nicht (**Hast du das doch erledigt?*).

Ähnlich wie in unserer Beispielliste für *ja* in 18.2.1 finden wir in der obigen Beispielliste eine Gruppe von Verwendungsweisen, die gewisse Familienähnlichkeiten haben. Wie beim Beispiel *ja* stellt sich die Frage, wie sich diese Familie entwickelt hat, ob es vielleicht eine Urmutter oder eine Urfamilie gibt, ob es Verwendungsweisen gibt, die ausgestorben sind, möglicherweise die missing links zwischen heutigen Verwendungsweisen. Zur Untersuchung dieser Fragen können Sie das folgende Beispielmaterial benutzen.

18.3.2 Die Anfänge: Belege für den Gebrauch im Ahd.

Ahd. *doh* (verschiedene Schreibweisen, im Südrheinfränkischen *thoh*) ist in erster Linie ein adversativ verwendeter Ausdruck, mit dem man eine konstrastive Verknüpfung von Sachverhalten ausdrücken kann. Er kommt sowohl in der Position einer Konjunktion vor – (9) erster Halbvers – als auch in der Position eines Adverbs am Satzbeginn (10) und nach dem Finitum im Hauptsatz – (9) zweiter Halbvers:

(9)   *Thoh* er nu biliban si, farames *thoh* thar er si   (Otfrid III.23.55)
        ‚Obgleich er jetzt tot (geblieben) ist, wollen wir trotzdem dorthin gehen, wo er ist‘

(10)   *Thoh* will ih frewen es nun mih ...   (Otfrid III.23.51)
        ‚Doch will ich dessen nun mich freuen ...‘

Daneben gibt es aber Verwendungen im Satzinneren, in denen die Funktion der Satzverknüpfung nicht mehr so deutlich ist. Hier sind wir offensichtlich heutigen Modalpartikelverwendungen schon nahe. Dies gilt insbesondere für Verwendungen in Aufforderungen wie in (11) und (12):

(11)   Gidua unsih ... *thoh* nu wis, oba thu forasago sis   (Otfrid I.27.29)
        ‚Kläre uns doch jetzt darüber auf, ob du ein Prophet bist‘

Wenn meine Deutung dieses Belegs zutrifft, signalisiert der Sprecher in (11) mit *thoh* seine Annahme, daß der Angesprochene (Johannes der Täufer) nicht ohne Weiteres bereit ist, die gewünschte Information zu geben. Diese Art von Funktion, nämlich Annahmen hinsichtlich eines Kontrasts zu signalisieren, hat die Modalpartikel *doch* – unter anderen – auch in der Gegenwartssprache. Damit, dass der Sprecher den Kontrast zwischen seiner Aufforderung und seiner Annahme signalisiert, kann er der Aufforderung zusätzliche Dringlichkeit ver-

leihen. Dies scheint im Ahd. die zentrale Funktion der Verwendung von *doh* in Aufforderungen zu sein (vgl. auch Behaghel 1928, 160). Auch zum Ausdruck der Dringlichkeit
eines Wunsches scheint *doch* im Ahd. regelmäßig verwendet zu werden, wie sich aus folgender Wiedergabe eines Wunsches schließen lässt:

(12)   (Menschen mit verschiedenen Krankheiten wurden zu Jesus gebracht.)
         Sie wunsgtun, muasin rinan *thoh* sinan tradon einan
         in sinen giwatin ...   (Otfrid III.9.9f.)
         ‚Sie wünschten, sie könnten doch nur den Saum seines Gewandes berühren'

Noch etwas subtiler scheint die Verwendung in (13) zu sein:

(13)   Uuaz uuellent ir *doh* nu getuon. mit so michelemo ostode iuuerro sachon?
         (Notker I.93.15)
         ‚Was wollt ihr denn erreichen mit solch großem Lärm um eueren Besitz?'

Aus dem Kontext des Abschnitts, der mit diesem Satz beginnt, könnte man schließen, dass
mit der Einleitungsfrage suggeriert werden soll, dass das Streben nach Reichtum nutzlos ist.
Bei dieser Deutung als eine Art rhetorischer Frage könnte man einen Kontrast sehen zwischen der den Hörern unterstellten Annahme, dass es einen guten Grund gibt, sich mit gro-
ßem Aufwand um Reichtum zu bemühen, und der Annahme des Sprechers, dass dieser
Aufwand nutzlos ist. Die Funktion von *doh* in (13) würde dann darin bestehen, diesen Kontrast der Annahmen und damit den Charakter als rhetorische Frage zu signalisieren. Aus
heutiger Sicht fällt auf, dass *doh* hier in einem Typ von Fragesatz verwendet wird, in dem
es heute nicht mehr gebräuchlich ist. Nicht umsonst habe ich in der nhd. Wiedergabe die
Partikel *denn* verwendet.

18.3.3 Belege für den Gebrauch im Mhd.

In einem nächsten Schritt können wir überprüfen, welche Verwendungsweisen im Mhd. zu
dokumentieren sind, ob sich hier eine Kontinuität der Verwendungsweisen zeigen lässt und
ob ggf. Unterschiede zum Ahd. zu erkennen sind. Ich gebe im Folgenden eine Reihe von
Belegen aus einem epischen Werk der Zeit um 1200, dem „Tristan" Gottfried von Straß-
burgs, sowie aus einigen anderen Texten.

1.   *doch* als adversative Konjunktion

(14)   (Der König Marke hielt seinen Truchsess für einen Lügner)
         doch erm die waren maere ... hate geseit   (Gottfried, Tristan, 14232ff.)
         ‚obgleich er ihm die wirklichen Ereignisse berichtet hatte'

Diese Verwendung mit Verb-Letzt-Stellung scheint mhd. eher selten zu sein. Vor dem
Vorfeld, bei Verb-Zweit-Stellung, steht *doch* in folgendem Beispiel:

(15)   hab sie es ymmer für ein spill
         doch so will ich dienen ir auff guten wan   (Neidhart, Lieder, 76.36ff., Hs. c)
         ‚auch wenn meine Dame alles immer nur als ein Spiel auffasst,
         dann will ich ihr doch aus reiner Hoffnung auf Erfolg dienen'

2.   *doch* als adversatives Adverb im Vorfeld und Mittelfeld

(16)   (Riwalin und Blanscheflur leben glücklich miteinander)
        Doch werte daz unlange   (Gottfried, Tristan, 1373)
        ‚doch währte das nicht lange'

(17)   (Was halfen ihm die ärztlichen Bemühungen?)
        im was *doch* nichtes deste baz   (Gottfried, Tristan, 7264)
        ‚es ging ihm doch um nichts besser'

3.   *doch* als adversatives Adverb im Nachsatz mit *swie* im Vordersatz

(18)   *swie* wol daz aber schine hier,
        ez schein *doch* vil und verre baz
        sit do er uf daz ors gesaz   (Gottfried, Tristan, 6692ff.)
        ‚wie gut er und seine Ausrüstung am Boden schon aussahen,
        so sahen sie doch noch weitaus eindrucksvoller aus,
        nachdem er sich auf das Pferd gesetzt hatte'

Swie + *doch* ist eine im klassischen Mhd. häufig belegte Kombination, die im späteren Mhd. verloren geht, da das generalisierende konzessive *swie* (‚wie ... auch immer') aufgegeben wird.

4.   *doch* als Modalpartikel?

Wenn man die Belege für *doch* in Gottfrieds „Tristan" durchgeht, fällt auf, dass besonders bei der Redewiedergabe in direkter Rede Verwendungen vorkommen, die mit dem modernen Gebrauch als Modalpartikel verwandt zu sein scheinen:

(19)   (Statt des Königs von Irland hat die Königin dem Truchsess, der ihre Tochter
        heiraten will, auf seinen Antrag geantwortet. Der Truchsess reagiert verärgert:)
        vrouwe, ir tuot übel, wie redet ir so?
        min herre, der ez enden sol,
        der kan *doch* selbe sprechen wol.   (Gottfried, Tristan, 9826ff.)
        ‚Herrin, es ist nicht richtig, dass ir so redet.
        Mein Herr (der König), der die Sache entscheiden soll,
        der kann doch selbst gut sprechen'

Bei der Deutung dieser Stelle ergibt es einen guten Sinn, wenn man eine Verwendung unterstellt, die dem modernen Beispiel (4) entspricht. Mit der Verwendung von *doch* in (19) kann der Sprecher

(i)   signalisieren, dass er einen Kontrast sieht zwischen der Feststellung, dass der König ganz gut sprechen kann, und der Tatsache, dass dieser *nicht* gesprochen hat, sondern die Königin.

(ii)   signalisieren, dass das Sehen dieses Kontrasts zum gemeinsamen Wissen der Beteiligten gehört.

In diesem Beleg deutet die Stelle im Vers, an der *doch* steht, aus metrischen Gründen darauf hin, dass *doch* hier unbetont ist, eine typische Eigenschaft der heutigen Verwendung als Modalpartikel.

Ähnlich kann man auch den folgenden Beleg deuten:

(20)   (Tristan fragt Isolde, warum sie ihn hasst. Sie antwortet:)
,ir sluoget minen oeheim.'
,deist *doch* versüenet.' ,des al ein:
ir sit mir doch unmaere.'   (Gottfried, Tristan, 11577ff.)

,Ihr habt meinen Onkel getötet.'
,(Aber) das ist doch gesühnt.' ,Unabhängig davon:
Ihr seid mir trotzdem zuwider.'

Im Vergleich von Vers 11578 und 11579 wird der Unterschied der typischen Verwendung als Modalpartikel und als adversatives Adverb (übersetzt mit *trotzdem*) recht deutlich. Mit der Verwendung von *doch* in 11578 signalisiert Tristan – das ergibt eine einleuchtende Deutung der Stelle –, dass er annimmt, dass es für die Beteiligten gemeinsames Wissen ist, dass ihm der Tod des Onkels nicht mehr angerechnet werden kann.

Beispiele für die Verwendung in Aufforderungen und Fragen gebe ich aus einem anderen epischen Text, Hartmanns „Iwein“:

(21)   ,waz maere hastu vernomen?'
,guotiu maere.' ,sage *doch*, wie?'   (Hartmann, Iwein, 2206f.)

,Was hast du an Neuigkeiten gehört?'
,Gute Nachricht.' ,Sag doch genauer!'

(22)   ,sage durch got, wer weiz es *doch*?'   (Hartmann, Iwein, 2211)
,Sage mir um Gottes willen, wer weiß es denn?'

18.3.4 Belege für den Gebrauch von *doch* im Fnhd.

Für das Fnhd. gibt das DWb zahlreiche Belege aus Luthers Bibelübersetzung, die heutigen Verwendungsweisen entsprechen:

(23)   mir ist angst, *doch* ich will in die hand des Herren fallen
(1. Chronik 21.13)

(24)   darnach gehe er ins lager, *doch* soll er außer seiner hütten sieben tage bleiben
(3. Mose 14.8)

(25)   wenn ewer sünde gleich blutrot ist,
sol sie *doch* schneeweiß werden   (Jesaja 1.18)

(26)   und (die Menschen) sind wie ein schlaf, wie ein gras, das *doch* so bald welk wird
(Psalm 90.5)

Auch die Verwendung in Aufforderungen ist bei Luther belegt:

(27)   sihe, herr, keret *doch* ein zum hause ewers knechts   (1. Mose 19.2)

(28)   sage *doch*, wie heißest du?   (1. Mose 22.29)

Zu diesen Verwendungen vermerkt das Deutsche Wörterbuch: „Beim imperativ der oft eine bitte enthält" (DWb 2, 1205). Der Herausgeber deutet die Verwendung von *doch* in diesen Belegen also nicht als ein Mittel zur Verstärkung der Aufforderung, sondern zur Milderung.

Bei Luther findet sich auch noch die schon erwähnte, aus heutiger Sicht auffallende Verwendung von *doch* in Fragesätzen, die wir mit *denn* wiedergeben würden:

(29)   wie lang sol *doch* das land so jämerlich stehen?   (Jeremia 12.4)

In argumentativen Texten der Zeit fällt der häufige Gebrauch der Verbindung *da doch* auf, mit der ein Argument eingeführt wird, das einer Behauptung des Gegners widerspricht, wobei signalisiert wird, dass dieses Argument sich auf gemeinsames Wissen stützt:

(30)   D. Röslin. Daher auch nit gar vergebens/ das die Astrologi den Planeten jre
        Zaichen zugeben/ welliches Kepplerus auch gern laugnen wolte/ da *doch* die
        Experientia solches bezeugt.   (Kepler 1609.141)

        ‚Röslin sagt: Daher ist es auch wohlbegründet, dass die Astrologen den Planeten jeweils
        bestimmte Zeichen zuweisen, was Kepler auch gerne bestritten hätte, obgleich, wie wir alle
        wissen, die Erfahrung bezeugt, dass diese Zuordnung wohlbegründet ist.‘

18.3.5 Materialien zu Entwicklungen seit dem 17. Jahrhundert

– Stieler gibt in seinem „Teutschen Sprachschatz" (1691, Bd. 1.322) neben den Verwendungen als Konjunktion bzw. Adverb eine Reihe von Beispielen zur Verwendung in Bitten und Aufforderungen: *Komm doch, sag doch*; *Laß mich doch zufrieden*. Weiterhin führt er Verwendungen als Dialogpartikel an, allerdings jeweils in Verbindung mit einer weiteren Partikel: *Ja doch, Nein doch, freylich doch*.

– Adelung verzeichnet in seinem grammatisch-kritischen Wörterbuch (1811) neben den Verwendungen als adversative Konjunktion bzw als adversatives Adverb eine Gruppe von Verwendungsweisen, die er folgendermaßen kennzeichnet: „8. Noch öfter werden die bisher bemerkten Bedeutungen, und die Beziehung auf das Vorhergehende unkenntlich, und da hat diese Partikel eine intensive Kraft, durch ihre bejahende Bedeutung den Nachdruck zu erhöhen, oder doch wenigstens die Vollständigkeit oder Ründe der Rede zu befördern. Sie stehet in diesem Falle alle Mahl hinter einem oder mehrern Wörtern. Sie bedeutet alsdann, 1) eine einfache Bejahung oder Verneinung. Ja doch! Nein doch! Nicht doch! wo die Partikel zugleich einen Unwillen verräth. 2) Einen bejahenden Satz. (...) Ich möchte doch wissen, was sie mir zu sagen hätte. (...) 3) Einen Imperativ, wo doch oft einigen Unwillen verkündiget. Wirf mir doch das nicht vor. So höre doch. (...) Oft hat es auch nur die Gestalt einer Bitte. Sage mir es doch. (...) Aber auch in dieser letzten Gestalt setzt es Vertraulichkeit voraus, daher man es in dieser Bedeutung gegen Personen, denen man Ehrerbietung schuldig ist, nicht gebrauchen darf. 4) Eine Frage. Sie haben es doch? Es ist doch wohl nichts Böses? (...) Auch wenn diese Frage einen Verweis, einen Unwillen enthält. Was reden sie doch? (...) 5) Einen Ausruf, einen Wunsch. O, daß doch mein Vater käme! (...)" (Adelung 1811, Bd. 1, 1506f.).

– Joachim Heinrich Campe vermerkt in seinem „Wörterbuch der Deutschen Sprache" (1807, Bd. 1.725): „6) Im N.D. (d.h. Niederdeutschen) wird es auch schlechthin als eine Bejahung gebraucht, insofern man einer vorhergehenden Verneinung widersprechen will, für allerdings. (...) Haben Sie es noch nicht? Doch."

– Zum Gebrauch als Dialogpartikel vermutet das Grimmsche Wörterbuch: „wie es scheint, hat man erst im 18ten jahrhundert angefangen *doch, o doch* als einfache bejahung zu verwenden" (DWb 2, 1205). In der Neubearbeitung wird als frühester Beleg eine Stelle aus Lessings „Nathan" von 1779 angeführt (DWbN 6, 1193):

(31) Al-Hafi: Das Spiel ist ja nicht aus.
                Ihr habt ja nicht verloren, Saladin.
      Saladin kaum hinhörend:
                Doch! doch! Bezahl! bezahl!

– Hermann Paul weist in seinem „Deutschen Wörterbuch" (1897, 95) u.a. auf folgende Verwendungsweisen hin: „Allgemein auch jetzt üblich ist d. (*doch* GF), wo die Frage zum Ausruf geworden ist: was muß man sich d. alles gefallen lassen. (...) In den Wunschsätzen, welche Form sie auch haben, ist d. jetzt fast notwendig geworden: käme er d., wenn er d. käme, daß er d. käme."

18.3.6 Zusammenfassende Auswertung des Belegmaterials

Ausgangspunkt der semantischen Entwicklung von *doch* ist offensichtlich die adversative Verwendung als Konjunktion oder Adverb. Schon im Ahd. findet man aber Verwendungen, die nicht nur die Funktion haben, einen Gegensatz festzustellen, sondern zu signalisieren, dass der Sprecher gemeinsames Wissen in Bezug auf diesen Gegensatz voraussetzt. Diese Art der Verwendung zeigt sich am deutlichsten in Aufforderungen und Fragen. Auffallend ist vom Ahd. bis zum Fnhd. die Verwendung von *doch* in Fragesätzen, wo wir heute *denn* verwenden. Nach bisherigem Wissen ist *doch* als Dialogpartikel erst seit dem 18. Jahrhundert gebräuchlich.

Die Partikeln *ja* und *doch*, die in ihren Verwendungen als Dialogpartikel und Modalpartikel heute eng verwandt sind, haben interessanterweise gerade in diesen Verwendungsweisen eine gegenläufige Geschichte. *Doch* zeigt schon im Ahd. eine Verwendung, die zumindest eng mit heutigen Modalpartikel-Verwendungen verwandt ist. Da es für andere Partikeln diese Verwendungen erst später gibt, kann *doch* als der frühe Prototyp der Modalpartikelverwendung gelten, der als Präzedenz für Modalpartikelverwendungen anderer Partikeln, z.B. von *ja*, dienen konnte. Die Verwendung als Dialogpartikel hat sich, soweit wir bisher wissen, im 18. Jahrhundert entwickelt. Ausgangspunkt könnten die bei Stieler (1691) erwähnten Partikelkombinationen vom Typ *ja doch* sein. Genau umgekehrt verläuft die Entwicklung bei *ja*. Ausgangspunkt der Entwicklung ist die Verwendung als Dialogpartikel, die in allen germanischen Dialekten belegt ist.

18.3.8 Literatur zur Entwicklung von *doch*

Weiteres Belegmaterial, Bedeutungsbeschreibungen und Entwicklungshypothesen finden Sie in: Behaghel (1928, 154–162), Hentschel (1986, 87–98, 110–115), DWbN 6, 1983, 1188–1193, Wauchope (1991, 63–91) (fürs Ahd.).

18.4 Literaturhinweise zur Bedeutungsentwicklung von Partikeln

- Einen Überblick über Entwicklungspfade für verschieden Partikeln gibt Burkhardt (1994).

- Weitere Literatur zur Entwicklung von Partikeln (Konjunktionen, Modalpartikeln, Präpositionen, Interjektionen) findet sich in Fritz (1998a, 148ff.).

- Zur Entwicklung von Diskurspartikeln aus Konnektoren in der Gegenwartssprache (*weil*, *obwohl*, *während*, *wobei*) vgl. Günthner (2003).

Literaturverzeichnis

Adelung, Johann Christoph: Grammatisch-kritisches Wörterbuch der hochdeutschen Mundart mit beständiger Vergleichung der übrigen Mundarten, besonders aber der oberdeutschen. 4 Bde. 2. Aufl. Wien 1811.

Aitchison, Jean (2003): Metaphors, models and language change. In: Hickely, Raymond (ed.): Motives for language change. Cambridge, 39–53.

Aitchison, Jean/Lewis, Diana M. (2003): Polysemy and bleaching. In: Nerlich, Brigitte/Todd, Zazie/Herman, Vimala/Clarke, David D. (eds.): Polysemy. Flexible patterns of meaning in language and mind. Berlin/ New York, 253–265.

Anderson, Lloyd B. (1986): Evidentials, paths of change, and mental maps: Typologically regular asymmetries. In: Chafe, Wallace/Nichols, Johanna (eds.): Evidentiality: The linguistic coding of epistemology. Norwood, N.J., 273–312.

Anderson, Robert R./Goebel, Ulrich/Reichmann, Oskar (1984): Frühneuhochdeutsch ‚arbeit‘ und einige zugehörige Wortbildungen. In: Ebenbauer, Alfred (Hg.): Philologische Untersuchungen, Elfriede Stutz zum 65. Geburtstag. Wien, 1–29.

Augst, Gerhard (1970): „Haupt" und „Kopf". Eine Wortgeschichte bis 1550. Diss. Mainz. Gießen.

Augst, Gerhard (1977): Sprachnorm und Sprachwandel. Vier Projekte zu diachroner Sprachbetrachtung. Wiesbaden.

Autenrieth, Tanja (2002): Heterosemie und Grammatikaliserung bei Modalpartikeln. Eine synchrone und diachrone Studie anhand von „eben", „halt", „e(cher)t", „einfach", „schlicht" und „glatt". Tübingen.

Bachem, Rolf/Battke, Kathleen (1991): Strukturen und Funktionen der Metapher *Unser Gemeinsames Haus Europa* im aktuellen politischen Diskurs. In: Liedtke, Frank/Wengeler, Martin/Böke, Karin (Hg.): Begriffe besetzen. Strategien des Sprachgebrauchs in der Politik. Opladen, 295–307.

Baldinger, Kurt (1958): Vom Affektwort zum Normalwort. Das Bedeutungsfeld von agsk. *trebalh/ Plage, Arbeit/*. In: Etymologica. Walther von Wartburg zum 70. Geburtstag. Tübingen, 59–93.

Bär, Jochen A. (2002): Das Wort im Spiegel der Sprachkritik. In: Agel, Vilmos/Gardt, Andreas/Haß-Zumkehr, Ulrike/Roelcke, Thorsten (Hg.): Das Wort. Seine strukturelle und kulturelle Dimension. Festschrift für Oskar Reichmann zum 65. Geburtstag. Tübingen, 133–158.

Barcelona, Antonio (ed.)(2000): Metaphor and metonymy at the crossroads. A cognitive perspective. Berlin/New York.

Beetz, Manfred (1990): Frühmoderne Höflichkeit. Komplimentierkunst und Gesellschaftsrituale im altdeutschen Sprachraum. Stuttgart.

Behaghel, Otto (1923–1932): Deutsche Syntax. Eine geschichtliche Darstellung. Heidelberg. Bd. I 1923, Bd. II 1924, Bd. III 1928, Bd. IV 1932.

Besch, Werner (1967): Sprachlandschaften und Sprachausgleich im 15. Jahrhundert. München.

Besch, Werner (1996): Duzen, Siezen, Titulieren. Zur Anrede im Deutschen heute und gestern. Göttingen 1996.

Bierwisch, Manfred (1970): Einige semantische Universalien in deutschen Adjektiven. In: Steger, Hugo (Hg.): Vorschläge für eine strukturale Grammatik des Deutschen. Darmstadt, 269–318.

Blank, Andreas (1997): Prinzipien des lexikalischen Bedeutungswandels am Beispiel der romanischen Sprachen. Tübingen.

Blank, Andreas (1998): Der ‚Kopf' in der Romania und anderswo. In: Gil, Alberto/Schmitt, Christian (Hg.): Kognitive und kommunikative Dimensionen der Metaphorik in den romanischen Sprachen. Bonn: Romanistischer Verlag, 11–32.

Blank, Andreas/Koch, Peter (eds.)(1999): Historical semantics and cognition. Berlin/New York.

[BMZ] Mittelhochdeutsches Wörterbuch. Mit Benutzung des Nachlasses von Georg Friedrich Benecke ausgearb. von Wilhelm Müller und Friedrich Zarncke. 3 Bde. Leipzig 1854–1866. Neudruck Hildesheim 1963.

Bréal, Michel (1897): Essai de sémantique. Science des significations. Paris. 7. Aufl. Paris 1924.

Bucher, Hans-Jürgen (2001): Wie interaktiv sind die neuen Medien? In: Bucher, Hans-Jürgen/Püschel, Ulrich (Hg.): Die Zeitung zwischen Print und Digitalisierung. Wiesbaden, 139–171.

Bühler, Karl (1934): Sprachtheorie. Die Darstellungsfunktion der Sprache. 2. unv. Aufl. Stuttgart 1965.

Burkhardt, Armin (1994): Abtönungspartikeln im Deutschen. Bedeutung und Genese. In: Zeitschrift für Germanistische Linguistik 22, 129–151.

Burkhardt, Armin (1996): Zwischen Poesie und Ökonomie. Die Metonymie als semantisches Prinzip. In: Zeitschrift für Germanistische Linguistik 24, 175–194.

Burkhardt, Armin (1998): Deutsche Sprachgeschichte und politische Geschichte. In: Besch, Werner/Betten, Anne/Reichmann, Oskar/Sonderegger, Stefan (Hg.): Sprachgeschichte. Ein Handbuch zur Geschichte der deutschen Sprache und ihrer Erforschung. 2., vollst. neu. bearb. und erw. Aufl. Berlin/New York, 98–122.

Busch, Albert (2004): Diskurslexikologie und Sprachgeschichte der Computertechnologie. Tübingen.

Busse, Dietrich (1991): Konventionalisierungsstufen des Zeichengebrauchs als Ausgangspunkt semantischen Wandels. In: Busse, Dietrich (Hg.): Diachrone Semantik und Pragmatik. Untersuchungen zur Erklärung und Beschreibung des Sprachwandels. Tübingen, 37–66.

Bybee, Joan/Perkins, Revere/Pagliuca, William (1994): The evolution of grammar. Tense, aspect, and modality in the languages of the world. Chicago/London 1994.

Conze, Werner: Arbeit. In: Geschichtliche Grundbegriffe. Historisches Lexikon zur politisch-sozialen Sprache in Deutschland. Hg. von Brunner, Otto/Conze, Werner/Koselleck, Reinhart. Bd. 1. Stuttgart 1972, 154–215.

Curtius, Ernst Robert (1993): Europäische Literatur und lateinisches Mittelalter. 11. Aufl. Tübingen/Basel.

Deggau, Gustav (1907): Ueber Gebrauch und Bedeutungs-Entwicklung der Hilfs-Verben „können" und „mögen". Diss. Gießen 1906. Wiesbaden.

Dekeyser, Xavier (1994): The multual quantifiers much/many and their analogues: a historical lexico-semantic analysis. In: Leuvense Bijdragen 83, 289–299.

Diewald, Gabriele (1999): Die Modalverben im Deutschen. Grammatikalisierung und Polyfunktionalität. Tübingen.

DRWb: Deutsches Rechtswörterbuch. Bisher 10 Bde. Weimar 1914–2001.

Dückert, Joachim (Hg.)(1976): Zur Ausbildung der Norm der deutschen Literatursprache auf der lexikalischen Ebene (1470–1730) II. Untersucht an ausgewählten Konkurrentengruppen. Berlin.

DUDEN. Deutsches Universalwörterbuch. 4. neu bearb. und erw. Aufl. Mannheim etc. 2001.

Durrell, Martin (1972): Die semantische Entwicklung der Synonymik für „warten". Zur Struktur eines Wortbereichs. Marburg.

DWb: Deutsches Wörterbuch von Jacob und Wilhelm Grimm. 16 Bände (32 Teile) und ein Quellenverzeichnis. Leipzig 1854–1971. Nachdruck München 1984.

DWbN: Deutsches Wörterbuch von Jacob und Wilhelm Grimm. Neubearbeitung. Leipzig 1983ff.

Eckardt, Regine/von Heusinger, Klaus/Schwarze, Christoph (ed.)(2003): Words in time: diachronic semantics from different points of view. Berlin/New York.

Ehrismann, Gustav (1901–1904): Duzen und Ihrzen im Mittelalter. In: Zeitschrift für deutsche Wortforschung 1, 1901, 117–149; 2, 1902, 118–159; 4, 1903, 210–248; 5, 1904, 127–220.

Ehrismann, Otfrid (1995): Ehre und Mut, Aventiure und Minne. München, 55–60.

Fauconnier, Gilles/Turner, Mark (2002): The way we think. Conceptual blendings and the mind's hidden complexities. New York.

Fischer, Paul (1929): Goethe-Wortschatz : ein sprachgeschichtliches Woerterbuch zu Goethes sämtlichen Werken. Leipzig.

Fluck, Hans-Rüdiger (1996): Fachsprachen. Einführung und Bibliographie. 5., überarb. und erw. Aufl. Tübingen/Basel.

Fritz, Gerd (1974): Bedeutungswandel im Deutschen. Neuere Methoden der diachronen Semantik. Tübingen.

Fritz, Gerd (1991): Deutsche Modalverben 1609 – Epistemische Verwendungsweisen. Ein Beitrag zur Bedeutungsgeschichte der Modalverben im Deutschen. In: Beiträge zur Geschichte der deutschen Sprache und Literatur 113, 28–52.

Fritz, Gerd (1995): Metonymische Muster und Metaphernfamilien. Bemerkungen zur Struktur und Geschichte der Verwendungsweisen von *scharf*. In: Hindelang, Götz/Rolf, Eckard/Zillig, Werner (Hg.): Der Gebrauch der Sprache. Festschrift für Franz Hundsnurscher zum 60. Geburtstag. Münster, 77–107.

Fritz, Gerd (1997a): Historische Semantik der Modalverben: Problemskizze – Exemplarische Analysen – Forschungsüberblick. In: Fritz, Gerd/Gloning, Thomas (Hg.): Untersuchungen zur semantischen Entwicklungsgeschichte der Modalverben im Deutschen. Tübingen, 1–157.

Fritz, Gerd (1997b): Deutsche Modalverben 1609. Nicht-epistemische Verwendungsweisen. In: Fritz, Gerd/Gloning, Thomas (Hg.): Untersuchungen zur semantischen Entwicklungsgeschichte der Modalverben im Deutschen. Tübingen, 249–305.

Fritz, Gerd (1998a): Historische Semantik. Stuttgart/Weimar.

Fritz, Gerd (1998b): Ansätze zu einer Theorie des Sprachwandels auf der lexikalischen Ebene. In: Besch, Werner/Betten, Anne/Reichmann, Oskar/Sonderegger, Stefan (Hg.): Sprachgeschichte. Ein Handbuch zur Geschichte der deutschen Sprache und ihrer Erforschung. 2. Aufl. Berlin/New York, 860–874.

Fritz, Gerd (2000a): Zur semantischen Entwicklungsgeschichte von *wollen*: Futurisches, Epistemisches und Verwandtes. In: Richter, Gerd/Riecke, Jörg/Schuster, Britt-Marie (Hg.): Raum, Zeit, Medium – Sprache und ihre Determinanten. Fs. für Hans Ramge zum 60. Geburtstag. Darmstadt, 263–282.

Fritz, Gerd (2000b): Extreme Polysemie – der Fall *ziehen*. In: Beckmann, Susanne/König, Peter-Paul/Wolf, Georg (Hg.): Sprachspiel und Bedeutung. Festschrift für Franz Hundsnurscher zum 65. Geburtstag. Tübingen, 37–49.

Fritz, Gerd (2002): Wortbedeutung in Theorien sprachlichen Handelns. In: Cruse, Alan. D./Hundsnurscher, Franz/Job, Michael/Lutzeier, Peter Rolf (Hg.): Lexikologie. Ein internationales Handbuch zur Natur und Struktur von Wörtern und Wortschätzen. 1. Halbband. Berlin/New York, 189–199.

Fritz, Gerd/Gloning, Thomas (Hg.)(1997): Untersuchungen zur semantischen Entwicklungsgeschichte der Modalverben im Deutschen. Tübingen.

Frühneuhochdeutsches Wörterbuch. Hg. von Robert R. Anderson, Ulrich Goebel, Oskar Reichmann. Berlin/New York 1989ff.

Georges, Karl Ernst: Ausführliches lateinisch-deutsches Handwörterbuch. 2 Bde. Hannover 1913–1919. Unv. Nachdruck Darmstadt 1995.

Gibbs, Raymond W. Jr. (1994): The poetics of mind. Figurative thought, language, and understanding. Cambridge.

Gierl, Martin (1997): Pietismus und Aufklärung. Theologische Polemik und die Kommunikationsreform der Wissenschaft am Ende des 17. Jahrhunderts. Göttingen.

Gloning, Thomas (1996): Bedeutung, Gebrauch und sprachliche Handlung. Ansätze und Probleme einer handlungstheoretischen Semantik aus linguistischer Sicht. Tübingen.

Gloning, Thomas (1997): Modalisierte Sprechakte mit Modalverben. Semantische, pragmatische und sprachgeschichtliche Untersuchungen. In: Fritz, Gerd/Gloning, Thomas (Hg.): Untersuchungen zur semantischen Entwicklungsgeschichte der Modalverben im Deutschen. Tübingen, 307–437.

Gloning, Thomas (2002): Ausprägungen der Wortfeldtheorie. In: Cruse, Alan D./Hundsnurscher, Franz/Job, Michael/Lutzeier, Peter Rolf (Hg.): Lexikologie. Ein internationales Handbuch zur Natur und Struktur von Wörtern und Wortschätzen. 1. Halbband. Berlin/ New York, 728–737.

Gloning, Thomas (2003): Organisation und Entwicklung historischer Wortschätze. Lexikologische Konzeption und exemplarische Untersuchungen zum deutschen Wortschatz um 1600. Tübingen.

Gloy, Klaus (1977): Überreaktion auf Petitessen? Zur Entstehung und Verbreitung von sprachlichen Konventionen. In: Osnabrücker Beiträge zur Sprachtheorie, 118–135.

238

Goede, Karin (1987): Spracherwerb und Quantitätsurteile – eine Analyse der „größer"- und „mehr"-Antworten von Kindern. In: Bierwisch, Manfred/Lang, Ewald (Hg.): Grammatik und konzeptuelle Aspekte von Dimensionsadjektiven. Berlin, 575–599.

GWb: Goethe-Wörterbuch. Hg. von der Akademie der Wissenschaften der DDR ... [Wiss. Leitung: Wolfgang Schadewaldt ...]. Stuttgart. Bd. 1. A–azurn. 1978. Bd. 2. B–einweisen. 1989. Bd. 3. einwenden–Gesäusel. 1998. Bd. 4. Geschäft–inhaftieren. 2004.

Grice, Paul (1989): Studies in the way of words. Cambridge, Mass./London.

Grober-Glück, Gerda (1994): Die Anrede des Bauern und seiner Frau durch das Gesinde in Deutschland um 1930 unter volkskundlichen und soziolinguistischen Aspekten nach Materialien des Atlas der deutschen Volkskunde. Frankfurt am Main [u.a.].

Günthner, Susanne (2003): Lexical-grammatical variation and development: The use of conjunctions as discourse markers in everyday spoken German. In: Eckardt, Regine/Von Heusinger, Klaus/Schwarze, Christoph (eds.): Words in time. Diachronic semantics from different points of view. Berlin/New York, 375–403.

Hammwöhner, Rainer (1997): Offene Hypertextsysteme. Konstanz: UVK.

Harm, Volker (2000): Regularitäten des semantischen Wandels bei Wahrnehmungsverben des Deutschen. Stuttgart.

Harms, Wolfgang et al. (Hg.) (1983): Illustrierte Flugblätter des Barock. Tübingen.

Harras, Gisela/Winkler, Edeltraud/Erb, Sabine/Proost, Kristel (2004): Handbuch deutscher Kommunikationsverben. Teil 1: Wörterbuch. Berlin/New York.

Haß, Ulrike (1991): Textkorpora und Belege. Methodologie und Methoden. In: Harras, Gisela/Haß, Ulrike/Strauß, Gerhard (Hg.): Wortbedeutungen und ihre Darstellung im Wörterbuch. Berlin/New York, 212–292.

Herberg, Dieter/Kinne, Michael/Steffens, Doris (2004): Neuer Wortschatz. Neologismen der 90er Jahre im Deutschen. Berlin/New York.

Heringer, Hans Jürgen (1988): Ja, ja, die Partikeln! Können wir Partikelbedeutungen prototypisch erfassen? In: Zeitschrift für Phonetik, Sprachwissenschaft und Kommunikationsforschung 41, 730–754.

Heringer, Hans Jürgen (1990): „Ich gebe Ihnen mein Ehrenwort". Politik, Sprache, Moral. München.

Heringer, Hans Jürgen (1999): Das höchste der Gefühle. Empirische Studien zur distributiven Semantik. Tübingen.

Hermanns, Fritz (1995): Sprachgeschichte als Mentalitätsgeschichte. Überlegungen zu Sinn und Form und Gegenstand der historischen Semantik. In: Gardt, Andreas/Mattheier, Klaus J./Reichmann, Oskar (Hg.): Sprachgeschichte des Neuhochdeutschen. Gegenstände, Methoden, Theorien. Tübingen, 69–102.

Hundsnurscher, Franz (1988): Über den Zusammenhang des Gebrauchs der Wörter. Eine methodologische Untersuchung anhand des deutschen Adjektivs GRÜN. In: Poetica 28, 75–103.

Hundsnurscher, Franz (2003): *Sprechen* und *sagen* im Spätmittelalter und in der frühen Neuzeit. In: Miedema, Nine/Suntrup, Rudolf (Hg.): Literatur – Geschichte – Literaturgeschichte. Beiträge zur mediävistischen Literaturwissenschaft. Frankfurt am Main/Berlin etc., 31–52.

[Hunold, Christian Friedrich] Die Beste Manier in Honnêter Conversation [...]. Von Menantes. Hamburg 1716.

Ising, Erika (1959): Wolfgang Ratkes Schriften zur deutschen Grammatik (1612–1630). Berlin.

Ising, Gerhard (1968): Zur Wortgeographie spätmittelalterlicher deutscher Schriftdialekte. Berlin.

Jäkel, Olaf (2003a): Wie Metaphern Wissen schaffen. Hamburg: Verlag Dr. Kovač.

Jäkel, Olaf (2003b): Die Geschichte der Konzeptualisierung von Wissenschaft als Entwicklungsgeschichte eines metaphorischen Szenarios. In: Geideck, Susan/Liebert, Wolf-Andreas (Hg.): Sinnformeln. Linguistische und soziologische Analysen von Leitbildern, Metaphern und anderen kollektiven Orientierungsmustern. Berlin/New York, 323–342.

Jakob, Karlheinz (1991a): Maschine, Mentales Modell, Metapher. Studien zur Semantik und Geschichte der Techniksprache. Tübingen.

Jakob, Karlheinz (1991b): Naive Techniktheorie und Alltagssprache. In: Dittmann, Jürgen/Kästner, Hannes/Schwitalla, Johannes (Hg.): Erscheinungsformen der deutschen Sprache. Literatursprache,

Alltagssprache, Gruppensprache, Fachsprache. Fs. zum 60. Geburtstag von Hugo Steger. Berlin, 125–136.

Jones, William Jervis (1990): German kinship terms (750–1500). Documentation and analysis. Berlin/ New York.

Jung, Matthias (1994): Öffentlichkeit und Sprachwandel. Zur Geschichte des Diskurses über die Atomenergie. Opladen.

Jung, Matthias (1999): Experten- und Laiensemantik in der öffentlichen Arena. Ein besonderer Typ der Wissensdissemination? In: Niederhauser, Jörg/Adamzik, Kirsten (Hg.): Wissenschaftssprache und Umgangssprache im Kontakt. Frankfurt am Main, 193–214.

Kainz, Friedrich (1974): Klassik und Romantik. In: Maurer, Friedrich/Rupp, Heinz (Hg.): Deutsche Wortgeschichte. Dritte, neubearb. Aufl. Bd. II. Berlin/New York, 245–491.

Keller, Rudi (1994): Sprachwandel. Von der unsichtbaren Hand in der Sprache. 2. Aufl. Tübingen/ Basel.

Keller, Rudi (1995): Zeichentheorie. Zu einer Theorie semiotischen Wissens. Tübingen/Basel.

Keller, Rudi/Kirschbaum, Ilja (2003): Pfade des Bedeutungswandels. Berlin/New York.

Keller-Bauer, Friedrich (1984): Metaphorisches Verstehen. Eine linguistische Rekonstruktion metaphorischer Kommunikation. Tübingen.

Klarén, Gustav Adolf (1913): Die Bedeutungsentwicklung von „können", „mögen" und „müssen" im Hochdeutschen. Diss. Lund.

Kluge, Friedrich (1912): Kneipe. In: Kluge, Friedrich: Wortforschung und Wortgeschichte. Leipzig, 1–20.

Kluge, Friedrich/Seebold, Elmar (1995): Etymologisches Wörterbuch der deutschen Sprache. 23., erweiterte Auflage. Berlin/New York.

Koch, Peter (2001): Metonymy. Unity in diversity. In: Journal of Historical Pragmatics 2, 201–244.

Koch, Peter/Oesterreicher, Wulf (1996): Sprachwandel und expressive Mündlichkeit. In: Zeitschrift für Literaturwissenschaft und Linguistik 26, 64–96.

Kolb, Herbert (1969): Über das Aussterben eines Wortes: althochdeutsch ‚quedan'. In: Jahrbuch für Internationale Germanistik 1.2, 9–34.

Koller, Erwin (1990): Nu müez iuch got bewarn, fruot unde geil gesparn! Zur Geschichte des Wortfelds ‚gesund'. In: Besch, Werner (Hg.): Deutsche Sprachgeschichte. Grundlagen, Methoden, Perspektiven. Fs. für Johannes Erben zum 65. Geburtstag. Frankfurt am Main/Bern/New York, 129–140.

Koller, Erwin (1991): Historische Verschiebungen im Wortfeld ‚krank'. In: Iwasaki, E. (Hg.): Akten des VIII. Internationalen Germanisten-Kongresses. Tokyo 1990. Bd. 4. München, 226–236.

Küpper, Heinz (1955–1970): Wörterbuch der deutschen Umgangssprache. Bd. I–IV. Hamburg.

Kurz, Gerhard (2004): Metapher, Allegorie, Symbol. 5. durchgesehene Aufl. Göttingen.

Labov, William (2001): Principles of linguistic change. Volume 2: Social factors. Oxford.

Ladendorf, Otto (1906): Historisches Schlagwörterbuch: ein Versuch. Straßburg/Berlin. Nachdruck Hildesheim 1968.

Lakoff, George (1986): Women, fire, and dangerous things. What categories reveal about the mind. Chicago/London.

Lakoff, George/Johnson, Mark (1980): Metaphors we live by. Chicago/London. Dt. Übers.: Leben in Metaphern. Konstruktion und Gebrauch von Sprachbildern. Heidelberg 1998.

Lang, Ewald (1987): Semantik der Dimensionsauszeichnung räumlicher Objekte. In: Bierwisch, M./Lang, E. (Hg.): Grammatik und konzeptuelle Aspekte von Dimensionsadjektiven. Berlin: Akademie-Verlag, 422–445.

Langen, August (1974): Der Wortschatz des 18. Jahrhunderts. In: Maurer, Friedrich/Rupp, Heinz (Hg.): Deutsche Wortgeschichte. Dritte, neubearb. Aufl. Bd. II. Berlin/New York, 31–244.

Lausberg, Helmut/Möller, Robert (Hg.)(2000): Rheinischer Wortatlas. Bonn.

Lexer: Mittelhochdeutsches Handwörterbuch von Matthias Lexer. 3 Bde. Leipzig 1872–1878.

Lichtenberk, Frantisek (1991): Semantic change and heterosemy in grammaticalization. In: Language 67, 475–509.

Liebert, Wolf-Andreas (1992): Metaphernbereiche der deutschen Alltagssprache. Kognitive Linguistik und die Perspektiven einer Kognitiven Lexikographie. Frankfurt am Main/Berlin u.a.

Liebert, Wolf-Andreas (2002): Wissenstransformationen. Handlungssemantische Analysen von Wissenschafts- und Vermittlungstexten. Berlin/New York.

Linke, Angelika (1996): Sprachkultur und Bürgertum. Zur Mentalitätsgeschichte des 19. Jahrhunderts. Stuttgart/Weimar.

Linke, Angelika (2000): Informalisierung? Ent-Distanzierung? Familiarisierung? Sprach(gebrauchs)wandel als Indikator soziokultureller Entwicklungen. In: Der Deutschunterricht 52, Heft 3, 66–77.

Listen, Paul (1999): The emergence of German polite *Sie*. Cognitive and sociolinguistic parameters. New York/Washington, D.C. [u.a.].

Luckmann, Thomas (1986): Grundformen der gesellschaftlichen Vermittlung des Wissens: Kommunikative Gattungen. In: Kölner Zeitschrift für Soziologie und Sozialpsychologie. Sonderheft 27, 191–211.

Lutzeier, Rolf Peter (1995): Lexikologie: Ein Arbeitsbuch. Tübingen.

Maurer, Friedrich/Rupp, Heinz (Hg.)(1974): Deutsche Wortgeschichte. 3., neubearbeitete Aufl. 2 Bde. Registerband 1978. Berlin/ New York.

Meibauer, Jörg (1994): Modaler Kontrast und konzeptuelle Verschiebung. Studien zur Syntax und Semantik deutscher Modalpartikeln. Tübingen.

Meichsner, Irene (1983): Die Logik von Gemeinplätzen. Vorgeführt an Steuermannstopos und Schiffsmetapher. Bonn.

Meillet, Antoine (1905/1906): Comment les mots changent de sens. In: Année Sociologique 9, 1–38. Wieder in: Meillet, Antoine: Linguistique historique et linguistique générale. Bd. I. Paris 1921, 230–271.

Metcalf, George F. (1938): Forms of Address in German (1500–1800). St. Louis.

Milroy, James (1992): Linguistic Variation and change. On the historical sociolinguistics of English. Oxford.

Milroy, Lesley (1980): Language and social networks. Oxford.

Muckenhaupt, Manfred (1986): Text und Bild. Grundfragen der Beschreibung von Text-Bild-Kommunikationen aus sprachwissenschaftlicher Sicht. Tübingen.

Müller, Martin (1999): Goethes merkwürdige Wörter. Ein Lexikon. Darmstadt.

Musolff, Andreas (1996): „Dampfer", „Boote" und „Fregatten": Metaphern als Signale im „Geleitzug" der Europäischen Union. In: Böke, Karin/Jung, Matthias/Wengeler, Martin (Hg.): Öffentlicher Sprachgebrauch. Praktische, theoretische und historische Perspektiven. Opladen, 180–189.

Nerlich, Brigitte (1992): Semantic theories in Europe 1830-1930. From etymology to contextuality. Amsterdam/Philadelphia.

Nerlich, Brigitte/Clarke, David D. (2001): Serial metonymy. A study of reference-based polysemisation. In: Journal of Historical Pragmatics 2, 245–272.

Nerlich, Brigitte/Todd, Zazie/Herman, Vimala/Clarke, David D. (eds.) (2003): Polysemy: Flexible patterns of meaning in mind and language. Berlin/New York.

Nielsen, Jacob (2000): Designing Web Usability: The Practice of Simplicity. Indianapolis.

Objartel, Georg (1989): Akademikersprache im 19. Jahrhundert. Auch als Beitrag zur Erforschung von Vereinssprachen. In: Cherubim, Dieter/Mattheier, Klaus, J. (Hg.) Voraussetzungen und Grundlagen der Gegenwartssprache. Berlin/New York, 197–227.

Objartel, Georg (1990): Zum Nutzwert des Deutschen Rechtswörterbuchs für die historische Lexikologie. *laden* und Verwandtes. In: Schützeichel, Rudolf/Seidensticker, Peter (Hg.): Wörter und Namen. Aktuelle Lexikographie. Marburg 1990, 90–96.

Öhlschläger, Günther (1989): Zur Syntax und Semantik der Modalverben des Deutschen. Tübingen.

Oksaar, Els (1958): Semantische Studien im Sinnbereich der Schnelligkeit. *Plötzlich, schnell* und ihre Synonymik im Deutsch der Gegenwart und des Früh-, Hoch- und Spätmittelalters. Stockholm.

The Oxford English Dictionary. 2. Aufl. 20 Bde. Oxford 1989.

Panther, Klaus-Uwe/Radden, Günter (eds.)(1999): Metonymy in language and thought. Amsterdam/Philadelphia.

Panther, Klaus-Uwe/Thornburg, Linda L. (eds.)(2003): Metonymy and pragmatic inferencing. Amsterdam/Philadelphia.

Paul, Hermann (1886): Principien der Sprachgeschichte. 2. Aufl. Halle. 5. Aufl. Halle 1920 (Paul 1920a).

Paul, Hermann (1895): Über die Aufgaben der wissenschaftlichen Lexikographie mit besonderer Rücksicht auf das deutsche Wörterbuch. In: Sitzungsberichte der philosophisch-philologischen und der historischen Classe der Königlich-Bayrischen Akademie der Wissenschaften. Jahrgang 1894. München, 53–91.

Paul, Hermann (1897): Deutsches Wörterbuch. Halle. Neunte, vollständig neu bearbeitete Auflage von Helmut Henne, Georg Objartel unter Mitarbeit von Heidrun Kämper-Jensen. Tübingen 1992. 10., überarb. und erw. Aufl. von Helmut Henne, Heidrun Kämper und Georg Objartel. Tübingen 2002.

Paul, Hermann (1916–1920): Deutsche Grammatik. Halle. Bd. I 1916, Bd. II 1917, Bd. III 1919, Bd. IV 1920 (Paul 1920b).

Peilicke, Renate (1997): Zur Verwendung der Modalverben *können* und *mögen* im frühneuzeitlichen Deutsch (1500 bis 1730). In: Fritz, Gerd/Gloning, Thomas (Hg.): Untersuchungen zur semantischen Entwicklungsgeschichte der Modalverben im Deutschen. Tübingen, 209–248.

Quintilian. Marcus Fabius Quintilianus: Ausbildung des Redners. Zwölf Bücher. Hg. und übers. von Helmut Rahn. 2 Bde. 2., durchges. Aufl. Darmstadt 1988.

Riecke, Jörg (2004): Die Frühgeschichte der mittelalterlichen medizinischen Fachsprache im Deutschen. Bd.1: Untersuchungen. Bd. 2: Wörterbuch. Berlin/New York.

Robertshaw, Alan (1999): *Minne* and *Liebe*: The fortunes of love in late medieval German. In: PBB 121, 1–22.

Rogers, Everett, M. (1995): Diffusion of innovations, 4th ed. New York/London.

Rohr, Julius Bernhard von (1728): Einleitung zur Ceremoniel-Wissenschafft Der Privat=Personen [...] Berlin. Neudruck Weinheim 1990.

Ruipérez, Germán (1984): Die strukturelle Umschichtung der Verwandtschaftsbezeichnungen im Deutschen. Ein Beitrag zur historischen Lexikologie, diachronen Semantik und Ethnolinguistik. Marburg.

Schäffner, Christina (1993): Die europäische Architektur – Metaphern der Einigung Europas in der deutschen, britischen und amerikanischen Presse. In: Grewenig, Adi (Hg.): Inszenierte Information, Politik und strategische Kommunikation in den Medien. Opladen, 13–30.

Schiewe, Jürgen (2001): Aktuelle wortbezogene Sprachkritik in Deutschland. In: Stickel, Gerhard (Hg.): Neues und Fremdes im deutschen Wortschatz. Aktueller lexikalischer Wandel. Berlin/New York, 281–296.

Schirmer, Alfred (1911): Wörterbuch der deutschen Kaufmannssprache. Auf geschichtlichen Grundlagen mit einer systematischen Einleitung. Straßburg.

Schlosser, Horst-Dieter (2000): 525 Jahre „Unwort". Gesamt-, West- und Ostdeutsches im Spiegel der Sprachkritik. In: Eichhoff-Cyrus, Karin M./Hoberg, Rudolf (Hg.): Die deutsche Sprache zur Jahrtausendwende. Sprachkultur oder Sprachverfall? Mannheim/Leipzig u.a., 289–301.

Schottelius, Justus Georg: Ausführliche Arbeit von der Teutschen HauptSprache [...]. Braunschweig 1663. Neudruck 2 Bde. Tübingen 1967.

Schrodt, Richard (1994): Metonymie und Ausdrucksfehler. In: Grazer Linguistische Studien 42, 63–77.

Schützeichel, Rudolf (1989): Althochdeutsches Wörterbuch. 4. Aufl. Tübingen.

Seebold, Elmar (1981): Etymologie: eine Einführung am Beispiel der deutschen Sprache. München.

Siehr, Karl-Heinz (2004): Wortbedeutungswandel im öffentlich-politischen Raum – das Beispiel *abwickeln*. In: Pohl, Inge/Konerding, Klaus-Peter (Hg.): Stabilität und Flexibilität in der Semantik. Strukturelle, kognitive, pragmatische und historische Perspektiven. Frankfurt am Main etc., 110–136.

Spalding, Keith (1959ff.): An historical dictionary of German figurative usage. Bd. 1, 1959; Bd. 2, 1967; Bd. 3, 1968. Oxford.

Sperber, Hans (1923): Einführung in die Bedeutungslehre. Bonn/Leipzig. 3. Aufl. Bonn 1965.

Spitzer, Leo (1945): Patterns of thought and of etymology. I. Nausea > OF (> ENG.) Noise. In: Word 1, 260–276.

Stanforth, Anthony (1967): Die Bezeichnungen für „groß", „klein", „viel", „wenig" in der Germania. Marburg.

Steffens, Doris (2002): Was ist aus den Neologismen der Wendezeit geworden? In: Kramer, Undine (Hg.): Archaismen – Archaisierungsprozesse. Klaus-Dieter Ludwig zum 65. Frankfurt am Main, 25–38.

Stieler: Kaspar Stieler: Der Teutschen Sprache Stammbaum und Fortwachs oder Teutscher Sprachschatz. 3 Bde. Nürnberg 1691. Neudruck Hildesheim 1968.

Stöcklein, Johann (1898): Bedeutungswandel der Wörter. Seine Entstehung und Entwicklung. Ein Versuch. München.

Stötzel, Georg/Eitz, Thorsten u.a. (2003): Zeitgeschichtliches Wörterbuch der deutschen Gegenwartssprache. 2. erw. und aktualisierte Aufl. Hildesheim.

Stötzel, Georg/Wengeler, Martin u.a. (1995): Kontroverse Begriffe. Geschichte des öffentlichen Sprachgebrauchs in der Bundesrepublik Deutschland. Berlin/New York.

Strauß, Gerhard/Haß, Ulrike/Harras, Gisela (1989): Brisante Wörter von Agitation bis Zeitgeist. Ein Lexikon zum öffentlichen Sprachgebrauch. Berlin/New York.

Strecker, Bruno (1987): Strategien des kommunikativen Handelns. Zur Grundlegung einer Grammatik der Kommunikation. Düsseldorf.

Toulmin, Stephen (1972): Human understanding. The collective use and evolution of concepts. Princeton, New Jersey.

Traugott, Elizabeth Closs/Dasher, Richard (2002): Regularity in Semantic Change. Cambridge.

Trier, Jost (1931): Der deutsche Wortschatz im Sinnbezirk des Verstandes. Die Geschichte eines sprachlichen Feldes. Bd. 1. Von den Anfängen bis zum Beginn des 13. Jahrhunderts. Heidelberg.

Trier, Jost (1932): Die Idee der Klugheit in ihrer sprachlichen Entfaltung. In: Zeitschrift für Deutschkunde 46, 625–635. Wieder in: Schmidt, L. (Hg.): Wortfeldforschung. Darmstadt 1973, 41–54.

Trier, Jost (1934): Deutsche Bedeutungsforschung. In: Goetze, Alfred/Horn, Wilhelm/Maurer, Friedrich (Hg.): Germanische Philologie. Ergebnisse und Aufgaben. Festschrift für Otto Behaghel. Heidelberg, 173–200.

Trübners Deutsches Wörterbuch. Im Auftrag der Arbeitsgemeinschaft für deutsche Wortforschung hrsg. von A. Götze, weitergeführt von W. Mitzka. 8 Bde. Berlin 1939–1957.

Tschirch, Fritz (1960): Bedeutungswandel im Deutsch des 19. Jahrhunderts. In: Zeitschrift für deutsche Wortforschung 16, 7–24.

Uhlig, Brigitte (1983): Die Verba dicendi im Rechtswortschatz des späten Mittelalters, untersucht an einigen Handschriften des Schwabenspiegels. In: Beiträge zur Erforschung der deutschen Sprache 3, 243–268.

Ullmann-Margalit, Edna (1978): Invisible-hand explanations. In: Synthese 39, 263–291.

Vorkampff-Laue, Alice (1906): Zum Leben und Vergehen einiger mittelhochdeutscher Wörter. Halle.

Wauchope, Mary Michele (1991): The grammar of the Old High German modal particles thoh, ia, and thanne. New York, San Francisco etc.

Wellander, Erik (1917–1928): Studien zum Bedeutungswandel im Deutschen. Erster Teil 1917, Zweiter Teil 1923, Dritter Teil 1928. Uppsala.

Wichter, Sigurd (1991): Zur Computerwortschatz-Ausbreitung in die Gemeinsprache. Elemente der vertikalen Sprachgeschichte einer Sache. Frankfurt am Main etc.

Wierzbicka, Anna (1994): Semantic primitives across languages: A critical review. In: Goddard, Cliff/ Wierzbicka, Anna (eds.): Semantic and lexical universals: Theory and empirical findings. Amsterdam, 445–500.

Wittgenstein, Ludwig (1967): Philosophische Untersuchungen. Frankfurt.

Sachverzeichnis

Wortverzeichnis

(Aufgenommen sind Wörter, für die im Buch eine Kurzbeschreibung, ein historischer Hinweis oder ein Literaturhinweis gegeben wird.)

www.ingramcontent.com/pod-product-compliance
Lightning Source LLC
Chambersburg PA
CBHW080543110426
42813CB00006B/1198